中南监察文丛

文丛总主编／齐文远　执行主编／童德华

U0862709

刑法现代化：刑民交叉问题研究

梁萌瑜　王　杰／副主编

童德华　李　文／主　编

中国法制出版社
CHINA LEGAL PUBLISHING HOUSE

童德华教授

1971年生，法学博士，中南财经政法大学刑法学教授，博士生导师，东盟刑事法研究中心主任。1992年7月毕业于湖北公安高等专科学校（现湖北警官学院）侦察系，1992年7月至1996年9月在武汉钢铁学院（现武汉科技大学）工作，1999年6月在湖北社会科学院政法学所获得法学硕士学位，2002年6月在武汉大学法学院获得法学博士学位，2002年6月至今在中南财经政法大学法学院、刑事司法学院从事刑法学教学和研究工作，2005年10月进入吉林大学法学院博士后流动站从事刑法学博士后研究工作，2007年11月至2008年10月被学校公派到意大利比萨大学法学院公法系进行为期一年的学术访问。

曾任校学术委员会法学部委员（副主席）、刑事司法学院刑事政策教研中心主任（2009—2012年）、刑事司法学院副院长（2012—2021年）。学术兼职有：中国刑法学研究会理事、湖北省法学会理事，湖北省法学会法学教育研究会常务理事，武汉市刑事法学会学术委员会主任委员。社会兼职有：湖北省人民代表大会内务司法委员会专家顾问、湖北省政法委"第三方参与解决涉法涉诉问题专家库"专家、武汉市人民检察院法律顾问等。

主要致力于中国刑法和比较刑法学和刑法现代化研究，并开展监察刑事法治化与单位组织职（业）务刑事风险防控相关研究。迄今为止，承担国家社会科学基金重点项目1项、国家社会科学基金一般项目1项，中国博士后基金项目1项，中国法学会项目2项，主持省人大立法项目1项，已经出版个人专著16部，发表政治学与刑法学论文100余篇。

李文律师

中南财经政法大学法学学士、武汉大学法律硕士，湖北中和信律师事务所主任、高级合伙人。同时兼任最高人民检察院、湖北省人民检察院咨询专家、湖北省律师协会副秘书长、湖北省律师协会刑事专业委员会副主任、湖北省法学会律师法学研究会副会长、湖北省法学会诉讼法学研究会副会长、中南财经政法大学和湖北大学法律硕士研究生校外导师。

李文律师具有7年的法官工作经历，16年的律师执业经验。曾多次担任湖北省法律援助案件百优案例评选、湖北省检察机关公诉业务竞赛等重要活动的特邀专家评委，多次受邀为湖北省各地市、新疆律师作专题讲座培训，组织并负责湖北省刑辩律师暨青年刑辩律师业务情况调研、传染病防治法等多个课题的研究。并公开发表《关于防疫期间过度执法问题的几点反思》《电信网络诈骗犯罪的基本问题探析》等20余篇法律专业文章，其中多篇文章被司法部、湖北省法学会等单位评为优秀论文。

李文律师擅长重大疑难刑事案件辩护，成功办理多起无罪案件。

梁萌瑜，2018年毕业于中南财经政法大学刑事司法学院，获得法学学士学位，现为中南财经政法大学刑事司法学院刑法学研究生，东盟刑事法研究中心助理研究员。

王　杰，2019年毕业于湖北经济学院，获得法学学士学位，现为中南财经政法大学刑事司法学院刑法学研究生，东盟刑事法研究中心助理研究员。

序言

改革开放以来，我国经济开始呈现高速发展态势，在社会物质生活条件发生了巨大变化的同时，新的问题也不断涌现，刑民交叉便是其中之一。

我国近年兴起的刑民交叉案件具有特定的时代背景。政治上，中国共产党坚持以人民为中心的发展思想，人民是国家的主人，法律的制定和修改都必须体现广大人民群众的根本意志，古代少数人的统治在当下的中国社会已经不可能实现。经济上，中国社会早已摆脱了“闭关锁国”的落后思想，走向了现代化的市场经济时代，中国是全球第二大经济体，也是全球第二大对外投资国，中国已经成为世界经济增长的重要引擎。改革开放激起了国内经济的活力，也使中国的企业走向世界。但与此同时，经济的快速发展必然会带来经营模式的多样化，也会带来前所未有的疑难纠纷。晚近以来，以义务为本位的社会才逐渐走向权利本位时代，在法律权利与法律义务之间，权利是决定性的、起主导作用的，义务是实现权利的手段、工具。而我们所处的当下，更是一个权利本位的时代，尤其是十一届三中全会以来，改革开放不断向纵深发展，社会各方面取得了极大的进步，公民的权利意识前所未有地增强，但作为社会最重要组成元素的公民本人可能也并未意识到自己身处一个“权利爆炸”的时代。社会文明和民众意识高度发展，加之现今的矛盾纠纷解决途径多样，使公民通过多种途径解决纠纷成为可能，民众诉之有道，诉之有法。这些都为刑民交叉案件的出现和发展提供了肥沃的土壤。

刑民交叉案件无论是在刑事司法还是在民事司法领域，都是相当疑难的一类案件。这种疑难性表现为刑事法律关系和民事法律关系相互交织，因而容易发生错误判断，即将民事性质的案件错误地认定为刑事犯罪，或者相反，将刑事犯罪错误地认定为民事行为（包括合法的民事行为和民事不法行为），其结果是导致罪与非罪界限的混淆。随着我国社会经济快速发展，刑民交叉案件数量呈增长趋势，相关案件处理已成为司法难点。依法妥善处理好刑民交叉案件，厘清刑事犯罪与经济纠纷的界限，对于打击犯罪、保护社会和权利人的合法权益具有重要意义。

事实上，在20世纪末期我国就已经出现了刑民交叉案件，但是从现在来看，当时的刑民交叉案件相对简单。《最高人民法院、最高人民检察院、公安部关于及时查处在经济纠纷案件中发现的经济犯罪的通知》（1985年）、《最高人民法院、最高人民检察院、公安部关于在审理经济纠纷案件中发现经济犯罪必须及时移送的通知》（1987年）、《最高人民法院关于审理存单纠纷案件的若干规定》（1997年）以及《最高人民法院关于在审理经济纠纷案件中涉及经济犯罪嫌疑若干问题的规定》（1998年）等规范性文件中都涉及了对刑民交叉问题的处理。[①]然而，当下的刑民交叉案件高度复杂，如金融借贷无法偿还类型的案件等。过去的法律文件以及现有的法律法规已经无法满足解决

① 前两个通知均已失效，后两个规定已于2020年修正。

新问题的需要，而这些问题无论是在国外还是在国内，可能都是从未有过的，既没有法律资源供我们移植，也没有资料供我们参考，因而我们必须进行法治改革或者法治创新。

新时代对于新问题需要有新思维，解决刑民交叉问题未必要采取“桥归桥，路归路”的解决方式，要善于运用刑事政策，抛弃概念思维，倡导用类型化思维解决问题。刑事政策能够发挥指导性功能，为预防与控制违法犯罪行为、越轨行为提供正确、有效的引导，对刑事资源、刑事手段、刑事法适用等进行调整和配置，引导公众的法治观念、法治意识、法治思想等，而这都是当下处理刑民交叉问题所欠缺的。相比而言，概念思维常常纠缠于疑难问题的字面表述，缺乏目的理性的引导，仅通过“概念”界定来解决问题，具有相当的局限性；而类型化思维则具有开放性、包容性等特点，能够实现对二元式刑法解释的合理性与真实性，妥善处理刑民交叉中所涉及的理论问题。

本书由童德华提出写作提纲，具体作者分工如下：

童德华：前言；

马嘉阳：第一章第一节；

王杰：第一章第二节；

张珂：第一章第三节、第四章；

梁萌瑜：第二章；

任殷浩：第三章；

丁朋：第五章第一节、第二节；

李文：第五章第三节。

鉴于往事，有资于治道。反思过去，面向未来，要以新思维解决新问题。最后，特别感谢中南财经政法大学齐文远教授，以及湖北中和信律师事务所主任律师李文律师。本书得以面世，离不开李律师、齐教授的鼓励与支持。

童德华

2021年3月于中南财经政法大学

目录

前　言

“刑民交叉案件”，也称为“刑民交错案件”“刑民互涉案件”“刑民冲突案件”，也有学者将“刑”“民”二字颠倒过来称为“民刑交叉案件”等。本文为了行文方便，统一称为刑民交叉案件。刑民交叉案件（也应包括行刑交叉案件）之所以是现代法学关注的一个重要领域，其主要原因在于：首先，在司法实践中，这类案件表现出不法与犯罪之处断界限不明的问题，而在现行刑法教义学中，不法和犯罪的界限是罪刑法定原则下不容突破的基准。与这个思维相关联，还有一个程序上的问题，即在受理相关案件时的诉讼机制是采取“先刑后民”，还是“先民后刑”，抑或“刑民并行”呢？实践中，对于诉讼机制的选择如果得不到统一的规范，必然会招致司法结果不公的理论批判。其次，在理论研究中，学界对刑民交叉问题的研究欠缺充分的理论准备，虽然有诸多学者对这一问题进行了较为系统的研究，但从总体上看，我国学界对刑民交叉案件的研究还处在初期阶段，考虑到我国刑法学存在现代性转型的需要，①对于刑民交叉案件研究的首要任务就是找出传统思维定式的缺陷，并提出克服传统思维定式的新途径和新方法。

一、概念性思维及其在刑民交叉案件中的影响

概念性思维是一种传统的法学思维和法学研究方法，它非常重视法学概念在继承和运用过程中的前后一致性，强调法学概念的意义必须固定不变并保持法律体系的逻辑严密性，在将此种思维运用于分析法律问题的过程中，还附带性地形成了一种坚持成文法是唯一的法律渊源并反对在解释法律的过程中渗入价值、目的或利益等主观因素的立场。②基于此，概念性思维可以理解为这样一

① 参见童德华、张斯柯：《中国刑事法治化的困境及其超越》，载《社会科学动态》2017年第4期。

② 参见蒙晓阳：《为概念法学正名》，载《法学》2003年第12期；关于概念性思维还可参见［英］沃克：《牛津法律大辞典》，李双元等译，法律出版社2003年版，第242页；王启富、陶髦主编：《法律辞海》，吉林人民出版社1998年版，第1693页。

种研究方法：为了对易于混同的两个事物或者事实分别进行界定，研究者基于理性思考，在自认为考察了所有研究对象之后，从事物的本质出发，将考察对象所具有的普遍特征归纳出来，以此严格划分不同事物之间的界限。考虑到语言是日常人际交往中的一个主要媒介和手段，概念性思维力求使用语言或文字对所欲描述的对象之特征，予以穷究，不断提炼和罗列。[①]在概念性思维中，不存在“或多或少”的表述，只有“非此即彼”的断言。因此，生与死、黑与白、是与非、男与女的对立，在概念性思维中都是极其正常的现象。

就刑法学科的理论研究来说，概念性思维发挥着举足轻重的作用：首先，刑法学体系的建构和刑法学知识的生成，都依赖于各种刑法概念的形成；其次，刑法概念不但为整个刑法学奠定了要素基础，而且构成了实践中刑法理论演绎的逻辑前提和根据。正因如此，概念性思维在刑民交叉案件的理论研究和司法实践中依然具有很高的地位。一方面，概念性思维决定了相关研究的首要任务是限定并界分刑民交叉案件；另一方面，概念性思维决定了研究的重要任务是对刑民交叉案件进行分类。殊不知，定义和分类其实是互为表里的问题，它们都旨在为案件受理的管道提供前期理论证明。那么这种思路是否真的有助于解决问题呢？从务实的角度看，答案是否定的。

从刑民交叉案件的界定上看，当前的定义方式最为显著的特点在于，进行理论上的所谓辩证思考时，为理论而理论，围着理论转圈圈的色彩较为浓厚，未能充分显现理论研究所应表现出的对实践的关切。对“刑民交叉案件”进行定义，是概念性思维定式的首要问题，我国刑法学界比较有代表性的观点主要有三种：第一种认为，“刑民交叉是指在司法实践中发生的因特定事实要素的关联而出现的刑事法律关系和民事法律关系相互交叉、彼此竞合甚至水乳融合的案件”。[②]第二种认为，“刑事案件和民事案件由于特定因素的关联而出现交叉或者并存的现象，通常表现在诉讼活动中，刑事案件和民事案件因关联因素的存在而互相影响”。[③]第三种认为，“刑民交叉案件是因同一法律事实分别引起刑事诉讼法律关系和民事诉讼法律关系的产生，或不同法律事实分别引起民

① 参见金岳霖主编：《形式逻辑》，人民出版社1979年版，第23页。

② 杨兴培：《刑民交叉案件的类型分析和破解方法》，载《东方法学》2014年第4期。

③ 魏东、钟凯：《论刑民交叉及其关涉问题》，载《四川警察学院学报》2009年第4期。

事诉讼法律关系和刑事诉讼法律关系的产生，而两种法律事实之间存在一定牵连关系的案件”。[①]三种定义虽然在表述上略有不同，但基本意见并无实际冲突，其内核基本上是一致的，即它们都用刑民交叉案件指称那些因特殊原因而出现的，行为事实的犯罪性质和民事不法之间出现相互纠缠、重合、影响等关系的特定案件。我们也可以说，这三种定义之间的共识在于：刑民交叉案件是指那些行为事实的犯罪性质与民事不法性质难以厘清的案件。

为什么需要首先划分行为事实的犯罪性质和民事不法性质呢？这个问题又关系到另一个与概念性思维有关的问题，它涉及立案的管道，因为在我国，刑事案件通常由公安机关、人民检察院或者其他专门机关立案受理，人民法院直接受理的主要案件是民事不法或者自诉性质的刑事案件。在人民法院内部，也存在由何种业务庭进行审判的问题。据此，理论上又将刑民交叉案件分为两大类，即程序性刑民交叉案件和实体性刑民交叉案件。在法教义学上，由于这两类案件的性质不同，需要用不同的程序和规则来解决，假定刑民之间的界限是明确的，那么理论划分无疑有利于我们缩小问题范围，明确解决问题的任务清单。但是，行为事实的实体问题往往并非理论上构想的那样明确，因此，哪些案件应当进入民事程序、哪些案件应当进入刑事程序，都依赖于基本事实问题的确定。正是在此意义上，笔者认为，相对于程序性刑民交叉案件来说，实体性刑民交叉案件显然更值得我们关注。

基于上述关联性思考，我们可以看到前述几种定义的不足。界定的方式在形式上具有较为突出的瑕疵。例如，第一种定义使用了主观色彩较强的修饰语言，使问题指向不清楚。第二种定义不符合实践情况，因为将刑民交叉案件理解为刑事案件和民事案件的交叉、并存，究竟是程序内容的交叉还是实体内容的交叉很不明确，而且在实践中，民事案件归民事审判部门受理，刑事案件最终由刑事审判部门审理，这就是所谓的“桥归桥，路归路”，它们在诉讼上是不能并存或者交叉的。第三种定义存在以下两方面的问题：其一，当同一事实分别引起民事诉讼和刑事诉讼时，这种典型的刑民交叉问题是否必然适用民事诉讼或者刑事诉讼？文中指代并不明确。其二，当具体的刑民交叉案件所涉及的两种法律事实之间存在牵连关系时，或者说民事不法事实和刑事犯罪事实之

---

① 李蓉：《民刑交叉案件中管辖权异议制度探析》，载《政治与法律》2010 年第 6 期。

间具有牵连时，两种事实是否都可以单独成立，并分别加以处理呢？较为典型的如合同诈骗，合同行为是民事行为，诈骗行为是犯罪行为，两者之间存在牵连关系，对此是一并裁断还是分别裁断，在理论上也有进一步研究的必要。

从刑民交叉案件的分类上看，对于刑民交叉案件的分类明显缺乏有效的问题导向。理论界基于概念性思维，从不同角度出发对刑民交叉案件进行了诸多分类，其中最具代表性的有四分法[①]、三分法[②]、二分法[③]。虽然每种分类有其不同的角度，但从分析路径看，可以发现其中还是存在一致性的，即先是将事实和法律关系当作当前刑民交叉案件分类中的两个主要因素，接着考虑行为事实在客观上是一个事实还是数个事实，进而结合法律关系的属性，分析各个事实是属于民事法律关系还是属于刑事法律关系，并对其继续进行组合，以此形成理论上的分类。这种分类方法最终体现的不是特殊问题特殊对待的思路，而是追求对特殊问题中共同特征的建构化处理，走的是典型的抽象体系化路径。

举个例子来说，这种抽象体系性的路径一般将刑民交叉案件的类型归纳为质的竞合、量的竞合以及多事实竞合等情况。[④]所谓质的竞合，指称一个事实引起了民事法律关系，同时又达到了犯罪的标准，进而引起了刑事法律关系的情形。这类竞合是一种典型的民事法律关系和刑事法律关系竞合的情形。对于此种情况，如果受害人提出刑事控诉，司法机关没有理由不受理，但审理可以采取刑事附带民事的机制解决。应该说，在实践中这种竞合的现实问题不突出。所谓量的竞合，指称一个事实只引起了民事法律关系，尚不足以引起刑事法律关系。这种情况大多数是构成民事法律关系，但尚未达到入罪标准的情况，处理上当然应通过民事诉讼程序来解决，因为在此情况下，如果一个事实无法产

① 参见杨锦芳、肖雯：《浅议人民检察院在刑民交叉案件中的监督地位》，载《云南大学学报（法学版）》2009年第1期。

② 参见李蓉：《民刑交叉案件中管辖权异议制度探析》，载《政治与法律》2010年第6期；杨兴培：《刑民交叉案件法理分析的逻辑进路》，载《中国刑事法杂志》2012年第9期。

③ 参见张旭、宋伟卫：《市民背景下刑法与民法的冲突及其选择》，载《河北学刊》2012年第3期；李兰英：《契约精神与民刑冲突的法律适用——兼评〈保险法〉第54条与〈刑法〉第198条规定之冲突》，载《政法论坛》2006年第6期；魏东、钟凯：《论刑民交叉及其关涉问题》，载《四川警察学院学报》2009年第4期。

④ 参见李晓明、张鑫：《刑民交叉案件分类及其对未来研究的影响》，载《河北法学》2016年第2期。

生刑事上的法律关系，只能说明它尚未充足犯罪的构成要件，只能按照民事诉讼予以解决，这自然也不会引起司法争议。但是，现实的问题恰恰在于，表象和实际情况并不一致，结果造成在司法工作者看来不构成犯罪的行为，当事人却认为构成犯罪，或者相反，当事人认为不构成犯罪的情况，而司法机关却认为构成犯罪。这就导致实践中有的当事人将民事纠纷当作刑事问题来报案，要求司法机关追究另一方当事人的刑事责任。对于这种冲突，就要求我们根据刑民交叉案件的实际内容进行更贴近现实的分类，而不是更加体系化、抽象化的分类。

应该说，多事实的竞合更贴近处理问题的现实需要。多事实的竞合存在两种情形，一是多个事实引起了民事法律关系和刑事法律关系，多个事实之间是相互牵连或相互影响的关系。这种情况是很多学者都提及过的牵连型刑民交叉，也是狭义的刑民交叉，[①]这类案件存在的问题是：司法实践中通常机械地按照“先刑后民”的原则，将凡是涉及刑事诉讼的民事案件一律搁置，导致公民权利得不到及时充分的救济，因此很多学者提出了按照“刑民并行”的方法处理。[②]二是多个事实引起了一个法律关系，或者是民事法律关系，或者是刑事法律关系。这种情况实际上是质的竞合或者量的竞合的另一种表述。当然，多个事实引起了一个刑事法律关系，同时，它也会触发民事法律关系，但民事法律关系包含在刑事法律关系之中，如多人殴打一人致其重伤，此时可按照质的竞合情形处理；当多个事实引起了一个民事法律关系时，可按照量的竞合情形处理。需要特别指出的是，实践中还可能存在这样的情况：某些案件往往因为案情复杂、认识不同等主客观原因，导致定性困难，难以明确是属于民事不法还是刑事犯罪，从而造成受理困难的刑民交叉案件。这些问题恰恰是文字限定中容易被忽略的。

二、概念性思维的限度及其超越

从上述分析中我们可以看出，概念性思维具有正反两方面的作用。其积极作用主要有：通过归纳式的提炼，使陈述者能够通过对事物共同特征的描述，

---

① 参见杨兴培：《刑民交叉案件法理分析的逻辑进路》，载《中国刑事法杂志》2012年第9期。

② 参见李晓明、张鑫：《刑民交叉案件分类及其对未来研究的影响》，载《河北法学》2016年第2期。

把握认识主体意欲陈述的所有对象，从而确保陈述在外延上具备周延性及安定性。但其消极作用与之如影随形，同样明显：陈述主体要使概念能够涵摄其所要陈述的全体对象，换言之，要使所有的陈述对象都能被纳入概念所涵摄的范围，就不得不在进行概念陈述的过程中，尽可能地使用那些具有广泛包容性和概括性的词汇，由此，概念不可避免地陷入抽象化的境地。因为概念越是抽象，其内容便越发空洞。[①]受传统知识范式的熏染与左右，我们很容易接受概念性思维的积极作用，却很难理解对其消极作用的分析。

为了更有效地处理实践中的刑民交叉问题，我们不得不更深入地认识概念性思维在司法上的几种消极表现。总体而言，概念性思维的固有缺陷在司法实践中可以总结为如下几点：第一，概念性思维只关注法律逻辑推理及理论体系中的问题，不关注法律所面临的现实问题，这势必会导致法学理论与现实的脱节。正如概念思维的领军人物普赫塔曾经指出的那样，法律规范不过是对概念进行科学推论的产物。这种规范既不需要在民族意识中存在，也不需要在社会中存在，而是来自概念的逻辑结论。[②]第二，概念性思维只关注普遍性法律问题，缺乏有效办法应对法律中的中间性问题和具体性、特殊性问题。第三，概念性思维因重视逻辑推理在一般案件中的运用，所以不可能重视特殊异性案件裁判结论的合理性以及可接受性。最终，法官在进行司法裁判时只关注裁判结论的合逻辑性，而罔顾裁判结论的社会合理性。

概念性思维在理论上的缺陷一旦面临具体的实践问题，就会暴露得越发明显。在关于如何处理刑民交叉案件的观点中，有学者基于刑、民问题的区分，提出了相应的“形式规则”，而形式规则的判断，强调的是坚持“规范在前、价值在后”的进路。具体而言，就是以前置性法律作为法律评价的主要依据，首先分析其中的民事法律关系，同时，“应当遵循刑法属于第二次的规范形式的观念，采取‘先民后刑’或者‘有民无刑’的破解方法加以评价和处理，刑法应当退居一旁宁可进行观望而不要轻易介入”[③]。这种规则无疑符合刑法的谦

① 参见杜宇：《再论刑法上之“类型化”思维——一种基于“方法论”的扩展性思考》，载《法制与社会发展》2005年第6期。

② 参见［德］伯恩·魏特士：《法理学》，丁晓春、吴越译，法律出版社2003年版，第209页。

③ 杨兴培：《刑民交叉案件法理分析的逻辑进路》，载《中国刑事法杂志》2012年第9期。

抑性精神，但其所产生的问题也同样不容忽视：第一，刑民交叉案件表明行为事实中存在民事规范和刑事规范的竞合，在此意义上，规范在前要求有效区别刑事规范与民事规范的应用场合，一旦区分难以达成，那么该规范就形同虚设了。而实践中的问题恰恰在于这类案件难以对刑事与民事界限进行明确的切割。第二，该规则所坚持的价值基础存在偏颇。一个旨在实现正义的法律制度，会试图在自由、平等和安全方面创设一种切实可行的综合体和和谐体。①如果仅仅满足于遵循刑法谦抑性的宏大目标，不惜牺牲刑法对社会保护与自由保障的衡平性功能，那么刑法的存在也会出现正当性危机，在实践层面自然也会演化出刑法遭到错误排斥并最终被放逐的虚无问题。第三，形式规则采取了“非民即刑，非刑即民”的思路，实质上是将民法和刑法置于冲突地位。但如我们所知，刑法与民法之间存在难以分割的天然联系，民法是刑法的前置法，刑法是民法的事后法和保障法，忽视这种法律体系之间的联系，不仅违反了法律体系的法理，而且很不利于实际问题的解决。第四，这种思路对司法人员提出了不切实际的理性要求，其假设是认为司法人员可以有效甄别民事法律事实和形式法律事实之间的界限。但依据有限理性的观念，“人类理性，较之它作为探索特定的局部需要和问题的工具而言，远不足以成为构造和预测全世界系统的一般均衡模型，或者创造一种包罗一切时代的所有变量的宏大总模型的工具”。②而在实际决策中，司法工作人员的决策更会受到诸多因素的限制：首先，主客观因素的限制，如可知信息范围的限制、司法工作者的认识能力和计算能力的限制、目标不易数量化的限制等，这些限制会导致司法工作者拟订的解决方案存在偏差。其次，决策对象和现实的决策环境是高度不确定的，决策者很难对每个方案的预计结果估计无遗。③所以司法人员往往无法依据“规范在前、价值在后”的规则处理刑民交叉案件，一旦出现这种情形，就意味着司法推理无从实现，或者司法推理的前提和结论都是错误的。

---

① 参见［美］E·博登海默：《法理学：法律哲学与法律方法》，邓正来译，中国政法大学出版社2004年版，第323页。

② 转引自［美］赫伯特·西蒙：《现代决策理论的基石》，北京经济学院出版社1991年版，第18页。

③ 参见刘军大：《波普尔证伪主义方法论与决策科学》，载《四川大学学报（哲学社会科学版）》2004年第1期。

以引起广泛关注的“过度维权”案件为例。在类似案件中，一方当事人遭遇商家提供的商品或服务存在瑕疵或者欺诈，因此，当事人以向媒体曝光为手段，向商品或者服务提供者索要高额赔偿。[①]该类纠纷的基本法律关系为民事法律关系，但当事人所采取的索赔手段具有一定的胁迫性，而且索赔数额往往超出了合理额度，因此案件性质存在从民事向刑事转变的可能性。最终，这个问题如何有效化解取决于司法机关的合理裁决。对于该类行为，是否以敲诈勒索罪处罚行为人，我国的司法实践基本上持克制的态度，但是我们也应注意到，实践中还是有些司法工作者基于各种理由作出了有罪的判罚。[②]笔者认为这个问题与概念性思维有着密切的关联。因为概念性思维下运用的形式规则，极容易将问题简单化处理，如无差别地结合刑法的谦抑性精神，很容易对过度维权行为采取先民后刑或者有民无刑的处理方案。但是，要看到这种“绥靖”往往使商品或者服务提供者就范，而后者通常并不是某一个自然人，故此很难看到案件处理结果最终侵犯了哪个具体自然人的利益，结果自然就容易“案结事了”。但是从社会层面上看，这种做法能否真正达到定分止争的目的呢？在经验上我们可以提出很多比较重要的反对理由：首先，不利于解决法律问题。一旦类似情况再次出现，当事人会很容易形成“不要白不要”“少要不如多要”的错误心态，对商品或者服务提供者漫天要价。在这个意义上，社会成本人为增加，其显然会导致类似案件诉讼量的增加。其次，容易导致不公正裁判。当过度维权的行为方式和后果触碰到刑事与民事的交叉地带，不同的司法者根据没有具体标准的概念性思维，很容易采取不同的诉讼机制处理案件，从而导致同案异判的不公正结果，对司法权威造成严重的损害。最后，容易浪费司法资源。法院的每一个判决都应当对公民的行为起到正确的引导作用和预防作用，若每一桩过度维权纠纷都产生争讼，问题最终都必须经由法院处理才能解决，那么这种处置方法就不仅没有起到警示作用，还破坏了传统道德规范，诱发了人内心的自私，这必然会导致有限的司法资源被浪费。可以说，概念性思维在实践中很容易导致符合法律逻辑但事实上并不合理的结论，并且很容易背离公

---

① 参见沈志民:《过度维权行为的刑法评价》，载《云南大学学报（法学版）》2010 年第 1 期。

② 参见徐光华:《从典型案件的“同案异判”看过度维权与敲诈勒索》，载《法学杂志》2013 年第 4 期。

平正义的社会主义法治理念。

三、类型化思维及其证成

类型化思维是当前一种较有影响力的思维模式。在刑民交叉案件中，之所以要提倡类型化思维，主要是基于如下考虑。

首先，犯罪化与非犯罪化是不断互动的社会活动。在立法层面，犯罪化与非犯罪化的立法变化也会不断派生出刑民交叉问题，因为社会发展必然会导致对某些行为性质的道德评价和法律评价发生改变。制度的犯罪化与观念的非犯罪化、制度的非犯罪化与观念的犯罪化都容易导致刑民交叉问题的产生。前一类问题，如甲雇用乙从事劳动，但事后却拒不支付劳动报酬。这是一种很典型的民事违约行为，刑法学界在过去很长一段时间内也持这种观点，因此拒绝将这种情况作为犯罪事实加以刑法规制。但是当类似事件越发频繁地发生，后果也越发严重，甚至诱发了社会群体性事件时，立法者才意识到对这个问题的民事应对措施已经失范，应将其上升为刑事问题对待才可能达到控制目的，所以立法机关将拒不支付劳动报酬的行为作为犯罪规定下来。但在一些当事人甚至司法人员的观念里，这个问题还是一个民事问题，因此类似事件再次发生时就难以避免刑民交叉的争议。后一类情形在刑法实践中虽然并不普遍，但作为一个法律现象，其所反映出的问题也是值得我们关注的。因为非犯罪化观念往往代表了社会思想之波动对于制度的冲击。在实践中，这种冲击并不鲜见，如有些人混淆民事欺骗和刑事诈欺之间的内在联系，有意将一些涉嫌犯罪的案件当作一般民事纠纷处理。而正如我们所知，立法不可避免地落后于社会需要，成文法的局限性决定了刑法不可能对所有犯罪作出毫无遗漏的规定，这种情况需要司法机关通过刑法解释和论证，在同时符合刑事违法性和实质违法性的前提下作出判决。另外，由于语言特点导致了刑法文字表述可能包含不值得科处刑罚的行为，此时，应当对刑法作出实质的解释，使刑法所规定的行为仅限于值得科处刑罚的行为。[①]基于此，司法机关可以根据社会发展的情况，通过两种方式弥补立法活动存在的不足：一是弥补立法漏洞。例如，《刑法》第345条规定的滥伐林木罪，其行为对象是“森林或者其他林

① 参见张明楷：《罪刑法定与刑法解释》，北京大学出版社2009年版，第72页。

木”，而对于“其他林木”的理解，则需要根据实际情况作出限制解释，[①]否则会陷入过于限制国民自由的境况。二是去除立法残余。例如，2015年8月29日，第十二届全国人大常委会第十六次会议表决通过了《刑法修正案（九）》，删除了嫖宿幼女罪的规定。在此之前，理论界曾就嫖宿幼女罪的存废展开过激烈的讨论。有学者主张嫖宿幼女的行为在实践中可按我国的典型口袋罪——寻衅滋事罪、非法奸淫幼女型强奸或猥亵儿童罪处理[②]，因此嫖宿幼女罪没有存在的余地。这种从司法实践入手进而影响立法的现象便是典型的去除立法残余之行为。又如，对于非法经营罪，就有学者建议应当从司法实践入手，通过严格的刑法解释，限制处罚范围，进而在立法上逐步增强其明确性[③]。因此，司法机关应当自觉适应社会的变化，必要时要采用非犯罪化的方式弥补和完善立法规定。

其次，犯罪化与非犯罪化之间的动态转化，要求我们摒弃用静态的方式去评价刑民交叉案件的传统。社会是不断进步的，“只有在规范与生活事实、实然与应然，彼此互相对应时，才产生实际的法律：法律是应然与实然的对应”[④]。一旦社会关系和社会观念发生变化，过去界定刑事法律关系与民事法律关系之间的界限，无论是制度层面的还是观念层面的，都会因此异动，如果我们还坚持传统界限，就否弃了刑法要不断适应社会发展的功能性要求。这反映了传统思维定式造成的司法惰性，应当避免。有些问题的发生则具有一定的历史原因，如果司法实践忽视历史背景，用现行标准去处理历史问题，就容易出现不合理的结论。所以，为了积极应对社会结构的种种变化，我们应充分把握刑法事实与民法事实之间的互动规律，以此为基础对相关问题进行有针对性的情景化处理，这样才能提高法律的适应性和裁判结果的公正性。

---

① 参见最高人民法院2000年11月22日发布的《关于审理破坏森林资源刑事案件具体应用法律若干问题的解释》第3条、第9条。

② 参见童德华：《嫖宿幼女行为的法条竞合问题》，载《法学》2009年第6期；黄旭巍：《嫖宿幼女罪若干疑难问题研究》，载《武汉理工大学学报（社会科学版）》2006年第1期。

③ 参见张训：《口袋罪视域下的寻衅滋事罪研究》，载《政治与法律》2013年第3期；马春晓：《非法经营罪的“口袋化”困境和规范解释路径》，载《中国刑事法杂志》2013年第6期。

④ 参见吴丙新：《刑法解释的对象——在事实与规范之间》，转引自［德］亚图·考夫曼：《法律哲学》，刘幸义等译，法律出版社2011年版，第169页。

再次，民法和刑法规范之间的互动充分表明民刑交叉案件事实具有双重属性，如果我们一味去刻画民刑之间的界限，其法律效果和社会效果都难以得到良好确证。法律人往往有这样一种错觉：在民事法律关系与刑事法律关系之间，存在一条“隐形”的界线，它能够且只能够被理性的法律人所把握。实则不然，这条界线只存在于法律人的观念之中，并无明显的实际价值。例如，在现实生活中，存在成年子女不侍奉年迈的父母，致使老人生活无人照料，风餐露宿的现实问题。一般而言，这种程度的遗弃是一个需待民法解决的问题，但如果老人被冻死、饿死，那么子女的行为就是一个有待刑法处理的问题。但是，还有哪些场合的遗弃应由民事不法上升为刑事不法呢？这首先取决于我们对相关刑法规定的进一步规范，其次取决于法官内心情感的确证和证成。如刑法中构成遗弃罪要求行为“情节恶劣”，可是刑法并没有明确划分“情节恶劣”的界限，最高人民法院、最高人民检察院虽然为此出台了相关司法意见，但是意见显然不可能完全涵摄现实中的全部问题，可见这条“隐形”的界限在客观上并非真实地存在。既然如此，我们应当如何建构民法与刑法之间的界限呢？这是当前在理论上应当严肃对待的一个问题，因为这个问题的解决将有助于在司法实践中对此类案件采取一种更为直观有效的处理方式，从而使司法裁判能够回应社会对公平正义的诉求。这也是本文重点关注的问题所在。理论界长期以来对于刑民交叉案件的概念、分类所存在的争论正是从概念性思维的角度出发，试图寻找处理该类案件的具体方法。但是实践证明，传统的概念性思维无法应对越来越复杂且更为具体的司法实践，寻求新的思维方式就成为当前理论研究所无法回避的任务。

最后，新的思维模式应当回应现实问题。针对刑民交叉案件的处理，司法实践中存在是先进行民事诉讼还是先进行刑事诉讼的分歧，出现了所谓“先刑后民”“先民后刑”“民刑并行”的理论选择。[①]在很大程度上，这个分歧与我们所要解决的问题没有直接关系，而是和立场或者站队有关。如前所述，对于诉讼机制的选择，一是因为司法工作者的法律素养和职业素养不同，他们的

---

① 参见陈兴良：《关于“先刑后民”司法原则的反思》，载《北京政法管理干部学院学报》2004年第2期；谌鸿伟、贾伟杰：《我国刑事附带民事诉讼制度的设计缺陷及重构》，载《法学评论》2006年第2期。

选择也就会存在差异；二是实践中刑民交叉案件的处理方式具有较大的随意性，因此，基于概念性思维不可能达成选择方案的共识。"先刑后民""先民后刑""民刑并行"的诉讼机制各有所长，也各有弊端，所以在立法上对于诉讼机制的选择不易原则化，而是应当根据实践中出现的问题，倡导一种开放性的思维。

综上，笔者认为，因为争议问题已经出现，最严重以及最轻微的性质预判业已发生，考虑到我们很难用划定界限的方法排除最严重的性质预判或者最轻微的性质预判，法律人必须对最严重的性质预判和最轻微的性质预判进行双重回应。因此，较为妥当可行的办法是采取逐层抗辩式论证的方式，即针对相关案件在司法实践中所表现出来的特殊具体问题，基于对这些案件事实最严重的性质预判，结合其涉嫌之犯罪的构成要件，证明现实案件事实的特殊性或者其与犯罪构成要件的共性，证伪或者证成其与刑法所设定的相关犯罪的构成要件之间涵摄的可能性及合理性。换言之，在民事不法与刑事不法的互动中，隐含着一种新的司法机理要求，即必须有一套能有效地将民事不法与刑事不法剥离的机制，而这一机制不可能因循过去那种固定不变的理论标准，它要求法律人必须以具体的、特殊的问题为引导，并基于对具体问题的殊异性分析，应对实践中形形色色的刑民交叉问题。这一任务有赖于类型化思维来完成。

类型化思维兴起于20世纪上半叶，是从民法法系中传播开来的，它是根据其研究对象的特征来进行类属的划分，并且把具有类似特征的社会现象和经验事实，依据一定的标准划分为一类，再在各个不同类型之间根据其内在要素的强弱、影响力的大小等组成一个统一的类型体系。[①]类型化思维是为了解决抽象概念思维的局限而发展出来的一种思维方法[②]，因此类型化思维具有弥补概念思维不足的作用。例如，概念是封闭的，而类型是开放的；概念是一种区隔性思考，而类型让自己在"或多或少"多样的真实中存在。[③]基于此，类型化思维在思考路径上呈现出明显的双向性：一方面，它是对抽象概念等"元叙事"

① 参见张斌峰、陈西茜：《试论类型化思维及其法律适用价值》，载《政法论丛》2017年第3期。

② 参见［德］卡尔·拉伦茨：《法学方法论》，陈爱娥译，商务印书馆2005年版，第338页。

③ 参见［德］亚图·考夫曼：《法律哲学》，刘幸义等译，法律出版社2011年版，第148页。

的进一步区分和演绎，表现为一种具体化的精致思考；另一方面，它更是对生活要素和具体个案的提炼与归纳，体现为一种抽象化的概括思维。①所以，类型化思维具有解构和重构概念性思维的效果，它不仅仅采取一种对抽象概念进行演绎和细化的解构方式，还采取一种对具体个案进行归纳和概括从而进行再结构的方式。

具体而言，类型化思维有助于避免概念性法律的实践短板。在法律认识过程中，自然无形的生活事实，在未经人类认识加工之前，经常是断裂的，它们之间缺乏意义的联系，只是一些孤零零散落的原子和碎片，需要逻辑线索和意义脉络的贯连。人们如果要认识和理解这些事实的法律意义，就趋向于在经验观察之后抽取和提炼出这些事实之间的共通特征，以便能够初步形成事实类型的基本轮廓。在此基础上，再以法理念及法目的为导向，对事实类型予以价值和规范性的加工，并在要素之间建立起它们在法律结构上的联系，从而形成法律上的行为类型。如前所述，此种抽象的行为类型之形成与建构的过程，一方面固然是法理念、法目的甚至是抽象概念的具体化、演绎化，但另一方面更是生活事实、具体案件的提炼和归纳。但在抽象化过程中，行为类型需要集中于案件事实中一些值得特别关注的素材。以故意杀人罪为例，在未经立法者的认识加工之前，进入立法者视野的，首先是诸如“张三杀人”“李四杀人”“用刀杀人”“用毒药杀人”等个案化的事实，立法者经过认识上的处理，从中抽象出诸如“行为主体”“行为手段”等特征，然后根据刑法的目的与价值，在其中撷选出刑法上具有重要意义的要素，经过要素改造及要素之间的结构性构建，从而形成“杀人罪”的类型。可以毫不夸张地说，刑法上的其他各罪之设定，莫不要经历上述过程。②但主体以及行为的具体性或者说特殊性在立法抽象化过程中不断消失，如果在司法实践中，司法者看不到抽象概念背后的具体情境，就无法实现刑罚个别化。换言之，刑罚个别化的实现依赖于司法者从类型化思维出发，主动挖掘主体、行为概念背后的具体情境性因素。

---

① 参见杜宇：《再论刑法上之“类型化”思维》，载梁根林主编：《刑法方法论》，北京大学出版社2006年版，第123页。

② 参见杜宇：《再论刑法上之“类型化”思维——一种基于“方法论”的扩展性思考》，载《法制与社会发展》2005年第6期。

综上可见，类型化思维对于刑法方法提出了更高要求。在传统刑法方法中，解释是一种重要方法。我们传统的解释方法，不论是文理解释、论理解释，还是主观解释、客观解释、折中解释，都是根据法律上的理想情境建立起来的、追求对象“真实性”的封闭认识模式，但司法实践要面对具有开放性的整个社会，仅仅追求刑法解释的“真实性”，在封闭的法律体系内自然是没有问题的，但一旦面对复杂的司法实践问题时，其结论的合理性往往会因缺乏生活的证成而失去有效支持。因此，在进行刑法解释时，涉及解释目标转向的问题，即从真实性到合理性的转变。在判断前提上，解释依然以真实性为保证，不过在结论上要考虑到裁判的可接受性。但问题是，以合理性为诉求的目标是单向度的刑法解释无法承担的任务。比如，“性贿赂”是否能作为刑法中的“贿赂”？这绝不是一个“真”的判断，它隐含着激烈的道德性论争。①

在用类型化思维解决刑民交叉案件时，除了运用刑法解释，更为重要的是对刑法论证的重视。虽然理论界对于刑法论证与刑法解释的关系存在不同的观点，但无论如何，笔者认为，解释是理解的表述，论证是解释的交流。因为从法学范式看，法律人的认识模式也在发生着根本性的变化，传统的“主客体”认识模式被认为是不现实且无益于解决社会问题的，换言之，“主客体”认识模式已经无法再适应这个价值多元的世界了。基于对传统认知模式的批判，主体间性理论应运而生，由于不同主体对客观世界的认识存在差异，因此承认自我与他人认知之间的分歧是很重要的。在此基础上，主体间性理论强调主体间的共识。比起客观世界的本质，主体间性理论更加注重“我们”所看到的客观世界，这无疑更加有利于在主体之间达到平衡，也更加有利于和平而合理地解决纠纷。②因此，在处理刑民交叉案件这类复杂情况时，以刑法解释为主要或者唯一的解决方法是不妥的，而应当以刑法解释为基础，进一步为求得结论的合理性而进行刑法论证。在司法实践中，这里的“主体”不仅包括法律人，还应当包括广大的法律受众。因为刑民交叉案件与当事人的生活利益直接相关，社会影响极为广泛，因此司法工作者更应注意这一点。

① 参见童德华:《从刑法解释到刑法论证》，载《暨南学报（哲学社会科学版）》2012 年第 1 期。

② 参见童德华:《主体间性理论对刑法现代化的再造》，载《当代法学》2017 年第 3 期。

具体而言，刑法论证包括内部证成与外部证成，内部证成考虑的是法律的体系效果，从整体上考察构成要件，保证其逻辑的流畅性；外部证成考虑的是社会效果，所得到的结论能否达到公众心中的公平合理，能否带来预期的社会效果，都是外部证成所要考虑的因素。在如前所述的过度维权案中，从法律体系内部来看，当消费者未经过合理协商，直接以向媒体或有关部门披露商家行为相威胁，索赔的数额明显高于损失时，其行为就已经完全符合敲诈勒索罪的构成要件了。我国《消费者权益保护法》和《食品安全法》虽然对索赔数额进行了一定程度的突破，但并非未加限制，所以消费者可以“毫无限制地索赔”并未得到法律政策的支持。另外，从社会效果来看，对消费者维权的限制要求其维权的手段和结果不能损害其他当事者的法益以及社会法益、国家法益。当过度维权行为损害刑法所维护的社会经济秩序时，由刑事法律进行干涉未必不是必要之举，因为用刑罚来恢复被危害行为所损害的秩序，往往能更好地实现法律的行为规范功能和一般意义上的预防效果。

四、类型化思维在刑民交叉案件中的运用

在分析一个行为是否构成犯罪时，通常有以下三个判断步骤：第一步分析行为的社会危害性程度，第二步分析刑事违法性，第三步分析该行为的刑事可罚性。而在解决特殊问题的每个环节中，类型化思维都是极具重要意义的。

（一）社会危害性的预判

行为的社会危害性（包含其严重程度）是判断其是否构成犯罪的实质要求。概念性思维只能发挥从大前提到结论的形式分析效果，其中行为、结果等要素的分析是犯罪定性的实体性前提和基础。而运用类型化思维，可以保证我们有一种目标导向，行为、结果等要素的分析不再是定性的前提和基础，而是定性能否成立的证明性因素。在类型化思维中，首先要判断的并不是形式上的行为或者结果是否该当构成要件，而是行为的基本事实在我们常识下所激发的正义之情感，在道义上或在感情的层面上是否要求我们将整个事件作为一个刑事问题来对待。换言之，即整个事件的社会危害性是否在法律人的观念上达到了犯罪化的程度。因此，我们要在整体上把握行为性质的社会危害性。

从本质上说，犯罪行为必须是实质上为法律所不允许的行为，即违法行

为，而在不同历史时期，犯罪也被赋予了不同内涵。①在费尔巴哈时代，犯罪的本质被认为是“权利侵害”；而在19世纪初期，在实证主义的影响下，犯罪的本质被解释为“法益侵害”。同时，因受黑格尔的客观不法论的影响，客观的违法性说成为当时的支配性观点。②所以，要从一般意义上考察社会危害性就不得不提及理论上存在的多种分歧：一是主观的违法性论与客观的违法性论。主观的违法性论主张刑法规范的本质是命令性规范，所谓违法即有责任能力者违反命令；客观的违法性论主张刑法规范的本质是评价规范，不论行为人主观状态为何，只要客观上违反法律就具有违法性。虽然刑法规范具有命令、禁止机能，但是在该决定规范发挥作用之前，“评价规范”应当首先发挥其作用，因而单纯的主观违法性论一直受到诸多学者的诟病。③二是行为无价值论与结果无价值论。行为无价值论认为违法性的本质是法益侵犯，行为无价值论则认为违法性的本质是规范违反。20世纪50年代中期，在客观主义刑法学内部，受威尔泽尔目的行为论的影响，行为无价值论逐渐兴起，在60年代之后的日本，行为无价值论与结果无价值论的对立逐渐形成。④考虑到两种学说各自的缺陷，以客观性为基础，在结果无价值的基础上考虑行为无价值而形成的二元论成为日本的通说。三是人格无价值、行为无价值与结果无价值综合说。人格的犯罪理论认为客观主义和主观主义都有其短处，所以主张以此二者为基础，从犯罪是行为人人格主体的现实化出发研究犯罪的本质。⑤这种观点在否定单纯的行为人主义与行为主义的基础上，相对全面地概括了能够反映社会危害性的对象，包括行为人的人身危险性，行为的规范违反性以及结果的危害程度，并认为行为人基于自由意志实施了危害社会的行为是对行为人进行谴责的依据。

显然，即使在不同的历史时期，我们传统的方法都更倾向于从客观上把握行为的社会危害性，因为在依法治国的观念下，行为在客观上的社会危害

---

① 参见张明楷：《刑法学》，法律出版社2011年版，第109页。

② 参见童德华：《外国刑法导论》，中国法制出版社2010年版，第5页。

③ 参见［日］曾根威彦：《刑法学基础》，黎宏译，法律出版社2005年版，第99页。

④ 参见童德华：《外国刑法导论》，中国法制出版社2010年版，第86页。

⑤ 参见［日］大谷实：《刑法总论》，黎宏译，中国人民大学出版社2008年版，第35页。

性有可能通过物化构成要件结果的方式来实现。所以，在过去确定犯罪构成要件时，立法者较为重视犯罪行为的后果，如果某一行为产生了十分恶劣的危害结果，通常就会被作为犯罪给予刑罚处罚，并且结果危害越大，处罚越重。这造成了一种立法方向上的错误，即刑法只重视结果，而不重视造成结果的人。这种只重视结果的思路在处理刑民交叉案件时是行不通的，它往往会导致不合理的处理结论。因为构成要件的结果是一种人为建构的事实，司法裁判实践对结果的评价很可能因为忽视历史成因而不合理。例如，在过去就曾经发生某些司法裁判将一些承包经营者获取承包经营收益的行为当作贪污犯罪处理的情况，现在还有一些司法机关在处理投资经营纠纷时，忽视地方为了发展经济而采取的优惠政策，将一些投资者当作犯罪分子追究其责任。这是由于我们对所谓的构成要件结果进行了简单的认定，而忽视了结果成因的特殊性。所以我们在评价社会危害性时，除了构成要件结果之外，还应当着重评价行为样态和相关情节。具体而言，评价社会危害性应当从整体把握以下因素：构成结果、行为人的主观恶意、行为次数、行为对象、行为形式、违法性的形态和程度等。犯罪结果危害越大，行为次数越多，社会危害性越严重。而主观恶意存在有无与强弱之分，若行为人不存在主观恶意，则不可能具有刑法上的非难可能性，可直接通过民事手段来解决问题；若行为人存在主观恶性，则要分析其程度大小。

以上是在理论中分析社会危害性应当注意的因素，而应用于司法实践、分析其社会危害性时则应当遵循以下程序：第一步是司法人员的道德预判，也就是司法工作者根据长期社会生活和经验而形成的道德标准，基于上述因素的统合对行为的性质形成预判。第二步是事实证伪。司法人员形成的预判，也有很大可能性是错误的或者不符合法律规定的，因此需要在预判形成之后，自觉检验该预判是否合理或者正确，最好的办法是采取证伪法，分析预判能否得到经验和法律上的支持。需要特别说明的是，证伪法的科学根据是证伪主义，证伪过程中使用的方法是试错法，证伪法有助于通过案件事实对预判进行反证，以便修正假设中的虚构成分和偏见。第三步是事实共识。基于对法律事实和偏见的有效证伪，无法形成有效的案件事实预判，有效的预判需要在不同法律参与者之间通过论证和承认得到加强，从而形成有利于支持结论的事实共识。

（二）构成要件行为的计划性

运用概念性思维在很多时候会对行为进行片段化处理，结果导致行为的计划性受到忽视。在用类型化的思维处理刑民交叉案件时，特别需要从行为计划中分析行为性质。就刑民交叉案件而言，最大的问题在于行为人的行为是否涵摄构成要件必须得到证伪或者证成。一般意义上，行为者的行为性质经由行为人主观陈述而表现出来，而某人是否要为其违反刑法法规的举止进行刑法上的答责，需要考虑两个方面的能力：行为能力（避免构成要件实现的能力）和动机能力（避免构成要件实现的意志）。[①]虽然行为人的陈述往往是最不可靠的言词证据，但“行为能够表征心理”并不是空言，很多时候我们需要通过行为人的行为方式、样态去论证行为人的行为性质。除了常见的心理推理，在刑民交叉案件中，有些特殊行为类型下的心理态度问题还需要我们基于一些特别的角度进行考虑。

例如，合同纠纷和合同诈骗是经济纠纷和经济犯罪中最典型的样本。与刑事法律关系侧重于保护秩序不同，民事法律关系更注重保护权利，[②]所以当纠纷的基础属性为民事法律关系时，如民间借贷与集资诈骗罪之间的界限，我们应当首先考虑双方当事人的合意，只有当民间纠纷具备“合意”的外壳而事实上并无“合意”，或者虽有“合意”，但交易目的其实根本无法实现时，才能说民间纠纷已经异化为刑事犯罪。[③]在刑法规定的合同诈骗罪中，行为事实通常被认为是基于一个合同而展开的，但实践中行为人完全可以也可能通过签订数个合同实现一个目的。这难免出现行为人利用数个合同之间的关联性进行犯罪的情况。数个合同单独来看，每个合同行为都没有问题，但是将数个行为结合起来就能充分表现出行为人的内心态度。在实践中，这些诈骗行为往往具有如下行为模式：首先，利用编制的身份，取得他人信任；其次，与他人签订经济合同及关联合同；再次，有意造成他人难以履行经济合同的情况；复次，利用关联合同起诉他人，通过法院实现资产转让；最后，迅速转让财产，套现，造成

① 参见［德］乌尔斯·金德霍伊泽尔：《刑法总论教科书》，蔡桂生译，北京大学出版社2015年版，第43页。

② 参见郭晓红：《民、刑比较视野下的占有之“观念化”》，载《法学杂志》2011年第11期。

③ 参见张理：《民间集资行为异化为集资诈骗罪的分析研究》，载《中国刑事法杂志》2013年第12期。

资产难追回的局面。其中，行为计划往往直接指向行为人想要达到的结果，所以行为计划直接或间接地反映了行为人是否一开始就具有“非法占有目的”。这是判断该类行为性质的关键。如果行为人一开始便周密计划，所有行为都指向“非法占有数额较大的财物”这一结果，则不论行为人采取何种手段，该法律关系都已经超越民事法律关系而进入刑事领域。简言之，诈骗犯罪常常伴随一个完整的发展过程，该过程在行为人“恶意”的操控下向前推进，一旦着手就会对相关法益造成严重的损害，而民事欺诈则通常表现为某一个环节的“表意瑕疵”，如果通过协商或者行使法定撤销权能够消除这种瑕疵，达到保护交易的目的，那么民事法律的调整作用就已经实现了。另外，在上述情形中，值得我们注意的还有对于行为对象的选择，这也是计划中的关键一环。对象人一般急于与他人合作且投资的风险意识差，导致自己成为被选择的对象。简言之，在处理刑民交叉案件时，应当充分把握刑事法律与民事法律之间的根本性差异，再从行为计划入手，把握行为性质。

（三）主观构成要件的类型

犯罪必须具有主观构成要件，主观构成要件在法律中是以概念的形式出现的，但是实践中不能完全按照概念所揭示的特征分析，还需要结合具体情况进行把握。在涉及刑民交叉案件的司法实践中，主要是如下两类。

1. 责任分担与主观要件

由于概念性思维对于现实中边缘问题的忽视，可能导致案件走向把握不准，而概念性思维则必须注意这些问题。例如，在推理行为人主观心理态度时，需要关注行为人与行为对象之间的心理互动，如果从概念出发，就容易扩大认罪范围；相反，如果注意边缘问题，就可以加以合理限制。以责任分担为例，现代社会生活伴随着许多的风险，基于合理信赖的原则，我们也有理由相信在一些特定的情况下，对方有自己避免危险和注意危险的义务。因此，我们也可以基于责任的合理分担来把握刑民交叉案件的性质。以高风险伴随高利润的经济交易为例，处理刑民交叉案件时，有三个方面的特征值得我们高度关注。首先，应当把握风险的客观性。市场需求、价格波动等客观因素都会直接影响经济合同的履行，如果一方的损失是由不可控的客观风险造成的，则不论损失多大，刑法都不应当进行干预。其次，应当确定风险的可知性。可知性是判断一方是否具有恶意的重要标准，实践中根据行为人的职业和身份，往往会得出不同的结论。最后，应当评价风险的合理性。市场交易总是瞬息万变的，很多交易风险的可知性界限并不十分明确，转让合同就是很好的例子，笔者认为，在难以判断可知性与可控性时，风险发生的合理性就占据了很重要的地位，以转让合同为例，转让方转让的目的，受让方履行合同的能力，以及受害方是否知情等导致损害结果发生的原因，都在一定程度上影响了风险发生的合理性。

2. 客观情形推定与主观要件

正如我们所知，每部部门法在保护权利、调整社会秩序方面，都存在不同的价值选择，这是由法规范目的决定的，也就是说，法规范目的决定了一部法律的干涉范围。以意志自由为基础的民法，尊重公民的意思自治，它的规范目的在于调和平等主体之间基于合意而形成的权利义务关系，其最终实现的是保障交易的目的。因此，只要民事法律关系主体之间达成了真实的“合意”，就赋予其私法上的效力而排除国家公权力的过多干涉。[①]而刑法作为“最后手段”，体现的是国家对于恶意行为和动机的否定，其最终实现的是保障社会基本安全秩序的目的。从民事诈欺与诈骗犯罪就可以很明显地看到这一区别，因欺诈而订立的合同并不当然无效，而是由受欺诈的一方是否行使撤销权来决定的，但是对于诈骗犯罪，不论被害人是否告诉，行为人都必须受到刑罚处罚。这种区别就是各个部门法进行价值选择的结果。刑法否定行为人的恶意目的和行为，通过处罚所有符合诈骗罪构成要件的行为，来保障整个社会的财产秩序，这与以意思自治为基础的民事法律关系是有很大不同的。因此，我们在处理刑民交叉案件时，应当充分考虑法的规范目的，选择更有利于维护当事人的合法权益，更能维护稳定安全的社会秩序的处理方式，不论是民事处理方式还是刑事处理方式，都不应有所偏废。

行为人主观恶意的有无与大小，在一定意义上决定了该法律关系的性质，作为主观恶意要素之一的构成要件目的，在一些占有型经济犯罪中，对于判断犯罪成立与否更是有着决定性的意义。而主观恶意的判断在实践中也往往是最成问题的。实践中需要结合客观行为来判断主观目的，这往往会带来很多的困难，《全国法院审理金融犯罪案件工作座谈会纪要》（2001年1月21日发布）在

① 参见郭晓红:《民、刑比较视野下的占有之“观念化”》，载《法学杂志》2011年第11期。

明确金融诈骗犯罪时提出，在司法实践中，认定是否具有非法占有的目的，应当坚持主客观相一致的原则，既要避免单纯根据损失结果客观归罪，也不能仅凭被告人自己的供述判定，而应当根据案件具体情况具体分析。根据司法实践，对于行为人通过诈骗的方法非法获取资金，造成数额较大资金不能归还，并具有下列情形之一的，可以认定为具有非法占有的目的：（1）明知没有归还能力而大量骗取资金的；（2）非法获取资金后逃跑的；（3）肆意挥霍骗取资金的；（4）使用骗取的资金进行违法犯罪活动的；（5）抽逃、转移资金、隐匿财产，以逃避返还资金的；（6）隐匿、销毁账目，或者搞假破产、假倒闭，以逃避返还资金的；（7）其他非法占有资金、拒不返还的行为。

主观目的的确定往往依托于一定的客观要素，从上述司法解释的立场看，在将结果作为目的犯罪之中，由于行为与结果之间是原因与结果的关系，所以不需要再额外证明结果的存在，发生了行为就通常视为发生了结果。也就是说，在判断非法占有目的时，只要存在相应的客观行为（原因），就推定也存在相应的目的（结果）①。通说认为，非法占有目的由“排除意思”与“利用意思”构成②，两者兼具才能肯定非法占有目的。因此，在具体情况的判断中，应当结合司法解释做具体理解，特别是在一些容易引起分歧的场合，如（1）对于“挥霍”的认定，若行为人将借款用于购买珠宝、豪车和房产，是属于投资还是挥霍财产？这一问题在实践中是普遍存在的。笔者认为，对于“挥霍”的判断，应当从行为人自己的经济水平出发，如果这些东西已经超出了行为人在通常情况下的购买力，在日常生活中的支出占比超过了行为人以往的习惯，则可认为行为人构成“挥霍”。（2）若行为人失去联系后，因被债权人追杀，而到司法机关自首的，能否认定行为人以非法占有为目的。这种情况下，不能因为行为人自首而否定行为人自首前所具有的“失去联系的行为”。在这种情况下，行为人被迫放弃了非法占有，结果上没有实现自己的目的，但主观上的非法占有目的不因结果未实现而消灭。

另外，司法解释无法涵盖所有情形，所以我们应当正确理解和运用“其他

---

① 参见付立庆：《主观违法要素理论——以目的犯为中心的展开》，中国人民大学出版社 2008 年版，第 250 页。

② 参见张明楷：《刑法学》，法律出版社 2011 年版，第 847 页。

非法占有资金、拒不返还的情形”。首先，可以推定行为人具有“非法占有目的”的情形不限于已经列举出的情况，根据当然解释，与已经列举的行为性质具有相当性的行为也能推定行为人具有“非法占有目的”。其次，在实践中不能仅将视线局限于已经列举的情况，对于其他情形也应当严格根据“非法占有目的”的构成要件进行分析，进而区分整个行为的性质。

小结

综上所述，刑民交叉案件首先应当以类型化的分析为前提，掌握民事法律关系与刑事法律关系之间相辅相成、互为补充的关系。其次应当对行为人的行为作整体考察，分析其中的民事因素与刑事因素，从而选择最合理的处理途径。就相关问题的理论研究而言，以实践为指导的类型化分类以及每种类型的处理方式，应当成为日后理论研究的重心。另外，过于强调实践中的某一种处理模式是不妥的，除非有明确的证据表明此种处理模式是最优的，否则会给实践带来错误的引导。就司法实践而言，司法工作者应当打破“先刑后民”的思维定式，以最大限度地保证当事人合法权益为前提，选择最合理的诉讼机制。

第一章

刑法与民法竞合的司法现状与原因分析

第一节　刑法与民法竞合问题的司法现状

一、刑法与民法竞合问题司法现状之概述

（一）刑法与民法竞合问题之概述

人与人之间因交互联系形成的社会关系随着社会生活的复杂化而具有多重性和复杂性的特点。以社会关系为基础，由法律规范调整所形成的法律关系由于法律规范的多样性而具有多重性和复杂性的特点。当由某一主体产生的某一事实因与其他主体之间的交互而形成多重的社会关系时，如若其能够置于多种法律规范的共同调整之下，则其势必会形成具有不同性质的法律关系。因此，虽然规范不同领域的各个部门法有其自身特有的任务和调整对象，但是彼此都能因其所规定的内容，在调整特定的社会关系的过程中形成特定的法律关系，从而因事实的同一性出现相互竞合的情形。刑法虽然是一个独立的法律部门，但是由于其具有作为社会最后一道防线的性质，因而更加容易出现与其他部门法相互竞合的问题。而具有私法性质的民法作为调整平等主体之间财产关系和人身关系的部门法，在其调整特定的社会关系的过程中，无疑会与刑法相互交叉，从而带来刑民竞合的问题。

1.刑民交叉的概念和类型

刑法与民法的竞合问题可以归属于刑法理论界与实务界常常探讨的“刑民交叉”问题之中。关于何谓刑民交叉，因立足点的差异而存在不同的观点。例如，有观点以法律关系之间的交叉竞合作为出发点对刑民交叉进行界定。[①]也

① 参见杨兴培:《刑民交叉案件的类型分析和破解方法》，载《东方法学》2014年第4期。

有观点立足于法律事实对刑民交叉进行界定。[①]虽然当前理论界对于刑民交叉的界定具有一定的争议，但是大致反映出在刑民交叉的现象中，刑法与民法在调整社会关系时所表现出的竞合性或者牵连性。

我国学者对刑民交叉案件的类型划分，在理论上存在一定的分歧，其主要包括：第一，二分说。二分说将刑民交叉案件分为两类，但在具体观点方面存在一定的分歧。例如，有观点将刑民冲突划分为涉及违法或犯罪的刑民交叉案件和位于合法与犯罪之间的相互冲突的情形。[②]也有观点将其分为基于具有关联性的不同法律事实而引起的关联型刑民交叉案件，以及基于同一法律事实而引发的竞合型刑民交叉案件。[③]第二，三分说。三分说将刑民交叉案件分为三类，其具体观点亦存在分歧。例如，有观点将刑民交叉案件分为表面具有刑民交叉的形式但是实质并未涉入刑事领域而仅具有单一民事法律关系的情形，表面具有刑民交叉的形式但是实质上属于纵向的刑事包含民事的情形，以及表面具有刑民交叉的形式但是属于刑事和民事横向并列关系的情形。[④]也有观点以因果关系作为切入视角，将其分为一因多果型、多因一果型和“因犯罪而继发民事诉讼”型。[⑤]第三，四分说。四分说将刑民交叉案件分为四类。例如，有学者将刑民关系交叉的状态分为四种情形，即具有关联的不同行为分别触犯刑事和民事法律关系的情形，就同一行为触犯的法律关系难以确定是刑事法律关系还是民事法律关系的情形，部分法律事实相同的情形，以及同一法律事实同时触犯刑事和民事法律关系的情形。[⑥]

之所以存在上述不同的类型划分，其原因在于：一方面，不同学者进行类型划分所依据的标准是不同的，如有的学者以法律事实为标准，而有的学者则以法律关系为标准；另一方面，不同学者在对具体性与抽象性进行调和时作出

---

① 参见李蓉:《民刑交叉案件中管辖权异议制度探析》，载《政治与法律》2010 年第 6 期。

② 参见李兰英:《契约精神与民刑冲突的法律适用——兼评〈保险法〉第 54 条与〈刑法〉第 198 条规定之冲突》，载《政法论坛》2006 年第 6 期。

③ 参见魏东、钟凯:《论刑民交叉及其关涉问题》，载《四川警察学院学报》2009 年第 4 期。

④ 参见杨兴培:《刑民交叉案件的类型分析和破解方法》，载《东方法学》2014 年第 4 期。

⑤ 参见黄祥青:《刑民交叉案件的范围、类型及处理原则》，载《法律适用》2020 年第 1 期。

⑥ 参见杨锦芳、肖雯:《浅议人民检察院在民刑交叉案件中的法律监督地位》，载《云南大学学报（法学版）》2009 年第 1 期。

了不同的倾向性选择，即在类型化的前提下，各分类所表现的具体性或者抽象性的程度是存在一定差异的。然而，无论采取上述哪一种分类方式，刑法与民法的竞合都是其中所包含的一种情形。

2.刑民竞合的概念

刑法与民法因竞合而形成的刑民交叉案件是司法中常见的一种刑民交叉类型。因为刑民交叉概念存在理论上的分歧，所以刑民竞合的概念也存在一定的争议。若以法律关系为刑民交叉的核心，则刑民竞合表现为一种刑事法律关系与民事法律关系的竞合；若以法律事实为刑民交叉的核心，则刑民竞合体现为基于同一法律事实而产生的竞合关系。

从我国现行有效的有关刑民交叉问题的司法解释来看，其界定的核心标准是存在一定差异的。例如，1998年最高人民法院颁布的《关于在审理经济纠纷案件中涉及经济犯罪嫌疑若干问题的规定》第1条以是否为“同一法律事实”予以界定，但是该司法解释第10条的规定则以是否为“同一法律关系”作为界定的核心；而2015年最高人民法院颁布的《关于审理民间借贷案件适用法律若干问题的规定》第6条以“同一事实”作为界定的根据。

以“同一事实”作为界定的根据是有理论和实践依据的。从理论的角度出发：首先，法律关系的存在必须以法律规范的存在为前提。法律关系之所以能够在众多的社会关系中冠上“法律”之名，是因为它的形成源于法律规范对人们行为的调整。其次，法律关系的产生必须基于一定的法律事实，因为仅仅存在法律规范是无法自动产生法律关系的，只有一定的法律事实的出现，才能引起相关法律关系的产生。最后，法律事实是以自然意义上的事实本身为基础，自然意义上的事实在法律规范的规定下才能成为法律事实。因此，就“事实”“法律事实”“法律关系”之间的关系而言，法律事实实际上已经具有了规范评价的色彩，即其是被法律规范赋予法律意义的、区别于普通事实的、具有特殊性质的事实。不同的法律规范在对某一事实予以评价时，难免会存在一定的差异，[①]而由不同法律规范形成的法律事实具有的同一性范围也会缩小。因此，若以“法律事实”或“法律关系”来探讨竞合的问题，对于其是否能够涵盖在司法中因刑法与民法的竞合而带来的诸多难题就会存在疑问。从实践的角度出发，虽然前

---

① 参见王昭武：《经济案件中民刑交错问题的解决逻辑》，载《法学》2019年第4期。

文提到的规定在认定依据上并不一致，但是根据近年来最高人民法院相关的民事判例可知，其以“同一事实”为根据，同时认为“对于同一事实的认定，并非指民事法律规范和刑事法律规范作出规定的要件事实，而是自然意义上事实本身”①。因此，在界定何为刑民竞合时，应当以“同一事实”的竞合作为界定的核心，即刑民竞合是指基于同一事实而引起的在刑法与民法中的竞合情形。

3.刑民竞合的类型

以传统的概念性思维对刑民竞合进行界定能够从抽象的层面对该问题形成一定的认识，然而要想对其予以进一步的研究，以解决刑民竞合在司法中存在的问题，单纯依赖具有封闭性、区隔性的概念思维是无法实现该目的的。概念思维在追求认识对象外延的周延性以及安定性的同时，不可避免地会落入抽象化甚至是空洞化的危险。②因此，在面对复杂的现实问题时，概念思维固有的局限性就会在抽象与具体之间陷入两难的境地。

对刑法与民法的竞合问题予以类型化的研究在理论以及实践层面均具有重要的意义。在理论层面：其一，类型化思维的运用可以弥补在概念思维抽象性的指导下对刑民竞合问题认识的不足；其二，类型化思维所具有的开放性和关联性能够与复杂多变的社会现实相适应，从而应对具有复杂性和多样性的刑民竞合问题；其三，对刑民竞合问题进行类型化的研究，能够就刑民竞合内部不同特点的刑民竞合问题予以针对性的探讨。在实践层面，类型化思维的运用一方面能够在对刑民竞合问题类型化认识的基础上，根据不同类型的特点提出具有针对性的、具体的解决方法，从而避免在概念思维指导下解决方式的机械化和单一化；另一方面能够为司法实践中刑民竞合非典型性案件的解决提供一种有效的思路。

根据不同的类型化标准，刑民竞合存在不同的类型划分方式。根据由同一事实引起的法律关系性质的确定与否，可以将其分为法律关系性质确定的刑民竞合案件和法律关系性质存在争议的刑民竞合案件。③其中，法律关系性质确

① 最高人民法院（2017）最高法民申2903号民事裁定书。

② 参见童德华、赵阳：《类型化思维在刑事司法中的适用》，载《法律适用（司法案例）》2018年第10期。

③ 参见魏东、钟凯：《论刑民交叉及其关涉问题》，载《四川警察学院学报》2009年第4期。

定的刑民竞合案件是指同一事实同时触犯了刑事法律关系和民事法律关系，且其法律关系性质是确定的一类刑民竞合情形；法律关系性质存在争议的刑民竞合案件是指同一事实触犯的法律关系处于刑民的交界地带，因而难以判断、存在争议的刑民竞合情形。根据处理刑民竞合案件所关涉的问题的不同，可以将其分为程序性刑民竞合案件和实体性刑民竞合案件。[①]其中，程序性刑民竞合案件是指由同一事实所形成的刑民竞合问题，着眼于刑事诉讼程序以及民事诉讼程序之间的选择和协调问题；实体性刑民竞合案件是指由同一事实所形成的刑民竞合问题，着眼于实体法上的定性问题。根据行为主体以及责任承担主体的差异，刑民竞合案件可以分为内在竞合案件和外在竞合案件。[②]其中，内在竞合案件是指由同一行为人所引发的同一事实具有刑事违法和民事违法的双重性，而其亦应同时承担刑事责任和民事责任的刑民竞合情形；外在竞合案件是指基于同一事实所产生的行为违法性以及刑事、民事责任的承担分属不同主体的刑民竞合情形。

（二）刑法与民法竞合的具体表现

在司法实践中，刑民竞合案件是一种十分常见的复杂案件类型。刑法作为保障法所具有的在保护法益方面的广泛性，使其能够调整的社会关系范围亦具有广泛性的特点。而民法作为调整民事领域的法律，以财产关系和人身关系为调整对象，涵盖了经济生活、家庭生活等基础性的领域。因此，刑法与民法的竞合就成为司法实践中十分常见的一种现象，这种现象具体表现在法律规范之间的相互关照、行为之间的相互交错以及法律责任的聚合三个方面。

1. 法律规范之间的相互关照

从两大部门法本身来看，刑法与民法不仅具有各自的目的和任务，同时在调整的对象上亦存在差异，因此在两者之间似乎形成了较为明确的界限。然而，刑法与民法虽然是两个独立的法律部门，但是事实上两者并非完全隔离、没有关联的两大独立个体。就法律规范而言，其反映出彼此之间相互关照的特点。

---

① 参见李晓明、张鑫：《刑民交叉案件分类及其对未来研究的影响》，载《河北法学》2016 年第 2 期。

② 参见毛国芳：《审判刑民竞合案件的原则、方法和程序研究》，上海交通大学 2012 年硕士学位论文。

第一，法律规范调整对象上的重叠性。刑法调整的对象在理论上是存在争议的。但是，不可否认的是，作为保障法的刑法因其保护法益的广泛性，必然会与民法在调整的对象上，即社会关系上，存在诸多的重叠部分。例如，在侵犯公民人身权利、民主权利的犯罪以及侵犯财产的犯罪中，其所保护的对象必然会与民法调整的对象发生部分的重叠。刑法具有第二次规范的特性，不仅是民法、行政法等其他法律有效实施的重要保障，也是对这些法律所调整的社会关系的二次保护。正是基于刑法具有的上述特征，使两大法律部门在调整的对象上产生交叉。

第二，法律规范内容上的呼应性。法律规范内容上的呼应性是指刑法与民法在内容上并非相互独立、互不关涉的，而是在具体的适用过程中呈现出相互呼应的特点。

首先，刑法在具体的适用过程中需要借助其他的非刑事法律规范对行为人的行为是否构成犯罪进行判断：其一，在我国刑法中存在需要援引其他法律规范予以补充的空白罪状。空白罪状是指刑法条文没有对犯罪构成作出完备的规定，而需要参照、援引其他非刑事法律法规。在该刑法法规中，行为人的行为是否符合特定罪名的犯罪构成要件，单单依靠刑法的规定是无法予以判断的，需要根据分则条款指向的非刑事法律规范的具体内容进行判断，如《刑法》第189条规定的对违法票据承兑、付款、保证罪。其二，刑法中存在需要法官在适用时予以补充的开放性构成要件。开放性构成要件是相对于封闭性构成要件而言的一种需要予以补充的构成要件类型。例如，在过失犯中，刑法并没有具体规定行为人应当遵守的注意义务，注意义务的具体内容常常需要通过诸如民法、行政法等其他的法律规范予以确定。又如，对于不真正不作为犯而言，其作为义务亦未在刑法中明确规定。行为人是否具有作为义务是需要通过其他法律规范进行判断的。

其次，当前我国存在的附属刑法使刑法与民商、经济、行政等其他法律规范之间产生了直接的关联，如《票据法》。

最后，在刑法与民法的规定中存在大量相同或相似的法律术语。刑法中的法律术语不仅包括诸如犯罪、刑事责任等专有的法律术语，同时还涉及了大量的民法中的术语。例如，就对象而言，包括合同、有价证券、票据等；就行为而言，包括占有、销售、保管、重婚等；就主体而言，包括自然人、法人等。[①]法律术语中的共通性和相似性进一步加强了刑法与民法之间的相互联系。

2.行为之间的相互交错

基于司法实践中案件事实的复杂性等原因，就行为人的同一行为事实可能会产生在刑法与民法法律适用方面部分重合的问题。这种在法律适用方面的重合实际上就是两大部门法在调整同一行为事实的过程中产生的、经过法律评价的行为之间的相互交错。这种相互交错体现在两个方面：一是同一行为事实在具体定性方面的难题，即对于非典型性案件究竟是民事违法还是刑事违法在具体判断上的难题。在司法实践中，并非所有的案件都具有典型性，且能够明确区分是属于民法的范畴还是刑法的范畴。事实上，由于人类认识的有限性以及具体案件的复杂性，处于刑法与民法交界地带的非典型性案件数量众多，且常常成为司法实践中的难题。二是同一行为事实在法律评价上的重合。行为人的同一行为事实常常能够被刑法和民法同时给予法律上的评价。民法中的民事法律行为、民事违法行为以及事实行为都可能与犯罪行为发生交错。

第一，犯罪行为与民事法律行为的交错。犯罪行为与民事法律行为的交错是指在涉及犯罪行为的案件中存在民事法律行为。其主要包括以下几种情形：其一，以表面的民事法律行为掩盖犯罪的实质内容。这是司法实践中较为常见的一类刑民竞合案件。其最大的特点在于犯罪的实质隐藏在表面的民事法律行为之下，因而在具体的认定过程中容易被其合法的外表所蒙蔽，如“套路贷”案件。其二，犯罪的成立与否与具体的民事法律行为有关。例如，在侵犯著作权罪中，关于“未经著作权人许可”的规定就与著作权使用与转让的合同有关。[②]其三，民事法律行为与犯罪案件事实存在某种程度上的关联。在某些刑事案件中，可能会存在与案件事实有关，但是并不具有决定性作用的民事法律行为。在这类案件中，民事法律行为与犯罪行为之间的关系可能表现为两种情形：一是两者之间互不影响；二是两者之间相互影响。对于这类案件，应当以分别厘清其中存在的民事法律关系与刑事法律关系作为解决案件的前提。

第二，犯罪行为与民事违法行为的交错。一般而言，民法中的违法行为包

① 参见朱铁军：《刑法与民法之间的交错》，载《北方法学》2011年第2期。

② 参见刘宇：《民刑关系要论》，吉林大学2007年博士学位论文。

括民事侵权行为和民事违约行为。这两种行为都可能与犯罪行为产生交错。犯罪行为与民事侵权行为的交错是指行为人的同一行为既可以被刑法评价为犯罪行为，亦可以被民法评价为侵权行为。民事侵权行为是指行为人因过错侵害他人民事权益而造成损害的行为。因此，当行为人侵犯了他人的人身、财产等民事权益，并在一定程度上达到刑法规制要求的标准时，就产生了犯罪行为与侵权行为的交错。例如，就故意杀人行为而言，该行为在刑法上可以被评价为故意杀人罪，其同时触犯了民法中关于保护人身权利的规定。当然，在此种情形下，行为人的行为构成故意杀人罪是无疑的，但是也不能就此否定存在犯罪行为与民事侵权行为上的交错。犯罪行为与民事违约行为的交错是指行为人的同一行为事实在违反合同约定的同时，在刑法上亦能被评价为犯罪的一种刑民竞合情形。例如，司法实践中的某些犯罪行为常常以合同作为犯罪的手段，如合同诈骗罪。在以合同为手段的犯罪中，行为人的行为除了构成相应的犯罪之外，还存在是否需要履行合同义务的问题。又如，当行为人拒不返还代为保管的他人之物时，其行为在民法上构成对保管合同的违约，如果数额较大，达到刑法规定的立案标准，则有可能同时构成侵占罪。

第三，犯罪行为与民法中事实行为的交错。犯罪行为与民法中的事实行为也可能存在相互交错的情形。此处以不当得利①和无因管理为例。不当得利是指在没有合法依据的前提下，使一方受损，同时使自己获益的情形。一方面，由于不当得利存在的前提条件是不具有合法的依据，该前提就包含了基于犯罪行为而获得不当得利的情形；另一方面，不当得利在具备一定条件时也可能转化为犯罪行为，例如，将他人财物非法占为己有，数额较大，拒不交出，则可能触犯刑法中的侵占罪。无因管理是指在未受他人委托，也无法律义务的前提下，为避免他人利益受损失而自愿为他人管理事务或提供服务的情形。当管理人拒不返还无因管理之物时，就有可能触犯刑法中的侵占罪。

3.法律责任的聚合

法律责任是基于特定原因而应当由责任主体依法承担的不利法律后果。刑法与民法在法律规范之间的相互关照以及在对行为评价方面的竞合，必然会带来法律责任的聚合。法律责任的聚合是一种请求权的聚合，即“同一法律事实

① 对于不当得利是事实行为还是事件，在理论上存在争议，此处不作探讨。

基于法律的规定以及损害后果的多重性，应当使责任人向权利人承担多种内容不同的法律责任的形态”[①]。法律责任的聚合主要存在两种情形：一是行为人承担的民事责任与刑事责任和行政责任的聚合；二是民事责任内部的聚合。在刑民竞合的案件中，法律责任的聚合指的是前者，即行为人的同一事实在分别触犯不同部门法的规定后，需要同时承担不同法律责任的情形。法律责任的聚合不同于法律责任的竞合。在法律责任的竞合中，由同一事实所引发的法律责任之间是相互冲突的。换言之，法律责任的竞合体现在具有冲突性的规范之中，而责任的聚合则并非对冲突规范的同时触犯，其常常表现为公法与私法间的责任重合。[②]刑事责任和民事责任具有不同的性质和目的，前者更加侧重于惩罚和预防，而后者则更加侧重于救济和补偿，因此两者之间并不能自然地相互抵消，从而形成了在法律责任中的聚合。

根据责任承担主体的不同，刑法与民法在法律责任中的聚合主要表现为以下两种情形。

第一，同一主体因同一事实而需要同时承担刑事责任和民事责任的情形。例如，在涉及故意伤害的案件中，行为人除了需要承担故意伤害罪的刑事责任，通常还需要承担损害赔偿的责任。又如，在妨害对公司、企业的管理秩序罪中，行为人不仅需要承担相关罪名的刑事责任，可能还需要承担对公司股东、债权人的民事违约责任。[③]

第二，不同主体因同一事实而需要分别承担刑事责任和民事责任的情形。在此类案件中，虽然基于同一事实引起了刑事责任与民事责任的聚合，但是出现了行为主体与责任主体相互分离的情形。在刑事责任中，责任承担的目的在于惩罚和预防。根据罪责自负的原则，实施犯罪行为的人应当承担相应的刑事责任，因此刑事责任的承担主体具有直接性、明确性的特点。然而，在民事责任中，责任承担的目的在于救济和补偿，因而基于某些法定的原因就会出现行

---

① 肖建国、宋春龙：《责任聚合下民刑交叉案件的诉讼程序——对“先刑后民”的反思》，载《法学杂志》2017 年第 3 期。

② 参见肖建国、宋春龙：《责任聚合下民刑交叉案件的诉讼程序——对“先刑后民”的反思》，载《法学杂志》2017 年第 3 期。

③ 参见朱铁军：《刑法与民法之间的交错》，载《北方法学》2011 年第 2 期。

为主体与责任主体分离的现象。因同一事实而需不同主体分别承担刑事责任和民事责任的情形主要表现在以下几个方面。

其一，替代责任。替代责任是指行为人因第三人实施的侵权行为而需要对受害人承担侵权责任的一种情形。在具有法律规定的特定关系的基础上，诸如监护、雇佣等，某些与行为人相关的主体需要承担相应的民事责任。例如，无民事行为能力人、限制民事行为能力人在造成他人损害时，需要由监护人承担侵权责任。当然，在构成犯罪的案件中，刑事责任依旧由直接实施犯罪行为的无民事行为能力人、限制民事行为能力人承担。

其二，补充责任。补充责任是指在实施违法行为的行为人不能承担全部赔偿责任时，与其有特定联系的当事人依法就其不能偿付的部分承担相应的赔偿责任的一种情形。在补充责任中，承担补充责任的主体通常具有一定的法定或者约定的义务，同时其责任的承担还具有后位性的特点。例如，公共场所的管理人或者群众性活动的组织者，在第三人的行为造成他人的损害时，如果其没有尽到安全保障的义务，就需要承担相应的补充责任。

其三，连带责任。连带责任是指多个债务人就同一债务向债权人承担全部给付责任的一种情形。在连带责任中，具有请求权的主体可以向任意的连带责任人请求承担相应的民事责任。例如，在连带保证责任中，在满足相应条件的前提下，债权人不仅可以请求债务人履行债务，亦可以请求保证人履行债务。因此，在构成犯罪的情况下，就可能出现债务人承担刑事责任，而保证人承担民事责任的情形。

二、刑法与民法竞合存在的问题

（一）刑法与民法事实认定的差异问题

刑法和民法在调整社会关系的过程中，具有不同的价值取向。前者以保护社会和保障人权为目标，重视对社会秩序的维护；后者以私权保护为目标，重视对自由的维护。从调整对象和调整范围的角度出发，刑法具有保障法的性质，其调整的对象和范围当然地会与民法发生部分的重合。然而，尽管存在调整对象上的交叉，但因两种法律所具有的不同目标和价值取向，当某一事实因同时触犯刑法和民法的规定或者存在难以定性的情形，而需要刑法规范和民法规范分别予以认定时，不可避免地会存在一定的差异。这种差异主要体现为概念界定的差异和事实评价的差异。

1.概念界定的差异

概念界定的差异是指同一概念在刑法体系和民法体系下所表现出的内涵和外延存在一定的差异。在各个法律部门内部，为保证法律体系的连贯性，根据体系解释的要求，同一概念在同一法律体系中往往具有相同或者相似的内容。然而，由于不同法律部门在调整对象、调整目的、价值取向等方面的差异，要想继续保持这种一致性就变得十分困难。因此，当同一事实被放置在刑法和民法中分别进行认定时，这种由于法律部门的差异性所带来的概念界定的差异就成为在解决刑民竞合案件过程中不可回避的问题。

第一，对部分事实概念的界定存在差异。根据传统的概念思维，对某一事物的概念性界定通常是基于对该事物的认知和与其相关联问题的解决而产生的。因此，刑法和民法立足于不同的目的，在解决各自调整特定社会关系所遇到的问题时，对某一相同事实概念的界定就有可能存在冲突和差异。例如，如何对人的“出生”和“死亡”进行理解，在刑法和民法上就存在一定的差异。根据《民法典》第13条的规定，①自然人的出生和死亡是其是否具有民事权利能力的界限。民法中关于如何界定出生的理论主要存在阵痛说、一部分露出说、全部露出说以及独立呼吸说的分歧。②而关于如何界定死亡的理论则主要存在以心脏死亡为标准和以脑死亡为标准的分歧。③关于“出生”和“死亡”的界定，在民法中尚存在争议，而将这一有争议的问题放入刑法的体系中，不可避免地也会存在究竟以何种理论作为判断标准，以及在民法和刑法的认定过程中是否采取同一观点的问题。然而，刑法和民法在界定出生和死亡时所要解决的问题是不同的。在刑法中主要涉及的问题是对于伤害、杀害胎儿行为的认定以及对于涉及被害人死亡案件的犯罪形态的认定。因此，在解决如何界定的问题时应当考虑的是不同的内涵和外延对被害人人身权利

---

① 《民法典》第13条规定：“自然人从出生时起到死亡时止，具有民事权利能力，依法享有民事权利，承担民事义务。”

② 参见何帆：《刑民交叉案件审理的基本思路》，中国法制出版社2007年版，第42—43页。

③ 参见何帆：《刑民交叉案件审理的基本思路》，中国法制出版社2007年版，第49页。

的保护程度和范围的不同以及行为的社会危害性。而在民法中，“出生”和“死亡”不仅与民事权利能力息息相关，还涉及婚姻、继承等方面的问题，其更多地侧重于对财产权利的保护。因此，如若为解决刑民竞合事实概念界定的差异而采取一致的内涵和外延，是否能够同时满足刑法和民法对该事实概念的要求就成为问题；而如若分别采用不同的方式进行界定，那么如何在两者之间进行调和亦成为问题。又如，如何界定“近亲属”的范围，在刑法和民法中同样存在差异。在刑法中，近亲属是指夫、妻、父、母、子、女、同胞兄弟姊妹；①而在民法中，近亲属则是指配偶、父母、子女、兄弟姐妹、祖父母、外祖父母、孙子女、外孙子女。②在处理刑民竞合案件的过程中，当涉及近亲属的概念时，究竟是采用刑事法律体系中的概念还是采用民事法律体系中的概念就成为问题。因此，由于对法益保护种类、保护程度以及各法律之间任务、价值取向的不同，同一事实概念在刑事法律体系和民事法律体系中的差异就成为刑民竞合案件中不可避免的问题。

第二，对部分法律术语的理解存在差异。刑法和民法在概念界定中的差异，不仅体现在对部分事实概念的界定中，也体现在对部分法律术语的理解中。这种差异主要缘于刑法和民法利益立场的不同。例如，在刑法和民法中都存在“占有”的法律问题，然而两者对“占有”的理解却存在较大的差异。从概念本身的含义来看，民法中的占有不仅包括事实上的占有，也包括观念上的占有，其更加注重权利的归属，具有较高的观念化程度，对于占有标的物的合法性有着严格的要求，从而有利于厘清权利义务关系；而刑法中的占有更加强调事实的占有，其对于民法中的占有改定、间接占有是不予承认的，相比之下其更具有现实性，对占有标的物的合法性没有严格的要求，从而有利于保护基于占有所形成的财产秩序。③在占有的客观外化层面，为确定权利的归属，民法相对于刑法而言能够在更广的范围内承认占有；而在占有的主观内化层面，为保护财产秩序，刑法相对于民法而言仅要求对占有具有一般的、概括的意思，

---

① 《刑事诉讼法》第108条第6项规定：“‘近亲属’是指夫、妻、父、母、子、女、同胞兄弟姊妹。”

② 《民法典》第1045条：“亲属包括配偶、血亲和姻亲。配偶、父母、子女、兄弟姐妹、祖父母、外祖父母、孙子女、外孙子女为近亲属。配偶、父母、子女和其他共同生活的近亲属为家庭成员。”

③ 参见向黔：《刑民“占有”冲突研究》，西南政法大学2018年硕士学位论文。

从而能够在更广的范围内维护现存的占有秩序。

刑法和民法对“占有”概念的不同理解也导致了两者在具体案件中评价的差异，如关于金钱的占有问题。在民法的理念中，基于金钱在交易流通过程中作为种类物的特殊属性，为充分发挥其所具有的流通功能，保护交易的动态安全，对金钱的占有即对金钱的所有。因此，如果行为人将他人委托其代为保管的金钱据为己有，根据民法中对金钱的占有即所有的理念，是不成立侵占罪的。但是在刑法的理论中，如若将他人委托代为保管的封金或者是限定用途的金钱据为己有，是有可能构成侵占罪的。可见，对占有的不同理解，可能带来在具体案件中认定的差异。

刑法与民法对部分法律术语理解的差异在两者不同的价值导向以及不同的目标任务的前提下是无法避免的。就上述的“占有”而言：一方面，刑法和民法中占有制度的功能是不同的。在刑法中，占有制度侧重于保护占有的事实状态、认定侵夺占有的行为性质，具有维护财产秩序的功能；而在民法中，占有制度旨在保护占有的同时明确占有者与所有者之间的权利义务界限，从而具有“保护功能、继续功能和公示功能”。①另一方面，刑法和民法中占有的目的也是不同的。在刑法中，占有制度以保护现存的占有秩序为目的，因而在一定程度上也对非法占有予以保护；而在民法中，占有制度的目的则在于确定占有人的法律地位，明确占有者的权利义务，因此非法占有是不受其保护的。②

通过上述刑法和民法对“占有”理解的差异可知，对于同一法律术语，由于刑法和民法所关涉的角度和利益的不同，在概念的认识和评价上是始终难以保持一致的。因此，在刑民竞合的案件中，是否需要保持法秩序的统一或者如何保持和协调法秩序的统一，就成为待以解决的问题。

2.事实评价的差异

在刑民竞合的案件中，虽然对刑法规范和民法规范的违反是基于同一事实，但是在案件的具体认定过程中，刑法和民法对定性事实的评价和责任归结事实的选择可能会存在一定的差异。在事实评价方面，就同一事实，刑法和民法可能做出不同的法律评价。第一，基于刑法和民法不同的价值取向，两者可

---

① 朱铁军：《刑法与民法之间的交错》，载《北方法学》2011年第2期。

② 参见杜文俊：《财产犯刑民交错问题探究》，载《政治与法律》2014年第6期。

能会存在不同的法律评价。例如，在行为人诱骗他人担保并实施贷款诈骗的案件中，从刑法的视角，能够将担保合同和贷款合同作为进行贷款诈骗的手段，而从民法的视角，则可能会认定合同有效。[①]第二，基于刑法和民法不同的查证方法，刑法对同一事实作出的法律评价可能更加准确。例如，在一些较为复杂的案件中，以民事诉讼的方式很难查清案件的事实。“套路贷”就是最为典型的案件之一。在责任归结事实的选择方面，主要体现为基于刑法和民法证明标准的差异而导致对案件事实认定的差异。

【案例一】未成年人奇某伙同他人于某日凌晨到某居民家中行窃。案发后，奇某供认一共窃得6790元，而被害人称其一共被盗1.1万余元，并提起刑事附带民事诉讼，要求被告人退赔1.1万余元。法院最终根据被告人供述的盗窃金额予以定罪量刑。[②]

在上述案件中，法院在认定被害人的损失事实时，选取的是被告人供述的事实，而非被害人陈述的事实。那么，当刑民竞合的案件在事实的选择上存在差异时，究竟应该以哪一方的事实选择作为依据就存在问题。就本案而言，如果以被告人的供述为准，认定被害人的损失仅为6790元，那么就可能存在被害人的实际损失无法得到充分赔偿的风险。而如果以被害人的陈述为准，则可能会加重被告人应当承担的刑事责任。换言之，当以刑事标准认定客观事实时，能在达到排除合理怀疑标准的基础上更加审慎地对被告人予以定罪量刑，从而避免因不当的刑事追责对被告人在人身和财产方面造成难以弥补的损失。但是，以刑事标准认定事实的问题在于过高的证明标准可能使被害人无法得到充分的救济。而若以民事标准作为认定客观事实的依据，虽然能够最大限度地保障被害人的合法权益，充分弥补被害人的损失，但是存在过度适用刑罚的风险，可能使被告人承担不当的刑事责任。在涉及刑民竞合的司法实践中，上述的情形并不罕见。例如，在有关劳动报酬争议的刑民竞合案件中，对于劳动报酬数额的认定就可能存在刑事诉讼证明标准下的数额低于民事诉讼证明标准下的数额的情形。

---

① 参见黄祥青:《刑民交叉案件的范围、类型及处理原则》，载《法律适用》2020年第1期。

② 参见毛国芳:《审判刑民竞合案件的原则、方法和程序研究》，上海交通大学2012年硕士学位论文。

上述问题的症结在于当根据不同的认定标准认定的事实发生差异时，究竟哪一个标准之下的事实才是真正的客观事实。其实，无论采取刑事的认定标准还是民事的认定标准，根据证据规则形成的法律事实都有可能并非真正的客观事实。因此，从事实认定真实性的角度出发，过于严格的刑事标准可能使部分因证据灭失而难以证明的客观事实无法予以认定；而民事标准虽然相对于刑事标准略有缓和，但是依旧可能出现因举证不能导致客观事实无法认定，甚至对客观事实错误认定的情况。因此，在刑民竞合的案件中，当根据不同的标准在客观事实的认定方面产生差异时，如何对事实进行选择，才能更加接近客观事实，才能在使被告人罪行均衡的同时充分弥补被害人的损失，是在刑法与民法竞合的司法实践中实现公平正义必须解决的问题。

（二）刑事不法与民事不法的问题

在刑民竞合的案件中，往往会涉及刑事不法和民事不法的有关问题。在刑法与民法性质存疑的案件中，如何判断刑事不法与民事不法的界限就成为此类案件的关键之所在；而在由同一事实同时触犯刑法与民法的案件中，刑事不法与民事不法的问题则主要集中在对两者关系的认识方面。

> **【案例二：帅某骗保案】**1998年、2000年帅某曾两次为其母投保“康宁终身保险”。根据“康宁终身保险”合同的约定，被保险人的年龄应当在70周岁以下，然而1998年帅某为其母第一次投保时，其母亲的年龄已经高达77岁，但由于其他私人原因在此之前进行了修改。帅某在第一次投保时曾经向保险业务员询问是否按户口情况填写，而保险业务员给出了肯定的答复。在第二次投保时，帅某亦有过询问，保险业务员让其按照第一份保单的内容进行填写。2003年，帅某的母亲去世后，帅某修改了母亲入党申请书上的年龄，并最终获得了27万元的保险金。之后保险公司接到了帅某母亲年龄造假的举报，并向公安机关报案。[①]

本案的案情并不复杂，但是在司法机关的认定过程中产生了诸多争议。最初，渠县人民检察院作出了不起诉的决定，但是随后公安机关要求复议。达州

① 参见何海宁:《“骗保”疑案难倒法官》，载《政府法制》2005年第14期。

市人民检察院指定大竹县人民检察院进行起诉。大竹县人民法院没有支持检察院有罪的观点，宣告帅某无罪。随即大竹县人民检察院提起抗诉，达州市人民检察院予以支持。达州市中级人民法院将此案报给了四川省高级人民法院，而四川省高级人民法院将其呈报到最高人民法院。

本案之所以让众多司法机关束手无策、争执不下，原因在于该案涉及了刑民竞合的问题。围绕究竟是适用《保险法》还是《刑法》，帅某的行为是否构成犯罪，主要形成了以下两种观点。①

观点一：本案应当适用《保险法》的相关规定，帅某的行为不构成犯罪。其理由在于：第一，《保险法》对于虚构年龄的问题已经作出了明确的规定。②在被保险人的年龄不真实且不符合合同约定的情况下，保险人是有权解除合同的，但是该解除权只能在保险合同成立之日后两年内行使。而在本案中，保险合同的成立已经超过两年，根据《保险法》的规定，保险人已经无权行使该权利，所以帅某为母投保的合同是有效的，其根据保险合同获得的27万元也是合法的。第二，"康宁终身保险"的保险标的是人的寿命和身体，因此帅某虽然虚构了母亲的年龄，但其并未虚构保险标的，因而不适用刑法中关于保险诈骗罪的规定。

观点二：本案应当适用《刑法》的相关规定，帅某的行为构成保险诈骗罪。其理由在于：第一，就保险标的而言，虽然"康宁终身保险"的保险标的是人的寿命和身体，但是年龄是与寿命和身体关系密切的因素，不能将其予以割裂，因此帅某虚构年龄就是虚构保险标的的行为。第二，帅某的行为具有严重的社会危害性，应当通过《刑法》予以规制。

在"帅某骗保案"中，各方在刑法与民法适用选择上争执不下，充分反映

---

① 参见于改之、吴玉萍：《刑、民冲突时的法律适用——以帅英骗保案为中心》，载《法律适用》2005年第10期。

② 《保险法》第32条规定："投保人申报的被保险人年龄不真实，并且其真实年龄不符合合同约定的年龄限制的，保险人可以解除合同，并按照合同约定退还保险单的现金价值。保险人行使合同解除权，适用本法第十六条第三款、第六款的规定。投保人申报的被保险人年龄不真实，致使投保人支付的保险费少于应付保险费的，保险人有权更正并要求投保人补交保险费，或者在给付保险金时按照实付保险费与应付保险费的比例支付。投保人申报的被保险人年龄不真实，致使投保人支付的保险费多于应付保险费的，保险人应当将多收的保险费退还投保人。"

了司法实践中刑民竞合案件在刑事不法与民事不法方面的争议。这种争议体现出了在解决刑民竞合问题时，司法机关对刑事不法与民事不法之间的界限和关系的认识仍然是模糊的。

1. 刑事不法与民事不法之间的界限问题

如何判断刑事不法与民事不法之间的界限是司法实践中刑民竞合案件在实体层面争议最多的问题。之所以会在案件的定性方面产生困难，存在诸多的原因。

第一，静态的思维模式难以与动态的社会生活相适应。传统的概念性思维在认识事物时展现出一种“非此即彼”的、具有确定性特质的思维倾向。这种思维倾向使得认识主体在对认识对象的内涵和外延进行划定时以达到准确性和严密性为标准。然而，社会生活并非静态的、固定不变的，产生于社会生活中的种种现象亦具有动态变化的特点。例如，对于“财产”概念的认识和理解，就是随着社会的发展而不断发生变化的。如若采取概念性思维对“财产”进行界定，其将无法适应动态社会下“财产”在客观事实方面以及人们的主观认识方面的变化。具体到刑事不法与民事不法的问题上，两者的界限也应当是动态变化的，即对罪与非罪的认识会随着社会的发展而发生变化。因此，企图以静态的思维方式明确划定两者之间的界限，使刑事不法与民事不法之间泾渭分明，本身就是不现实的。

第二，法律规范本身存在难以避免的缺陷。法律规范由立法者制定，但立法者的认识是存在局限性的。因此，由具有认识局限性的主体所制定的法律也存在固有的局限性。就刑法和民法而言，这种局限性主要体现在：其一，立法空白难以避免。民法规范与刑法规范之间之所以必然会存在“断层”的地带，即立法的空白，是因为一方面，法律规范难以涵盖所有的事实情形；另一方面，因法律规范的稳定性而造成的法律规范的滞后性使得刑法规范与民法规范对于新型案件的定性难以在短时间内达成共识。其二，法律评价仍然存在差异。刑法与民法分属不同的法律部门，在同一法律部门内部保持体系上的统一尚且需要一定的努力，更何况是实现不同法律部门之间的统一。在前文提到的“帅某骗保案”中，适用《保险法》和适用《刑法》得出的结论大相径庭。因此，就现阶段我国法律而言，民法与刑法对同一事实的法律评价仍然存在差异。

第三，认识主体之间的差异进一步加剧了准确认定刑民竞合案件性质的难度。在对案件的性质进行界定时，不仅要依据客观存在的事实和法律的规定，作为认识主体的司法人员的判断也是十分重要的。然而，司法人员在法律素养、办案能力以及价值观等个人因素方面存在一定差异，这些存在差异的主体在面对刑法规范与民法规范的断层或者冲突，以及具有复杂性的刑民竞合案件时，不可避免地会作出不同的评价，从而进一步加剧在刑民竞合案件性质认定方面的争议。

刑事不法与民事不法界限的模糊造成的最直观的问题就是刑民竞合案件性质的认定。然而，除了案件定性的困难，由此还进一步衍生出了其他的问题。例如，刑事不法与民事不法之间的界限实质上也是罪与非罪之间的界限。难以定性的刑民竞合案件实际上是处于罪与非罪边缘地带的案件。因此，如若对该类案件的定性存在偏差，即没有把握好刑事不法与民事不法之间的界限，则会造成在人权保障与惩罚犯罪之间的失衡。①又如，此类刑民竞合案件容易受到法外因素的干扰。一方面，当案件的性质存在争议时，案件的当事人常常会想方设法地通过各种渠道获得对自己有利的支持，在这一过程中，难免会有媒体舆论的渗透甚至是聚众、上访等事件的发生；另一方面，根据我国在刑民竞合案件中“先刑后民”的传统程序观念，此类案件往往还会遭到公权力的提前介入，从而使得原本可能仅仅属于民事范围的案件受到来自公权力的压力。再如，刑事不法与民事不法在具体案件中的难以区别也反映了对该类问题在实际认定中解决机制的缺失。这样一来不仅提高了对司法人员能力的要求，也加大了司法人员处理案件的难度，从而更易导致错案的发生。

2.刑事不法与民事不法之间的关系问题

如何理解刑事不法与民事不法之间的关系对于正确处理刑民竞合案件是十分关键的问题。然而，在刑民竞合案件中，对于两者关系的片面化理解常常会使案件的认定陷入两难的境地。对刑事不法与民事不法关系的片面理解主要表现在以下两个方面。

第一，机械地划分刑事不法与民事不法之间的界限，而忽视两者之间可能存在的重叠性。刑事不法与民事不法并非孤立的个体，两者之间具有密切的关联性。刑法作为国家的保障法，其所具有的第二次规范形式的属性使其与其他的部门法建立了紧密的联系。当一个人的行为违反了某一法律的规定时，其

① 参见李晓明、张鑫:《刑民交叉案件分类及其对未来研究的影响》，载《河北法学》2016年第2期。

行为虽然具有违法性，但是不一定具有能够上升到需要用刑法予以规制的犯罪性，即“民法上的违法行为未必具有刑事违法性”。[①]换言之，当触犯民法的行为在量的层面或是质的层面没有达到刑法要求的违法性和社会危害性时，刑事不法与民事不法之间确实存在非此即彼的关系。但是，当具有民事不法的行为在量的程度或是质的程度上跨过了罪与非罪的界限时，则其体现的便是刑事不法与民事不法之间的一种重叠关系，即具有民事不法的行为可能同时构成刑事犯罪。例如，当行为人故意伤害他人时，从民法的角度，构成对他人身体权的侵犯，但是如若造成的结果没有达到轻伤及其以上，则没有达到刑法要求的程度；反之，行为人故意伤害他人的行为则同时构成民事侵权和刑事犯罪。

第二，重视刑事不法与民事不法之间的横向关系，而忽视两者之间的纵向关系。在解决刑民竞合的案件时，刑事不法与民事不法之间重叠、交叉、并列的横向关系往往是司法人员关注的重点，因为其关乎诉讼程序的选择。然而，刑事不法与民事不法在实体认定中存在的纵向关系却常常被忽略，从而增加了案件在定性方面的困难以及错误认定的概率。从两者的横向关系，即在刑民竞合的案件中，具有民事违法性的案件不一定构成犯罪，但是从构成犯罪的案件往往具有民事违法性可知，“刑事违法性的判断理应实质性地从属于民事违法性，后者是前者的必要条件”。[②]换言之，在处理刑民竞合案件时，尤其是在处理定性存疑的刑民竞合案件时，民法的评价应当位于刑法的评价之前，即当行为人的行为没有违反民法的规定，在民法的评价中属于合法行为时，则没有刑法进行评价的余地。因此，根据刑事不法与民事不法的标准对行为进行评价时，应当重视两者在评价层面上的纵向关系。

（三）刑事责任与民事责任的归结问题

在刑民竞合的案件中，案件定性之后要解决的就是法律责任的问题。法律责任作为行为人实施违法行为引起的具有否定性的不利后果，在保障公民权利、维护社会秩序、维持法律权威等方面具有重要的意义。在复杂的刑民竞合案件中，行为人的行为同时触犯了刑法和民法的规定，其具有多重性质的违法

---

① 王昭武：《经济案件中民刑交错问题的解决逻辑》，载《法学》2019年第4期。

② 王昭武：《经济案件中民刑交错问题的解决逻辑》，载《法学》2019年第4期。

行为产生的法律责任常常也具有多重的性质。然而，刑事责任和民事责任具有不同的特质，因此对刑民竞合案件中当事人法律责任的归结无疑也会存在一定的问题。

刑事责任和民事责任是根据不同部门法的规定，针对行为人实施的违反各个法律规范的行为而产生的不同法律责任，因此两者之间存在较大的差异。第一，两者的本质不同。刑事责任更加关注对社会性和伦理性的探讨，其不仅体现了对行为人行为否定性的评价，还包含了对伦理道德的谴责；民事责任则侧重于私人间利益的保护，具有功利性和补充性，着眼于受损私人利益的恢复和补偿。[①]第二，两者产生的根据不同。刑事责任以刑事法律规范为依据，在考虑行为的社会危害性以及行为人的人身危险性的基础上确定刑事责任的类型和大小；民事责任则是以民事法律规范为依据，基于行为人所造成的损害事实，以恢复、补偿为目的而确定民事责任的类型和大小。第三，实现责任的方式不同。由刑法规定的实现刑事责任的方式主要表现为一种具有谴责、限制特点的剥夺，其涉及行为人的人身和财产等方面；而民事责任的实现方式表现出对权利的救济和损害的补偿，因此主要是一种财产责任。第四，强制力不同。虽然法律责任的履行是由国家的强制力予以保障的，但是具体到刑事责任和民事责任来说，两者的强制力大小是不一样的。相比于刑事责任，民事责任还具有一定的任意性，即存在当事人合意的空间；而刑事责任作为犯罪人向国家承担的责任，则一般不具有当事人之间协商的空间。

虽然刑事责任与民事责任具有较大的差异，但是在刑民竞合案件中，两者因同一事实而形成了交错的关系。就刑民竞合案件而言，行为人法律责任的承担相比普通的案件具有一定的复杂性，这种复杂性体现在：第一，责任承担主体的不统一。在刑民竞合案件中，不仅存在行为人同时承担两种法律责任的情形，也存在不同主体分别承担不同责任，甚至是案外人承担民事责任的情形。第二，责任类型的多样性。在刑民竞合案件中，行为人究竟是承担刑事责任还是民事责任，抑或承担两种责任可能存在不同的情形。例如，在定性存疑的刑民竞合案件中，行为人仅仅违反了一种性质的法律规范，因而其需要承担的责任类型也应当是在具体定性后唯一的一种类型；而在同时触犯两种性质的法律规范的案件

---

① 参见吴迪:《论刑事责任与民事责任的区别和共性》，载《四川大学法律评论》2017年第2期。

中，行为人往往就须同时承担刑事责任和民事责任。第三，责任关系的多变性。虽然刑事责任和民事责任是基于不同的法律规范形成的具有独立性的两种法律责任，但是两者产生于同一事实，因此彼此之间必然会存在一定的影响和联系，而这种彼此的关联和相互的影响在具体案件中又是存在差异的。

正是基于刑事责任和民事责任在刑民竞合案件中所表现出的上述复杂性，因而在对具体案件中行为人的法律责任予以归结时就会存在一定的问题。

1.基于传统的思维定式，对刑事责任与民事责任之间能否进行转化存在绝对性的认识

传统的确定性思维在解决问题时都力求得出是与否的确定性结论，因此对刑民竞合案件中刑事责任与民事责任能否进行转化的问题，常常伴有绝对性的认识。然而，这种绝对性的认识仅能解决某些特殊案件，缺乏适用的普遍性。这种绝对性的认识主要表现在以下两个方面。

第一，忽视刑事责任和民事责任之间的差异，认为两者在刑民竞合的案件中可以进行绝对的转化和相互替代。由前文的论述可知，刑事责任和民事责任在本质、根据、实现方式等方面存在着较大的差异，这种差异决定了两者之间是不可能自由转化、相互替代的。刑事责任是对行为人行为的否定性评价，是与犯罪行为相适应的必然应当承担的不利后果，同时还肩负着一般预防以及特殊预防的目的。如果民事责任可以取代刑事责任，则刑罚所具有的惩罚以及预防犯罪的目的将无法实现，甚至还会出现大量的以钱买刑等问题，从而造成公平正义的缺失以及社会秩序的混乱。在刑民竞合的案件中，虽然刑事责任与民事责任源于同一事实，但是责任之间是一种聚合而非竞合的关系。因此，行为人对民事责任的承担并不意味着其刑事责任的消灭，而行为人在承担刑事责任之后，亦有可能承担诸如损害赔偿的民事责任。

第二，根据传统的法律责任观念，认为刑事责任与民事责任是截然不同的两种法律责任，彼此之间存在清晰的界限，是没有相互转化的可能性的。这种基于对绝对性、确定性的推崇而建立的传统思维定式虽然能够在概念和逻辑上对两种法律责任作出清晰的界分，但是难以解决司法实践中刑民竞合的问题。认为刑事责任与民事责任绝对没有转化可能性的观点，主要存在以下三方面的问题。

其一，与我国有关法律以及司法解释的规定存在冲突。其实，就我国当前

现行有效的法律以及司法解释来看，存在刑事责任与民事责任相互转化的情形。例如，根据最高人民法院《关于审理交通肇事刑事案件具体应用法律若干问题的解释》第2条的规定，行为人的赔偿数额在具备一定条件的情况下能够成为是否认定行为人构成交通肇事罪的依据。[①]在该司法解释中，行为人对民事责任的承担在一定程度上影响了刑事犯罪的定罪，因此刑事责任与民事责任事实上存在转化的可能性。

其二，片面理解刑事责任与民事责任之间的对立关系。刑事责任与民事责任之间的对立是基于两者存在的差异性。这种差异性使得两种责任在横向上呈现出一定程度的对立。但是根据事物之间互相联系的观点，这种对立并不意味着两者之间是没有任何联系的绝对对立。刑法的谦抑性和补充性在刑法与民法之间架起一座相互联系的桥梁。当行为人造成的社会危害难以根据民法进行调解，也无法通过民事责任予以补偿时，刑法以及刑事责任就有了施展的空间。正是基于在适用上可能产生的位阶关系，使得刑事责任与民事责任就有了相互妥协和调和[②]的可能性。

其三，无法解决处于罪与非罪交界地带的刑民竞合案件。之所以存在处于交界地带的性质存疑的刑民竞合案件，是因为民事不法在向刑事不法发生质的变化时，是一种渐进的，而非突变的过程。此种变化反映在法律责任的领域，就体现为刑事责任与民事责任之间在“外延上混沌而渐进的过程”。[③]所以，刑事责任与民事责任的绝对隔离仅具有理论上的可能性，在具体的案件

---

① 最高人民法院《关于审理交通肇事刑事案件具体应用法律若干问题的解释》第2条规定：“交通肇事具有下列情形之一的，处三年以下有期徒刑或者拘役：（一）死亡一人或者重伤三人以上，负事故全部或者主要责任的；（二）死亡三人以上，负事故同等责任的；（三）造成公共财产或者他人财产直接损失，负事故全部或者主要责任，无能力赔偿数额在三十万元以上的。交通肇事致一人以上重伤，负事故全部或者主要责任，并具有下列情形之一的，以交通肇事罪定罪处罚：（一）酒后、吸食毒品后驾驶机动车辆的；（二）无驾驶资格驾驶机动车辆的；（三）明知是安全装置不全或者安全机件失灵的机动车辆而驾驶的；（四）明知是无牌证或者已报废的机动车辆而驾驶的；（五）严重超载驾驶的；（六）为逃避法律追究逃离事故现场的。”

② 参见李会彬：《传统刑事责任与民事责任关系的理论反思及其重新界定》，载《政治与法律》2019年第7期。

③ 李会彬：《传统刑事责任与民事责任关系的理论反思及其重新界定》，载《政治与法律》2019年第7期。

中，尤其是在位于严重违法与轻微犯罪之间的案件中，是难以做到绝对的界分的。例如，在根据数额认定是否构成犯罪的场合中，数额之间的细微变化就可能导致在形式上认定是否构罪的变化。而在此类案件中，如果恪守刑事责任与民事责任之间严格的界分，就会造成在形式上符合犯罪构成要件的行为仅有承担刑事责任的可能。然而，此种案件的定性在实质上是具有模糊性的。对定性存疑但被认定为刑事犯罪的案件不加甄别地一律要求被告人承担刑事责任，不仅可能会使刑事责任与民事责任各自的目的难以实现，还可能造成实质正义的缺失。当行为人的行为符合犯罪构成要件，但是不具有严重的社会危害性和人身危险性时，不加区分地要求其承担刑事责任，一方面可能会带来刑法过度使用、矫枉过正的风险，另一方面亦可能会造成案件在定性和定量上不可挽回的错误。

2. 孤立地分别认定刑事责任和民事责任，忽视两者在刑民竞合案件中可能产生的相互影响

虽然刑事责任与民事责任在认定的根据上并不相同，但是两者基于“同一事实”产生了关联，尤其是在责任承担主体一致的情况下，因此不能忽视双方可能产生的相互影响而进行孤立的认定。

> **【案例三】**被告人徐某利用外出买菜的机会，借用其女友韩某价值21万元的奥迪车，并借机配置了车钥匙。徐某将配置的车钥匙交给祝某，让祝某趁徐某和韩某在饭店吃饭时，将车开走，制造出奥迪车被盗的假象。韩某发现车被盗后，随即向公安机关报案。之后徐某得知公安机关掌握了相关的证据，于是向韩某坦白，承认是自己偷了车，并让韩某将失窃的奥迪车取回。一审法院认为，被告人徐某盗窃数额特别巨大，判处其有期徒刑12年，并处罚金3万元。二审法院维持原判。①

在本案中，徐某伙同他人盗窃韩某奥迪车的事实同时构成了刑法中的盗窃罪以及民法中对被害人财产所有权的侵犯，即犯罪行为与侵权行为的竞合。如果分别认定刑事责任和民事责任，则在理论上被告人无疑要分别承担对应盗窃

① 参见毛国芳：《审判刑民竞合案件的原则、方法和程序研究》，上海交通大学2012年硕士学位论文。

数额相应法定刑幅度范围内的刑罚以及返还财产的民事责任。因此，上述判决从刑事责任与民事责任分别认定的角度来看并没有问题。然而，就本案而言，被告人在案发前已经主动向女友承认自己偷车的事实，并予以归还，但是法院依旧对其判处12年有期徒刑并处以罚金，显然存在量刑过重的问题。在刑民竞合的案件中，行为人是否承担民事责任以及承担的程度往往能够从侧面反映出其行为社会危害性的大小以及其本人人身危险性的大小。而刑事责任的具体认定不能与上述两个因素相互脱离。因此，在刑民竞合的案件中，民事责任的承担不仅是对犯罪行为所造成的损害的弥补，同时能够反映出行为人主观恶性和再犯可能性的大小。如果不考虑民事责任对刑事责任的影响，孤立地对两者进行分别认定，不仅会使行为人负担超出其所应当承担的法律责任，造成重复处罚的后果，还可能会使行为人对民事责任的承担产生消极的态度，不利于对被害人权利的保护。

民事责任的承担可能会影响刑事责任的大小，同样刑事责任的承担也可能会对民事责任产生影响。这种影响在是否能够主张“精神损害赔偿”的案件中较为明显。

【案例四】被告人冯某与他人发生争执，冯某使用酒瓶击打对方头部，酒瓶碎渣溅入了在一旁劝架的被害人刘某的左眼。经鉴定，刘某左眼球破裂，致左眼球缺失，构成重伤二级。冯某过失致人重伤的行为，构成过失致人重伤罪，被法院判处有期徒刑两年六个月并清偿被害人刘某在医疗、护理等方面的费用。被害人刘某提出的赔偿伤残赔偿金以及精神损失费的诉讼请求，法院不予支持。①

根据我国最高人民法院《关于确定民事侵权精神损害赔偿责任若干问题的解释》的规定，自然人的人格权利受到非法侵害，有权提出精神损害赔偿；而致人残疾的，能够请求精神损害抚慰金中的残疾赔偿金。②然而，在刑事附带民事诉讼中，根据最高人民法院《关于适用〈中华人民共和国刑事诉讼法〉的

---

① 参见西宁市中级人民法院（2019）青01刑终48号刑事裁定书。

② 参见最高人民法院《关于确定民事侵权精神损害赔偿责任若干问题的解释》第1条、第9条的规定。

解释》第175条的规定，精神损失不在赔偿的范围内。[①]虽然对于精神损害赔偿在刑民竞合的案件中是否能够予以支持在理论上存在争议，但就我国现行的法律规定而言，当行为人的侵权行为构成刑事犯罪后，被害人无法获得精神损害赔偿。因此，在刑民竞合的案件中，行为人对刑事责任的承担在一定条件下存在限缩民事责任范围的可能性。[②]

（四）刑民竞合的诉讼程序选择问题

如何进行诉讼程序的选择是诉讼法领域在刑民竞合案件中最受关注的问题之一，也是涉及刑民竞合案件时无法回避的重要问题之一。对于刑民竞合案件究竟应当选择刑事诉讼程序还是选择民事诉讼程序，在理论上存在“先刑后民”“先民后刑”“刑民并行”的观点。

“先刑后民”是指“在具体案件中，当刑事法律关系与民事法律关系可能发生交叉竞合、刑事诉讼程序与民事诉讼程序可能发生交叉冲突时，刑事诉讼在适用的位阶和位序上均应优先于民事诉讼”[③]。其中，位阶上的优先性是指刑事判决的效力高于民事判决，民事判决需要受到有罪刑事判决的约束。位序上的优先性是指应当优先适用刑事诉讼程序以解决被告人的刑事责任问题。先刑后民的审理原则不仅具有法律规范层面的印证，也具有法理层面的支持。例如，1985年最高人民法院、最高人民检察院、公安部发布的《关于及时查处在经济纠纷案件中发现的经济犯罪的通知》中提到：“各级人民法院在审理经济纠纷案件中，如发现有经济犯罪，应按照一九七九年十二月十五日最高人民法院、最高人民检察院、公安部《关于执行刑事诉讼规定的案件管辖范围的通知》，将经济犯罪的有关材料分别移送给有管辖权的公安机关或检察机关侦查、起诉，公安机关或检察机关均应及时予以受理。”[④]又如，2014年最高人民法院、最高人民检察院、公安部《关于办理非法集资刑事案件适用法律若干问题的意

---

① 最高人民法院《关于适用〈中华人民共和国刑事诉讼法〉的解释》第175条第2款规定：“因受到犯罪侵犯，提起附带民事诉讼或者单独提起民事诉讼要求赔偿精神损失的，人民法院一般不予受理。”

② 参见徐艳阳：《刑民交叉问题研究》，中国政法大学2009年博士学位论文。

③ 魏东、钟凯：《论刑民交叉及其关涉问题》，载《四川警察学院学报》2009年第4期。

④《关于及时查处在经济纠纷案件中发现的经济犯罪的通知》虽然时间久远且已经失效，但是足以看出“先刑后民”理念在我国所具有的历史传统地位。

见》和2019年最高人民法院、最高人民检察院、公安部《关于办理非法集资刑事案件若干问题的意见》中关于涉众型经济犯罪与民商事案件程序处理的规定都能看到"先刑后民"诉讼模式的身影。[①]再如，2019年最高人民法院印发的《全国法院民商事审判工作会议纪要》对涉众型经济犯罪与民商事案件程序处理作出的规定也体现了"先刑后民"的模式。[②]

"先刑后民"在解决刑民竞合案件时的优势主要体现在：第一，公共利益优先的价值取向。在刑民竞合的案件中，"先刑后民"的诉讼程序选择方式反映了在个人利益与公共利益发生冲突时，公共利益高于个人利益的价值选择。第二，公平正义的价值取向。相比于民事诉讼而言，刑事诉讼具有更高的证明标准，有利于查清案件的客观事实。第三，对效率价值的关照。"先刑后民"的诉讼模式有利于提高案件的审理效率，避免不同司法机关审理案件时在刑事方面和民事方面产生的冲突和矛盾。

然而，"先刑后民"的弊端亦是显而易见的：第一，"先刑后民"易造成对当事人权利的侵犯。首先，"先刑后民"剥夺了当事人在程序上的选择权。其对公共利益保护的扩张，实际上是对私权保护的紧缩。其次，被害人的权益无法得到充分的保护。在"先刑后民"的诉讼模式中，被害人不仅无法自主地选择能够适用的程序，其精神损害赔偿的诉讼请求在刑事诉讼中也无法得到法院的支

---

① 最高人民法院、最高人民检察院、公安部《关于办理非法集资刑事案件适用法律若干问题的意见》第7条规定："对于公安机关、人民检察院、人民法院正在侦查、起诉、审理的非法集资刑事案件，有关单位或者个人就同一事实向人民法院提起民事诉讼或者申请执行涉案财物的，人民法院应当不予受理，并将有关材料移送公安机关或者检察机关。人民法院在审理民事案件或者执行过程中，发现有非法集资犯罪嫌疑的，应当裁定驳回起诉或者中止执行，并及时将有关材料移送公安机关或者检察机关。公安机关、人民检察院、人民法院在侦查、起诉、审理非法集资刑事案件中，发现与人民法院正在审理的民事案件属同一事实，或者被申请执行的财物属于涉案财物的，应当及时通报相关人民法院。人民法院经审查认为确属涉嫌犯罪的，依照前款规定处理。"

最高人民法院、最高人民检察院、公安部《关于办理非法集资刑事案件若干问题的意见》第10条第2款规定："人民法院、人民检察院、公安机关应当通过及时公布案件进展、涉案资产处置情况等方式，依法保障集资参与人的合法权利。集资参与人可以推选代表人向人民法院提出相关意见和建议；推选不出代表人的，人民法院可以指定代表人。人民法院可以视案件情况决定集资参与人代表人参加或者旁听庭审，对集资参与人提起附带民事诉讼等请求不予受理。"

② 参见2019年最高人民法院印发的《全国法院民商事审判工作会议纪要》中关于涉众型经济犯罪与民商事案件的程序处理的规定。

持。以“先刑”的方式打击经济类犯罪自然无可厚非，但是以牺牲当事人权益的方式对诉讼程序予以强制选择，其合理性就值得怀疑。第二，“先刑后民”的适用并不具有普遍的意义。“先刑后民”通常适用于以刑事案件的解决为前提条件的刑民竞合案件。然而，在司法实践中，刑民竞合的案件并不局限于上述类型，对于合理地解决下列案件，“先刑后民”的程序选择方式就显得捉襟见肘：一是刑民性质难以确定的非典型性案件；二是需要确权的刑民竞合案件，如知识产权案件、侵犯商业秘密案件。第三，“先刑后民”具有重刑主义的倾向。“先刑”的观念违反了“刑法属于二次违法规范形式的刑法原理，损害了前置法的权威性”。[①]第四，“先刑后民”容易被司法机关和当事人滥用。就司法机关而言，“先刑后民”常常成为公权力对案件提前介入的借口；就当事人而言，“先刑后民”为恶意逃避民事责任的承担提供了合法的途径。

正是基于“先刑后民”存在的上述问题，“先民后刑”以及“刑民并行”的诉讼程序选择方式逐渐进入了理论研究的视野。“先民后刑”是指在审理刑民竞合的案件时，应当先对其中的民事部分进行审理，待民事诉讼结束后，再对刑事的部分进行审理。“在被告人认罪与确定被告人有罪的前提下，明确民事责任优先于刑事责任，构建一种‘先民后刑’的刑事附带民事诉讼程序。”[②]相比于“先刑后民”“先民后刑”的优势就在于：第一，能够有效地保护被害人的合法权益，被害人的民事赔偿请求能够得到充分的保障。第二，有利于平衡公权与私权之间的冲突，避免公权力在案件解决过程中提前介入。第三，符合刑法谦抑性的原则，有利于矫正我国传统的重刑主义，是理论与实践反思的产物。

“刑民并行”是指在审理涉及刑事和民事问题的案件时，同时进行刑事诉讼和民事诉讼，即一种“桥归桥，路归路”的审理方式。这种审理方式逐渐获得了法律规范以及司法实践的支持。例如，最高人民法院《关于在审理经济纠纷案件中涉及经济犯罪嫌疑若干问题的规定》第1条规定：“同一公民、法人或非法人组织因不同的法律事实，分别涉及经济纠纷和经济犯罪嫌疑的，经济纠纷案件和经济犯罪嫌疑案件应当分开审理。”《全国法院民商事审判工作会议》

---

① 于改之：《刑民交错案件的类型判断与程序创新》，载《政法论坛》2016年第3期。

② 刘少军：《论“先民后刑”刑事附带民事诉讼程序的构建——兼论〈刑事诉讼法修正案〉对附带民事诉讼制度的改革》，载《政治与法律》2012年第11期。

也对民刑交叉案件中需要分别审理的情形作出了规定。[①]

当前对于诉讼模式选择上的争议，表面上看是刑事诉讼程序与民事诉讼程序之争，其实质仍旧无法脱离刑民竞合案件在实体问题上的争议。绝对化的“先刑后民”或是绝对化的“先民后刑”，甚至是“刑民并行”，都无法真正解决刑民竞合案件在程序选择上的难题。当前对于程序选择问题的探讨已经不再局限于究竟应当适用哪种程序，而是立足于对不同类型案件实体问题的解决，根据不同的情况选择不同的诉讼程序。

三、刑法与民法竞合的相关罪名

基于刑法和民法在法律体系以及调整社会关系过程中的重要地位，刑民竞合案件无疑成为司法实践中常见的、存在较多疑难问题的一类案件。通过前述的分析可知，刑法与民法在法律规范之间的相互关照、同一行为事实在刑民法律评价方面的交错以及刑民法律责任的聚合，使涉及刑民竞合问题的罪名十分广泛。因此，本节以我国刑法对罪名的分类为切入点，对其中较为常见的、典型的、可能涉及刑民竞合问题的罪名予以简要的分析。

（一）破坏社会主义市场经济秩序罪

破坏社会主义市场经济秩序罪是“违反国家市场经济管理法规、破坏社会主义市场经济秩序，严重危害市场经济发展”[②]的一类犯罪行为。经济秩序作为社会经济利益的表现，对维系经济利益具有重要的意义。此类犯罪是对社会主义市场经济秩序的破坏，实质上是对参与到市场经济活动中的主体经济利益的侵害，由此引发的经济纠纷就常常会涉及刑民竞合的问题。

---

① 2019年发布的最高人民法院《全国法院民商事审判工作会议纪要》:“128.【分别审理】同一当事人因不同事实分别发生民商事纠纷和涉嫌刑事犯罪，民商事案件与刑事案件应当分别审理，主要有下列情形:（1）主合同的债务人涉嫌刑事犯罪或者刑事裁判认定其构成犯罪，债权人请求担保人承担民事责任的;（2）行为人以法人、非法人组织或者他人名义订立合同的行为涉嫌刑事犯罪或者刑事裁判认定其构成犯罪，合同相对人请求该法人、非法人组织或者他人承担民事责任的;（3）法人或者非法人组织的法定代表人、负责人或者其他工作人员的职务行为涉嫌刑事犯罪或者刑事裁判认定其构成犯罪，受害人请求该法人或者非法人组织承担民事责任的;（4）侵权行为人涉嫌刑事犯罪或者刑事裁判认定其构成犯罪，被保险人、受益人或者其他赔偿权利人请求保险人支付保险金的;（5）受害人请求涉嫌刑事犯罪的行为人之外的其他主体承担民事责任的。”

② 张明楷:《刑法学》(第五版)，法律出版社2016年版，第734页。

1.破坏金融管理秩序罪

（1）使用假币罪。

使用假币罪是指行为人明知是伪造的货币而使用，数额较大的行为。“使用”是指“将假币作为真货币而置于流通”，[①]至于是合法使用还是非法使用在所不问。当行为人以假币充当真币从事商品买卖、借贷等民事活动时，假币本身并不具有真币的流通职能，因此行为人在实质上并未履行相应的诸如付款的义务。换言之，在使用假币罪的刑事案件中，常常伴有被告人的民事违约等行为，被告人需要在承担刑事责任的同时承担相应的民事责任。

（2）非法吸收公众存款罪。

非法吸收公众存款罪是指非法吸收公众存款或者变相吸收公众存款，扰乱金融秩序的行为。该罪名因与民间借贷密切相关，因而常常涉及刑民竞合的问题。

【案例五】2010年6月至2011年10月，微某珠宝公司法定代表人吴某以投资或者经营需要资金周转等为由，大多承诺较高利息，部分提供房产抵押或珠宝质押，通过出具借据或签订借款协议等方式，分别向涂某某等人借款人民币共计1.5亿余元。所借款项主要用于偿还他人的借款本息、支付公司运营支出等。上海市黄浦区人民检察院指控被告单位微某珠宝公司和被告人吴某犯非法吸收公众存款罪，但是上海市黄浦区人民法院认为指控罪名不能成立，并判决微某珠宝公司和吴某无罪。上海市黄浦区人民检察院提出抗诉，上海市第二中级人民法院驳回抗诉，维持原判。[②]

本案的争议焦点在于被告单位和被告人的行为究竟是构成非法吸收公众存款罪，还是仅为一般的民间借贷行为。在本案中，法院最终以“不符合向不特定对象即社会公众传播的特征”以及证据不足为理由，认定被告不构成非法吸收公众存款罪。如何划定罪与非罪的界限是非法吸收公众存款罪在涉及刑民竞合问题时最常见的难点之一。当然，除了如何准确区分罪与非罪的界限，在此类案件中还存在其他的问题。在非法吸收公众存款罪的案件中，行为人为了筹集资金常常会采取承诺在一定期限内以货币、实物、股权等方式还本付息的措

---

① 张明楷:《刑法学》（第五版），法律出版社2016年版，第770页。

② 参见上海市第二中级人民法院（2015）沪二中刑终字第68号刑事裁定书。

施，这些措施不可避免地会与民事行为发生关系，从而带来刑民竞合的问题，主要包括：第一，如何认定在非法吸收公众存款罪中相关的民间借贷合同的效力；第二，在被认定为非法吸收公众存款罪的刑事案件中，如何解决被害人针对行为人或者担保人提出的诸如民间借贷的民事纠纷；第三，在与单位有关的非法吸收公众存款罪的刑事案件中，如以单位名义实施非法吸收公众存款或者变相吸收公众存款行为的，如何分别认定行为人和单位所承担的刑事责任和民事责任；第四，如何对刑事诉讼程序和民事诉讼程序进行协调和选择。

2. 金融诈骗罪

在破坏社会主义市场经济秩序的犯罪中，金融诈骗罪常常存在刑民竞合的问题。其不仅可能与民事违约行为相竞合，如因诈骗而产生的有关借款合同的违约问题；亦可能与民事侵权行为相竞合，如因票据诈骗而带来的付款人财产损失的问题。因此，在金融诈骗罪的案件中，集资诈骗罪、贷款诈骗罪、票据诈骗罪、金融凭证诈骗罪、信用证诈骗罪、信用卡诈骗罪、有价证券诈骗罪以及保险诈骗罪等罪名均有可能涉及刑民竞合的问题。因此，本节仅就其中具有典型代表的几个罪名予以简要介绍。

（1）集资诈骗罪。

集资诈骗罪是指以非法占有为目的，使用诈骗方法非法集资，数额较大的行为。成立集资诈骗罪需要满足以下几个条件：第一，行为人通过诈骗的方式非法集资，且数额较大。在集资诈骗罪中，诈骗通常表现为行为人通过某种方式使被害人相信其具有合法的向社会公众募集资金的资质，而被害人在出资后会得到承诺的回报。这种虚假的承诺回报包括还本付息、分红、股权或者以实物回报等。第二，行为人在具有故意的同时，还要有非法占有的目的。如何认定集资诈骗罪中的以非法占有为目的，我国司法解释①采取了通过客观行为予

① 最高人民法院《关于审理非法集资刑事案件具体应用法律若干问题的解释》第4条规定："以非法占有为目的，使用诈骗方法实施本解释第二条规定所列行为的，应当依照刑法第一百九十二条的规定，以集资诈骗罪定罪处罚。使用诈骗方法非法集资，具有下列情形之一的，可以认定为'以非法占有为目的'：（一）集资后不用于生产经营活动或者用于生产经营活动与筹集资金规模明显不成比例，致使集资款不能返还的；（二）肆意挥霍集资款，致使集资款不能返还的；（三）携带集资款逃匿的；（四）将集资款用于违法犯罪活动的；（五）抽逃、转移资金、隐匿财产，逃避返还资金的；（六）隐匿、销毁账目，或者搞假破产、假倒闭，逃避返还资金的；（七）拒不交代资金去向，逃避返还资金的；（八）其他可以认定非法占有目的的情形。"

以推定的方式。在认定行为人是否以非法占有为目的时，还应当遵循主客观相一致的原则。

【案例六】2011年2月，被告人周某注册成立中某投资公司，担任法定代表人。公司上线运营“中某投资”网络平台。自2011年5月至2013年12月，周某陆续虚构34个借款人，并利用虚假身份自行发布大量虚假抵押标的、宝石标的等，以支付投资人约20%的年化收益率及额外奖励等为诱饵，向社会不特定公众募集资金。所募资金未进入公司账户，全部由周某个人掌控和支配。除部分用于归还投资人到期的本金及收益外，其余主要用于购买房产、高档车辆、首饰等。2011年5月至案发，周某通过“中某投资”网络平台累计向全国1586名不特定对象非法集资共计10.3亿余元，除支付本金及收益回报6.91亿余元外，尚有3.56亿余元无法归还。①

上述案例是典型的集资诈骗案件。周某以非法占有为目的，通过设立网络借贷平台，在该平台上发布虚假信息，并以虚假的回报承诺诱使投资人进行投资，其募集的资金主要用于借新还旧和个人挥霍。在本案中，除涉及刑事法律关系外，还存在被告人周某与投资人之间的民事法律关系。作为常见的因涉及民间借贷纠纷而产生刑民竞合的集资诈骗罪，其关涉的刑民竞合问题主要包括以下几个方面：第一，在集资诈骗罪的刑事案件中，被害人与行为人之间合同的效力应如何认定的问题；第二，在集资诈骗罪的刑事案件中，被害人针对行为人或者提供担保的第三人提出的民事损害赔偿应如何认定的问题；第三，如何对刑事诉讼程序和民事诉讼程序进行协调和选择的问题。

（2）票据诈骗罪。

票据诈骗罪是指行为人以非法占有为目的，进行金融票据诈骗活动，数额较大的行为。票据不同于一般的有价证券，其具有特殊的性质。②首先，票据是一种无因的证券，即票据权利的发生不需要考虑行为人获得票据的原因以及票据权利发生的原因，而只需要根据票据法的规定。因此，行为人持有票据就能够享有票据的权利。其次，票据是一种文义证券，即票据上的权利义务应完

---

① 参见最高人民检察院第十批指导性案例（检例第40号）。

② 参见范健主编：《商法》（第四版），高等教育出版社、北京大学出版社2011年版，第396页。

全、严格地遵守票据上面的文字，而无须考虑当事人的意思。最后，票据是一种流通证券，即票据上的权利经背书或者交付就能够发生转移，而省去了民法中关于债权转让的其他规定。正是基于票据上述独特的性质，其便于流通的特点使得在涉及票据诈骗的案件中常常伴有付款人财产损失的现象，从而带来在民法方面的损害赔偿问题。

> **【案例七】**1999年5月，某公司从个体工商户鲁某处购买了一桶油漆，并用一张支票支付鲁某320元。之后，鲁某将该支票交由朱某用于货款的结算，后朱某又将该支票交与他人，并获得320元现金。许甲、许乙等人在拿到支票后，将票面金额涂改为78320元。许甲通过银行划拨的方式将该笔钱款转入本人开立的公司账户中，在取现后与他人瓜分，致使某公司损失78000元。①

在上述的案件中，不仅涉及了刑事法律关系，也涉及了民事法律关系。某公司与鲁某以及鲁某与朱某之间是合法的买卖关系；而许甲、许乙等人与某公司则分别成为刑事案件的被告人与被害人。因此，本案不仅涉及了刑事责任的承担，也涉及了民事责任的承担。

（3）保险诈骗罪。

保险诈骗罪是指“投保人、被保险人、受益人，以使自己或者第三者获取保险金为目的，采取虚构保险标的、保险事故或者制造保险事故等方法，骗取保险金，数额较大的行为”。②

保险诈骗罪之所以会产生刑民竞合的问题，原因之一是我国保险法的规定和刑法的规定存在一定的差异。例如，根据《保险法》第16条的规定，当投保人没有向保险人告知与保险标的或者被保险人有关的情况时，根据投保人的主观情形以及未告知情况的重要程度，保险法赋予保险人解除保险合同的权利。因此，当投保人在办理保险的过程中存在隐瞒、欺骗的行为时，应当以哪一法律予以规制就存在一定的争议。这种在选择法律方面的困惑实质上可以归结

---

① 参见张铁军：《金融领域刑民聚合案件的解决进路——一起民事调解结案的票据诈骗犯罪案件引发的思考》，载《法学杂志》2015年第1期。

② 张明楷：《刑法学》（第五版），法律出版社2016年版，第808页。

为案件性质认定方面的问题。例如，前述的“帅某骗保案”就是围绕如何认定“虚构年龄”的行为以及应当适用哪个法律而展开争论的。

3. 侵犯知识产权罪

侵犯知识产权的犯罪亦是刑民竞合问题多发的领域。在侵犯知识产权的刑事案件中，法院在认定行为人是否构成侵权时，首先应当对知识产权的内容、权属等作出认定，并在此基础上判断行为人的行为是否构成侵权。然而，对于知识产权的判断往往需要专业的知识。在涉及刑民竞合的侵犯知识产权的案件中，民事不法与刑事不法往往表现出一种位阶关系，即由量变到质变的一个过程。因此，一般而言，在审理该类案件时，法院常常遇到在程序和实体两个方面的难题：在程序方面，可能会出现法院级别管辖的错位[①]、刑民诉讼程序的冲突、证据制度的差异等问题；在实体方面，可能会存在对知识产权相关问题认定的困难、不同法官裁判的差异、侵权行为与犯罪行为之间的界分等问题。在众多的侵犯知识产权的犯罪中，侵犯商业秘密罪是最为常见的罪名之一。

侵犯商业秘密罪是指侵犯商业秘密，给商业秘密权利人造成重大损失的行为。侵犯商业秘密罪之所以会发生刑民竞合的问题，一方面是因为商业秘密具有专业性，在判断是否构成侵犯商业秘密罪之前，需要对被起诉的技术信息或经营信息是否符合商业秘密的要求作出认定，[②]需要对商业秘密的内容、商业秘密的权属等一系列因素作出判断；另一方面是因为刑法和民法在分别对侵犯商业秘密的犯罪行为和侵犯商业秘密的侵权行为予以规定时，并无二致。[③]通常而言，是否构成侵犯商业秘密罪以判断是否构成对商业秘密的侵权为前提。因此，在侵犯商业秘密的刑民竞合案件中，主要探讨的问题就集中在：第一，案件性质的定性，即行为人侵犯商业秘密的事实是犯罪行为还是仅仅停留在民事侵权的层面；第二，当是否侵权的民事判定与侵犯商业秘密的刑事判定相互交织时，如何避免两者在实体认定和程序选择上的冲突。除了上述两个常见的问题之外，实施侵犯商业秘密行为的通常是与商业秘密的所有者具有工作、业务上的关系并签有相关保密义务或是其他约定的人，因此，当行为人触犯侵犯商

---

① 参见黄亮：《商业秘密刑民交叉案件处理模式的困境及其破解》，载《时代法学》2015年第3期。

② 参见胡良荣：《侵犯商业秘密刑民交叉案件处理的困惑与出路》，载《知识产权》2011年第6期。

③ 参见黄亮：《商业秘密刑民交叉案件处理模式的困境及其破解》，载《时代法学》2015年第3期。

业秘密罪时，往往还会伴有民事违约的问题。

4.扰乱市场秩序罪

在扰乱市场秩序罪中，最常见的涉及刑民竞合问题的罪名是合同诈骗罪。合同诈骗罪是指行为人以合同为欺骗手段，以非法占有为目的，在签订、履行合同过程中，骗取对方当事人财物，数额较大的行为。在认定是否成立合同诈骗罪时，行为人的主观方面必须具备非法占有的目的。在合同诈骗罪中，行为人实施诈骗行为时借助了在民法上能够体现意思自治的合同，因此合同诈骗罪也是涉及刑民竞合问题最多的罪名之一。

在涉及合同诈骗罪的刑民竞合案件中，主要探讨以下几个问题。

第一，具体案件事实性质的认定问题，即行为人的行为是刑事上的合同诈骗，还是仅仅属于民法范围内的合同欺诈的问题。就合同诈骗与民事欺诈的关系而言，两者应当是一种包容的关系，即民事欺诈包括合同诈骗。[①]而行为人实施的欺诈行为在何种情况下能够上升为合同诈骗则是司法实践的难点问题。

第二，合同的效力问题，即当行为人的行为构成合同诈骗罪时，作为实施诈骗手段的合同是否当然无效的问题。关于合同诈骗罪中合同的效力问题，在理论中主要包括以下几种观点：其一，效力认定无意义说。这种观点认为，合同是行为人实施合同诈骗罪的手段，在民事的层面探讨合同的效力问题是没有意义的。其二，合同当然无效说。这种观点认为，合同诈骗罪以合同为诈骗手段，违反了法律的强制性规定，因而当然无效。其三，合同可撤销说。这种观点认为，合同是否有效应当由合同的相对人来决定，合同的相对人享有合同的撤销权。其四，折中说。这种观点认为，合同是否有效应当以案件的事实为基础，根据民商事法律对合同效力认定的规则进行具体的判断。[②]在合同诈骗罪中讨论合同的效力问题具有重要的意义：一方面其有利于厘清案件中复杂的法律关系；另一方面其亦有利于保护被害人的合法权益。因此，合同虽然是实施诈骗的手段，但其并非当然无效的，而是应当“采用刑、民分离的解决思路，即坚持刑事犯罪认‘行为实质’，民事责任看‘权利外观’的刑民区隔之分析

---

① 参见张明楷：《刑法学》（第五版），法律出版社2016年版，第834页。

② 参见王康辉：《刑民交叉中涉案合同效力分析——以合同诈骗罪为例》，载《吉林工商学院学报》2019年第1期。

策略”[①]来具体判断合同的效力问题。

第三，责任的承担问题，即在被告的行为构成合同诈骗罪时，如何处理被告人以及其他相关人员的刑事责任和民事责任的承担问题。在仅有两方主体，即被告人和被害人的合同诈骗案件中，责任的承担是不存在疑问的。然而，合同诈骗罪中责任承担的复杂性就在于其往往还涉及除被告人与被害人的第三方主体。例如，基于代理关系产生的民事责任承担主体。在行为人以民事中的代理关系为基础，进而实施合同诈骗的案件中，往往会涉及被代理人是否需要承担民事责任的问题。

（二）侵犯公民人身权利、民主权利罪

在侵犯公民人身权利、民主权利的刑事犯罪中，行为人的行为除具备刑事不法外，往往还具备民事不法的性质，即在民法上常常能够被评价为民事侵权行为。此类案件中的刑民竞合问题一方面表现为实体问题的认定，即非典型性案件性质的认定；另一方面则表现为刑事责任与民事责任的承担。因此，在该类犯罪中，行为人可能触犯的刑事罪名是十分广泛的，如故意杀人罪、故意伤害罪、过失致人死亡罪、交通肇事罪等。

在实体问题方面，此类刑民竞合案件主要涉及的就是罪与非罪界限的问题。以故意伤害罪为例，当行为人实施的故意伤害他人的行为介于严重违法与轻微犯罪之间时，究竟应当认定为刑事犯罪行为还是民事侵权行为。虽然在司法实践中，通常以在客观上造成轻伤以上的伤害作为认定故意伤害罪的标准，但是这种仅以结果作为区分罪与非罪的简单判断方式，是否能够准确认定案件的性质，是否具有合理性，是存在疑问的。

在责任承担方面，这里常常涉及损害赔偿的问题。根据《刑事诉讼法》第101条、最高人民法院《关于适用〈中华人民共和国刑事诉讼法〉的解释》第175条等具体的规定，在侵犯人身权利的刑事案件中，如果被害人因人身权利受到犯罪侵犯或者财物被犯罪分子毁坏而遭受物质损失，则会产生相应的民事

---

① 贾科、赵永华等：《刑民交叉型合同诈骗类案件中民事法律关系处理机制新探——以被害人民事权利保障为中心》，载《人民司法》2013年第19期。

赔偿责任。[①]同时，根据该司法解释第180条的规定，[②]在具体责任的承担方面还可能会出现行为人与责任承担主体相互分离的情形。

除了上述可能涉及的案件性质认定问题以及附带民事诉讼问题，在本类罪名中还可能会产生其他刑民竞合的问题。本节将选取其中具有典型性的几个罪名作简要的探讨。

1.非法拘禁罪

非法拘禁罪是指非法拘禁他人或者以其他方法非法剥夺他人人身自由的行为。在涉及非法拘禁罪的刑民竞合案件中，最常被探讨的就是如何认定行为人以非法拘禁的方式实现债权的问题。在该类案件中，主要存在以下两种情形。

第一，行为人以非法拘禁的方式实现合法债权。在行为人以非法拘禁的方式实现合法债权的情形中，主要存在的问题是行为人为实现自身合法债权而实施的行为是否在刑法上构成财产犯罪。该问题在理论中存在肯定说和否定说两种见解。肯定说认为，虽然行为人拥有的债权在民法中具有合法性，但是手段的不正当性使行为人丧失了债权实现行为的合法性；否定说则认为，行为人主观上没有非法占有他人财物的意思，客观上没有使他人的财产遭受损失，因此不构成犯罪，但是行为人可能根据其使用手段的非法性质而构成其他的犯罪。如果采用否定说的观点，刑法和民法的法律评价是一致的；而如若采用肯定说的观点，则刑法和民法的法律评价就会存在一定的差异。《刑法》第238条第3款规定："为索取债务非法扣押、拘禁他人的，依照前两款的规定处罚。"据此，该行为应当构成非法拘禁罪。

第二，行为人以非法拘禁的方式实现非法债权。在此类案件中，主要涉及的问题是行为人以非法拘禁的方式索要民法中不予保护的债权是否构成犯罪的问题。根据最高人民法院《关于对为索取法律不予保护的债务非法拘禁他人行为如何定罪问题的解释》的规定，行为人为索取高利贷、赌债等法律不予保护

---

① 关于附带民事诉讼的性质理论上存在争议。

② 最高人民法院《关于适用〈中华人民共和国刑事诉讼法〉的解释》第180条规定："附带民事诉讼中依法负有赔偿责任的人包括：（一）刑事被告人以及未被追究刑事责任的其他共同侵害人；（二）刑事被告人的监护人；（三）死刑罪犯的遗产继承人；（四）共同犯罪案件中，案件审结前死亡的被告人的遗产继承人；（五）对被害人的物质损失依法应当承担赔偿责任的其他单位和个人。附带民事诉讼被告人的亲友自愿代为赔偿的，可以准许。"

的债务，非法扣押、拘禁他人的，依照《刑法》第238条的规定定罪处罚。换言之，在刑法中，合法债务与非法债务在上述的情形中具有同等地位。因此，当非法索债行为的对象是非法债务时，就会产生如下疑问：刑法是否能够保护在民法中不予保护的利益；在能够保护的前提下，非法索债的行为是否仅限于法律明确规定的类型。姑且不探讨理论上对上述问题存在的争议，仅就现行司法解释来看，刑法和民法对上述情形的法律评价是存在差异的。

2. 重婚罪

重婚罪是指有配偶而重婚，或者明知他人有配偶而与之结婚的行为。根据《民法典》第1051条的规定，重婚是使婚姻无效的原因之一；而根据该法第1079条的规定，重婚是在调解无效的情况下，准予离婚的事由之一。因此，在重婚罪的刑事案件中，往往会遇到受害人，如合法婚姻关系中的配偶或者是非法婚姻关系中受骗的一方，向法院提出宣告婚姻无效或者解除婚姻关系的诉讼请求，从而产生刑民竞合的问题。除此之外，亦存在当事人先提出离婚诉讼，而后又向法院提出刑事自诉案件的情形。

在涉及重婚的刑民竞合案件中，主要待解决的是如下几个方面的问题：第一，当当事人在刑事诉讼中提出由重婚而产生的民事请求或者在民事诉讼中提出重婚的刑事自诉时，法院应当如何对刑事诉讼程序和民事诉讼程序予以协调和选择。第二，法院在审理重婚罪的刑事案件时，是否能够一并作出宣布婚姻无效或者解除婚姻关系的判决。

（三）侵犯财产罪

刑法和民法都能对财产关系予以调整，但是两者在调整财产关系时的目的是不同的。刑法更加侧重于对财产秩序的维护，而民法则更加侧重于对权利关系的保护。因此，当两个部门法在调整同一财产关系时，就可能因各自侧重点的不同而产生一定的差异，从而带来案件性质认定方面的困难，以及民事法律关系和刑事法律关系的交织。

1. 盗窃罪

盗窃罪是指以非法占有为目的，盗窃公私财物，数额较大的，或者多次盗窃、入户盗窃、携带凶器盗窃、扒窃的行为。盗窃罪的对象是他人的财物，因此在盗窃罪的案件中，如果被告人非法占有、处置被害人的财产，则应当依法予以追缴或者责令退赔；如果被害人因犯罪行为而遭受到其他的实际物质损失，则还会涉及损害赔偿的民事诉讼请求。

在有关盗窃罪的刑民竞合案件中，常常会涉及以下几个方面的问题。

第一，对占有的判断。在盗窃罪的认定过程中，需要对盗窃的对象是否属于他人占有的财物进行判断。然而，刑法和民法对“占有”概念的理解和认识不同，因此在被认定为盗窃罪的案件中，其盗窃的对象在民法上可能并不属于他人合法占有之物；而在民法中被认定为占有的情形，可能在刑法中并不予以承认。例如，在行为人盗窃的财物是他人以盗窃等非法的方式获得的情形中，虽然民法将上述他人占有财物的方式评价为非法，但是在刑法中，这种非法的占有还是受到保护的，除非是被害人为恢复权利而采取的行为。又如，民法中规定的占有改定、脱离占有后本权人形成的间接占有等具有观念性质的占有①在刑法中并不予以承认，因此行为人的盗窃行为对此类观念占有下的占有人不会构成盗窃罪。

第二，如何认定基于所有权而通过盗窃的方式取回财物的问题。该类案件可以分为以下两种情况：以盗窃的方式取回自己所有的财物和以盗窃的方式取回与自己财物等价值的他人的财物。在第一种情况中，存在的问题是：其一，当行为人以盗窃的方式取回的是他人非法占有的自己的财物时，行为人的行为是否构成盗窃罪。根据通说的观点，他人对财物的非法占有是无法对抗行为人对财物的合法所有的，因此行为人的行为并不构成盗窃罪。其二，当行为人以盗窃的方式取回的是他人合法占有的自己的财物时，行为人的行为是否构成盗窃罪。根据通说的观点，行为人的合法所有无法对抗他人的合法占有，因此成立盗窃罪。在上述两个问题中，根据通说的认定标准，刑法和民法在第一种情形中不存在评价上的差异。而在第二种情形中存在的问题是：刑法和民法如何认定财产的损害，行为人取回等价值财物的行为在刑法和民法上应当如何进行评价。关于何谓“财产的损害”，在刑法和民法中是存在差异的。一般而言，在民法中，对于财产损害的认识更倾向于整体财产的损害，因此，行为人取回与自己财物等价值的他人的财物并未使他人的财产在整体上遭受损害，所以行为人对他人财物的占有是不具有民事违法性的。然而在刑法中，如何认定财产

① 参见杜文俊：《财产犯刑民交错问题探究》，载《政治与法律》2014年第6期。

的损害，在理论上存在“个别财产减少说”与“整体财产减少说”的分歧，其中，“个别财产减少说”是理论和司法实践中的主流观点。因此，在第二种情形中，基于刑法和民法在财产损害问题上的不同认识，当遇到该类刑民竞合案件时，就会产生刑法与民法在法律评价方面的差异。

第三，在盗窃罪中，也存在以民事法律行为掩盖犯罪的情形。例如，甲将自己的银行卡借给乙使用，乙在该卡中存入工资后交由甲进行保管。甲在未经乙同意的情况下，去银行用身份证将卡中的存款转到自己的其他银行卡中。在上述情形中，甲在银行用自己的身份证取出登记在自己名下的银行卡中的存款，单从甲与银行之间发生的民事法律关系来看，表面上似乎不存在什么问题，但是实质上甲的行为却符合刑法中关于盗窃罪构成要件的规定。因此，如何揭发隐藏于民事法律行为背后实质的盗窃行为，也是司法机关在具体的案件中需要予以关注的问题。

2.诈骗罪

诈骗罪是指以非法占有为目的，诈骗公私财物，数额较大的行为。成立诈骗罪，通常需要满足如下结构：行为人实施欺骗行为—对方（受骗者）产生（或继续维持）错误认识—对方基于错误认识处分财产—行为人或第三者取得财产—被害人遭受财产损失。[①]在诈骗罪中涉及了诸多关于刑民竞合的问题，其主要表现为：第一，刑民竞合案件性质的认定；第二，刑法与民法对同一事实在法律评价层面的差异。

在刑民竞合案件性质的认定方面，其问题主要集中在刑事不法与民事不法的界分以及以民事法律行为掩盖诈骗行为两个方面。

第一，就刑事不法与民事不法的界分问题而言，具体到诈骗罪中，实际上就是刑事欺诈与民事欺诈如何准确予以界定的问题。例如，在涉及赌博和诈骗的案件中，行为人通过设置圈套诱骗他人参与赌博并获得钱财的问题究竟应当如何定性；又如，在以互联网平台实施诈骗行为的案件中，行为人诱骗他人参与交易的行为应当如何定性。[②]在现实生活中，案件往往具有复杂性的特点，上述民事欺诈与刑事欺诈的界分问题也十分常见。

---

① 张明楷：《刑法学》（第五版），法律出版社 2016 年版，第 1000 页。

② 参见陈兴良：《民事欺诈和刑事欺诈的界分》，载《法治现代化研究》2019 年第 5 期。

第二，就以民事法律行为掩盖诈骗行为而言，此类案件的关键问题在于如何揭开民事法律行为的面纱，发现被表面合法行为所掩盖的非法行为。“套路贷”是以民事法律行为掩盖刑事犯罪最为典型的涉嫌诈骗罪的一类刑民竞合案件。根据2019年最高人民法院、最高人民检察院、公安部、司法部联合发布的《关于办理“套路贷”刑事案件若干问题的意见》，“套路贷”常见的犯罪手法和步骤主要包括以下几个方面：一是制造民间借贷假象；二是制造资金走账流水等虚假给付事实；三是故意制造违约或者肆意认定违约；四是恶意垒高借款金额；五是软硬兼施“索债”。由此可见，在涉及“套路贷”的案件中，行为人往往以民间借贷作为诈骗的表象，欺骗被害人签订明显不利于借款人的高额借款合同，并通过制造违约陷阱，使借款人无法按期偿还借款，从而要求借款人支付高额的滞纳金。在被害人无法支付的情况下，行为人会通过寻找贷款公司或个人帮助借款人平账的方式恶意垒高借款金额，并以此往复循环，最终使借款人身负巨债。在这一过程中，虽然表面上反映的是合法的民事借贷关系，但是在该民事借贷的背后实际上掩盖的是行为人以非法占有为目的的诈骗行为。因此，如何准确认定“套路贷”与普通民间借贷的区别，把握犯罪的本质，就成为解决该类刑民竞合案件的重要问题。

在对同一事实法律评价的差异方面，刑民竞合的问题主要常见于以下两种具体的情形中。

第一，不法原因给付与诈骗罪。不法原因给付是指行为人向对方给付的原因在法律上被认定为非法的一种情形。为了防止行为人通过非法的行为获得利益，民法否定了在不法原因给付中行为人具有的返还请求权。那么，当行为人因为受到对方的欺诈而予以给付时，欺骗方在刑法上是否构成诈骗罪就存在一定的争议。如果否定诈骗罪的成立，则民法中不予保护的对象在刑法中亦不受到保护，从而可以避免刑法与民法在法律评价方面的差异。然而，单从刑法规定的罪名本身来看，欺骗方的行为无疑符合诈骗罪的构成要件。如果根据诈骗罪的构成要件予以认定进而肯定欺骗方构成诈骗罪，则民法中不予保护的对象却在刑法中得到了保护。

第二，权利行使与诈骗罪。权利行使属于维护自身合法权益的正当行为，一般而言，是不会造成犯罪的。但是当行为人以不当的方式行使权利时，该权利是否仍然具有无害的性质就是存在疑问的。在诈骗罪中，当行为人以欺骗的方式行使权利时，权利人所具有的权利内容的正当性是否能够对抗其权利行使手段的非正当性就是需要予以探讨的问题。如果认为能够成立诈骗罪，则在民法上被评价为正当的权利内容就会在刑法上获得否定性的评价；如果认为不构成诈骗罪，虽然能在刑法和民法中一致肯定行为人所享权利内容的正当性，但是却忽视了行为人的欺诈行为在刑法中的构成要件符合性以及权利相对人所拥有的值得刑法保护的财产权益。①

3.侵占罪

根据《刑法》第270条的规定，侵占罪有两种表现形式：第一，将代为保管的他人财物非法占为己有，数额较大，拒不退还的行为；第二，将他人的遗忘物或者埋藏物非法占为己有，数额较大，拒不交出的行为。即对委托物的侵占和对脱离占有物的侵占。关于财物的所有和占有问题是在认定行为人是否构成侵占罪时的关键因素。根据前文的分析可知，刑法和民法由于各自目的的不同，对所有和占有的理解是存在一定差异的，这也进一步加大了在刑民竞合案件中认定是否构成侵占罪的难度。

在涉及侵占罪的刑民竞合案件中，问题主要集中在以下两个方面：第一，一般的民事侵占和刑法中的侵占罪的界分，其实质为民事不法与刑事不法的界限问题；第二，在具体情形中刑法与民法就同一事实在法律评价方面的差异，如不法原因给付与侵占罪。不法原因给付与侵占罪主要面对的问题是：行为人因不法原因将财物交与对方（并未转移所有权），当接收人将财物据为己有时，行为人是否享有主张返还财物的权利以及接收人是否构成侵占罪的问题。在民法中，不法原因给付是不受保护的，因而行为人在民法上并不享有主张返还财物的权利，即财物的所有权已经发生转移。如果根据民法的观点，由于财产的所有权已经转移到接收人，接收人自然不构成侵占罪。然而，对于存在不法原因给付的案件是否能够成立侵占罪，在刑法理论中是存在分歧的：肯定的观点认为，接收人仅仅存在占有权而非所有权，虽然民法中并不保护不法原因给付的财产关系，但是在刑法中则应当保护既存的财产秩序；否定的观点认为，刑法和民法应当在法秩序中保持统一，民法予以否定的行为在刑法中是不应受到保护的。因此，如果采取肯定说的观点，由民法中不受保护的不法原因给付所

① 参见杜文俊：《财产犯刑民交错问题探究》，载《政治与法律》2014年第6期。

形成的财产关系在刑法中却得到了保护。然而，如果采取否定说的观点，虽然能够在刑民之间保持一致，但是就此否认接收人构成侵占罪是否能够符合大众的普遍心理预期则是存在疑问的。又如，有关死者的占有问题。民法理论认为，死者死后其身上的财物能够发生占有继承。如果以民法理论为基础，那么行为人取走被害人财物的行为由于侵犯了继承人的占有，[①]无疑应当构成盗窃罪。但是，刑法理论对死者死后身上财物的占有问题是存在分歧的：有观点认为，应当否认死者的占有，将死者身上的财物归入“遗忘物”的范畴，因而行为人拿走死者身上财物的行为应当构成侵占罪；也有观点肯定死者的占有，认为该行为应当构成盗窃罪。[②]

4.敲诈勒索罪

敲诈勒索罪是指以非法占有为目的，敲诈勒索公私财物，数额较大或者多次敲诈勒索的行为。“敲诈勒索罪（既遂）的基本结构是：对他人实行威胁（恐吓）—对方产生恐惧心理—对方基于恐惧心理处分财产—行为人或第三者取得财产—被害人遭到财产损失。”[③]当行为人的行为符合上述结构时，基本就满足了刑法中敲诈勒索罪的犯罪构成。

不当行使权利与敲诈勒索罪的问题是该罪名在涉及刑民竞合时常见的难题，即当行为人以威胁恐吓的手段实现自己本身具有的合法权利时，应当如何就行为人行使权利的行为进行评价。在上述的情形中，主要存在两个方面的争议：第一，非法行使合法权利与敲诈勒索罪之间的界限问题。该问题的实质仍旧是民事违法与刑事违法之间的界限问题。第二，民法中合法权利的行使是否需要受到刑法的限制。一种观点认为，当行为人行使合法权利以获得财产利益时，由于行为人主观上并不具有非法占有的目的，因而不构成财产犯罪，但其手段的非法性在突破了刑法规制的界限时，是可以根据手段行为定罪处刑的。也有观点认为，即使行为人享有合法的所有权或者债权，也不得以非法的手段行使权利。这种以威胁恐吓的手段行使权利的行为依旧会侵犯对方的财产权。如果用第一种观点来解决通过使用达到敲诈勒索罪所要求程度的手段以实现合

---

① 参见杜文俊:《财产犯刑民交错问题探究》，载《政治与法律》2014年第6期。

② 参见张明楷:《刑法学》(第五版)，法律出版社2016年版，第947页。

③ 张明楷:《刑法学》(第五版)，法律出版社2016年版，第1015—1016页。

法权利的案件，就会产生这样的疑问：虽然行为人行使的是在民法上被认为合法的权利，但这是否意味着权利相对方的财产权就不值得刑法予以保护，从而否定行为人已经符合的财产犯罪的构成要件。而如果采用第二种观点，则会面对这样的困惑：虽然行为人使用的手段超出了法律允许的范围，但是从整体财产是否减损的角度来看，权利的相对方并没有遭受财产的损失；若认为行为人构成敲诈勒索罪，则是变相否认了行为人所具有的民法上的权利。

在司法实践中，不当行使权利与敲诈勒索罪之间的问题主要表现为过度维权是否能够构成敲诈勒索罪。

【案例八：华硕电脑天价索赔案】2006年，黄某购买了一台华硕牌笔记本电脑。然而，在电脑运行的过程中却出现了故障。在经测试后，黄某发现电脑内安装的CPU是英特尔公司的工程样品处理器，即测试版CPU，该款CPU是被英特尔公司明令禁止在市场上销售的。因此，黄某向华硕公司提出按照其年营业额0.05%的惩罚性赔偿要求（数额为500万美元）。华硕公司以“敲诈勒索罪”为由向警方报案。2007年11月9日，海淀区检察院以证据不足为由，对黄某作出不起诉决定。①

【案例九：刘某购买食用油案】刘某发现自己刚刚购买的食用油内有一个橡胶圈，随即与厂家联系，并提出赔偿36000元的要求，否则就向媒体曝光。后该厂家报警，最终法院以敲诈勒索罪（未遂）判处刘某有期徒刑二年，缓刑二年。②

在上述的两个案例中，第一个案例被司法机关认定为过度维权而非敲诈勒索罪，而第二个案例却被认定为敲诈勒索罪。可见，在司法实践中如何把握过度维权与敲诈勒索罪之间的界限仍然是存在争议的问题。在第一个案例中，行为人索赔的数额明显超出了实际损失的范围，其主观是否存在“非法占有的目的”其实是显而易见的。在第二个案例中，行为人虽然以向媒体曝

① 参见“华硕电脑天价索赔案背后的秘密”，https://net.blogchina.com/blog/article/625399，最后访问时间2021年12月14日。

② 参见徐光华：《从典型案件的“同案异判”看过度维权与敲诈勒索罪》，载《法学杂志》2013年第4期。

光为要挟，要求厂家赔偿36000元，但就此以敲诈勒索罪（未遂）判处其有期徒刑二年，缓刑二年是否具有合理性，是否能够符合大众的心理认同也是存在疑问的。

5. 拒不支付劳动报酬罪

恶意欠薪行为不仅损害了劳动者的合法权益，也为社会秩序的稳定埋下了隐患。因此，为有效打击恶意欠薪行为、维护社会稳定秩序、缓解社会矛盾，《刑法修正案（八）》正式将其纳入刑法规制的范围，增设了拒不支付劳动报酬罪。

拒不支付劳动报酬罪的出台体现了对特定社会关系的调整在具备一定条件时，其手段会由非刑事化转向刑事化。换言之，拒不支付劳动报酬的行为在以民法、行政法予以调整时，因为非刑事法律规范的力度有限，所以难以达到有效遏制该类违法行为的目的，无法缓解因拖欠劳动报酬而引发的劳资纠纷。正是基于非刑事法律规范在调整该类社会关系时的困境以及解决恶意欠薪行为的社会现实需要，因而将该类违法行为纳入刑法调整的范围。

将调整恶意欠薪行为的手段由非刑事化转向刑事化，在司法实践的具体适用过程中必然会带来刑民竞合的问题。事实上，拒不支付劳动报酬的行为是否应当通过刑法予以调整在理论界是存在争议的。部分学者认为，将刑法的触角伸入恶意欠薪的领域有违刑法谦抑性的原则；但也有学者认为，刑法的谦抑性并不代表刑法的“退缩”。[①]恶意欠薪行为在损害劳动者利益的同时亦会对社会秩序造成不良的影响，因此以刑法予以规制有其存在的必要性。

在实体层面，有关拒不支付劳动报酬罪的刑民竞合案件常常会存在罪与非罪界定的问题，即在司法实践中应当如何区分一般的欠薪行为与拒不支付劳动报酬罪的犯罪行为。理论界关于设置拒不支付劳动报酬罪的必要性的争议进一步加大了司法实践中界定罪与非罪的难度。一方面，对不支付劳动报酬行为的法律评价具有双重性。拒不支付劳动报酬罪中不支付劳动报酬的行为既能够被民法予以评价，也能够被刑法予以评价。从民法的角度来看，不支付劳动报酬的行为属于不履行以“劳务”为标的的合同之债的行为；从刑法的角度来看，

① 参见梅锦、何莹：《拒不支付劳动报酬罪在当下适用之不足及完善——以2014年司法判例分析为视角》，载《中国劳动》2015年第12期。

不支付劳动报酬的行为是侵犯了劳动者的财产权以及社会主义市场经济秩序的犯罪行为。另一方面，民事不法与刑事不法的界限具有不确定性。一般的不支付劳动报酬的行为属于民事法律规范调整的范围，但是当该类行为造成的社会危害性达到需要刑法予以规制的程度时，就需要刑法的介入。因此，如何将一般的欠薪行为与拒不支付劳动报酬的犯罪行为予以划分就成为此类刑民竞合案件在实体方面需要解决的重要问题。

在程序层面，有关拒不支付劳动报酬罪的刑民竞合案件可能会涉及以下问题。第一，管辖法院的选择问题。根据《刑事诉讼法》的规定，一般而言，刑事案件由犯罪地的人民法院或者被告人居住地的人民法院予以管辖。在实际的操作中，还可能会涉及上级人民法院指定管辖的问题。①根据《民事诉讼法》的规定，该类案件可能会涉及合同纠纷管辖、协议管辖的问题。②因为《刑事诉讼法》和《民事诉讼法》的规定存在差异，所以对于同时存在刑事和民事部分的拒不支付劳动报酬的刑民竞合案件就可能会发生管辖法院的选择问题。如果拒不支付劳动报酬的案件是涉及范围较广的群体性案件，则在管辖法院的选择问题方面可能会更加复杂。第二，诉讼程序的选择问题。在涉及拒不支付劳动报酬的刑民竞合案件中，究竟应当采用哪种诉讼程序模式是存在争议的。有学者认为，应当将拒不支付劳动报酬的刑民竞合案件分为两种情形：一是一般的情形；二是需要以生效的民事判决作为入罪前提条件的情形。前者应当采用“刑民并行”的诉讼模式；而后者则应当采用“先民后刑”的诉讼模式。③

小结

刑民竞合是司法实践中常见的一种案件类型。两大部门法在法律规范内容方面的相互关照，对同一行为事实评价的相互重合，以及由此衍生出的在

① 参见《刑事诉讼法》第 25 条、第 27 条。

② 参见《民事诉讼法》第 23 条、第 34 条。

③ 参见周宇：《拒不支付劳动报酬罪引发的刑民交叉问题探析》，载万鄂湘主编：《建设公平正义社会与刑事法律适用问题研究——全国法院第 24 届学术讨论会获奖论文集》（下册），人民法院出版社 2012 年版，第 1397—1398 页。

法律责任方面的聚合，使得刑民竞合的案件在实体和程序方面产生了诸多的难题：在实体方面主要呈现出事实认定的差异问题、刑事不法与民事不法的界限问题以及刑事责任与民事责任的归结问题；在程序方面，如何对刑事诉讼程序和民事诉讼程序进行协调和选择一直是理论和实务界关注的焦点问题。刑法与民法竞合可能触犯的相关罪名不仅数量繁多，而且涉及包括人身权利、财产权利等在内的多个方面的问题。正是基于刑民竞合的上述司法现状，在剖析刑民竞合产生的社会原因、立法原因以及对司法方法予以检讨的前提下解决刑民竞合存在的问题并指导具体疑难案件的适用就具有重要的意义。

第二节　刑法与民法竞合的社会与立法原因分析

一、刑民竞合的社会原因

（一）中国刑民竞合的历史考察

刑民交叉案件的出现，最主要的原因是经济社会的发展。从历史发展的角度看，刑法与民法的发展趋势是，两者关系呈现出刑民杂糅—刑民分离—刑民交叉的发展过程。古代社会的社会关系相对简单，法律规范之间的区分并没有如今那么明确清晰。古代社会大多是简单的商品关系、人身关系，纠纷的处理措施在形式上具有一定程度的民刑不分，出现“杂糅”的现象，典型的是简单的诸如“以眼还眼，以牙还牙”的同态复仇处理方式。到封建社会末期，随着经济社会的不断发展，刑民开始逐渐分开，中国及至近代刑事法律关系与民事法律关系逐渐区分开来，主要表现为部门法的分立与发展，民法、刑法的界限逐渐清晰。在刑民关系区分开来以后，由于纠纷涉及的个人、国家等主体基于各自多方面的利益考量，出现了对于同一问题采取不同的处理方式的情形，刑民法律手段便成为衡量的对象。现如今，社会经济进一步发展，社会利益纠纷及解决问题的方法呈现出更加多元化的趋向，纠纷主体之间为寻求本身利益的最大化或者寻求“彻底”解决问题的方法，便会选择将民事纠纷诉诸刑事上的处理；与之相反，当违法行为处于法律规制的模糊地带，由于其他因素涉嫌刑事犯罪时，案件中的被告又会将刑事案件诉诸民事途径上的处理，从而摆脱严厉的刑事制裁，仅承担民事上的责任。在这一背景下，刑民交叉、刑民竞合、刑民界分等理论与实务便成为学者们讨论的话题。

刑民竞合在早期更多地表现为刑民合一，或者说刑民不分。从如今的视角看，多数的民刑关系是可以分开的。何种法律关系属于民事法律关系，何种法律关系属于刑事法律关系，一般的法律人基于所学知识通常会得出相对正确的判断。如果说对于过去的法律能够进行较为清晰的刑民分辨，那是因为我们站在现今的理论成果上去回望过去的法律规范，是以当下的标准评价过去的事情，所以才会认为古代法律中的刑民关系是较为清晰的。然而古代民众却并不具有这样的意识，这一点可以从古代法律文件的内容上窥见。古代法律规范中有相当一部分是刑民不分的，至少在形式上并没有区分，甚至一些法典在实质上也没有进行刑民的区分。有学者认为我国古代刑民关系并非不分，虽然作为法典意义上的民商法是不存在的，但是作为法律规范意义上的民商法是存在的。而且在某些法典当中是“民刑有分”，并非完全是“民刑不分”，甚至到了明、清时期，民商法还出现了体系化、独立化的趋势。[①]这样的观点的确有一定的道理，如下文所述，对于民商事纠纷的处理方式还是暴力手段，即现今所谓的刑罚，因而这样的规范仍带有刑法的色彩，具有刑民不分的特点，这基本上是我国学界的共识。

这一问题在历史上的法律文件中表现得最为明显。在古代的中国，公法文化发达，没有部门法的划分，中国历朝历代的法律基本是以“诸法合体”的模式。例如，我国最早的一部比较系统的封建成文法典《法经》，其内容共六篇：《盗》《贼》《囚》《捕》《杂》《具》。《盗》是涉及公私财产受到侵犯的法律；《贼》是有关危及政权稳定和人身安全的法律；《囚》是有关审判、断狱的法律；《捕》是有关追捕罪犯的法律；《杂》是有关处罚狡诈、越城、赌博、贪污、淫乱等行为的法律；《具》是规定定罪量刑的通例与原则的法律。《具》相当于现代刑法典的总则部分，其他五篇为“罪名之制”，相当于现代刑法典的分则部分。《法经》从整体上看几乎相当于现在的刑法典，并无民事

---

① 王瑞：《民商法在中国古代法的地位和发展历程》，载《河北法学》2012 年第 6 期。

规范，公法色彩浓厚。西汉时期的《九章律》（亦被称为《汉律九章》），其内容在参照《法经》的基础上涵盖了《盗律》《贼律》《囚律》《捕律》《杂律》《具律》《户律》《兴律》《厩律》九篇。《九章律》的内容大多还是刑事方面的规定，在新增的《杂律》《户律》部分涉及少许的民事规范，这其实已经是民刑杂糅的萌芽了。再以《唐律疏议》为例，《户婚律》和《杂律》部分逐渐增加了一些有关民商事的规定，但是在处理方式上仍然是以刑罚的方式进行处理。例如，《唐律疏议·杂令》规定："诸公私财物出举者，任依私契，官不为理。每月取利不得过六分。积日虽多，不得过一倍。诸以粟麦出举，还为粟麦者，任依私契，官不为理。仍以一年为断，不得因旧本更令生利，又不得回利为本。"《唐律疏议·杂律》规定："诸负债违契不偿，一匹以上，违二十日，笞二十，二十日加一等，罪止杖六十。三十匹加二等，百匹，又加三等。各令备偿。"

可见，在今天社会看来的违约行为——民事上的违法行为，在当时的处理方式是刑罚。宋朝的经济可以说是我国封建社会少有的一个高峰，此时已经具有了较为发达的海外贸易，国内贸易更是发达。在这一时期出现了我国历史上最早的纸币交子。《宋刑统》中关于民商事方面的法律规范已经明显增多，这得益于当时社会经济的发展。但至为明显的是，民事法律规范仍然是与刑事法律规范杂糅在一起的。《大明律》有律文460条，具有民事法律规范性质的《户律》部分占95条，具有刑事法律规范性质的《刑律》占171条，作为调整平民之间权利与义务关系的民商事法律条文占了整个《大明律》的五分之一，[①]这也是当时经济发展的反映。《大清律例》中，90%的条文是对刑事犯罪的规定，涉及民事方面的规范不到40条。[②]从以上的几部封建法典看，我国古代在立法上采取的是刑民合体的形式。清末大臣沈家本仿照日本法律制度主持修律时，才开始学习西方法典化的立法形式。在清王朝将要覆灭的封建社会末期，我国的官方立法中才逐渐较为明确地将各个部门法区分开来。清朝末年至民国时期，西学东渐已经成为潮流，法律制度的西化也逐渐在中华大地铺展开来。我国近现代意义上的宪法应当说萌芽于鸦片战争，兴起于

① 王瑞：《民商法在中国古代法的地位和发展历程》，载《河北法学》2012年第6期。

② 参见朱铁军：《刑民实体关系论》，华东政法大学2009年博士学位论文。

戊戌变法，先后出现了《钦定宪法大纲》《资政院章程》《咨议局章程》《宪法重大信条十九条》等法律法规；在具体的部门法领域则形成了具有现代意义上的行政、民事、经济等法律法规，如《印刷物专律》《报律》《大清民律草案》等。其中，《大清商律》包括《商人通则》《公司律》《破产律》三大部分。[①]但是由于清朝的灭亡，这些分类明确的部门法律制度基本都无疾而终。直到南京国民政府时期，在继承发展清末与北洋政府法律制度的基础上，才形成了较为完备的法律体系，如宪法、民法、刑法、民事诉讼法、刑事诉讼法以及行政法等。

（二）西方刑民竞合的历史考察

西方早期的法律也具有刑民不分的特点。古代西亚地区的商业贸易催生了楔形文字，同时也诞生了形形色色的民事法律规范和商业习惯，这奠定了美索不达米亚法系的基础。[②]在西亚人发明了文字后，苏美尔社会出现的契约大都是有关出借、贸易的文书，如在《乌尔纳姆法典》中主要涉及三大块内容：所有权及其他各项权利、债、婚姻家庭与继承。值得注意的是，该法典中对于实施暴力者的行为，如用棍棒打断他人的四肢、用刀割掉他人的鼻子、打掉他人的牙齿等在今天看来属于刑事的内容，但在当时西亚的处理方式是支付给被害人不同数额的赔偿金。[③]如《乌尔纳姆法典》中就有这样的规定：[④]

第5条　如果某男胁迫并强奸了他人之处女奴隶，则他应该偿银五舍克勒。

第11条　如果某人用铜刀割断另一人之鼻，则他应偿银三分之二明那。

《俾拉拉马法典》也有类似的规定：[⑤]

第42条　倘自由民咬破自由民之鼻，应赔银一明那；伤其一眼，应赔银一明那；一齿，二分之一明那；一耳，二分之一明那；掴人之颊，银十舍克勒。

第43条　倘自由民砍断自由民之一指，则彼应赔银三分之二明那。

---

① 也有观点认为，《大清商律》仅包括《商人通例》和《公司律》两部分。

② 何勤华、魏琼：《西方民法史》，北京大学出版社2007年版，第2页。

③ 参见何勤华、魏琼：《西方民法史》，北京大学出版社2007年版，第7—8页。

④ 参见余殿利、政殿华：《巴比伦古文化探研》，江西人民出版社1998年版，第193页。

⑤ 参见余殿利、政殿华：《巴比伦古文化探研》，江西人民出版社1998年版，第197页。

第44条　倘自由民推倒自由民于……而挫伤其手，则彼应赔银二分之一明那。

第45条　倘彼挫伤其足，则应赔偿二分之一明那。

第46条　倘自由民殴打自由民而挫伤其……则应赔银三分之二明那。

再如约公元前15世纪的《赫梯法典》，有学者就将其评价为是西方古代唯一一部“重民轻刑”“刑表民实”的法典。它虽然开篇即刑事法律规范，并规定了多种罪名，但是除了对少数性质严重的犯罪规定了刑罚，一般多采取的处理方式是民事赔偿、补偿。赫梯人在追究刑事犯罪时，其法律责任也更强调民事补偿。《赫梯法典》中有这样的规定：

第7条　假如任何人使自由人失明或敲落他的牙齿，则先前是交付一明那银子，而现在他应交付二十玻鲁舍克勒银子，同时用自己的房屋担保。

第11条　假如任何人折坏自由人的手或足，则他应交付二十玻鲁舍克勒银子，同时用自己的房屋担保。

第13条　假如任何人咬坏自由人的鼻子，则应交付一明那银子，同时用自己的房屋担保。

第15条　假如任何人割去自由人的耳朵，则应给他二十玻鲁舍克勒银子，同时用自己的房屋担保。

第98条　假如自由民放火烧毁房屋，则他应再建房屋，而对消失在房屋中的人们、大小角的牲畜，也需要赔偿他们。

地位低下的自由民的奴隶犯了盗窃罪也被给予相应的法律权利，可以用金钱和谷物作为赔偿。[①]《汉谟拉比法典》不仅阐明了古巴比伦的法律制度，也指导了当时的社会行为。古巴比伦王国国王汉谟拉比当政时制定该法典，旨在调整一切社会关系，维护财产私有制，全面调整自由民之间的关系，巩固现存秩序。该法典大概在公元前1791年或公元前1790年始拟，完成于巴比伦尼亚统一之后。正文包括282条法律，涉及现代意义上的诉讼法、民法、刑法、婚姻法等内容，意在调解自由民之间的财产占有、继承、转让、租赁、借贷、雇佣等多种经济关系和社会、婚姻关系，此外还有侵权行为之债。契约有买卖、借贷、租赁、承揽、寄存、合伙、雇佣等。为了缓和社会矛盾，稳定经济秩序，

① 参见何勤华、魏琼：《西方民法史》，北京大学出版社2007年版，第28—29页。

法典对高利贷作了限制。

该法典具有以下几个特征：第一，实施同态复仇法，奉行“以眼还眼，以牙还牙”的惩罚原则，“如果一个人伤害了贵族的眼睛，判还伤其眼。如果一个人折断了贵族的手足，判还折其手足”（第196条、第197条）。第二，阶级歧视，“如果贵族阶层打伤了贵族阶层的人，须罚银一明那。如果任何的奴隶打了自由民出身的人，处割耳之刑”（第203条、第205条）。第三，实施严格的保护商业社会财产的规定，“如果一个人盗窃了寺庙或商行的货物，应处死刑；接受赃物者也应处以死刑”（第6条）。[①]法典从不考虑最初的伤害是否纯属意外，而是残酷无情地坚持让人受到皮肉之苦和受辱。换言之，无论是故意还是过失，只要造成了伤害或者死亡的结果，哪怕是意外事件，造成损害的人也应当接受相应的处罚。以上对于处理方式并没有区分刑事案件或者民事纠纷，对于我们在现今认为是犯罪的行为，既有民事上赔偿的处理方式，也有身体性刑罚的处理手段，显然刑民之间并没有作出区分。

又如罗马时期的《十二铜表法》的篇目依次为传唤、审理、索债、家长权、继承和监护、所有权和占有、土地和房屋、私犯、公法、宗教法、前五表的追补及后五表的追补。《十二铜表法》的原文早已丢失，但从后来罗马法学家的著作中可以看出，这一法律的内容相当广泛，公法与私法、刑法与民法、实体法与程序法、同态复仇与罚金、氏族继承与遗嘱等相互交错。它不仅规定了公民的权利和义务，而且还规定了极为严酷的债务奴役制（债务人若无力偿还债权人的债务，那么债权人就可以把他处死，或卖至第伯河以外的任何地方）。西方近代以前的法律在形式上也表现为诸法合体，在内容上也具有刑民不分的特点。正如西方法学学者所说：“最初，英国法律将除杀人以外的所有伤害都视为可以补偿的私人伤害。如果受害方接受赔偿，被告也不能受到刑事制裁。然而，在诺曼征服后，新国王们不喜欢把这些决定权交给私人，他们试图通过惩罚这些行为者来确立他们对犯罪的权力。虽然侵权行为（可赔偿行为）和犯罪行为（可惩罚行为）之间的这种分歧始于800多年前，并且花了几个世纪才完成，但即使在今天，许多构成犯罪的行为也常常构成

① ［美］斯塔夫里阿诺斯：《全球通史》，董书慧等译，北京大学出版社2005年版，第62页。

侵权行为……”①

直到近代以来，西方才开始部门法的编纂。西方资产阶级革命胜利以后，资产阶级需要用法律的武器来保护自己的革命成果，并对阶级的利益加以保护，各国开始制定专门的法典。以《德国民法典》产生的时代背景为例，18世纪中期开展的工业革命标志着资本主义的蓬勃发展，它使交易活动越来越频繁，交易行为不再限于原来的交易模式，大宗的商品交易、工业产品的交易逐渐增多，交易秩序变得复杂化，以往的交易规则和交易模式已经很难适应新的社会发展状况，因此社会对于法律规则提出了更高的要求，但是当时的法律制度的建设却远远不能满足正在进行的工业革命浪潮，《德国民法典》在这一过程中被社会所需要，并且经过法学家的长期争论，在1896年终于完成。1804年的《法国民法典》、1889年的《西班牙民法典》、1811年的《奥地利民法典》等也都是在工业化不断推进的过程中孕育而生的。民法典从19世纪开始在大陆法系逐渐丰富起来，刑民关系在经济的发展中逐渐分离，并在法律体系上成为相对独立的法律部门。在全球化的时代，各个部门法继续发展、演进，在部门法内部又出现了对专门行业进行规范的“子部门”，表现为民商分立，有些国家早已出现了专门的商法典。

（三）中西方刑民竞合的比较分析

中西方早期的法律在形式上刑民不分的特点，其根本原因要归结于经济社会发展的不成熟。在中国古代的封建社会中，这种不成熟主要表现在社会主体的交往上以及官方对于经济交往的态度方面。

在政治上，中国古代社会中统治者重视刑罚的威慑作用。一方面，统治者采取重农抑商的政策，严重限制了民间商业的发展。之所以采取重农抑商的方针，是因为商人的流动性不便于封建统治阶层进行管理，商人的流动在统治者看来会带来社会的不稳定。在这一政策的影响下，商人的地位是低下的。另一方面，统治阶层往往将刑罚作为其主要的统治手段，“偏爱以刑罚来宣示自己的话语主导权”，②他们通常以为刑罚越严厉，社会就越安定，百姓就会越臣服，

---

① See Richard G. Singer & Shima Baradaran Baughman, *CriminalLaw*, NewYork: 2018, p.23.

② 杨兴培编著：《犯罪的二次性违法理论与实践——兼以刑民交叉类案件为实践对象》，北京大学出版社 2018 年版，第 72 页。

统治基础也就更加牢固，所以秦朝实行“严刑峻罚”的刑事政策，对犯罪案件采取连坐制度。这种手段虽然实现了政治上的稳定，但是背后却暗藏着民众潜在的怒火，也限制了民间经济的发展。

在经济上，中国古代社会重农抑商的政策一直延续到封建社会末期，而小农经济一直是中国社会的基本经济模式。从事生产的农业个体被牢牢束缚在土地上，这使得农民依赖自己的土地就基本能够满足自身的生活需要，无须再借助发达的商业往来，即使需要生活资料的交换，在小地域范围内也基本能够得到实现，因而社会对跨区域的商业流动并没有需求的动力，加之商人个体的跨区域流动受到了统治者的严格限制，因此小农经济的自给自足导致了市场交易的有限性。交易的有限性、不发达性注定了刑民交叉案件不会成为高频出现的问题，一旦出现需要规制的民事问题，就自然而然地被统治者纳入刑罚处理方式的范畴。

在文化上，中国自古以来强调“礼制”，等级制度被以各种形式贯穿到生活中去。“君君臣臣父父子子”“君为臣纲、父为子纲、夫为妻纲”……违反这种礼制就是不对的，就应当受到惩罚，但是惩罚的手段不可能如民事手段这样温和，轻则名誉受损，逐出家门，重则介入残酷的身体惩罚即刑罚。

在民众思想上，古代民众的民权观念被高度压制。皇帝为“天子”，代表上天统治人民。由于统治者在思想上采取的统治策略，以及自身科学意识不高，古代的百姓没有反抗的动力，几乎没有个人权利意识。种种现象表明中国古代社会充斥着等级的观念，毫无“平等”“民主”的思想。由于这种独特的历史文化背景，刑法与民法的不分以及重刑轻民的思想也就不可能产生区分民事与刑事的文化土壤，故二者总是被杂糅于一体。

中国的法典更多的是刑事法律的性质，对于发生的民事纠纷问题在诉诸公权力手段解决时，多采取的是刑罚手段。与古代中国的社会状况正好相反，西方的法律对于纠纷、侵权问题的解决或多或少地表现为更加倾向于采取民事手段。两者区别的关键原因可能要归于经济基础、社会基础的不同。西方社会向来是经济、贸易的市场交易发达，如前所述，西方出现契约、借贷、交换等民事现象要早于中国，其最早的民事法律规范中充斥着这类民事法律规范，这一问题在此不再赘述。中国直到封建中后期的唐宋时代才出现较为发达的民商法律规范，表现在“宋代编敕调整范围遍及社会生活的各个领域，特别是有关经济方面的编敕明显增多，这一变化充分反映了宋代封建经济高度发展的要求及宋代统治者运用法律手段调整经济关系，维护统治阶级经济利益的深化，使其更突出地表现出编敕的时代特色”[①]。再如，宋代另一种法律文件的表现形式——编例[②]，内容涉及茶、盐、铁。有关外贸的市舶条法等民商事法律规范的逐渐繁荣是宋代商品经济发达的反映，宋代的商业立法已达到空前完备的发展程度。古代中国的统治者为了稳固统治，往往限制人员的流动，因而市场交易也就自然而然地被限制；而西方统治阶层并未限制交易的发展，相反，西方自由民以交换获得利益以提升个人的社会地位。贸易发达倾向于利用民事手段处理纠纷，贸易受限则倾向于采取刑罚手段；西方的私法文化发达更倾向于采取民事手段，中国公法发达则更倾向于以公法手段处理纠纷，于是出现了这种恰好相反的处理方式。

尤其在中国，刑民不分的另一个原因是，在古代除了身体刑的处理方式，似乎不再存在其他的处理方式。中国古代的民事交易不发达，民事纠纷少，出现了民事纠纷的惯性思维可能就是身体刑，更没有现今的强制执行制度，能够让民众或者执法者想到的手段唯有刑罚，以至于允许为了查清案件而使用刑讯逼供。不可否认的是，由于阶级分化的原因，中西方在古代都存在以钱代替刑罚的手段。侵权人由于家庭殷实，在一些情况下能够用财物的方式对被害人进行赔偿，这也是经济社会发展状况的表现。然而，这更加印证了一个观点：刑民关系的竞合或者处理与经济社会的发展具有密切的关系。经济发展时，处理纠纷的手段就会多样；反之，经济社会发展落后，对于纠纷的解决便相对野蛮，处理方式相对单一。

在当下，民商事法律的完善反映了市场经济的发展与民商事主体的诉求，市场主体需要有良好的民商事法律规范维护其交易的自由与安全，使可能的交往行为受到法律的保护，而非公权主体对于私法主体的过分干预，否则商人的交往将受到极大的限制，市场经济的发展也会受到抑制。刑法属于公法的组成部分，必须坚持谦抑性原则，不能过度干涉市场经济。由此，围绕着市场经济

① 郭东旭:《宋代法制研究》，河北大学出版社2000年版，第30—31页。

② 编例是指汇编典型案例、特旨和指挥等，使之具有法律效力，用以指导司法实践。

的内在需求，在肯定民商事法律对市场经济健康运行作用的同时，要注意到刑法的补充性，不可动辄以刑事案件介入民商事纠纷。

（四）刑民竞合的当下现实考察

我国近些年兴起的刑民交叉案件具有特定的时代背景，与以前的刑民交叉案件具有不同的特征。在政治上，坚持以人民为中心的发展理念，人民成为国家的主人，法律的制定和修改都必须体现广大人民群众的根本意志，古代少数人的统治在当下的中国社会已经不可能实现。在经济上，中国社会早已经摆脱了“闭关锁国”“重农抑商”的封建思想，走向了现代化的市场经济时代。中国是全球第二大经济体，也是全球第二大对外投资国，已经成为世界经济增长的重要引擎。改革开放激起了国内的经济活力，也使中国的企业走向世界。这一大背景为刑民交叉问题的出现提供了土壤。经济的高度发展必然会带来经营模式的多样化，也会带来前所未有的疑难纠纷。此外，如上文所述，早期的刑民交叉案件根源于经济社会发展的落后性，也根源于公民思想的落后性，落后的生产生活无法激起人们的权利意识。古代中国社会是一个义务本位的社会，义务本位的立法皆系禁止性规定和义务性规定，民众从法律中得到的多是束缚，且刑民责任不分。其目的在于对不同身份的人规定不同的义务，以维护身份秩序。直到近代以来，以义务为本位的社会才逐渐走向权利本位时代。公民权利是决定性的、根本的，在法律权利与法律义务中，权利是决定性的、起主导作用的，义务是实现权利的手段和工具。而我们所处的当下，更是一个权利本位的时代，尤其是自十一届三中全会以来，改革开放不断向纵深发展，社会各方面取得了极大的进步，公民的权利意识前所未有地增强，作为社会最重要组成元素的公民本人可能也并未意识到自己身处一个“权利爆炸”的时代。反观中国过去的几十年，这一点是显而易见的。权利本位包含两点十分重要的意涵：第一，社会成员皆为权利主体。没有人因为性别、种族、语言、宗教信仰等特殊情况而被剥夺权利主体的资格，或在基本权利的分配上受歧视。第二，在权利和义务的关系中，权利是目的，义务是手段，法律设定义务的目的在于保障权利的实现。也正因如此，公民个人开始敢于向力量较为强大的社会组织、公权主体发起挑战。作为社会主体的个人没有义务向这些有一定力量的社会主体让步，因而民告官、“一元维权”[①]、小额维权等案件屡见不鲜。这些现象放在以前可能是公民所不敢想的。传统的中国百姓大多是持“多一事不如少一事”“吃亏是福”“忍忍就罢了”的观念，可是这些观念的背后都是以牺牲个人利益为代价的。虽然牺牲的利益的价值并没有多么大，但足以使自己避免矛盾，陷入没有必要的纠纷。但如今随着社会的发展，公民权利意识增强，即使这些微小的利益，许多民众也会据理力争，加之现今的矛盾纠纷解决途径多样，使公民正当诉求的实现成为可能，民众诉之有道，诉之有法。

当下刑民交叉案件的社会原因可以概括为以下几点。

第一，经济发展提高了对于法治的依赖性。一方面，市场经济的发展为刑民交叉案件的产生提供了土壤。市场经济不同于传统的熟人社会。在传统的熟人社会中，人与人之间存在一定的信任关系，熟人之间的纠纷往往会通过一些“软性”的手段进行解决，如邀请地方或者行业有名望的人进行调解、将特定的物品出质等。传统社会的纠纷解决并不需要强大的公权机关介入。但是在市场经济中，经济活动的活跃程度前所未有，市场交易的双方当事人已不再具有传统社会的熟人基础，交易的主体可能是素不相识的人，彼此之间不具有任何的信赖关系和基础。现代化的交易往往建立在法律的平等原则基础之上，传统的纠纷解决手段已经不能适应市场主体的交往方式，也无法解决市场主体之间的纠纷，因此法律成为人们最为信任的解决纠纷的手段。法律作为解决纠纷的手段，其优势在于通过明确平等的民事主体之间的权利义务关系，将民事主体所享有的权利义务固定下来，这为纠纷的解决提供了规则的基础。这些规则对于每一个人都是平等的、明确的。经济往来所应当遵循的法律规则为从业人员所熟知，因而基本不存在规则上的歧视问题。而中国传统的纠纷解决方式则往往有一定的偏颇，在纠纷双方妥协的过程中必然会伴随着一方甚至双方利益或多或少的损失。另一方面，从实践中的案件发展来看，刑民交叉的案件首先是在我国经济较为发达的地区表现出来，尤其是上海、浙江地区司法实践中的刑民交叉问题较为突出，然后逐渐向其他地区蔓延。这在某种程度上表明，经济

① “残疾人诉公交车多收费 公交公司赔一元不需道歉”，http://www.chinanews.com/fz/2010/12-31/2759644.shtml，最后访问时间 2021 年 8 月 5 日。

越发达的地区，刑民交叉的案件就会越常见，形式就会越复杂。总体来看，中国的经济仍然将保持平稳运行的态势，经济社会深入发展的趋势在较长时期内不会改变，这将意味着刑民交叉的案件在形式上可能愈加复杂多样，在数量上也将不断地增长。

第二，法治观念在普及中既有积极的方面也有消极的方面。从积极的方面看，立法体系的不断完善，执法手段日趋多样化，民众的法律观念不断提高，越来越多的人开始寻求法律途径解决社会交往过程中的纠纷，而不是采取简单粗暴的方式解决问题，所以民众法治意识的不断提升为刑民交叉案件的出现提供了可能。从消极的方面看，对于矛盾纠纷的解决，当事人会更加倾向于采取较为“彻底”的方式解决问题，因而刑罚手段可能成为部分人的首选，但这可能并非处理纠纷的最佳方式。另外，法律的局限性为不法分子提供了可乘之机，国家不得不动用刑罚惩治具有严重危害性的违法行为，法律难免会存在漏洞，既有的法律不可能长久地满足社会的需求，因而，随着具有危害性的“灰色行为”或者新型犯罪的不断涌现，就可能出现漏网之鱼。例如，拖欠农民工工资的行为在我国经济高速发展的时期较为常见，但法律没有将长期拖欠工资的问题规定为犯罪。如果不处理好这一广泛存在的社会矛盾，那么就会导致各种矛盾激化，造成社会动荡，既严重影响底层百姓的生活，也会动摇国家公权力机关的公信力。因此，国家有必要在这样的大背景下对拖欠农民工工资的行为“出重拳”，拒不支付劳动报酬罪便应运而生了。又如，虚假诉讼的行为也往往涉及这一问题。民事诉讼的双方当事人通过恶意串通的形式将他人的合法财产据为己有，严重侵犯了他人的合法利益，也严重影响了正常的司法活动，浪费了司法资源。从形式上看，双方当事人之间存在民事纠纷，实则是通过虚假的诉讼实施违法行为。对于这类具有较大社会危害性的案件，亦应当作为刑事案件处理。从以上分析看，公民的法律意识过强，可能会导致其将刑法作为自己处理民事纠纷的工具，还可能使不良分子投机钻营，侵害他人或者社会公共利益。

第三，立法的犯罪化与非犯罪化产生的引导作用。从立法上看，立法存在两种趋势，一种是犯罪化；另一种是非犯罪化。就犯罪化而言，有些行为在过去不属于犯罪行为，但是随着社会的发展，这类行为可能成为犯罪，如上述拒不支付劳动报酬罪，又如信用卡类的犯罪。信用卡的发行原本是为了刺激人们消费，但是有些人通过恶意透支信用卡，并且以多次办理信用卡的形式获得利益并拒不返还，因而恶意透支也成为信用卡诈骗罪的一种行为类型。就非犯罪化而言，某些行为在过去被规定为犯罪，在将来可能呈现出非犯罪化的趋势，如公司的注册资本问题。过去由于我国的市场经济发展不够成熟稳健，改革过程中存在很多不确定因素，因而对于公司的设立规定了注册资本的要求。随着市场经济的不断发展，政府对于市场经济的管理愈加成熟，公司的注册资本门槛已基本不存在。近年来，虚报注册资本的案件已经越来越少，甚至趋于消失，不少过去有关虚报注册资本的犯罪也在近几年被再审改判。又如，操纵证券、期货市场罪。在我国证券市场还不成熟的情况下，国家对证券、保险等金融行业采取了严格的监管措施，但随着我国对外开放程度的不断提高，国家金融调控能力也在不断提高，调控手段日益多元，证券类的犯罪可能也会逐渐减少。因而，犯罪化与非犯罪化的趋向会使民事案件走向刑事案件，或者使刑事案件转向民事案件。社会发展过程中的犯罪化问题和非犯罪化问题，一定会经历由民转刑或者由刑转民的过渡时期，这一时期内的刑民交叉案件的处理也会因为裁判者认识的不同而产生偏差。即使颁布再多的司法解释、会议纪要、法律文件等也无法涵盖所有可能出现的新情况，因而刑民交叉的处理争议在所难免。当下我国的经济社会发展就基本处于这样的一个过渡时期，因此这一问题的解决既需要在技术上去处理，又有必要在政策、观念上进行引导。

第四，司法干预过急或者过缓均会导致刑民交叉问题的产生。对于现有纠纷，纠纷的双方主体之间除通过协商、法院诉讼的方式解决外，不少恶性竞争的纠纷、合同纠纷案件中的当事人往往还会寻求刑事途径进行解决。事实上，在不少刑民交叉的案件中，某些公安机关以属于民事纠纷为由拒绝作为刑事案件进行立案。在网络环境下，一些纠纷的证据调取对公安机关来说费时费力，某些公安机关不愿意以刑事案件立案，故而以民事纠纷为托词。在一些情况下，某些纠纷已经具有了刑事的性质，如常常发生的盗QQ号、微信号现象。一种情况是公民因为被别人盗取了QQ号、微信号，已经无法更改账号的密码，而作为提供服务的运营商无法提供有效的证据支持，当事人向公安机关报案而又没有自己遭受损失的证据，因为自己已经无法通过微信号获取消费转账等记录。尤其是微信零钱的问题，如果无法登录账号，消费者存入微信零钱中的资金将无法使用，这样的盗号行为已经具有刑法上的“侵占”行为的性质。另一种情况是公安机关的干预过激。民商事纠纷中，融资、“拆东墙、补西墙”的现象并不少见。在从业者看来这是常用的商业运作手段，但民商事中投资一方在无法获得预期利益的情况下可能会诉诸刑事案件的解决方式，以尽可能挽回己方的损失，这样的情形就有可能以经济方面的犯罪进行立案。当下，企业刑事风险不断攀升、企业犯罪防控观念提升。企业及企业家对刑民交叉问题，尤其是刑事合规越发重视。总体来说，司法手段对刑民交叉案件干预过急或者过缓都有可能产生刑民交叉案件甚至是冤假错案。

第五，在实践中很多当事人及律师基于各自的利益诉求或多或少地在一些案件中希望将民事案件刑事化。从本质上说，某些案件本身就是民商争议案件，但是纠纷的当事人出于各种原因，倾向于用刑事手段来解决，也就是以刑事案件之名去解决民事纠纷，其实质是变相利用公权力谋得私利。司法实践中，存在某些司法机关滥用公权力，为保护地方利益、部门利益，利用职务便利插手经济纠纷，或者在利益驱动下，存在行贿受贿、徇私枉法等腐败行为，对刑民交叉中冤假错案的产生推波助澜。此外，公权力在市场经济环境下具有寻租的天然性质，在刑民交叉案件中，纠纷的一方极力维护自己的权益，因而急需获得公权的支持，而公权主体或者其成员则具有一定的利益诉求，双方便具有“你情我愿”的交易基础，权力寻租促使了原本属于民事性质的案件转化为刑事案件。

第六，当事人与律师基于各自利益的诉求。广大的律师之所以关注刑民交叉问题，是因为刑民交叉法律服务市场发生了变化。客户需求也发生了变化。刑民交叉业务的研究课题在增加，相关业务越发受到律师青睐。案件明明是民事纠纷，当事人却被刑事控告，律师要做无罪辩护，把人给“捞”出来。典型案例如鸿茅药酒案[①]。

【案例十：鸿茅药酒案】2017年12月19日，广州医生谭某东发布网帖《中国神酒“鸿茅药酒”，来自天堂的毒药》。2017年12月22日，内蒙古鸿茅国药股份有限公司到凉城县公安局报案称：互联网上有人对“鸿茅药酒”进行恶意抹黑，称鸿茅药酒是“毒药”。网上的大量不实言论和虚假信息，

① 参见黄筱菁：《医生谭秦东致歉“鸿茅”撤回报案》，载《北京青年报》2018年5月18日，第A9版。

致多家经销商退货退款共计300余万元，造成鸿茅国药股份有限公司直接损失1425375.04元。同日，凉城县公安局同意立案侦查，于2018年1月10日对嫌疑人谭某东跨省采取刑事拘留强制措施。2018年1月25日，经凉城县人民检察院批准对谭某东进行逮捕，并依法移送检察机关审查起诉。2018年5月17日，内蒙古自治区凉城县公安局依照上级公安机关要求和凉城县人民检察院《补充侦查决定书》，就"内蒙古鸿茅国药股份有限公司商业信誉、商品声誉被损害案"依法开展补充侦查工作。根据查证的事实、证据，依据《刑事诉讼法》第15条之规定，凉城县公安局决定依法撤销该案。

鸿茅药酒一案是典型的强势主体利用刑事手段打压个人行为。鸿茅药酒的确在全国范围内具有一定的影响力，并且是当地的纳税大户。当谭某东医生在网上发布了一篇名为《中国神酒"鸿茅药酒"，来自天堂的毒药》帖子后，事件受到不少人的关注。鸿茅药酒公司为了挽回自己的"面子"而诉诸刑事手段，警方也进行了跨省抓捕，后在各方因素的影响下，当地警方不得不释放谭某东医生。正如光明网的评论员文章题目所写的，要警惕民事纠纷刑事化。在当事人与律师之间也会发生这样的现象。在解决民事纠纷时，或者为了解决民事纠纷，一些律师应当事人的委托会建议启动刑事控告，把人给"送"进去。律师代理的民事案件，人民法院裁定驳回起诉，将案件移送公安机关侦查。典型的就是"套路贷"、非法吸收公众存款类案件，还有公司控制权争端，股东之间相互控告职务侵占等。对于这类案件，人民法院经常会因刑裁驳。

【案例十一：A公司、B银行金融借款合同纠纷再审案】该案中，再审申请人A公司因与被申请人B银行金融借款合同纠纷一案，不服先前的民事判决，向最高人民法院申请再审。A公司申请再审的理由之一是：本案属于刑民交叉案件，依据《最高人民法院关于审理经济纠纷案件中涉及经济犯罪嫌疑若干问题的规定》第11条之规定，本案应裁定中止诉讼，将有关材料移送公安机关，故本案存在程序违法的情形。依据《民事诉讼法》第200条第1项、第2项、第3项的规定申请再审。[①]

① 参见中国裁判文书网：https://wenshu.court.gov.cn/website/wenshu/181107ANFZ0BXSK4/index.html?docId=8f45754781394241985aab480114711c，最后访问时间2021年11月15日。

【案例十二：A公司、B银行合同纠纷再审案】 再审申请人A公司因与被申请人B银行，一审被告、二审上诉人C公司，原审被告D公司、肖某合同纠纷一案，不服江西省高级人民法院（2018）赣民终765号民事判决，向最高人民法院申请再审。A公司申请再审称，原审判决存在《民事诉讼法》第200条第1项、第2项、第6项规定之情形，应予再审，请求撤销原审判决，并依法改判驳回B银行对A公司的诉讼请求。主要事实与理由之一是：B银行的民事诉求已经落入刑事案件范围，本案应中止审理，并依法移送公安机关或检察机关。首先，本案并非单纯的金融借款纠纷，而是刑民交叉的重大复杂案件，只有对与本案相关的刑事部分进行全面侦查、审理后才可以厘清民事部分中各方过错。D公司和C公司的实际控制人肖某等人因涉嫌伪造印章、骗取银行承兑汇票已被南昌市公安局立案侦查且已经移送检察院审查起诉，目前尚未有审判结果，而该刑事案件的结果是本案责任认定的重要依据，因此本案不应直接作出民事判决。其次，本案相关的刑事程序不断推进，由此产生的一系列新证据足以推翻原审判决。目前，经A公司举报，南昌市公安局对B银行发放贷款人员方某、沈某琪涉嫌违规出具金融票证罪予以立案；江西省高级人民法院对正在审理的B银行起诉A公司及C公司的两起案件作出了中止审理的裁定。故本案也应与相关案件保持一致，应中止审理并移送公安机关或检察机关。①

【案例十三】 2014年12月，许某华、许某业承揽了永城市某小区项目工程，需交工程押金150万元。因资金不足，许某华、许某业找到永城市农商银行工作人员蒋某召。三人商议后，蒋某召同意入股参与工程。但蒋某召称，在其所在银行贷款手续烦琐、周期比较长，耽误事。不如向其熟悉的专业做投资担保贷款公司的郝某龙、付某鹏私人借款。由于公职人员可信度高，更能获得民间借贷公司的信任，蒋某召便联系其在永城市园林局工作的同学齐某仁，后四人签订合作协议，共同承建永城市某小区建设工程，并由齐某仁、蒋某召为担保人共同向民间借贷公司进行借款。2014

① 参见中国裁判文书网：https://wenshu.court.gov.cn/website/wenshu/181107ANFZ0BXSK4/index.html?docId=5c44056cde6149589febab2000c18af0，最后访问时间2021年11月15日。

年12月18日，经蒋某召介绍促成，借款人为许某业，担保人为齐某仁、蒋某召，从郝某龙处借贷80万元，月息为6分，借款期限为15天。2015年1月7日，又经蒋某召介绍，从付某鹏处借贷70万元并书写欠条，借款人为许某业，担保人为齐某仁、蒋某召，月息为4分，借款期限为30天。不过，借款人实际收到借款只有52万余元。在付某鹏70万元的借款中，2.8万元被作为利息直接扣除，15万元则被蒋某召支取。后因许某业在约定期限内未能及时还钱，付某鹏向法院提起了诉讼，经永城市人民法院和商丘市中级人民法院审理认定为民事纠纷案件。2017年8月9日，法院依法判决，因被告人齐某仁担保期间已过，判定其不承担还款责任。后永城市公安局经济犯罪侦查大队却将此案定性为经济诈骗案，并于2018年1月31日，将齐某仁以涉嫌诈骗罪刑事拘留。①

在上述刑民交叉案件中，遭受损失的一方均企图以刑事问题启动再审程序。此外，人民法院在审理一些民事案件时，认为一方当事人涉嫌刑事犯罪，本着传统而古老的“先刑后民”原则，没有区分地将民事案件裁定中止。因此，律师关注刑民交叉问题，是刑民交叉案件办理的需要，也是法律服务市场发生变化所决定的，这与客户的现实需求相关，更是律师业务拓展的需要。刑事业务领域除传统的刑事辩护外，出现了刑事控告、刑事合规甚至刑事调查应对等刑事非诉业务类型，有些团队已经在这方面深耕，并形成了成熟的法律服务产品。

针对刑民交叉出现的原因，有人还提出了其他具有一定合理性的观点，如道德滑坡拉动了刑法需求，民法与行政法不扬导致了刑法扩张，过度重视积极的预防性刑法立法，刑法补充制度缺位等。②

首先，道德滑坡是导致当下社会过度刑法化的因素之一。例如，近些年出现的倒卖公民个人信息案件、考试作弊案件等都是由于道德的滑坡，导致没有其他有效的手段震慑此种不良行为，而不良行为又会对社会造成恶劣影响。若不遏制此类行为，社会秩序可能面临道德的挑战，因而需要以刑罚来

---

① 参见“河南永城：同一民事借贷案的‘民变刑’升级迷局”，https//www.sohu.com/a/238089556_257870，最后访问时间2020年6月10日。

② 参见王强军：《社会治理过度刑法化的隐忧》，载《当代法学》2019年第2期。

震慑此类不良行为，将此类道德不足以规制的行为入刑。民法、行政法等其他部门法的不扬导致了刑法的扩张。刑法在整个法律体系中具有最后一道防线的作用，在其他的法律部门无法解决其所面临的问题，或者其对于涉及本领域的惩戒还远远不能达到制止不良行为的目标时，才可能动用刑法。例如，在民法领域会出现合同纠纷、侵犯纠纷、债务纠纷等，当事人最后的方法可能是选择法律途径去解决问题。但由于证据、事实等各个方面的原因，法官所作出的裁判可能无法完全使双方当事人都对结果满意，此时当事人也可能选择极端的方式解决问题，这时便可能需要发挥刑法的作用。

其次，民法与行政法的不扬导致原本应当由其他部门法解决的问题发展成为刑事案件，此时，刑法不得不发挥其对于法律关系的调整功能。现实中由于诉讼程序烦琐，周期较长，民事纠纷的当事人可能并不愿意采取诉讼的方式解决问题，而选择私下协商，在协商的过程中也可能产生不良的后果，由此民事案件可能发展为刑事案件。同样，行政案件发生于“官”与“民”之间，作为一方当事人的公权主体，其权力都是由具体的工作人员行使的。但在我国的现实是，并非每一位执法人员都很了解执法的程序，无法严格从法律上判断其所实施的行为或者执行的决定是否合法，程序是否正当。在这种情况下，执法人员强行执法便可能引发执法人员和公民之间的冲突，从而造成严重的后果。

再次，过度重视积极的预防性刑法立法。现代社会的风险治理所依赖的是整体性的规范体系，其中既有道德伦理规范，也有法律规范；既有民事、行政法律规范，也有刑事法律规范。对于社会问题和法益侵害风险，如果非刑法规范能够很好地解决，刑法参与社会治理的必要性就会弱化；反之，如果非刑法规范的治理效果不好或者失效，公民的不安感就会上升，社会对刑法的需求就会提高，刑法在社会治理体系中的重要性就会凸显。在现代社会中，法律是国家实现社会良好治理的重要手段之一，而刑法只是其中的一个分支。当其他制度规范的整体性供给不足时，刑法的功能就会被倚重，刑法就会扩张、膨胀。面对当前的风险社会与信息社会，世界范围内各国的既有制度对风险的治理，都显现出严重滞后、治理不足或无效等问题。预防刑法在一定程度上反映了既有制度规范与现实需求之间的供需不平衡。在重视预防性立法的过程中重视犯罪的预防，这一思想本身就可能带有犯罪化趋向的问题。

最后，用刑法补充制度缺位。我国现行的刑事法律主要是刑法典，基本不存在真正意义上的附属刑法，这就会导致刑法与其他部门法之间的衔接不畅，刑法对于一些越轨社会活动的干预就会比较“生硬”，缓冲的余地较小。

（五）过度刑法化

出现民事案件刑事化的现象，原因有很多。从法律的层面上讲，当下的社会已经进入一个风险社会，采取刑罚手段对潜在的犯罪行为予以提前的威慑是维护社会秩序可能采取的方式之一，刑法当仁不让地成为“风险刑法”。一方面，风险刑法是治理风险社会的工具，在这个意义上刑法是手段；另一方面，风险刑法会产生刑法过度适用的风险，从这个意义上说，刑法本身就可能是风险。大量的民事纠纷，尤其是合同纠纷类的案件，一旦刑事立案，就会遭遇“法院不立案，立案也中止”的悲催结果。

随着市场经济的发展，商业模式、市场关系越来越复杂，刑民交叉案件越来越多。出现民事案件刑事化、重刑轻民的司法乱象的原因有很多，但是从法律层面来讲，首先，最重要的原因是我国立法对于刑民交叉案件没有明确的法律规定，多是通过效力较低的司法解释、会议纪要进行解决，存在立法缺陷。某些犯罪没有其他的规制手段，直接用刑罚手段进行规制。随着社会的快速发展，社会中出现的新情况、新问题也将逐渐攀升。尤其是民商事的案件越发呈现多样化的发展趋势，很多经济模式、营销模式、企业的运行方式可能是现有的法律所没有规定的。当这种新型业态涉及大额资金的损失时，受损一方的主体就可能通过各种手段尽可能地挽回损失，最彻底的方法就是采取刑事手段，因而一些口袋罪名便可能在这一过程中被任意地适用，如非法经营罪等。再者，由于立法技术的原因以及时代的变迁，某些违法行为的入罪标准过低。例如，天津赵春华案[①]，入罪的理由是其枪支符合《枪支管理法》和《仿真枪认定标准》的相关规定，即符合《枪支管理法》规定的枪支构成要件，所发射金属弹丸或其他物质的枪口比动能小于1.8焦耳/平方厘米（不含本数）、大于0.16焦耳/平方厘米（不含本数）。但是客观来看，

---

① 参见张晓敏:《赵春华涉枪案二审宣判》，载《人民法院报》2017年1月27日，第3版。

这样的标准实在是过低，因为这样的损害并不会造成实质性的伤害，至多造成人皮肤的暂时性红肿，但是作为管制枪支鉴定标准的行政法规已经将这种玩具枪作为管制枪支，因而在文理上完全满足入罪标准，而这一标准的实际效果与大众的预期是有较大偏差的。又如，曾经的王力军非法经营案[①]，再审认定，王力军于2014年11月至2015年1月，没有办理粮食收购许可证及工商营业执照买卖玉米的事实清楚，其行为违反了当时的国家粮食流通管理有关规定，但尚未达到严重扰乱市场秩序的危害程度，不具备与《刑法》第225条规定的非法经营罪相当的社会危害性、刑事违法性和刑事处罚必要性，不构成非法经营罪。

其次，有些违法行为从客观角度看无须通过刑罚手段进行处理就可能达到刑罚的预期效果，甚至效果更好。例如，我国近些年讨论的醉酒驾驶问题。为了尽可能地抑制由车辆引发的事故，减少交通事故可能造成的不必要的损害，我国《刑法》第133条、第133条之一规定的交通肇事罪、危险驾驶罪对此类行为进行处罚。据统计，2019年危险驾驶罪已经超过盗窃罪，成为我国刑事案件中的第一大罪。值得我们思考的是，危险驾驶行为是否必须通过入罪的形式才能够产生预期的效果。危险驾驶罪是我国刑法中唯一一个最高刑是拘役的犯罪。相对而言，这一处罚后果并不算严厉，但是入罪标准也并不高。通过非犯罪处罚达到预期的效果也是有可能的。能够对公共安全造成危险的驾驶行为在现实中是多种多样的，并且在许多情况下依赖于执法人员的判断与裁量。门槛低、对象广的基础使得危险驾驶类的犯罪自然而然成为我国的第一大罪。此外，我国刑事立法存在泛刑法化的现象，对私法领域的民事交往干涉过多，而且立法过于疏漏，口袋罪太多，兜底条款过多。如非法经营罪、寻衅滋事罪、合同诈骗罪、诈骗罪、非法吸收公众存款罪等。而且，在刑事附带民事诉讼处理中，存在先刑后民的错误倾向。由于各种因素的影响，刑民交叉案件中容易出现冤假错案。综观刑法分则规定的十类犯罪，很多章节规定的犯罪都存在刑民交叉的问题。如第三章破坏社会主义市场经济秩序罪，第四章侵犯公民人身权利、民主权利罪，第五章侵犯财产罪，第六章妨害社会管理秩序罪，甚至在第八章贪污贿赂罪中也存在刑民交叉的问题，如受贿罪中的礼尚往来是馈赠还是行贿

---

① 参见最高人民法院指导案例97号。

受贿。常见的刑民交叉情形有：合同诈骗罪与合同纠纷，诈骗罪与经济纠纷，侵占罪与债权，商业秘密的民事保护与侵犯商业秘密罪，融资过程中的集资诈骗罪与非法吸收公众存款罪，非法经营罪与违法经营，通奸、婚内强奸与强奸罪，敲诈勒索罪与正当维权，佣金、回扣与商业贿赂等。一些行为的犯罪性与违法性之间的界限很难界定，立法上的泛刑化容易导致执法上的泛刑化。上述类似的情形一旦出现就使入罪与否的决定权落入执法人员的手中。

二、立法机理原因

（一）一元违法与二元违法

在现代国家的法律体系中，宪法具有根本性、至高无上性的地位，其他诸如民法、刑法、行政法等法律部门均是在宪法的指导之下进行构建的，由此形成了以宪法为核心的法秩序。对于违法性判断问题，究竟是应当将各个部门法作为统一的整体看待，还是应当从不同的部门法角度看待，形成了违法的一元论与多元论。顾名思义，违法判断的二元论（多元论①）是相对于一元违法而言的。在一国整体法下，根据调整对象的不同，划分了若干法领域，如民法、行政法、刑法等。这些不同法领域间应当尽可能地避免矛盾，在某一部门法领域中被认为违法的事情在其他法律部门中也应当是违法的。这一观点强调维系法秩序的统一性，即一元违法，通常的逻辑设定是法秩序的统一性——违法性一元论，因为所谓法秩序的统一性，是指由宪法、刑法、民法等多个法领域构成的法秩序之间互不矛盾，更为准确地说，在这些个别的法领域之间不应作出相互矛盾、冲突的解释。②与之对应，二元违法（多元违法）是指违法性的判断在不同的部门法领域是不同的，不同法律部门中的违法性判断也是相对独立的，具有各自的判断标准与特色。例如，行政法领域的违法独立于刑事上的违法，刑事上的违法在行政法领域并不一定违法，民法与刑法之间亦是如此，不同部门法领域的违法判断可以说是无涉的。对于法秩序的统一性与违法性判断

---

① 当仅就刑民关系讨论违法性时，法秩序是一元与二元的问题，当将法秩序的统一性作为一般理论讨论时，还涉及行政法、经济法、社会法等其他法领域，此时自然应当称之为“多元”。

② 参见王骏：《违法性判断必须一元吗——以刑民实体关系为视角》，载《法学家》2013 年第 5 期。

的关系，实质上主要涉及两个问题：一是在其他部门法中能够评价为合法的事情，如果同时符合刑法上的构成要件，是否必须在刑法上也应当评价为合法？二是在其他的部门法领域，如果某一行为是违法的，同时也符合刑法上的构成要件，那么是否就不能再次对其进行刑法上的评价？

1.一元违法

按照一元论的观点，对于某一法律部门的违反就是对于整体法秩序的违反。不同法律部门之间的违法性具有一致性，某些符合刑法构成要件的行为应在什么样的情况下最终认定为违法，不仅应当从刑法的角度进行判断，而且还要从整个法秩序来判定。[①]因此不会出现民法与刑法的冲突，但是在内部又存在不同的立场。在日本刑法理论中，刑法违法的一元性与法秩序的统一性紧密联系，刑法理论中针对“可罚的违法性”这一概念能否存在，产生了违法一元论、违法的相对论、缓和的违法一元论等不同立场。

严格的违法一元论认为，既然法秩序是统一的，那么在其他部门法上合法的事情在刑法上自然也是合法的，即使符合刑法规定的构成要件，也不违法；如果违反其他部门法，则在刑法上也不能是合法的，民事上对他人身体侵害的故意侵权行为也必然符合刑法上故意伤害的构成要件。刑事违法的实质是构成要件行为违反整体的法秩序，在与整体法秩序发生冲突这一点上，刑事违法与其他违法没有差别，刑事违法和其他违法的评价都必须从整体法秩序的角度出发，判断标准应当是一致的，因此，不存在民法、行政法认为是违法而刑法不认为是违法的情况。[②]例如，偷窃一张纸的行为符合刑法上盗窃罪的构成要件，当然也是民事上的违法行为。严格的违法一元论在德国处于通说地位。正是因为法秩序的统一性，严格的违法一元论对于可罚的违法与不可罚的违法自然是拒绝承认的。严格的违法一元论受到的批判在于“虽然民法、行政法等领域的违法和刑法中的违法同属于违法，但是由其他部门法领域的违法直接推导出刑法上的违法存在逻辑上的障碍，直接得出如此结论略显突兀”[③]。严格的违法一

① 参见［日］松宫孝明：《刑事立法与犯罪论体系》，转引自于改之：《可罚的违法性理论及其在中国的适用》，载《刑法论丛》2007年第2期，第28页。

② 刘士心：《论可罚的违法性》，载《中国刑事法杂志》2009年第3期，第19页。

③ 吴镝飞：《法秩序统一视域下的违法性判断》，载《法学评论》2019年第3期，第48页。

元论还会导致对于侵害行为的处理没有缓冲的余地。轻微的违法与严重的违法都是违法，都是侵害法益的行为，从这一点来看，行为的社会危害性与法益侵害性没有什么不同，那么这样进行部门法的划分还有什么意义？从现实中针对不同领域的违法行为的处理方式也可以反推这一观点存在的疑问。刑事违法的处罚在性质上包含死刑、自由刑、拘禁，罚金等；而一般的行政违法的处罚方式是罚款、警告；民事违法的处理行为方式包括赔偿损失、继续履行、赔礼道歉等。这些处理手段显然是不同的，一般人都会认为这些处理手段存在质的差异。若按照严格的违法一元论的逻辑，对于不同部门法领域的处罚只应当具有量的差别，所以严格的违法一元论很难被人接受。

日本刑法学中的违法相对论者一般认为，刑法上的违法性应以是否值得刑罚处罚这一判断为前提。刑法上的违法性判断与民法上的违法性判断不同，违法的判断应是相对的。如违法相对论的主张者前田雅英教授认为，财产犯的保护法益应该取决于刑法上独特的解释，并批判称财产犯的法益或者财产犯的成立范围由民法直接规定是不妥当的。刑法上应以“值得处罚”作为单独的实质的判断标准。他还认为，长时间等待裁判中民事所有权关系的确定，以此决定财产犯是否成立不合理。[①]违法相对论者认为，违法性在民法、刑法、行政法等具体部门法领域是相对的、不同的，法秩序意义也具有较大的差别。违法性概念共通于公法、私法等所有法域，当然应坚持法秩序的统一性，从整体法秩序的视角进行违法性判断，不能完全否认违法的统一性。但由于各个法域的目的与法律效果不同，所要求的违法性程度也当然不同，因而正面承认违法判断的相对性更为“明快”。从违法相对论出发可以得出这样的结论：（1）该当构成要件的行为在民法或者行政法许可的场合下，也有成立犯罪的可能性；（2）民法或者行政法上禁止的行为该当构成要件的场合下，在刑法上也可能不具有违法性或者可罚性。日本刑法学中的违法相对论者认为，违法一元论的理论前提是法是行为规范，而违法相对论的理论前提是法是裁判规范。他们认为裁判规范应当是法的主要属性，所以主张违法相对论。

缓和的违法一元论认为，应当坚持法秩序的统一，但是在刑法上应当进一

---

① ［日］前田雅英：《刑法讲义各论》，转引自童伟华：《日本刑法中的违法性判断的一元论与相对论评述》，载《河北法学》2009 年第 11 期，第 171 页。

步区分可罚的违法与不可罚的违法。对于上述的两个问题，缓和的违法一元论认为，其他领域合法的事情，刑法评价的结果必然是合法；如果在其他部门法上违法的事情，刑法评价的结果并不一定是刑事违法，即违法问题有可罚的违法与不可罚的违法之分。缓和的违法一元论将“一般违法”作为“刑事违法”的上位概念。刑事违法也是违法（不法），只是在程度上相较于其他部门法领域的不法，刑事违法的程度更重，违法“只有在量上达到一定的严重程度，并且在质上应当受到刑法上的制裁时，才存在可罚的违法性”[①]。正如有的学者所评价的那样，缓和的违法一元论承认构成要件为定型的不法行为类型，正是在“定性”这一点上，刑民之间具有共通性，这种共通性催生了“一般的违法”这种刑民各自违法性的上位概念，也正是这种“一般的违法性”打通了整体的法秩序。[②]因此，可以说，缓和的违法一元论虽然在“质”上承认法秩序的统一，但是在“量”上却认为违法性是具有梯度的。

违法一元论的法理基础在于法秩序的统一性。“整体的法秩序宛如一条帆船，民法这部分破了也好，刑法这一部分破了也好，都会使整个风帆破裂。”[③]一国的法律体系一般是在宪法的统领之下进行构建的。无论是民法还是刑法，抑或行政法，都必然有宪法作为上位法的根据。即使具体部门法规范中没有这样的明确表述，在具体实践中也必然遵循着这一原则。各个部门法领域的终极裁判不能违反宪法规范、宪法原则或者宪法的精神。与宪法相抵牾的无效，无论是在大陆法系还是英美法系，这一点已经成为共识。从宪法中寻求立法和解释的正当性是各个法域的共同规则。当实定法之间发生冲突时，应当根据一定的规则寻求规范的统一，如下位法服从上位法等。无论是民事上的不法行为还是刑事上的不法行为，归根到底在宪法上都是不法行为。[④]违法的一元论将法规范作为行为规范的前提，法作为行为规范的意义在于它将指示人们哪些行为可以做，哪些不能做，做了以后应当承担什么样的责任。如果法律内部出现难以容忍的矛盾，不仅无法为公民生活提供行为规范，还会对法律体系本身造成

---

① 李海东主编：《日本刑事法学者》（上），法律出版社、日本成文堂1995年版，第204页。

② 参见王骏：《违法性判断必须一元吗——以刑民实体关系为视角》，载《法学家》2013年第5期。

③ 张明楷：《外国刑法纲要》，法律出版社2020年版，第115页。

④ 童伟华：《日本刑法中的违法性判断的一元论与相对论评述》，载《河北法学》2009年第11期。

结构性的破坏，因此法秩序应当具有统一性。[①]如果一方面认为窃盗一张纸的行为在民法上是不法行为，另一方面又否定针对不法行为的正当防卫权，公民就会手足无措，法也就失去了作为行为规范的机能。

2. 二元违法

按照违法多元论的观点，作为国家意思的“违法还是合法”这种判断，在整体法秩序内应尽可能避免矛盾，承认违法性判断在某种意义上是统一的，但强调由于法秩序总处于浮动状态，每个瞬间均包含各种层次的矛盾。对于“某行为被命令且同时未被命令，或者被禁止且同时未被禁止”这种矛盾，只能在“法秩序的目的所必要的范围之内”，尽可能消解而非必须完全消解。而且，由于各个法域的目的与法律效果各不相同，导致该效果的“作为要件的违法性”的内容自然不同，因而直接主张不同法域之间的违法性判断是“相对”的，要更为明确且妥当。[②]违法多元论的表述在某种程度上与前述的违法一元论中的缓和的一元论、相对论具有一定的相似性，即均认为法秩序具有一定的共性，只是在不同的法域中具有不同的效果。毫无疑问的是，通常的违法二元论会认为民法中的违法并不意味着刑法上的违法，刑事上的违法未必需要承担民事上的责任。违法的二元判断（二元的立法机制）也表现为刑罚的二次性、保障性、补充性。在大陆法系国家，违法判断的多元问题也被理解为民法与刑法的关系问题，或者说是刑法的从属性与刑法的独立性之争。

德国学者宾丁就主张刑法对于民法的从属性，这种从属性实质上相当于我国学者所说的刑法的二次性，即认为刑法是保护法的法，只有规范的参与才能理解。在宾丁看来，法益和权利分散于所有的部门法领域，这些法益与权利为犯罪概念的形成作出了贡献，属于民法、国家法、诉讼法中的所有犯罪构成要件要素，成为连接刑法与这些部门法的桥梁，不能孤立地考虑刑罚，应当将刑法视为与其他法律密切协同的、所有实定法的一部分。但这种观点遭受的批判在于，刑法对于民法的从属性不应当流于概念上的从属性。德国学者希施贝格尔提出了实质的从属性概念。诚然，所有的法益都要由刑法与民法承认，特别是作为最高阶段的权利要得到认可。民法就是随着私权的增加而发展的，但刑

① 参见陈少青:《法秩序的统一性与违法判断的相对性》，载《法学家》2016年第3期。

② 参见王昭武:《法秩序统一性视野下违法性判断的相对性》，载《中外法学》2015年第1期。

法为了保护这种利益，并不需要提升到这样高的要求；私权是民法所承认的最高形态，但不是唯一形态，民法上的承认不是刑法保护的前提。没有民法权利事实上的利益也是财产犯罪的保护法益。[①]但是到了20世纪初，刑法学界摆脱民法的呼声日益高涨，因为此时再去强调刑法对于民法的依附性已经不能够满足社会发展的需要。德国学者希佩尔提出了刑法独立的思想，他在并不否认既有的刑民关系的理论基础上认为刑法具有独立性。例如，首先，他认为从只有当行为违反法律时才能介入刑罚的意义上说，刑法具有二次性是正确的；其次，在其他法律制裁手段能够处理的场合就没有必要再适用刑罚，但如果超出了其他法律的范围，刑法才去补充其他的法律秩序，如果是这样才认为刑法对其他法律具有补充性的话，则并不正确。从历史上看，刑法并不是在其他的法秩序之后才出现的。在一切民族中，刑法是最基本的、最重要的法的原初形态。从解释学上看，法秩序的所有部分都是相互补充的，并不存在从属关系。希佩尔的观点得到了诸多学者的赞同。[②]迈尔认为，可以将法律规定为权利义务的第一次法和规定第一次法制裁的第二次法，刑法就是这种制裁法的一部分。但是，所有的法都是以强制力来保护利益的，在这一点上，刑法与民法没有任何区别，只是保护利益的手段不同——一个是民法，一个是刑法。因此，虽然某个刑法规范可能保护特定的民事关系，但在制度上、逻辑上并非必然如此。刑法应否认从属于民法，只是合目的性的问题，但这并不是合目的的。当然，刑法与民法必须调和，但刑法并不将各项民法制度作为犯罪构成要件的基础。[③]总体来看，德国刑法学界在近代对于刑民关系的研究走向基本可以总结为，刑民关系从最初的刑法从属于民法走向刑、民的相互独立，但是在独立的过程中承认法秩序的统一，类似于上述的违法一元论中的“一般违法”概念。

二元的违法机理和可罚的违法性理论有关系。可罚的违法性是日本刑法学者为了在司法中将形式上符合构成要件而实质上违法性程度轻微的行为进行非罪化而提出的概念。它是指在量达到了一定的严重程度，在质上值得科处刑罚

① 参见张明楷:《法益初论》，中国政法大学出版社2000年版，第540页。

② 参见张明楷:《法益初论》，中国政法大学出版社2000年版，第540页。

③ 转引自张明楷:《法益初论》，中国政法大学出版社2000年版，第551—552页。

的违法性。[①]可罚的违法性理论的提出根据有两个，一是刑法的谦抑性要求，二是实质的违法性理论。刑事违法判断的二次性，是刑法谦抑性要求的结果。我国传统的刑法理论认为刑法的三大原则包括罪刑法定原则、罪责刑相适应原则、刑法适用平等原则，但是刑法的谦抑性基本已经得到大陆法系国家的认可。我国学者也基本都认同刑法的谦抑性原则，即刑法必须要谦虚、谨慎地适用于犯罪，不能随意发动刑罚。刑法的谦抑性原则有三个方面的蕴含：一是刑法的补充性。即使是有关公民安全的事项也只有在其他手段，如习惯、道德的制裁，即当地域社会的非正式的控制或者民事的规制不充分时，才发动刑法。二是刑法的不完整性。正是因为刑法具有补充性，这就必然意味着发动刑法的情况是不完整的。三是刑法的宽容性。即使市民的安全受到侵犯，其他控制手段没有充分发挥效果，刑法也没有必要无遗漏地加以处罚。在现代社会，一个人若不或多或少地侵犯他人就不可能存在，因此个人在某种程度上必须相互忍耐他人的侵犯。[②]陈兴良教授也有类似的看法，只不过表述不同。陈兴良教授认为，在刑罚的适用没有效果、可以替代或者太昂贵的情况下，就没有必要适用刑罚。[③]刑法的谦抑性和我国当下刑法的适用规则大体是契合的，即不能随意地发动刑罚，必须站在保护公民的立场。当公共利益和个人利益发生冲突时，也可能向个人倾斜，但这种倾斜是有限度的，即在尚不构成犯罪的情况下。实质的违法性理论是与形式的违法性理论相对而言的。形式违法性强调犯罪的法规范违反性，实质的违法性则关注犯罪的实质，即法益侵害，认为违法性不单是违反实定法规，而且违反实定法规的精神、目的，或者侵害或威胁法益。所以说违法性就有了程度的区分，即有严重违法和轻微违法之分。民事上的违法不同于刑事上的违法，刑事违法的严重程度更甚于民事违法，两者之间在质与量上均存在区别。在违法性没有达到刑法上的质量要求时，就不能认为是犯罪。[④]

违法多元论受到的批判在于过分强调不同部门法中违法判断的独立性与差

---

① 参见张明楷:《外国刑法纲要》，法律出版社 2020 年版，第 114 页。

② [日]平野龙一编:《现代法Ⅱ——现代法と刑罚》，转引自张明楷:《外国刑法纲要》，法律出版社 2020 年版，第 6—7 页。

③ 参见陈兴良主编:《刑法哲学》，中国政法大学出版社 2000 年版，第 8—9 页。

④ 参见张明楷:《外国刑法纲要》，法律出版社 2020 年版，第 115 页。

别性，忽视刑事违法与其他违法在本质上的一致性，与严格的违法一元论相对，走向了另一个极端。按照这种观点，一个符合构成要件的行为即便在民法或者行政法中是合法的，在刑法中也可能被认为是违法的。[①]因而我国有的学者赞成违法一元论中的缓和说，理由是“既肯定了刑法中的违法与其他违法都与整体法秩序相冲突的本质一致性，又承认不同类型违法的程度差异和判断标准的相对独立，符合法律适用的实际。刑事违法在实质上既有与其他违法的共性（与整体法秩序相冲突），又有与其他违法的特殊性（值得动用刑罚制裁的程度）”[②]。

需要指出的是，违法一元论中的相对论、缓和论与二元违法的区别究竟在哪儿？很多学者对此并没有作出明确的回答，而只是对上述观点进行了简单的表述。应当说违法判断的相对论与缓和论都赞同法秩序具有统一性，只不过没有严格的违法一元论那样严格。严格的违法一元论将不同领域、不同位阶的法秩序违反视为绝对违法，即使是对位阶较低的行政法规、政府规章的违反也是违法，法秩序是绝对统一的。违法判断的相对论和缓和论则抛弃了这一点，认为法秩序只在“一般意义”上是统一的，或者说违法是一个一般意义上的概念。民事违法、行政违法、刑事违法均是违法，在这种评价标准中的违法具有一般性，而违法的相对性则更加强调不同法领域违法判断的特色。缓和的一元论则更加侧重于违法性在量和程度上的差别，两者在承认一般意义上的违法性的前提下侧重于从不同角度进行违法评价。违法判断的二元论在这一点上则走得更远。二元论并非一味否定法秩序的统一，它也承认法秩序的统一性，而且兼具了相对论与缓和论的特色，认为违法性判断不但在不同法领域具有不同的特点，而且具有量和程度的差别。在刑法和其他部门法的关系上，就前者而言，刑事违法不同于其他部门法领域的违法，其他部门法领域违法的事情不一定是刑事违法，其他部门法没有规制为违法的事情，在刑法上也可能是违法的，刑法完全可能在没有其他部门法规定的情况下直接将某一行为规定为犯罪；就后者而言，刑法是其他部门法的保障法，是后置性法，在多数情况下，行为一般

① 参见［日］曾根威彦：《刑法学基础》，转引自刘士心：《论可罚的违法性》，载《中国刑事法杂志》2009年第3期。

② 刘士心：《论可罚的违法性》，载《中国刑事法杂志》2009年第3期。

要经过其他法律部门的评价，在其他法律部门无法解决时再使用刑法。然而二元违法中的刑法也必须在宪法的体制下运行，绝不能突破宪法，承认法秩序的统一性，这一点和上述的一般意义的违法没有什么区别。

（二）中国语境下的二元违法

我国立法中的违法问题可以归入二元违法层面，或许也可以认为是缓和的违法一元论，但绝不是严格的违法一元论。二元违法基本是我国刑法学界的通说。例如，传统理论在论述刑法的性质时往往会有这样的表述："刑法作为一般部门法的后盾，在整个法律体系中起着最后手段的作用，即只有在其他部门法无法保护其所保护的合法权益时才予以发动，因此，刑法并不是把所有侵犯法律保护之社会关系的行为均规定为犯罪，而只是筛选其中一部分严重侵犯合法权益或者侵犯重要合法权益的行为将其设定为犯罪。"①如果把其他部门法比作"第一道防线"，则刑法是"第二道防线"，没有刑法做后盾、做保障，其他部门法往往难以得到贯彻实施。②刑法是所有部门法的保障法，具有二次违法的规范属性。③也就是说刑法具有补充性，在整个法律体系中，刑法与其他的部门法如民法、经济法规、商事法规、行政法规等之间并不是平行的，而是保障上述法律规范得以贯彻实施的最后一道屏障。这种补充性还体现在许多违法行为在刑法以外的其他法律部门中已经被处理，无须刑法的出面。正如法国思想家卢梭所言："刑法在根本上与其说是一种特别法，还不如说是其他一切法律的制裁力量。"④

刑事违法判断的二次性，体现在我国刑法理论与刑法典对于犯罪这一概念的定义上。我国传统的刑法理论认为，犯罪具有三个特征，一是具有一定的社会危害性，二是刑事违法性，三是应受惩罚性。⑤

---

① 齐文远主编:《刑法学》，北京大学出版社2016年版，第14页。

② 高铭暄、马克昌主编:《刑法学》，北京大学出版社、高等教育出版社2016年版，第8页。

③ 杨兴培编著:《犯罪的二次性违法理论与实践——兼以刑民交叉疑难案例为实践对象》，北京大学出版社2018年版，第71页。

④ [法]卢梭:《社会契约论》，何兆武译，商务印书馆2003年版，第70页。

⑤ 参见高铭暄、马克昌主编:《刑法学》，北京大学出版社、高等教育出版社2016年版，第45—47页。

首先，《刑法》第13条是从实定法层面对犯罪作出的定义。传统理论要求，犯罪必须具有一定的社会危害性，或者严重的社会危害性，这是犯罪最基本的特征。这种社会危害性表现在主客观两个方面：从主观上讲，社会危害性表现为行为人的主观恶性，目的、动机等主观方面的恶。从客观上讲，社会危害性表现为对于刑法所保护的犯罪客体的侵害。例如，《刑法》分则中规定了十大类犯罪保护客体，这十大类客体以及每一类客体内部的具体罪名都是从客观评价的角度对犯罪行为的客观危害性作出的有梯度的排列。相对而言，国家安全比公共安全重要，公共安全比个人利益更为重要；在每一类客体内部，个人生命权比健康权重要，公共秩序中司法秩序相对于有关文物的秩序更为重要等……这些都是根据刑法保护客体的客观重要程度作出的排序，通常将相对重要的进行前置。

其次，犯罪必须是违反刑事法律规范的行为，这是罪刑法定原则的要求，只有预先将某一类行为规定为犯罪才能够入罪。但是刑法规范是对于犯罪行为的高度抽象，某一行为是否能够入罪，还需要具有一定的条件。例如，盗窃罪。在中国并非所有的盗窃行为都是犯罪，盗窃一张纸的行为不可能被认为是犯罪，盗窃一粒大米也绝不是犯罪。根据最高人民法院、最高人民检察院《关于办理盗窃刑事案件适用法律若干问题的解释》第一条第一款的规定，盗窃公私财物价值1000元至3000元以上、3万元至10万元以上、30万元至50万元以上的，应当分别认定为《刑法》第264条规定的“数额较大”“数额巨大”“数额特别巨大”。在司法解释的幅度内，各个省、自治区、直辖市还有不同的入罪标准。例如，2019年云南省规定的盗窃罪数额较大的标准是1500元，相比之下，经济发达的浙江省规定的较大数额的起点是3000元，北京、天津等地区的入罪标准是2000元。显然入罪标准在量上也存在一定的门槛。

最后，犯罪还是应当受到刑罚处罚的，原因是有些行为的结果在整体上看对于社会整体而言是有益处的、值得鼓励的，基于利益的综合衡量应当予以正当化，如典型的紧急避险行为。既然行为对于社会的结果是有益的，那何乐而不为呢？因此，我国传统的刑法理论和司法实践对于犯罪的成立均有质与量的要求。从质的角度看，某一行为必须是“坏”的、“恶”的，但仅此还不够，这种“恶”还必须达到一定的要求，即量的规定性。正因如此，一些小偷小摸、邻里纠纷打架才没有被作为犯罪论处。这种定性与定量的要求几乎在我国《刑法》中随处可见。例如，生产、销售伪劣产品罪入罪的要求是销售金额至少要达到5万元。根据最高人民法院、最高人民检察院《关于办理生产、销售伪劣商品刑事案件具体应用法律若干问题的解释》的规定，伪劣产品尚未销售，货值金额达到《刑法》第140条规定的销售金额三倍以上的，以生产、销售伪劣产品罪（未遂）定罪处罚。这也就意味着，如果定性为犯罪未遂，则需要达到15万元。再如，生产、销售伪劣农药、兽药、化肥、种子罪，入罪的标准是要求“使生产遭受较大损失”。又如，假冒专利罪，有“情节严重”的要求。《刑法》分则的具体罪名中所提到的“情节严重”“情节特别严重”“数额较大”“数额巨大”等类似的要求都是对入罪的质与量的规定，在一定程度上体现了我国刑法的二次性属性。

（三）在我国法律运行中的表现

1.法律体系中的二元违法

从立法层面看，民刑存在交叉现象，这种交叉是由部门法之间的关系决定的。无论如何划分法律部门，刑法一般都被认为是法律体系中解决纠纷的最后手段，具有二次法的性质，是法律体系的最后一道防线。这就决定了其他法律部门与刑法之间必然存在处理程序上的先后关系，或者法律事实上的重叠关系。在民商法、经济法等法律规范中，存在刑事责任承担兜底、后置条款的规定。例如，《证券法》第219条规定：“违反本法规定，构成犯罪的，依法追究刑事责任。”第178条规定：“国务院证券监督管理机构依法履行职责，发现证券违法行为涉嫌犯罪的，应当依法将案件移送司法机关处理；发现公职人员涉嫌职务违法或者职务犯罪的，应当依法移送监察机关处理。”《环境保护法》第43条规定：违反本法规定，造成重大环境污染事故，导致公私财产重大损失或者人身伤亡的严重后果的，对直接责任人员依法追究刑事责任。该法第45条规定：环境保护监督管理人员滥用职权、玩忽职守、徇私舞弊的，由其所在单位或者上级主管机关给予行政处分；构成犯罪的，依法追究刑事责任。《婚姻法》第45条规定：对重婚的，对实施家庭暴力或虐待、遗弃家庭成员构成犯罪的，依法追究刑事责任。受害人可以依照刑事诉讼法的有关规定，向人民法院自诉；公安机关应当依法侦查，人民检察院应当依法提起公诉。《保险法》中也有这样的兜底条款，第179条规定：“违反本法规定，构成犯罪的，依法追究刑事责任。”这样的刑事责任的兜底条款在其他的法律部门中均很常见，或者说，在我国，几乎所有的非刑事法律在无法保护其应当保护的利益时，总会去寻求刑法的保护。

具体来讲，这种交叉关系的表现可以从民刑、行刑的一些法律规定中窥见。首先，从行政法与刑法的关系看，一些侵害行为已经在行政法中被消解。例如，《刑法》第13条但书条款规定“……但是情节显著轻微危害不大的，不认为是犯罪。”《治安管理处罚法》第2条规定：“扰乱公共秩序，妨害公共安全，侵犯人身权利、财产权利，妨害社会管理，具有社会危害性，依照《中华人民共和国刑法》的规定构成犯罪的，依法追究刑事责任；尚不够刑事处罚的，由公安机关依照本法给予治安管理处罚。”这两处条文本身就体现出一定的梯度，具有量的区分。行政上的违法并不一定属于刑事违法，在量上必须有一定的要求。再如，《道路交通安全法》规定了各类的行政违法情形，公安机关交通管理部门及其交通警察可以对道路交通安全违法行为进行处罚，处罚的种类包括：警告、罚款、暂扣或者吊销机动车驾驶证、拘留。与之对应，《刑法》第133条、第133条之一规定了交通肇事罪、危险驾驶罪。显然，交通领域的行政违法行为并不必然会导致刑事违法，刑事违法仍然具有量上的要求。在其他领域的法律法规中也随处可见“……构成刑事犯罪的，依法追究刑事责任”的表述。因此，在我国的法律体系中，违法判断是二元的。其次，从民法与刑法的关系看，一些行为本身就存在相同性。《民法典》规定了五种无效的合同（或民事法律行为）情形，具体为：（1）无民事行为能力实施的民事法律行为无效（第144条）；（2）行为人与相对人以虚假的意思表示（通谋虚伪意思表示）实施的民事法律行为无效（第146条第1款）；（3）违反法律、行政法规的强制性规定的民事法律行为无效（第153条第1款）；（4）违背公序良俗的民事法律行为无效（第153条第2款）；（5）行为人与相对人恶意串通，损害他人合法权益的民事法律行为无效（第154条）。刑法上一般认为诈骗罪是以非法占有为目的，用虚构事实或者隐瞒真相的方法，骗取数额较大的公私财物的行为。上述规定的“虚假意思表述”等行为完全可以评价为刑法上的“诈骗”，在民事领域也有与之对应的民事责任。在实践中，违反民法的行为并不必然构成诈骗罪或者合同诈骗罪等，这其实就已经默示了民事违法不等于刑事违法。

2. 规范中的二元违法

（1）调整对象的交叉。

法律的调整对象是法律关系，民事法律调整的是民事主体间的法律关系，刑法调整的是刑事法律关系，二者在调整的对象上存在交叉。一般认为，民法属于私法，调整的是平等的民事主体之间的人身关系和财产关系，具体而言又涉及侵权关系、物权关系、债权关系等。经济法随着经济交往的日益发达逐渐从民法中脱离出来，但仍根植于传统的民法，其调整的是一定范围内的经济法律关系，如税收、市场竞争等。而刑法作为“二次法”是在其他法律部门无法调整其所保护的法律关系时才出场，因而其调整的范围必然会涉及各个方面。例如，民事中对公民身体健康和生命权的侵害，在刑法上有与之对应的故意伤害罪、过失致人重伤罪、故意杀人罪、过失杀人罪；对于婚姻关系的严重侵害可能构成重婚罪；对于物权的严重侵害在刑法上有侵占罪、抢夺罪、盗窃罪与之对应；对典型的债权关系、合同关系的侵害，在刑法上有合同诈骗罪等罪名对其进行规制；经济法中涉及税收等法律关系在刑法分则设有社会主义市场经济秩序类犯罪对其进行进一步的规制，如欺诈发行股票、债券罪，违规披露、不披露重要信息罪，内部交易泄露内幕信息罪等。除与民商事法律部门调整的法律关系存在交叉外，与其他法律部门也存在交叉。例如，对于行政法意义上的社会治安的严重侵害，可能构成刑法上的公共秩序类犯罪；对于劳动法中支付劳动报酬义务的违反，可能构成刑法中的拒不支付劳动报酬罪等。从上述的调整对象看，在包括民事法律部门在内的其他法律部门所调整的法律关系受到严重侵害，该法律部门本身已经穷尽救济手段仍无法进行有效治理的情况下，刑法便会介入。这种调整对象的交叉重叠正切合了当下我国违法二元论的基本模式。对于社会关系的保护，大多数国家都是采取多层次的、系统的规范或者非规范手段进行调整，很少仅依赖一部法律就能够解决某一类型的问题。正是由于调整对象上的这种交叉的特点，在具体法律适用上的刑民竞合案件就会成为必然。随着社会的进一步发展，民商事法律的调控范围将不断地扩张，而刑法作为社会的最后一道防线必然会随之扩张，刑民交叉的范围也将更加广泛。

（2）条文上的交叉。

对于法律关系的调整，需要通过法律规范表现出来，由于部门法调整对象具有同一性，在规范上也必然具有交叉的特点。如前所述，法条上的刑民交叉主要表现为其他法律部门中的兜底条款、刑法的后置条款，在刑法上也称为空白罪状，即没有具体说明某一犯罪的成立条件，但指明了必须参照其他的法律、法令。规定空白罪状的法条也被称为空白刑法或白地刑法。[①]一方面，其他法律部门需要以刑法作为其最后的保障手段，因而在专门领域的立法规范中或多或少都会规定刑事责任的兜底规定。另一方面，刑法作为保障法，其他法律所调整保护的对象在一定条件下都可以成为刑法的保护对象，这就意味着刑法的保护对象具有广泛性。但是刑法不可能事无巨细地囊括其他法律的规定内容，如《刑法》第341条规定了非法猎捕、杀害珍贵、濒危野生动物罪，非法收购、运输、出售珍贵、濒危野生动物、珍贵、濒危野生动物制品罪；第344条规定了非法采伐、毁坏国家重点保护植物罪，非法收购、运输、加工、出售国家重点保护植物、国家重点保护植物制品罪。在具体司法实践中必须要准确判断珍贵动物、濒危动物的具体种类，判断植物是否属于国家重点保护的种类，判断是不是违反国家规定的采伐。2019年1月30日，最高人民法院、最高人民检察院、公安部联合印发《关于办理非法集资刑事案件若干问题的意见》中要求，人民法院、人民检察院、公安机关认定非法集资的“非法性”，应当以国家金融管理法律法规作为依据。对于国家金融管理法律法规仅作原则性规定的，可以根据法律规定的精神并参考中国人民银行、中国银行保险监督管理委员会、中国证券监督管理委员会等行政主管部门依照国家金融管理法律法规制定的部门规章或者国家有关金融管理的规定、办法、实施细则等规范性文件的规定予以认定。这些专门领域、专门行业的具体内容不可能全部由《刑法》规定，因而必须参照其他的法律法规甚至是部门规章等规范性文件，这也决定了相当一部分的刑法规范不可能是独立的，必须依赖于其他法律部门的规范。有学者在研究刑法中存在的空白罪状时指出，行政犯认定中出现的问题在很大程度上是因为没有对空白罪状在犯罪构成中的地位给予足够关注，加之对行政违法与刑事违法的关系缺乏统一化的判断：要么体现为刑事违法性判断的缺失，以行政违法判断取代刑事违法判断，将具备行政违法性直接认定为刑事违法性，逐步呈现出行政犯的抽象危险化、口袋化倾向；要么体现为行政违法性

① 张明楷：《刑法学》（第五版），法律出版社2016年版，第667页。

判断的缺失，将符合行政法规甚至民商事立法的行为升格为犯罪处理……关键的路径或许在于明确行政违法向刑事违法转化的实质，赋予空白罪状在行政犯认定中的构成要件地位，实现二元刑事立法体系下行政犯认定的一元化。[①]

（3）行为上的交叉。

法律行为是基本的法律关系的构成要素，既是民法上的研究对象，也是刑法上的研究重点。行为是法律关系的构成要素，是连接行为主体与行为对象的媒介，是各个部门法中都会重点研究的问题。《民法典》中并没有使用“法律行为”这一概念，而是使用了“民事法律行为”和“民事行为”的概念，这也使得民法上的行为概念与其他部门法中的行为概念相区别。民事法律行为是法律事实的一种，以发生民法法律后果为目的，并且以意思表示为构成要素。[②]民事上的法律行为通常要求行为人具有相应的民事行为能力、意思表示真实、不违反法律或者社会公共利益，只有在满足这三个基本条件的情况下才具有法律上的意义。刑法上的行为一般要求具有有体性、有意性和有害性。应当注意到，刑法与民法中的行为性质在很多情形下是相通的，如二者均具有法律上的意义，能评价为民法上的行为往往也能够在刑法上获得相应的评价。在民法上没有意义的行为在刑法上一般也没有意义。例如，散步、走路、吃饭仅仅是一种生活上的事实行为，无须进行法律上的评价，而在刑事领域发生的案件，大多也会涉及民事上的责任。正如有的学者所提出的，与法律规范相分离的“裸的行为”包含体素和心素两个方面的内容。[③]体素主要是指行为的外部表现，在物理形态上既可以是身体的运动，也可以是身体的静止，于法律上既可以是作为，也可以是不作为。心素则是人的意志活动，要求行为在人的意志支配之下。行为是客观意思的具体化，没有主体意思的行为基本上是没有法律意义的。无论是民法还是刑法上的行为都有上述特点。[④]民事上的侵权行为，如甲故意伤害乙，并且造成轻伤结果，那么在

---

① 参见于冲：《行政违法、刑事违法的二元划分与一元认定——基于空白罪状要素构成要件化的思考》，载《政法论坛》2019 年第 5 期。

② 参见魏振瀛主编：《民法学》，北京大学出版社、高等教育出版社 2013 年版，第 140 页。

③ 参见曲新久：《刑法的精神与范畴》，中国政法大学出版社 2001 年版，绪论。

④ 参见牛锋：《民刑法关联问题研究》，吉林大学 2011 年博士学位论文，第 28—29 页。

民事上甲应当承担对乙的侵权责任；在刑事上，甲对乙可能构成故意伤害罪。如果甲在开车过程中由于过失行为造成了乙的死亡，在民事上甲应当承担对乙生命损害的赔偿责任，但这并不妨碍甲在刑法上可能会构成交通肇事罪或者是过失致人死亡罪。在上述两个例子中，民事责任与刑事责任的产生都是基于同一事实行为，只是分别在民事与刑事领域给予该行为不同性质的评价。民事案件与刑事案件的行为交错性清晰可见。

（4）法律责任上的交叉。

如前所述，刑民交叉案件可能存在对象、条文与行为的交叉，这自然会导致刑民交叉案件在责任上的交叉。正如上文中所举的例子，某一行为在刑法上构成侵占罪，在民事法律中一定可以评价为对物的权属的侵犯；刑法上构成故意伤害罪，在民事法律中也一定可以评价为对身体健康权的侵犯。不能因为某一行为涉嫌犯罪就否认其民事上的侵权行为，也正因如此，才出现了刑事附带民事诉讼程序。刑事上的不法往往伴随着民事上的不法，但民事上的不法却未必达到刑事上的不法，承担刑事责任后也未必会伴随着民事责任的承担。换言之，被告人可能只承担刑事责任或者民事责任，但也可能同时承担。刑民交叉所产生的不同领域的法律责任可能交叉、重叠，也可能会在前置的部门法领域被消解。对于重叠的情形，在诸多刑事案件中，刑事责任与民事责任往往是同时存在的。在公诉机关提起刑事诉讼的同时，被害人也会通过刑事附带民事诉讼提起民事赔偿。如交通肇事案件中，被告人在承担刑事责任的同时也须承担对被害人造成的民事损失。实践中，交通肇事案件中被害人受到的补偿及其态度将在很大程度上影响对被告人的入罪与量刑。因而，就这一类案件来说，民事责任与刑事责任往往是并行的，被告人均须承担。但是在某些轻微刑事案件中，由于刑法的二次性，行为人的责任往往会消解于前置法中。如在行为人对他人进行殴打，造成他人轻伤的情况下，若被害人要求追究侵害人的刑事责任，不法侵害人往往力图以经济赔偿的方式来避免刑事责任的承担，若被害人不同意经济赔偿，强烈要求启动刑事程序，对于该类行为进行公诉也是存在的，只是量刑的轻重问题。再如，行为人甲（45岁）殴打75岁的老人乙，不论是否造成了轻伤或者轻微伤，公安机关都能够对行为人甲处以治安拘留的处罚决定，但是由于《治安管理处罚法》还规定了调解的程序，因此公安机关可以进行调解。[①]在这一案件中，如果被害人一方同意调解，由甲对乙进行经济赔偿，那么行为人甲可能免予治安拘留或者是承担刑事责任。在这种情况下，行为人甲事实上只是承担了民事责任，而民事责任的承担消解了可能的行政法律责任或者刑事法律责任。因此，刑民交叉案件中的法律责任大体存在两种类型，第一种是刑事法律责任与民事法律责任的并行承担，第二种是可能的刑事责任被前置法所消解，当事人只承担相应的前置法责任。

3.刑民交叉的程序源起

刑民交叉问题的研究主要起因于程序，争议也发端于程序。[②]具有刑民交叉性质的案件采取不同的程序就可能得出不同的结论。我国近20年来对刑民交叉的案件颁布了较多的司法解释，既有刑事诉讼法上的规定，也有民事诉讼法上的规定，还有最高司法机关对于这类具有交叉性质的案件颁布的司法解释。这些不同的法律文件在一定程度上反映了我国司法机关对于处理刑民交叉案件的态度。

刑民交叉案件的处理在程序上涉及先刑后民、先民后刑或者是刑民并进的问题。对于刑民交叉案件的处理程序，我国现有的法律、司法解释等有直接或者间接的规定。《刑事诉讼法》第104条规定："附带民事诉讼应当同刑事案件一并审判，只有为了防止刑事案件审判的过分迟延，才可以在刑事案件审判后，由同一审判组织继续审理附带民事诉讼。"《最高人民法院关于适用〈中华人民共和国刑事诉讼法〉的解释》第161条规定："第一审期间未提起附带民事诉讼，在第二审期间提起的，第二审人民法院可以依法进行调解；调解不成的，告知当事人可以在刑事判决、裁定生效后另行提起民事诉讼。"这两处规

---

① 《治安管理处罚法》第43条规定："殴打他人的，或者故意伤害他人身体的，处五日以上十日以下拘留，并处二百元以上五百元以下罚款；情节较轻的，处五日以下拘留或者五百元以下罚款。有下列情形之一的，处十日以上十五日以下拘留，并处五百元以上一千元以下罚款：（一）结伙殴打、伤害他人的；（二）殴打、伤害残疾人、孕妇、不满十四周岁的人或者六十周岁以上的人的；（三）多次殴打、伤害他人或者一次殴打、伤害多人的。"第9条规定："对于因民间纠纷引起的打架斗殴或者损毁他人财物等违反治安管理行为，情节较轻的，公安机关可以调解处理。经公安机关调解、当事人达成协议的，不予处罚。经调解未达成协议或者达成协议后不履行的，公安机关应当依照本法的规定对违反治安管理行为人给予处罚，并告知当事人可以就民事争议依法向人民法院提起民事诉讼。"

② 参见江伟、范跃如：《刑民交叉案件处理机制问题研究》，载《法商研究》2005年第4期。

定主要是针对刑事案件附带民事诉讼的情形。很明显，上述规定的处理思路是先刑后民，刑事案件被置于首要位置，民事案件相对次要。《民事诉讼法》第150条第1款第5项规定了可以中止诉讼的一种情形，即“本案必须以另一案的审理结果为依据，而另一案尚未审结的”。民事案件以刑事案件的结果作为前提的情况也是可能存在的，在这种情况下，也应当先刑事后民事。另一种刑民并行的情况在刑民交叉案件中的处理思路基本不存在。刑民并行是针对不同的法律事实的处理思路，而刑民交叉案件中刑事与民事问题是基于同一法律问题。如最高人民法院《关于在审理经济纠纷案件中涉及经济犯罪嫌疑若干问题的规定》第1条规定：“同一自然人、法人或非法人组织因不同的法律事实，分别涉及经济纠纷和经济犯罪嫌疑的，经济纠纷案件和经济犯罪嫌疑案件应当分开审理。”又如《全国法院民商事审判工作会议纪要》中规定：“同一当事人因不同事实分别发生民商事纠纷和涉嫌刑事犯罪，民商事案件与刑事案件应当分别审理……”上述两个文件中刑民案件并行处理的前提是基于不同的事实，因而对于我们所讲的刑民交叉参考意义不大。而针对“先民后刑”的处理思路在实践中也很少见。虽然尚未见到基于同一法律事实产生的刑民交叉案件采取先民后刑的思路，但是已经有学者提出了在特定领域采取先民后刑的思路。例如，在知识产权领域，对于某一知识产权的刑民交叉案件，如果其中的刑事问题和民事问题没有形成实质性牵连关系的话，可以采取“刑民并行”的思路，将其中的刑事问题和民事问题由具有相应管辖权的法院分别按照刑事诉讼程序和民事诉讼程序审理；倘若同一知识产权侵权案件涉及同一侵权人的刑事责任问题，而且民事问题与刑事问题形成了实质性的牵连关系，那么可以将该案的管辖权汇集到同一法院依照“先民后刑”的原则审理。[①]

从不同的程序效果看，刑事案件始于公安机关的立案侦查，如果公安机关认为构成犯罪的，则将侦查完毕的案件交由检察机关提起公诉；民事案件始于纠纷主体之间，一般由普通的民事主体提出，并无公权力机关的介入，最终的结果多是承担民事上的责任，表现为赔偿损失、继续履行、赔礼道歉等。以“套路贷”案件为例，对于以“套路贷”的方式实施的借贷行为，出借人与借款人

---

① 黄娟：《知识产权刑民交叉案件解决之“先民后刑”思路：选择理由与实施机制》，载《暨南学报（哲学社会科学版）》2019年第2期，第44页。

之间的纠纷如果通过民事程序进行审理，可能并不会发现其中的问题，被告一方甚至没有任何招架反驳的余地。因为合同、借据等证据内容都是真实的，但是忽视了原告一方本身就是利用这一手段进行恶意借贷的实质。鉴于证据链条的完整和借款人无法举证反驳的情形下，认定结果为债务成立、借款人应当承担巨额债务。而刑事诉讼程序启动后，经过调查取证，如对贷款公司嫌疑人进行讯问等，上述“民事事实”被推翻，进而认定的事实是：行为人以贷款为幌子实施了非法占有他人财物的行为。行为人从合法的债权人变成诈骗、敲诈勒索犯罪分子，而贷款一方从背负巨额债务的一方变成受害方。[①]这就是程序不同导致的结果反差。

（四）二元立法机理的评价

我国部门法之间存在的违法性二元判断有相应的社会伦理原因、法理基础和社会经济基础。[②]在中国历史上，刑与礼的统治是并存的，甚至礼的作用远大于刑，且二者具有相通性。在古代社会，严重违反礼制的行为会受到刑法的惩罚，礼制也往往成为刑与法的制定基础。早期的礼法关系随着成文法的出现逐渐分离、细化，然而这种分离与细化并不彻底，两者在一定程度上仍然是相融的。直到封建社会结束，我国的法与传统的礼才分离开来，违法的二次性也才得以出现。当然，刑法并非天生就具有二次性、后置性的特征，而是随着社会文明的进步，尤其是经济的不断发展，才逐渐与其他的社会管理手段相分离。如前所述，早期的法律具有刑民杂糅的性质，而且由于文化环境和社会发展状况的差别，东西方的刑民部分带有不同甚至相反的性质与特征，只有在社会发展到一定程度时，刑法与其他的部门法领域才渐渐分离。当人们意识到刑罚的严厉性，或者说当人们发现有其他更好的手段能够达到社会的治理目标时，就自然而然将相较严厉的刑罚手段后置，这才形成了刑法的二次性法的局面。在我国二元违法机制的背景下，必然坚持刑法的二次性评价原则，优先适用民法或者其他部门法。现代法治社会中，国家的法律

① 吴加明：《违法性相对论下刑民实体冲突及其调适》，载《政治与法律》2017年第12期，第48页。

② 参见马朗：《犯罪的二次性违法属性理论与实践研究》，华东政法大学2010年硕士学位论文，第3—8页。

是由多方面、多层次的法律规范组成的，且共同维护着社会秩序。但在这个完整的法律体系中，是有阶梯关系的，其中刑法是保障其他法律规范得以实施的最后一道屏障，不得已才能使用刑罚手段。因此，刑法适用中存在非刑法优先于刑法的评价属性。如果民法对某种行为进行评价，而且根据民法规定系合法行为，则根本谈不上构成犯罪。也就是说，要优先适用民法而不能适用刑法。

二元违法问题涉及犯罪圈的划定，二元违法机制为两者之间的合理划定提供了较大的灵活度。罪与非罪的判断依赖于刑法对于违法行为的质与量的门槛，如果对于刑事违法的门槛规定得较低，就必然会导致犯罪圈的扩大，导致社会上刑事犯罪的增多；如果门槛规定得较高，虽可能坚持了刑法的谦抑性原则，但是不可避免地会导致犯罪圈的缩小。犯罪圈的缩小并不必然意味着国家法治状况的良好，犯罪圈的扩大也并不必然表明国家的治安状况较差。犯罪化与非犯罪化之间的界限并不是清晰的，这取决于多种因素，除刑法的明文规定外，还涉及国家的刑事政策、司法人员的自由裁量权、特定区域内司法机关入罪标准的设定、社会舆论等，都可能影响到具体案件中罪与非罪的判断。二元违法的一个优势就在于这一机制赋予刑事犯罪判断以极大的空间。行政违法、民事违法不同于刑事违法。这种二元违法判断的结果就已经表明刑事违法与其他部门法领域的违法是不同的，刑事违法的判断虽然存在依赖于其他部门法规定的情形，但最后是否构成刑事上的违法，即是否构成犯罪的判断仍然是独立的，其入罪的门槛相较于其他部门法领域具有独立性，因而赋予刑事违法判断很大的裁量空间，为犯罪圈的划定提供了相当大的缓冲地带。我国当下刑法的二次性存在的疑问就在于，刑法作为二次法、后置法，其前置法有哪些？是否刑法的每一个罪名中涉及的犯罪行为均有相应的前置法与其对应？对于前者，就一般法理而言，除宪法、刑法本身外的其他法律规范都可以作为刑事违法的前置法，如民法、行政法等与刑法相并列的法，还有国务院及其部门制定的行政法规、部门规章等。这一问题从法律位阶等方面进行考虑似乎容易解决。但是对于第二个问题，答案是否定的。刑法的部分罪名可能并没有前置法。例如，强奸行为，除刑法外没有文件对这一行为作出缓冲的处罚；《刑法》第一章中的国家安全犯罪也没有专门的法律规范与之对应，而是需要司法人员具体的价值判断。此外，在二元违法判断机制下，刑法与民法、行政法之间的缓冲地带很有可能没有被合理地利用，如《治安管理处罚法》中的一些条款并没有得到充分的适用，甚至成为虚置的条款，如第30条中的放射性物质可能从未适用，第50条“拒不执行人民政府在紧急状态情况下依法发布的决定、命令的”的情形也很少被作为根据对当事人进行处罚。

三、法律主体的法治意识

刑民交叉案件的出现和法律主体的法治意识有关系。如前所述，民法与刑法交叉的根本原因是经济社会的发展。民法的发达是经济发展的必然产物。私法的不发达、经济往来的低效并不会导致高度发达的民法的出现，也就基本不会产生刑民交叉的问题。因为高度专业化的民事纠纷只有在较为发达的经济环境下，且民事法律与刑事法律均对于纠纷有直接或者间接规定的情况下，刑民交叉案件才会出现并增多。经济基础决定上层建筑，上层建筑反作用于经济基础。经济的发展必然会带来民众观念的进步，而民众进步的思想意识又会对经济基础的发展产生反作用。尤其是改革开放以来，公民权利意识不断提高，渐渐重视对个人权利的维护。如前所述，近些年来经常出现的小额诉讼就是公民法治意识不断提高的表现。在当下的社会，对于纠纷的解决途径是多元的，利益主体自然会选择最有利于自身的纠纷解决方式。但是法律主体的法治意识对刑民交叉案件的解决既可能起到良好的推动作用，也可能起到反作用。

（一）个人主体

对于个人主体而言，法治意识的提高对刑民案件的影响主要体现在两个方面。对于公民而言，用法律武器维权是社会进步的标志。法治社会的建设需要每一个公民具有良好的法律意识，既要有懂法守法的意识，也要有用法的意识。对于个人正当权利的维护无疑将有力推动法治社会的建设，从根源上解决社会中存在的“强权”现象。但是，个人也有可能利用法律武器将日常的纠纷推向坏的方向。例如，王海打假事件发生后，出现了不少“职业打假人”，其中不乏打假者被定性为敲诈勒索，而且不少打假者的确利用打假实施了索要钱财的行为。这一问题足以说明民事上的纠纷或者侵权都会不同程度地被私权主体和公权机关所利用。因此，对于刑民交叉案件，公民有维权意识是好事，但不能利用该种情形进行违法犯罪。当公民在面临或者遭受损失时，要客观、理性地分析问题，不可以他人的自由、生命为代价实现自己利益的最大化，社会交往行为也应当具有最基本的道德底线和价值遵循。从某种角度说，西方人的现代民法观念，如平等、契约等，比古代中国人更深刻。在西方社会的发展过程中，经济一直扮演着重要角色。相对于东方，古代西方人的平等意识、契约意识要强得多。从古希腊时期的《哥尔琴法典》中就可以看出，当时个人之间的权利纠纷，尤其是侵权问题并不具有典型的"刑罚"色彩，除不具有残酷性外，也不具有现如今的自由刑性质的处罚。人们对于纠纷，甚至是对强暴、通奸、遗弃等在今天看来较为严重的行为的处理手段是罚金。这种处罚手段与行为侵害之间的不匹配性既是其经济发展的反映，也是纠纷中刑民交叉性质的体现。即使在当下的中国，对于这类纠纷也很难全部采用财产手段解决。在公元前11世纪至公元前5世纪的《摩西律法》中就体现了朴素的契约观念，希伯来法更是隐含着这样的平等观念。[①]在当下的中国，人们权利意识的不断提高必须是正当的、正义的、向上向善的，要避免将法律作为个体间斗争以实现自身利益最大化的工具，法律的运用须本着善意的初衷。

（二）公权主体

从公权主体的角度看，刑民交叉的处理存在一定的历史因素，并且这种趋势很难在短时间内从根本上扭转。我国自古以来就是重刑轻民，在观念上偏重公权忽视私权。中国古代的法制史，实际上是一部刑法史。中国历史上一贯重刑轻民，古代是没有民法典的。这种现象导致了长期的刑法手段的滥用，刑法的手伸得太长了。当一个刑民有争议的纠纷发生的时候，我们应该优先考虑民法，如果民法实在无法调整才能适用刑法。以前的"出乎礼而入于法"的礼法关系演变为"出乎他法而入于刑法"的诸法关系，偏重对公权的保护，轻视甚至忽视对私权的保护，导致刑法滥用，干涉私权。在这种观念下，刑民交叉出现冤假错案并不鲜见。如果代表国家实施裁判权的公权主体能够在裁判过程中认识到刑民交叉的存在，并采用更温和的办法解决刑民交叉案件的话，刑民交叉案件的处理可能会更为稳妥。

---

① 参见何勤华、魏琼主编:《西方民法史》，北京大学出版社2007年版，第32—33页。

对于民刑交叉案件的处理，“先刑后民”的处理方式在我国司法机关中扎根颇深。司法人员在遇到刑民交叉性质的案件时，几乎不约而同地将目光聚集于刑事问题上，因为处理刑事问题本就是公权机关的职责所在，其引发的后果往往比民事问题更为严重。司法机关及其工作人员应当纠正这种偏离的思维，要把刑事问题、民事问题置于同一高度进行客观评价，必须认识到刑事手段不是解决问题的唯一途径，还要意识到自己办理的不仅仅是案子，更是他人的自由、家庭的幸福、企业的存亡。“先刑后民”“先民后刑”“桥归桥，路归路”均是刑民交叉问题的处理方式、原则，其终极目标都是解决问题。对于亦刑亦民、双重色彩均较为浓厚的案件，可以从处理效果的角度进行分析，并非一定要纠结于二者的概念，可以用一种反向的思维，即从最好的结果以寻求最佳的解决手段的方式进行解决，不能僵化认识，而要拓宽思路，打开新境界。

（三）单位主体

这里的单位主体主要是针对市场交往中的交易主体而言的，不包括民法中的事业单位、政府机关等完全是公共事业的政府单位。现如今，单位已经成为市场经济活动中的主要主体，其重要性程度恐怕已经超过个人，成为市场经济的主要交往主体。单位主体，大到跨国公司、国有企业，小到个体工商户、小型合伙企业、私营企业，还有规模不小的中外合资企业、外资企业等，能够评价为刑法上的单位主体的种类多种多样。作为市场经济交往的主要主体，在市场经济、全球化高度发展的今天，单位有必要提高风险意识。尤其是较大型的企业、上市公司以及跨国公司等，既要关注单位在市场活动中的风险，避免可能的投资与经营行为的经济风险和法律风险，又要关注单位运行过程中所依赖的具体人员的风险，如内部人员利用单位的犯罪等，提高企业的合规意识。现如今，不少企业已经建立了专门的监督机构，在理论上称之为独立的“合规部门”，聘用专业的人员来监督、审查本单位业务是否符合法律法规、行业标准以及自有规章制度的要求。[①]我国刑事立法对于单位的态度采取的是法人实在说，认为单位和自然人一样是一种超过个人的客观实在的事物，具有独立于单位成员的单位意志和单位行为，并具有犯罪能力。因此研究企业的法律风险问

---

① 参见时延安:《合规计划实施与单位的刑事归责》，载《法学杂志》2019年第9期，第20页。

题必须关注单位在刑事上的犯罪能力。我国立法既然肯定了单位的刑事责任能力，因而单位本身需要关注单位的利益与责任，既要避免可能的民事风险，又要防止潜在的刑事风险。

一方面，面对刑民交叉问题，单位主体要加强企业自身的合法合规运营意识。企业、单位交往的主体、面向的对象基本是市场，因此在外部的运营上需关注单位整体的法律风险与经济风险。对于企业来说，无论是国内还是国外，法律风险已经成为一个不得不关注的问题。在国内，企业可能面临的风险主要是合同、知识产权、产品安全、公害犯罪的危险。例如，企业要关注商业合同中的诈骗行为，防止他人利用合同行为进行合同诈骗，对融资合同、担保财产等须进行严格的审查，风控部门不能仅仅进行形式上的审查，还应当进行实质上的审查，防止资料造假的行为。在知识产权上，技术型企业既要加强对自身创造的知识产权的保护，还要警惕其他单位或者个人对于知识产权的侵犯，维护自身合法权益。当然，单位更不能侵犯他人的知识产权。在公害犯罪上，随着我国对于食品安全、环境污染等问题重视程度的提高，近年来国家公诉机关进行了不少环境公益诉讼案件，因此容易产生负外部性的企业需关注这一类的风险行为。随着社会的发展，忽视社会责任与担当的社会主体终将会遭到市场的淘汰。在走向国际市场的过程中，企业的法律风险相对于国内将呈现出几何式的攀升。由于文化环境的原因，相对而言，企业对于国内的法律风险的认识往往是优于国外的。在国外，由于政治、经济、文化等原因，企业的风险远远高于国内，以美国为例，美国本土的企业，在美国运行的过程中也会面临较高的商业风险，一些涉及公众影响的案件可能动辄被处以天价罚款，而这种“公众影响”并不一定是刑事方面的，也可能是民事方面的侵权，抑或与政府的纠纷。因此，企业在进入其他国家领域进行商业行为时，必须严格遵守当地的法律法规、政府命令等，有必要聘请该地域内专业的律师团队、企业合规官等进行专门的法律风险防控。

另一方面，单位主体须加强自身的内部监管，建立现代化企业制度，防止单位的成员利用各单位进行非法活动。单位成员犯罪主要分为两类，一是单位的主管人员犯罪，二是直接的责任人员犯罪。单位的主管人员多是在单位中负有监管职责的管理层人员，上到董事会的成员、实际控制人、隐名股东，下到各部门经理、主要部门的负责人，更往下可能有小范围领域内的低层次管理人员。直接责任人员往往是负责具体执行的人，这类直接责任人员也可能具有相应的管理职务。对于单位内部成员的管理主要依赖于单位内部的制度建设，防止单位人员利用单位进行违法犯罪活动。例如，单位内部可以进行定期的法律风险培训、业务安全培训；由企业雇用的合规官员进行专门的管理与技术审查；不定期聘请第三方机构对单位各方面风险进行评估，产品制造企业可聘请第三方鉴定机构对单位产品进行安全分析等。总而言之，企业的内部制度建设是防范单位成员违法行为的一项重要保障。

第三节　刑法与民法竞合的司法方法检讨

司法方法最初在实务中通常被理解为“司法作为方法”，指通过司法途径解决问题、处理纠纷。但是在法律方法论的研究逐渐深入之后，司法方法的含义也得以延伸、扩展，逐渐演化为“司法中使用的方法”。[①]在我国，法律方法论所研究的很多法律思维规则基本上都与司法实践相关，因此不少学者都认同法律方法论就是面向司法问题的理论研究这一观点。

关于司法方法的概念，有以下典型意见：其一，司法方法指的是司法主体在司法权运行过程中处理法律问题的专门方法，按照司法阶段包括法官法律发现、法律推理、法律解释和法律论证四个环节；[②]其二，司法方法，专指司法过程中，为解决案件纠纷所用到的手段、办法、步骤、方式等的总和；[③]其三，司法方法应当是一个开放性的知识体系，包括司法理念、思维模式、审判管理、庭审能力、认定事实、适用法律、文书制作、办案经验和技巧等多层次、多角度的方法体系。[④]在前述几种观点中，前面两种更倾向于将司法方法看作一些具体的裁判方法、程序等，第三种观点则拓宽了司法方法的范围，既包括宏观层面的，又包括微观层面的。

① 参见焦宝乾：《我国司法方法论：学理研究、实践应用及展望》，载《法制与社会发展（双月刊）》2018 年第 2 期。

② 参见尹忠显：《司法能力研究》，人民法院出版社 2006 年版，第 43 页。

③ 参见周玉华主编：《中国司法学》，法律出版社 2015 年版，第 476 页。

④ 参见李方民：《司法理念与方法》，法律出版社 2010 年版，第 160 页。

无论如何定义司法方法的概念，司法方法的运用都是法官在面对法律规定与案件事实的衔接问题时用以裁判案件事实必不可少的环节，任何司法活动都会用到司法方法。但是，司法方法的运用是复杂多变的，“法官运用司法方法与司法裁判的过程，并不是一个如自动售货机那样，输入案件事实、吐出裁判结果的过程”[①]，其需要综合各方面的因素，结合具体的案件事实适用合理的司法方法。

在我国的现实生活中，出现了越来越多的涉及多种法律关系的复杂案件，通常表现为在民事上和刑事上相互影响、相互关联等。这些刑民交叉案件涉及实体和程序两个领域，在实体层面涉及民法和刑法两个部门法。[②]在程序层面则涉及民事诉讼法和刑事诉讼法两个部门法。因此，法官在裁判这些案件时，有关司法方法的适用就更加复杂。面对疑难案件，有些法官可能出现不知从何下手、眉毛胡子一把抓的情况；有些法官则可能找不到重点，过于关注一些细枝末节的问题；还有的法官则根本无法娴熟、自觉地适用常见的分析方法，对司法方法的适用没有形成自己的模式。[③]在民法与刑法竞合的情况下，我国现有的司法方法在思维模式、论证方式、刑事政策的运用等方面都存在较大的问题，需要对其加以检讨与反思。

一、思维模式转型不够

（一）概念思维的内涵

概念思维，就是运用法律所预设的概念来进行逻辑的分析和提供思考方法。关于法学概念，它强调其必须始终保持不变的意义，注重法律体系在逻辑上的严密性。在概念思维之下，三段论的演绎法是最主要的研究方法和分析路径。[④]概念奠定了刑法理论体系的基础。刑法是行为刑法，行为分为合法行为和不法行为，不法行为可以分为故意犯罪行为、过失犯罪行为，在手段上又分

① 谢晖：《论司法方法的复杂适用》，载《法律科学（西北政法大学学报）》2012 年第 6 期。

② 陈兴良：《刑民交叉案件的刑法适用》，载《法律科学（西北政法大学学报）》2019 年第 2 期。

③ 参见丁巧仁主编：《民商事案件裁判方法》，人民法院出版社 2006 年版，公丕祥序，第 4 页。

④ 参见吴学斌：《刑法思维之变革：从概念思维到类型思维——以刑法的适用为视角》，载《法商研究》2007 年第 6 期。

为作为、不作为等。正是通过对不同行为予以不同的定义，对行为进行划分，从而形成了行为刑法体系。另外，概念构成了刑法司法推理的前提。由于“犯罪行为”本身就是一个概念，实践中根据法律规定的某类犯罪的概念来判断行为即可。

概念思维具有如下特征：其一，概念思维致力于使用语言或文字，将所欲描述对象的特征予以形而上的提炼和罗列。由于在很大程度上受到了柏拉图“理念论”的影响，概念思维认为，在事物之间都是存在共同的理念的，法律需要的就是发现这些共同的理念或本质性的特征，将它们提炼出来，进而用这些提炼出来的语言或文字指导对具体事物的认识。其二，概念思维只关心“非此即彼”，不关注“或多或少”。概念思维认为，在法律中，一个行为要么是这样的，要么是那样的；或者说一个行为要么是合法的，要么是违法的。其不关注行为之间存在的程度性差异，将行为截然区分开。其三，概念思维必须不断划分“彼”概念和“此”概念的界限。由于概念思维重视形式，为了维持对不同行为、不同事物的区别，就必须持续区分“彼”与“此”，使它们之间始终处于对立的状态。

在法律关系比较单纯、社会分工相对简单的社会，概念思维因其稳定性和安全性的优势有着存在的必要，尤其是在保持法的安定性方面具有重要意义。①采取概念思维能够使司法者基于明确规定的相同描述，对需要探讨、研究的对象进行基本一致的把握，以此来保证不仅对探究对象有着不偏离框架的认识，在外延上也能够确保周延性及稳定性，进而有效保证罪刑法定原则的适用，实现法律的安稳性、权威性。

（二）概念思维在司法裁判中的表现

在司法裁判中，概念思维注重逻辑的合理性，忽略结论的合理性。因此，司法者在裁判案件时只能从理论上保证逻辑推理的正确性，其对结论合理性的忽视使得裁判结果难以为当事人或者社会大众所接受，导致社会对法律的认同感和信任感降低。

---

① 吴学斌：《刑法思维之变革：从概念思维到类型思维——以刑法的适用为视角》，载《法商研究》2007年第6期。

以曾轰动全国的“许霆案”为例，一审判决判处许霆无期徒刑，二审改判5年有期徒刑，前后两次判决结果相去甚远。在一审判决中，法官严格按照三段论的演绎推理方式，大前提是“盗窃金融机构判处无期徒刑以上刑罚”，小前提是“许霆属于盗窃金融机构”，因此得出了“判处许霆无期徒刑”的结论。初审法官试图通过“在事实与规范之间来回穿梭”，将法律规范具体于已经确认的事实之上。在这种概念思维下，法律被视为一种具有确定意义的规范体系，其不依赖于任何人的主观因素，总是保持着客观性、准确性，这些固定不变的法律规范被认为可以涵摄一切案件事实。许霆案的一审判决结果正是体现了法官严格遵循固定思维模式，仅仅在法律体系内部进行论证的事实。然而，此判决所依据的大小前提本身就都存在问题，因此推导出的结论也就不得不受到质疑。

就大前提来说，在许霆案发生之时，按照《刑法》第264条的规定，盗窃金融机构，数额特别巨大的，处无期徒刑或者死刑。然而，这一规定在2011年的《刑法修正案（八）》中被删除，可见当时的这一法律规定本身就是存在问题的，处罚过重不利于对人权的保障。而许霆案中的小前提则存在更多的争议。比如，在主观上，许霆是否具有“非法占有目的”？取款机发生故障表明银行本身存在过错，其过错产生了巨大的金钱诱惑，许霆一开始显然并不具有“非法占有目的”，即便是后续反复存取钱也很难将其主观心态等同于一般意义上盗窃罪的“非法占有目的”。

许霆案的二审判决虽然对许霆进行了减轻处罚的处理，但是在判决书中写到的判决理由是将许霆的犯罪行为与传统上有预谋的盗窃行为予以区分，并认为其案发具有偶然性，主观恶性不大。①但是，这一理由是极为牵强的，不具有普遍的适用性。由于坚持概念思维，司法机关致力于在刑法中为许霆“寻找”一个罪名，因此二审判决也只是在维系“许霆盗窃金融机构”的定性下，试图作出一个表面合理的处罚结果。

通过对许霆案的分析，我们不难发现，在司法裁判中，概念思维存在这样一些缺点：其一，重视逻辑自洽性，而不重视结论合理性。司法者得出的结

① 参见广州审判网：“许霆ATM机取款案一审判盗窃罪处刑五年”，http://www.gzcourt.gov.cn/xwzx/zfxw/2011/06/09625622781.html，最后访问时间2020年3月21日。

论本身可能无法为大众的常识所承认，仅仅因为这是“专业人士”对法律事实的“科学”认定就对结论加以采纳并深信不疑。其二，重视普遍性法律问题，缺乏应对具体性、特殊性及中间性问题的有效手段。“犯罪就是黑与白的问题”是对概念思维的典型归纳，然而，实践中的很多案件都存在灰色地带，概念思维无法解决处于灰色地带的问题，更难以准确将这些灰色地带归入“黑”或者“白”的范畴中。其三，重视裁判的法律效果，却难以兼顾裁判的社会效果。概念思维只具有法律的自洽性，缺乏社会现实性和合理性的有力支撑，使得裁判充其量只能在法律层面上具有说服力，无法得到社会的认可。

（三）概念思维在刑民交叉案件中的局限

概念性思维是一种传统的法学思维和法学研究方法，它非常重视法学概念在继承和运用过程中的前后一致性，强调法学概念的意义必须固定不变并保持法律体系的逻辑严密性，在将此种思维运用于分析法律问题的过程中，还附带性地形成了一种坚持成文法是唯一的法律渊源并反对在解释法律的过程中渗入价值、目的或利益等主观因素的立场。[①]基于此，概念性思维可以理解为这样一种研究方法：为了对易于混同的两个事物或者事实分别进行界定，研究者基于理性思考，在自认为考察了所有研究对象之后，从事物的本质出发，将考察对象所具有的普遍特征“归纳”出来，以此严格划分不同事物之间的界限。考虑到“语言”是日常人际交往中的一个主要媒介和手段，概念性思维力求使用语言或文字对所欲描述的对象之特征，予以穷究，不断提炼和罗列。[②]在概念性思维中，不存在“或多或少”的表述，只有“非此即彼”的断言。因此，生与死、黑与白、是与非、男与女的对立，在概念性思维中都是极其正常的现象。

就刑法学科的理论研究来说，概念性思维发挥着举足轻重的作用：首先，刑法学体系的建构和刑法学知识的生成，都依赖于各种刑法概念的形成；其次，刑法概念不但为整个刑法学奠定了要素基础，而且构成了实践中刑法理论

---

① 参见蒙晓阳：《为概念法学正名》，载《法学》2003 年第 12 期；关于概念性思维还可参见［英］沃克：《牛津法律大辞典》，李双元等译，法律出版社 2003 年版，第 242 页；王启富、陶髦主编：《法律辞海》，吉林人民出版社 1998 年版，第 1693 页。

② 参见金岳霖主编：《形式逻辑》，人民出版社 1979 年版，第 23 页。

演绎的逻辑前提和根据。正因如此，概念性思维在刑民交叉案件的理论研究和司法实践中依然具有很高的地位。一方面，概念性思维决定了相关研究的首要任务是限定并界分刑民交叉案件；另一方面，概念性思维决定了研究的重要任务是对刑民交叉案件进行分类。殊不知定义和分类其实是互为表里的问题，它们都旨在为案件受理的管道提供前期理论证明。那么这种思路是否真的有助于解决问题呢？从务实的角度看，答案是否定的。

当前定义方式最为显著的特点在于，进行理论上的所谓辩证思考时，为理论而理论，围着理论转圈圈的色彩较为浓厚，未能充分显现理论研究所应表现出的对实践的关切。对刑民交叉案件进行定义，是概念性思维定式的首要问题，我国刑法学界比较有代表性的观点主要有三种：第一种观点认为，“刑民交叉是指在司法实践中发生的因特定事实要素的关联而出现的刑事法律关系和民事法律关系相互交叉、彼此竞合甚至水乳融合的案件”。[①]第二种观点认为，“刑事案件和民事案件由于特定因素的关联而出现交叉或者并存的现象，通常表现在诉讼活动中，刑事案件和民事案件因关联因素的存在而互相影响”。[②]第三种观点认为，“刑民交叉案件是因同一法律事实分别引起刑事诉讼法律关系和民事诉讼法律关系的产生，或不同法律事实分别引起民事诉讼法律关系和刑事诉讼法律关系的产生，而两种法律事实之间存在一定牵连关系的案件”。[③]三种观点虽然在表述上略有不同，但基本意见并无实际冲突，其内核基本上是一致的，即它们都用刑民交叉案件指称那些因特殊原因而出现的，行为事实的犯罪性质和民事不法之间出现相互纠缠、重合、影响等关系的特定案件。

刑法与民法不是对立的，刑法规范与民法规范也并不存在冲突，两者中间存在大量的竞合问题，我们需要对这些竞合问题进行有效的归类，从而合理解决刑民竞合问题。然而，由于概念思维旨在刑法适用的过程中渗入价值、目的或者利益等主观因素的观念，执着于保证刑法规范的固定性，使得其在民刑交叉案件中呈现出以下局限。

其一，在主体角度上，概念思维忽视了司法者司法认识能力的欠缺。按照

---

① 杨兴培：《刑民交叉案件的类型分析和破解方法》，载《东方法学》2014年第4期。

② 魏东、钟凯：《论刑民交叉及其关涉问题》，载《四川警察学院学报》2009年第4期。

③ 李蓉：《民刑交叉案件中管辖权异议制度探析》，载《政治与法律》2010年第6期。

概念思维，司法者在理解所有法律规范以及认定所有案件事实时都必须是十分精准且客观的。然而，司法者并不具有超越常人的智慧，因此实践中司法者的认识能力不可避免是有欠缺的，其与常人在认识能力上的唯一区别也只是司法者善于运用概念来进行涵摄；而在发现事实上他们之间并没有本质区别，可能司法者试图采取某些程序的限定来保证判断的正确性，但实际上也未必能达到这一目的。概念思维在处理刑民竞合问题时始终采取主客体的认识模式，缺少主体间性的分析，执着于对所谓"真理问题"的把握，对合理性的论证明显不足。

其二，在对象角度上，概念思维忽视了民法和刑法的关联性。在讨论刑民竞合问题时，司法者很多时候是将刑法与民法对立起来的。这实际上并不符合刑法的本性，刑法是事后法、保障法，民法主要是处理个人之间的权利或利益，刑法则是用于保障民法和行政法规范的有效性。在处理刑民交叉案件时，没有必要将民法规范和刑法规范截然分开，反而应当注重以刑法的手段保护民法核心的价值观念。

其三，在价值角度上，概念思维忽视了刑法立场的偏好因素。概念思维只注重冷冰冰的刑法条文，处理问题时也仅仅遵循条文的规定，丝毫不允许加入价值判断、社会考量等因素。然而，任何司法者在司法实践中都存在价值的偏好与选择，刑法绝不仅仅是纯粹逻辑上的、概念上的产物，缺乏司法者主观因素的渗入，裁判结果就很难具有科学性、合理性。在刑民竞合问题中，有的司法者可能倾向于将案件定性为民事纠纷，而有的则更愿意从刑法层面解决纠纷。不同的立场决定了对适用法条的不同选择和对案件事实的不同认定。

其四，在判准角度上，概念思维忽视了裁判应符合的社会可接受性。在概念思维下，通常认为一个判决只要具有了所谓的"科学性"，就是一个好的判决，而这种"科学性"具体体现为司法者对于事实认定的客观性和对于法律条文理解的正确性。然而，如前所述，司法者不可能具有完美无瑕的司法认识能力，无论是对法律条文还是对案件事实的认识，都存在不全面、不客观、不准确的问题。所以在对裁判进行评价时，不能过度依赖于司法裁判者的认知，要考量裁判是否能够为社会上的大多数人所接受和认可。

（四）类型化思维的特点

类型化思维以研究对象的特征为依据来进行类别和属性上的划分，按照一定的标准，将那些具有类似特性的社会现象和经验事实归为一个类型，再将这些不同的类型根据其内在要素之间联系的紧密程度、相互的制约力度等结合成为一个类型化的体系。①

类型化思维具有如下特点：

其一，类型化思维是一种综合性的思维。其既要对抽象概念进行演绎和细化，又要对具体事物进行归纳和总结，在类型化思维中不存在“非此即彼”的问题，其巧妙地将抽象概念与具体事物“连接”起来。不同于概念思维的“单向度”归纳方式，类型化思维对抽象概念通过演绎的方式进行区分和细化，从而避免了空洞化。②以刑法学界对犯罪本质的争议为例，关于犯罪的本质有权利侵害说、法益侵害说、规范违反说、社会危害性说等，持这些学说的学者实质上都是在概念的层面上有不同的看法。如果采取类型化的思维方式，避免一味地在概念上纠结，转而将具体犯罪归纳、总结为不同的类型，使得犯罪的抽象化概念描述转变为具体的、可感知的、易把握的犯罪类型。

其二，类型化思维是一种层级性的思维。德国学者拉德布鲁赫曾指出：“概念要求必须作出‘非此即彼’的判断，概念的主要成就并不是‘包含’，而是‘界定’，前者是包含某种特定的思维内涵，后者则是将概念与外界隔绝的思维内涵。概念思维是一种分离式的思维，足以瓦解并败坏生活现象的整体性。”而类型化思维则是“或多或少”的判断，没有绝对化的要求，在“是”与“不是”之间还存在中间地带，彼此之间的过渡是缓慢的，一层层递进。这种思维模式与实际情况是相符的，因为在现实生活中，不同概念之间很难有确定的、清晰的界限，相反更多的是大概的、模糊的甚至混乱的“类型”。通过类型化思维，能够形成一个层级性的排列，在刑法中按照不同的标准对犯罪进行区分。比如，按照概念思维，只存在“伤害”或者“未伤害”两种可能，但是类型化思维则可以分为“轻微伤”“轻伤”“重伤”等，从而更易理解和把握。

其三，类型化思维是一种开放性的思维。类型化思维没有固定的边界，比如类型与要素之间就是相互流动、彼此开放的。一方面，类型必须向着要素开

---

① 参见张斌峰、陈西茜：《试论类型化思维及其法律适用价值》，载《政法论坛》2017年第3期。

② 参见杜宇：《“类型”作为刑法上之独立思维形式——兼及概念思维的反思与定位》，载《刑事法评论》2010年第1期。

放，任何类型都是由若干个要素组成的，对类型的划分依赖于对其构成要素的分析。比如，侵犯人身权利的犯罪和侵犯财产权利的犯罪是两种迥然不同的犯罪类型，但对二者进行区别并不是一蹴而就的，而是要分别比较分析两类犯罪侵害的客体、行为表现形式、犯罪人主观心态等基本要素。另一方面，要素对类型也应该是始终开放的，要素作为类型不可缺少的组成部分，只有在类型里面才有价值，单独存在的要素是没有分析意义的。如果脱离了类型，孤立地看待每一个要素，无法将各要素进行比较，也就无法看到不同要素各自的特点、作用、地位等。因此，类型与要素之间存在不可分裂的关系，二者的交互与流动促进了刑法体系的发展。

其四，类型化思维是一种整体性的思维。每一种类型都是有意义的结构性整体，这个整体中的每一个要素都指向一个意义中心、一个精神核心，其功能与意义都借由这个整体来确定。[①]在类型化思维模式下，判断案件事实时不需要对每一个要素都进行具体分析，而是将案件中的要素进行整体分析、判断，尤其注意各个要素之间的联系，将它们结合起来，从整体上判断是否符合某一法定犯罪要求。比如，在故意杀人的案件中，要将犯罪人、被害人、作案工具、作案时间、场所等要素结合起来，在分析案件时各个要素相互补充、相互限制，从而判断案件是否符合故意杀人罪的本质属性，而不是简单地从概念上判断是否符合故意杀人罪。因此，在确定某一对象是否能够归属于某一类型时，并不是该对象所包含的所有特征都起决定作用，而是判断被视为典型的重要特征是否以某种数目与强度存在，使得该对象在“整体上”符合类型的外表图像。

（五）类型化思维下的社会危害性认定

在类型化思维下，刑法与民法之间并无客观的、不变的界限，处理刑民竞合这种边缘性问题，既可能用刑法解决，也可能用民法解决，从而发挥司法能动性。司法者应当增强主体与主体之间的对话、论辩，从主体性理论转变为主体间性理论，从而在保证达到法律效果的同时，兼顾社会效果与整治

① 齐文远、苏彩霞：《刑法中的类型思维之提倡》，载《法律科学（西北政法大学学报）》2010 年第 1 期。

效果。

首先，社会危害性评价属于经验性预判，具有司法实践方向的指导性。在刑民竞合问题中需要重点关注是否有严重的社会危害性，按照类型化思维，其判断可以分为三步：第一步，司法人员的经验预判；第二步，事实证伪，剔除可能不存在的事实或不能立足的价值性因素，其科学根据是证伪主义；第三步，事实共识，当事实证伪完毕后，理由虽然具有一定的客观性，但其还比较薄弱，因此需要更多的事实进行补强，其科学根据是科学革命。只有完成了这三步，社会危害性才可能达到合理证成的程度。

以过度维权案来说明类型化思维下社会危害性的经验预判及证成。比如，甲购买了一台某品牌的笔记本电脑。这台电脑在使用中出现了问题，经检测，是因为生产商使用了测试版的处理器。甲据此向某公司索赔500万美元。某公司以敲诈勒索的理由报案，随即当地检察机关批准对甲逮捕。之后，检察机关以证据不足为由对甲作出不起诉的决定，认定甲的行为属于“维权过度”，不构成敲诈勒索罪。

实践中，确实也有很多人赞成不将甲的行为视为敲诈勒索。因为一方面，甲的行为没有给电脑公司造成严重危害后果；另一方面，电脑公司本身存在过错，如果认为甲的行为构成敲诈勒索罪，则甲将因为其索赔金额巨大承担较重的刑罚处罚，对甲来说显失公平。然而，如果这种索赔金额巨大的“过度维权”不被认定为犯罪，那么将会导致这样的后果：其一，由于即便是巨额索赔也只是被定性为“过度维权”，不会承担任何实质的法律后果，那么实践中消费者都不会再按照《消费者权益保护法》正确索赔，而只会“狮子大开口”；其二，在市场建设过程中，如果所有的生产商都面临不确定的索赔金额，那么经济秩序必然会受到破坏。

因此，在判断过度维权案件中的社会危害性时，不能再按照概念思维的模式，单纯依靠行为或者结果来认定，而应该以行为无价值为基调，以结果无价值为限制条件进行综合判断。既不能“一刀切”地将此类案件认定为民事不法，也不能扩张刑事权利一律采用刑法规范制裁这种巨额索赔行为。比如，可以考虑将《消费者权益保护法》中的消费者索赔规定与《刑法》中的敲诈勒索罪结合起来，当消费者在权益受到损害时可以充分行使消费者权利进行索赔，但是如果索赔金额超过10万元且超过购买价格的10倍，则不能再将其行为认定为民事上的“过度维权”，而需要予以刑法规制。

二、司法论证方式单一

（一）司法论证的意义

论证，也叫逻辑证明，指的是引用一些已知为真（至少论证者和论证对象已经承认为真）的命题，从而确定其他命题真实性或正当性的思维过程。[①]我们认为，司法论证是指在司法实践中，参加诉讼的法官、检察官、其他当事人、辩护人等，对适用的法律条文和认定的案件事实进行论证，从而达成相对统一的意见，最终形成合法的、科学的、合理的司法裁判。司法论证包括宏观、中观、微观三个层面：在宏观上，梳理、整合和重构诉讼各方提出的完整的诉求，将其组合形成完整的论证链条并加以评价；在中观上，通过论证推动案件的推理一步步向前发展，补充、完善论证链条；在微观上，主体之间通过司法论证进行“交锋”，对不同的主张进行权衡比较，从而达成一致意见。[②]

在司法实践中，司法论证具有重要意义：其一，司法论证能够保证各方诉讼参与人表达自己的意见，在论证过程中理性商谈，防止矛盾激化，同时也能够避免法官专断。其二，在司法过程中强调司法论证有助于增强裁判的可接受性，主体之间为主张自己的立场必然会产生争辩，通过对争辩内容的论证更容易达成共识，保证最终的裁判结果能够为各方所接受。其三，司法论证有利于实现实体正义与程序正义的结合。司法论证有着严格的程序要求，从而可以保障当事人的程序性权利，同时又要求法官在裁判中充分论证裁判理由，保证实体结果的公正。在涉及刑民竞合问题时，由于案情本身较为复杂，而法律规范又相对混乱，就更有必要强调司法论证的重要性。司法者必须采取适当的司法论证方式，确保尽可能还原案件真相，作出合法合理的判决。

（二）形式推理的运用

形式推理是指按照确定的法律规则和确认的案件事实，每一步都严格适用

① 雍琦：《法律逻辑学》，法律出版社2008年版，第330页。
② 朱政：《法律适用的理论重构与中国实践》，南京师范大学2014年博士学位论文。

法律的推理方式。[1]形式推理是最先出现的法律推理，其要求使用内容明确固定的规则，在推理方法上采用单一的逻辑演绎方法。形式推理能够保证法律的稳定性、安全性以及预测性，避免判决结果与法律规定有偏差。形式推理下的三段论在司法实践中被广泛运用，这种演绎推理方式有着严格的推理步骤，必须从既定的规则出发，不能涉及诸如正义、平等这样的具有不确定性的价值判断。因此，在一定程度上，该种形式推理能够防止法官恣意断案，确保判决的客观、公正性。三段论作为方法上的监督，其可以检验司法者在案件裁判初期借助直觉对案件形成的第一次判断是否正确，不至于漏掉相关的法律问题，也能够避免司法者仅凭借初级判断就直奔结论，从而保证司法判决理论的逻辑性和严密性。[2]

形式推理具有如下特征：其一，注重逻辑上的自洽性。形式推理致力于形成严密、周全的逻辑，通过逻辑的正确性保证案件认定和法律适用的准确性。其二，有着严格的推理步骤。形式推理的每一步都是在上一步推理的基础上进行的，只有完成了上一阶段的推理才能开始下一阶段的推理，任何跳跃式的推理都可能导致推理的方向发生偏离。其三，以法律规则与案件事实之间存在固定模式为基础进行推理，司法者在运用形式推理时始终遵循一定的模式，无论具体案件如何，其都会努力将这种模式“套用”到案件中。

（三）形式推理在刑民交叉案件中的缺陷

法律逻辑学家佩雷尔曼认为，形式逻辑与法律推理之间的关联性是非常有限的，法律推理到底是有效还是无效，真正起决定作用的是听众能否接受。[3]考夫曼也认为，要保证法律发现之科学合理性，就要努力澄清该过程的复杂性，并且反思在该过程中出现的一切以非形式逻辑出现的事物，而不是将这个过程简单化为涵摄的过程。[4]尤其是在刑民交叉案件中，形式推理会更加无能

---

① 王雪涛、常少宁：《论法律实质推理在司法审判中的运用》，载《商》2015年第18期。

② 卜元石：《法教义学：建立司法、学术与法学教育良性互动的途径》（专题报告），载田士永、张双根、王洪亮主编：《中德私法研究》（第6卷），北京大学出版社2010年版。

③ 参见孙海波：《告别司法三段论？——对法律推理中形式逻辑的批判与拯救》，载《法制与社会发展（双月刊）》2013年第4期。

④ ［德］亚图·考夫曼：《法律哲学》，刘幸义等译，法律出版社2004年版，第18页。

为力，面对机械的、僵化的甚至可能是冲突的法律规则，法官不可能再一味去套用法条，逻辑的自洽性无法保证结论的合理性。

以在合伙经营中一方合伙人占有财产的案件为例，这类案件往往会产生“是否构成合同诈骗罪”的争议。这类案件不似传统的合同诈骗案件，仅通过合同根本无法察觉到行为人具有的“非法占有目的”。案件通常包括以下几个环节：第一步，投放诱饵——隐瞒未来风险（即寻找合伙伙伴）；第二步，设计陷阱——签订分段式合同（一般会选择在不同的地方签订多份不同的合同，将本可以在一个合同中完成的事项分为数个合同）；第三步，设置障碍——他人难以履行合同（由于合同被分割，他人履约能力被人为降低）；第四步，启动起诉——完成变更登记（通过民事途径以他人未履行合同为由变更他人所有的动产、不动产）；第五步，迅速转身——转让财产套现（即将他人的财产合法转让获得资金）。

在这种新型诈骗案件中，每一个行为单独来看都是合法的，很难发现行为人的违法行为和非法目的。如果试图按照形式推理的论证方式去处理这类案件，就会存在以下缺陷：其一，案件适用的法律规则很难确定，对于到底适用刑法中有关合同诈骗罪的法条，还是适用民法中有关合同欺诈的法条存在争议。其二，案件事实难以厘清，这类案件存在多份合同、多个履约地点，且从签订合同到最终变卖他人财产往往经历很长的时间，实际情况错综复杂。其三，法律规则与案件事实之间的“媒介”不易发现，司法者在进行形式推理时通常会努力寻找沟通二者的“桥梁”，但是在刑民交叉案件中司法者不太容易找到这种“媒介”，从而也就无法形成一一对应的固定模式。实际上，在民事欺诈和刑事诈骗之间存在共性，二者都是隐瞒了真相或虚构了事实从而获得非法利益，“诈骗”比起“欺诈”有着更为严重的不法程度，但是在司法实践中如何认定哪种达到了“诈骗罪的严重程度”本身就是一个较难解决的问题。形式推理下法官不会运用公平、正义的价值取向去分析把握刑民交叉案件的实质，通常也会忽略对各方利益大小的权衡与比较，从而也就难以正确定性案件、解决纠纷。

（四）实质推理的内涵

实质推理是一种综合性的分析，既包括对法律规定的释明，也包括对案件事实的归纳，但是在这一推理过程中始终是以一定的价值为指引的，其考虑的主要是各种实质性的问题，包括法律意图或目的、法律的价值取向、社会效用或社会利益、社会公平正义观念等。[①]与形式推理不同，实质推理不限于机械地适用法条，其所依据的“大前提”不仅是法律规范，法官的价值判断在实质推理中也起着重要作用。正因如此，在司法实践中实质推理的效果与司法者个人的专业水平、业务能力、价值偏好等主观因素有着较大的关系。

在司法实践中，实质推理运用的情形包括但不限于：其一，法律规定过于模糊化和原则性，在处理具体的案件时直接适用该规定无法实质上解决争议。其二，法律规定未来得及随着社会的变化而作出改变，以至于其无法适用于社会中出现的新情况。其三，由于立法者不是万能的，立法时可能存在漏洞，使得在同一具体情形中可能存在两个相互对立、彼此矛盾的法律规定。其四，立法层面并未考虑，但是在司法实践中发生了且亟待解决的问题。[②]在遇到这些情形时，都需要法官根据案件事实、法律规定、社会状况等各种因素进行综合判断，从法律效果、社会效果和政治效果三个方面进行考量，对法律条文和案件事实进行实质性的理解与分析。

（五）刑民交叉案件中的实质推理之提倡

不难发现，司法机关在处理刑法与民法竞合的问题时往往都会面临前述的一些复杂的情形，依靠形式推理无法完成法律推理的任务。在刑民交叉案件中运用实质推理的司法论证方式具有如下优势。

首先，有利于弥补形式推理带来的缺陷。如前所述，形式推理由于执着于追求固定的大前提，为了大小前提之间能够衔接起来不惜以“推理过程僵化”为代价。这种机械化的推理虽然能够保证法律基本处于不变的状态，从而维持其权威性，但是可能导致法律与现实的脱节，使得法律无法真正地解决实践中的问题。尤其是在争议较大的复杂疑难案件中，形式推理更有可能成为一种无效推理，无法精准地分析案件。因而形式推理很难在促进实质正义方面发挥积极作用，对于社会和谐秩序的维持也会受到较大的约束。在刑民交叉案件中，实质推理能够有效弥补形式推理的缺陷，从案件的调查到辩

① 参见张斌峰主编:《法学方法论教程》，武汉大学出版社 2013 年版，第 130 页。

② 张斌峰主编:《法学方法论教程》，武汉大学出版社 2013 年版，第 132 页。

论再到最终审判，如果每一个环节法官都进行实质推理，对自己的判断有一个价值上的衡量，当形式推理无法得出有效结论或得出的结论明显违背公平正义的理念时，就能够及时进行纠正，避免给当事人造成损害。我国的法学教育从过去的外延式发展转化为内涵式发展，意味着我国法学教育以提高质量为核心，致力于提高人才培养质量、提升科学研究水平、增强服务社会能力。因此，在司法实践中，经过专业化训练的司法人员只要能够保持严谨的工作作风，始终怀着公平正义的信念对待案件当事人，一般都可以判断出案件中的形式推理是否有效、是否存在不合理的地方等，进而再依靠实质推理对其进行修正。

其次，有利于缓解立法与司法之间的矛盾。社会是不断向前发展的，但同时也伴随着负面的新型矛盾类型的出现，在这些非传统法律问题发生之际，立法由于其自身限制以及维持法律稳定性的必要，难以跟上时代的步伐。一方面，法律不可能事先就将所有的情形都予以规定；另一方面，不可能只要社会发生变化就对现有法律进行修改调整。因此，立法的稳定性和滞后性就使得其与司法之间容易出现缝隙甚至矛盾，面对司法中出现的新型问题，立法无法给予有效的指导。在处理刑法与民法竞合的问题时，更容易出现立法跟不上司法的现象，现有刑法规范和民法规范都没有系统地规定刑民交叉类问题的解决路径。所以，在处理这类案件时，司法人员要始终秉持着公平正义的价值观，运用实质推理的方式调解纠纷、追究责任。也就是说，在进行个案处理时，如果法官在适用法条时发现无法寻找到相关的法律条文，或者虽然有法律规定但是其规定明显不合理时，就应该对与之相关的刑法规定和民法规定进行价值上的权衡、比较，判断是否存在高低之分；如果通过单纯法条的对比无法得出结论，则要进一步结合案件事实考虑被害人的受损程度、被告人主观恶性等，综合分析。总之，法官不能只是麻木的机器，而要主动自觉地依靠法律的价值权衡、社会风俗、地域人情、国家利益、民众法感情等实质内容来进行综合性的分析、论证，从而弥补立法上的漏洞，解决环节立法与司法之间的矛盾。

最后，有利于实现司法公正，树立司法权威。我国正在实现国家治理现代化的进程中，依法治国是国家长治久安的重要保障，保证司法的公正性、权威性是依法治国的基本前提。近年来，我国出现了很多在社会上引起强烈反应的案件。不难发现，在现代司法中，案件判决结果是否合理不再是单纯看法官适用法条是否准确，在公平正义面前“法律的威严”不再是一成不变的。在今天的法治社会，法律是治理国家的重要手段，但是在适用法律时应该体现出对人权的尊重与保障，而不是将其作为强权的工具。要想实现真正实质意义上的公平正义，实质法律推理便是在适用法律的过程中保障司法公正的一个关键步骤。[①]在处理刑法与民法竞合的问题时，法官要比较权衡各方的利益，区分责任大小，预判不同的判决结果将给当事人、社会、国家带来怎样的后果，从而作出正确的判决。只有合情合理的判决才能够使当事人接受，才能使整个社会接受。解决纠纷的途径有很多种，当人们选择通过法律手段维护权益时，通常是因为他们别无他法，因此司法是人权保障的最后屏障。而只有司法公正，符合社会价值取向，才能赢得人们的爱戴和拥护，才能在人们的心中筑起法律信仰的堡垒，去维护法律尊严。

但是在提倡实质推理的同时，应当注意，法律推理并不是一个简单的静态过程，实际上其既需要逻辑推演又需要价值判断，司法实践中作出合法又合理的判决需要综合运用形式推理与实质推理。“我们不应当做这样的假定，也就是使用一种形式就排除采用另一种形式。经常发生的情况是推理的两种形式在统一审判的各个方面都是以某种混合形式出现的。”[②]一方面，如果法律推理缺乏实质推理，就很容易陷入形式主义的旋涡，只注重表面上的合法性；另一方面，失去形式推理的法律推理又为司法者滥用权力提供了机会，造成司法者的主观臆断或者感情用事等。在实践中，必须防止这样一些现象：其一，司法者僵化刻板地理解并适用法律，仅仅从法律层面考虑个案问题，忽略了个案的类属性以及其对社会整体的影响；其二，司法者受到社会舆论的影响，为了顺应所谓的民意，维持暂时性的社会稳定，无视法律的规定，仅从情理角度进行判决；其三，司法者在受到行政干预时便放弃法律原则，罔顾法律的严肃性、权威性，违背法定程序采取非正常的解决方式。因此，为了实现法律效果、政治效果、社会效果的有机统一，司法者在进行法律推理时必须兼顾形式推理与实

---

① 高佳：《论实质推理在司法实践中的运用》，载《法制与社会》2015年第4期。

② ［美］埃德加·博登海默：《法理学：法律哲学和法律方法》，邓正来、姬敬武译，中国政法大学出版社1999年版，第524页。

质推理。

三、刑事政策运用欠缺

（一）刑事政策的概念

关于刑事政策的概念，学者们有着不同的观点，如就刑事政策是作为事实、理念还是学问①，多数学者在事实的层面界定刑事政策，如日本学者藤木英雄认为，刑事政策系“以犯罪之镇压、防止为目的之公私组织之活动”。法国学者拉塞杰认为，刑事政策既是对犯罪现象的认识、理解和分析，也是解决犯罪行为或越轨行为所带来的问题的战略，是国家社会政策中的重要组成部分。②少数学者在学问的意义上界定刑事政策，如德国学者希泊尔认为，刑事政策“乃就目的性之观点，对于刑法成效之观察。它并非一门独立之科学，而是在刑法领域中，研究现行刑法之适用性以及刑法在未来尽可能符合目的构想之发展”③。还有一些学者将理念的刑事政策与事实的刑事政策结合在一起，如法国学者马蒂认为，刑事政策是“社会整体据以组织对犯罪现象的反应方法的总和，因而是不同社会控制形式的理论和实践”④。

基于上述对刑事政策概念的争议，本文所讨论的刑事政策是通常意义上讨论的“作为事实的刑事政策”，即已经被制定的、客观存在的具体刑事政策。同时，我们认为，刑事政策指的是广义的刑事政策，即“指针对犯罪的预防和镇压而提出的一切措施和方针，包括在政治决策、经济政策、法律政策、人口政策等领域共同针对犯罪问题，而提出足以产生预防犯罪之发生以及有效吓阻犯罪之对策，以期对犯罪作最有效的防控”⑤。

① 以下观点的总结均参见侯宏林：《刑事政策的价值分析》，中国政法大学出版社 2005 年版，第 36—40 页。

② ［法］克里斯蒂娜·拉塞杰：《刑事政策学导论》，载高铭暄等主编：《刑法论丛》（第 6 卷），法律出版社 2003 年版，第 309—310 页。

③ 张明楷：《法益初论》，中国政法大学出版社 2000 年版，第 197 页。

④ ［法］米海伊尔·戴尔玛斯－马蒂：《刑事政策的主要体系》，卢建平译，法律出版社 2000 年版，第 1 页。

⑤ 侯宏林：《刑事政策的价值分析》，中国政法大学出版社 2005 年版，第 42 页。

（二）刑事政策的特点及功能

刑事政策虽然是公共政策的重要组成部分，但是其制定目的、贯彻方法、管制范围都有着特殊性，与其他公共政策有着较大的区别。总体而言，刑事政策具有如下特点：其一，刑事政策具有综合性。首先，刑事政策的制定主体范围广泛，包括各类具有权威性的国家党政机关；其次，刑事政策的管制范围不仅包括犯罪行为，还包括一些尚未触及刑法的越轨行为；最后，刑事政策的贯彻实施不限于刑事手段，其他经济手段、政治手段、社会手段都是可以使用以落实刑事政策。其二，刑事政策具有灵活性。刑事政策不同于刑法立法，不必要求其保持稳定性，相反，作为与社会时代发展相适应的产物，刑事政策具有一定的灵活性。一方面，在制定刑事政策时不需要经过繁杂的程序，耗时较短；另一方面，在执行刑事政策时可变通的空间更大，有关机关可以根据实际情况进行调整。其三，刑事政策具有动态性。由于刑事政策具有前述灵活性，受社会因素的影响较大，因此需要随着社会的变化而不断补充与完善，这就使得刑事政策必然具有动态性。在历史的纵向上，刑事政策同样是在不断发展的，从刑法领域扩展到社会生活的各个领域，从刑罚手段拓宽到社会生活的多种手段。其四，刑事政策具有指引性。刑事政策作为一种公共政策，不同于刑法规定的具体约束，其主要是“为预防、控制犯罪确定目标、指示方向、明确路径”①，既为司法机关打击犯罪提供指导意见，又为普通公民预防犯罪提供行动指南。

我国有学者认为刑事政策的功能主要包括导向和调节两大功能，②也有学者认为包括指引、调节和符号三种功能，③还有学者认为刑事政策的功能包括直接功能和间接功能，讨论刑事政策的功能是主要是讨论其直接功能，有导向功能、调配功能和符号功能。④

刑事政策在具有上述特点的基础上，我们认为，其功能可以概括为以下几种。

---

① 侯宏林：《刑事政策的价值分析》，中国政法大学出版社 2005 年版，第 66 页。

② 储槐植：《刑事政策的概念、结构和功能》，载《法学研究》1993 年第 3 期。

③ 侯宏林：《刑事政策的价值分析》，中国政法大学出版社 2005 年版，第 66—68 页。

④ 严励：《刑事政策功能的科学界定和运行》，载《华东政法大学学报》2010 年第 6 期。

其一，刑事政策能够发挥指导性功能，即能够为预防与控制违法犯罪行为（包括越轨行为）提供正确、有效的引导。刑事政策能够为反对犯罪提供系统性的指导思想，犯罪是不可能被消灭的，因此全社会必须始终形成与犯罪作斗争的合力，而刑事政策正可以为这种合力的形成提供依据。一方面，刑事政策的制定与实施有利于统一全社会预防、打击违法犯罪的思想，让更多的公民遵纪守法，为维护社会和谐做出努力；另一方面，刑事政策能够为防控犯罪提供明确的方向和可行的路径，并且可以对某一时期的特殊情形或者某一领域的特殊犯罪提出针对性的指导性意见，发挥引导作用。在全社会形成相对一致的防控犯罪思想以及系统化的防控犯罪手段并不容易，需要经过较长的时间以及较复杂的程序，但是刑事政策的落实无疑能够促进这一目标的实现。

其二，刑事政策能够发挥调配性功能，即对刑事资源、刑事手段、刑事法适用等进行调整和配置。首先，刑事政策对刑事资源的调配包括刑事立法资源、刑事司法资源、刑事执行资源的调配，由于刑事政策提供的是大方向上的指导意见，因此其制定与实施会导致立法、司法、执法发生一定的变化，从而实现资源的最优化。其次，刑事政策对刑事手段的调配主要体现为调整、配置刑罚手段、非刑罚的法律手段和一些非法律手段，保证手段与目的相适应，尤其是在刑罚手段上及时对其轻重程度进行调整。最后，刑事政策对刑事法适用的调配就是指对具体的刑事法律规范适用进行调整，虽然刑事政策不可能改变刑事立法规定，但是其可以对实践中的司法适用进行调整，使司法者能够在法定量刑幅度内根据政策作出合理判决。

其三，刑事政策能够发挥符号性功能，即使政策能够影响公众的法治观念、法治意识、法治思想等。刑事政策的符号性功能不同于前述两种功能，不具有实质性的作用，但是这种形式上的功能仍然不可忽略，其能够潜移默化地诱导、刺激人们对违法犯罪作出合法合理的反应。一方面，刑事政策的符号性功能意味着对公民的教育作用，社会公共权威通过在制定与实施刑事政策的过程中增强公民的参与度，就某种犯罪问题对公众进行教育，以使公众理解、认同和支持刑事政策，并产生符合刑事政策要求的价值观念和行动。另一方面，刑事政策的符号性功能更多表现为对公民的安抚作用，让公民感受到国家打击违法犯罪的决心，使他们在心理上得到安慰。

（三）刑民竞合中刑事政策的欠缺

在我国，刑事政策通常是针对某一时期某类犯罪具体制定的，不存在定期的制定与实施。由于刑民竞合问题最初并没有引起理论界和实务界的注意，实践中对于刑民交叉案件通常都是“一刀切”，即要么全部纳入民法规制范围，要么直接就适用刑法规范，因此对于这一领域的问题还没有专门的刑事政策。

下面以一个案例来说明刑民竞合问题中刑事政策运用的欠缺及其产生的弊端。

> **【案例十四】**某网站游戏规则禁止游戏玩家之间交易“银子”，也不提供银子“回购”业务，但该网站并不禁止玩家之间相互赠送银子或魅力值（魅力值可用来兑换银子）。甲擅自提供银子的“回购”业务，利用该账号和其他游戏玩家进行“银子”交易。行为人在该网站上交易“银子”的流水总额至少为人民币100万元，从中至少获利人民币4万元。行为人是否构成诈骗罪？

要回答这一问题，其实不必从犯罪构成要件的层面进行全面的判断，核心在于判断行为人的行为是否具有社会危害性。首先，对网站来说其按照正常价格将“银子”出售给各位玩家，没有任何损失；其次，对其他玩家来说结余“银子”无法被网站收购使得其受到一定的损失，行为人以低价收购这些结余“银子”反而为其他玩家弥补了这种损失；最后，唯一受到损失的是网站根据制度设计不收购结余“银子”的可预期性利益。通常来说，刑法上并不保护可预期性利益，诈骗罪、盗窃罪等都是以实际遭受的损失来定罪量刑的。但是，在互联网时代，我们有必要考虑是否应当将这种可预期性利益纳入保护范围，因为网站初始设计就是为了通过“不收购结余银子”这一环节获得利益，玩家选择了此网站的游戏就意味着对这一规则的知晓和认可，不能够钻漏洞变相破坏规则。因此，在行为人获得的利益达到一定数额时，我们认为可以考虑将其行为认定为犯罪。

对于此类问题的解决，如果有相应的刑事政策，就不会存在上述疑惑。虽然难以通过立法规制这类行为，但是刑事政策可以规定对网络秩序的维护，使得实践中司法机关在解决纠纷时能够更好地权衡各方利益。同时，刑事政策的制定与实施也有利于规范借助互联网居间交易的行为，使得即便没有法律的明确规定，也能够防止公民实施一些“打擦边球”的行为，避免网络环境的风险扩大化。

（四）“宽严相济”刑事政策在刑民竞合中的运用

20世纪90年代，刑民竞合问题集中体现为“对不该干预的进行干预”；但是现在的情形与当时相反，在刑民竞合问题的处理上更多的是我们的司法干预过缓，应该用刑法规制的没有及时规制。因此，对于刑民交叉案件既不能过于宽松，也不能过于严格，“宽严相济”的刑事政策应该作为最重要的刑事政策在这类案件中被加以运用。

在我国，宽严相济的基本刑事政策已经成为刑事法治的制度性基调。此前，我国在较长时间内奉行的是惩办与宽大相结合的刑事政策。到2004年12月，全国政法工作会议明确指出，要正确运用宽严相济的刑事政策，对严重危害社会治安的犯罪活动严厉打击，绝不手软，同时要坚持惩办与宽大相结合，才能取得更好的法律和社会效果。2005年召开的全国政法工作会议进一步明确将宽严相济刑事政策作为我国维护社会治安的基本政策。①宽严相济要求立法、司法、执法等机关要秉持“严中有宽、宽以济严，宽中有严、严以济宽”的理念。

在市场经济下对法治的需求越来越高，刑民竞合案件数量在不断增加，案件情形也逐渐复杂，在这种情况下，运用宽严相济刑事政策时应当区分条件、场合，综合案件本身因素和社会客观环境理解适用。在处理刑民竞合问题时司法者应当具有情景意识，不能刻板地追寻定罪和处罚的标准版本，要学会在司法实践中灵活运用宽严相济刑事政策。以下面的案件为例进行说明。

【案例十五】2015年11月，甲分次将家中1张某商业银行存单上的人民币10万元取现，且未将其妻子丁某交由其存入银行的人民币5万元存入银行，而将上述钱财均用于赌博并输光。事后因害怕丁某发现，甲通过路边张贴的小广告联系做假票证的人，伪造了商业银行普通整存整取定期储蓄存单2张（票面金额分别为人民币10万元、5万元）并放置于家中。2016年8月10日8时许，丁某持上述2张伪造的银行存单至某商业银行营

① 参见刘志刚、凌婧文：《宽严相济一词的由来与发展》，载《中国纪检监察》2019年第17期。

业柜台查询时，被银行工作人员截获并报警。[①]

被告人甲被一审判处有期徒刑5年，并处罚金人民币5万元。但二审改判为免予刑事处罚。

从法律条文看，《刑法》第177条“伪造金融票证罪”仅规定了伪造行为，没有规定使用目的。但是法律没有明文规定目的并不意味着司法实践中也不考虑行为人的使用目的，司法者应当坚持主、客观相一致的原则，既不能够仅仅从客观上按照事实上的损害后果进行定罪处罚，也不可以完全听信被告人的口供，而应当根据案件的具体情况具体分析。本案中被告人的行为在客观上确实已经构成伪造金融票证罪，但是其从始至终没有任何非法占有的目的，从社会效果的层面出发，虽然二审判决对其免予刑事处罚，但是普通公民恐怕仍然很难认同将行为人定为伪造金融票证罪的判决。在这一案件的审理中，如果司法者能够充分运用“从宽”政策，对行为人的主观罪过心态进行分析，就可能会发现其行为并不同于传统上的伪造金融票证罪，不能仅从刑法教义学的角度按照固定模式得出有罪结论。相反，司法者应当从国家长期坚持的“宽严相济”政策出发，从主、客观两个方面进行综合分析，判断是否导致了严重的社会危害后果，从而得出既符合法律规定，又能够为社会大多数人所接受的判决。

当然，宽严相济刑事政策并不仅仅意味着“从宽”，在应当“从严”时仍然要坚持“从严”，尤其是就目前我国对刑民问题的规制过于轻缓的现状来看，“从严”更是很有必要的。以近年来备受关注的“套路贷”问题为例，自2016年起，“套路贷”案件频发，侵害了人民的合法权益，破坏了市场经济秩序，而且还常常伴随故意伤害、非法拘禁、抢劫等多种刑事犯罪，严重影响了社会的和谐与稳定。因此，2019年最高人民法院、最高人民检察院、公安部、司法部联合出台了《关于办理“套路贷”刑事案件若干问题的意见》，将“套路贷”这一涉及违法犯罪的行为与民间借贷区分开，其中指出，一般而言“套路贷”包括这样五步：制造民间借贷假象→制造资金走账流水等虚假给付事实→故意制造违约或者肆意认定违约→恶意垒高借款金额→软硬兼施“索债”。可见，“套路贷”与普通的民间借贷在本质上绝不相同，这类案件中行为人一开始就

① 参见浙江省宁波市中级人民法院（2016）浙02刑终720号刑事判决书。

具有非法占有目的，并为实现目的制订周密计划，比普通的违法犯罪更具迷惑性。司法机关在处理这类案件时如果只对个别要素或者某（几）个环节进行调查就很难将行为人认定为犯罪，只有体系性地对全案进行综合分析，把所有要素、环节都紧密结合起来，才可能认识其犯罪的本质。

"套路贷"手段隐蔽，作案方法狡猾，而往往又是团伙犯罪，造成的后果具有严重危害性，尤其是会产生连锁反应，伴随其他犯罪的发生。因此，司法实践中对涉及"套路贷"犯罪的行为人进行定罪处刑时应当依法从重从严，尤其要改变司法规制在这类案件中呈现出的民多刑少的格局。

（五）"维护金融秩序"刑事政策在刑民竞合中的运用

金融是现代市场经济的核心，尤其是随着互联网时代的快速发展，现代化的金融手段和信用工具被普遍应用，金融成为国民经济的"血液循环系统"，在我国经济乃至其他各个领域中发挥着越来越重要的作用。近年来，为保障金融安全，防范和化解金融风险，我国司法机关对严重破坏金融管理秩序和金融诈骗的犯罪分子采取了从严打击政策，强化了金融管理秩序。然而，在司法实践中，"金融犯罪的数量在逐年增加；涉案金额越来越大；金融机构工作人员作案和内外勾结共同作案的现象突出；单位犯罪和跨国（境）、跨区域作案增多；犯罪手段趋向专业化、智能化，新类型犯罪不断出现；犯罪分子作案后大肆挥霍、转移赃款或携款外逃的情况时有发生，危害后果越来越严重"[①]。

因此，随着世界经济一体化的发展趋势和我国经济的国际化，金融业的发展在获得越来越多的发展机会、越来越宽广的发展路径的同时，也面临着金融秩序难以维护、金融管理难以统一的严峻形势。司法机关在实践中需要长期坚持"维护金融秩序，打击金融犯罪"的政策，努力提高法律适用水平及能力，通过刑事政策的贯彻实施维护金融秩序、防范金融风险、确保国家金融安全。尤其是对危害严重的金融犯罪要判处并执行更加严厉的刑罚，体现出对金融犯罪从严惩处的精神，并根据国家的经济政策及时调整"维护金融秩序"这一刑事政策。比如，在国家于某一特定时期开展各种专项斗争的过程中，司法机关在侦查、起诉、审判金融犯罪案件时，要集中力量抓紧处理，司法者不仅要灵

---

① 2001年《全国法院审理金融犯罪案件工作座谈会纪要》。

活运用法律条文，还要深入理解当前的金融政策，学习金融知识，从而作出合法合理的判决。另外，为了体现“维护金融秩序”的刑事政策，司法机关可以选择典型的案件到案发当地和案发单位公开宣判，并通过各种新闻媒体广泛宣传，从而“形成对金融违法犯罪的强大威慑力，教育广大干部群众增强金融法制观念，维护金融安全，促进金融制度的不断健全与完善”[①]。

---

① 2001年《全国法院审理金融犯罪案件工作座谈会纪要》。

第二章

刑法与民法竞合问题的解决方法

第一节 创新司法方法

一、刑事违法性与民事违法性关系的厘清

刑法和民法的竞合是司法实践中经常发生的同一法律事实同时触犯了刑法和民法的规定而产生的刑事法律关系与民事法律关系的相互竞合交织，涉及刑事犯罪与民事违法的应对处理。目前学界有论者对于犯罪与民事违法行为或民事纠纷的关系采用了“界分”或者“界限”的提法，[①]暗含了二者之间具有非此即彼的对立关系，而这正是前述概念思维空洞化理论缺陷的反映。故要解决刑法与民法的竞合问题，应当首先厘清刑事与民事两个法域违法性的关系。

刑法学界对于刑事违法性和民事违法性关系的界定大多是从违法一元论与违法多元论多种学说的论争入手。违法一元论又可分为严格的违法一元论和缓和的违法一元论。前者认为法秩序的统一性即不同法领域之间的规范不应发生矛盾，法秩序作为整体具有统一性，在一个法领域中被认定为违法的行为，绝对不可能在其他法领域被认定为合法行为，[②]因此刑法不能对民法的合法行为作出否定评价。这种理论片面侧重绝对化的法秩序统一，而忽视不同法域的特殊性，对违法性进行僵化判断，即便是在以违法一元论为通说的德国也受到诸多批判。

争议最大的是缓和的违法一元论和违法多元论，二者围绕法秩序的统一性与违法判断的相对性对刑事和民事违法性的关系进行界定。前者认为应当在

① 参见时延安：《论刑事违法性判断与民事不法判断的关系》，载《法学杂志》2010年第1期。

② 张明楷：《外国刑法纲要》，清华大学出版社2013年版，第149页。

整体法秩序视野下进行违法性的判断，但是违法在不同法领域具有不同的表现形式或轻重阶段，违法性的程度也有所区别。[①]违法多元论并非彻底否定法秩序的统一性，而是认为刑法违法性的判断应当考虑其他法域的处理情况，不同规范之间的矛盾可以根据法秩序的目的不同，在必要的范围内进行消除，不需要进行绝对的排除。[②]对此，笔者认为，法秩序的统一性是法解释学的当然前提，“所反映的是众多法规范应当以自身不发生矛盾的统一体进行把握的一种观念”，[③]在立法和司法中意义重大，只有具有统一性的法规范，才能发挥其规范行为、维系社会发展的作用。但是作为法秩序基石的社会实践必然存在诸多矛盾，也必然反映在法秩序中。不同的法域所要调整和应对的矛盾各有不同，也就在价值、目的、功能方面产生了差异。忽视这一差异而一味地要求各法域服从于整体的法秩序，反而是对统一法秩序的背弃。违法多元论以刑事违法性取代可罚的违法性，割裂了刑法与其他法域的关联，徒有统一法秩序之名而无其实；缓和的违法一元论则在整体法秩序视野下兼顾不同法域违法特别性，相较更为合理。

依据此说，一般违法性是连通民刑两个领域违法性的上位概念，刑事违法性和民事违法性因此具有同质性，可罚的违法性仅标示量的区别，刑事违法性的判断对民事违法性的判断具有一定的依赖性。这一观点与刑法谦抑性的基本价值相符合。有学者认为民法中违法性的概念与地位远不如刑法明确，难以为刑法所参照。[④]《侵权责任法》虽然并未明确规定违法性，但是在最高院的司法解释及公报案例中明确要求侵权行为应当具备违法性，理论界也为违法性判断的标准提供了结果违法说、行为违法说及相关关系说等多种依据。民法的违法性确实不如刑法中明确，但是因二者调整对象的不同，民法的违法性也不必达到刑法领域所要求的明确性程度，以此为理由否定刑事违法性对民事违法性的依赖，未免是因噎废食。

刑民违法性具有同质基础上量的差异，而不是非此即彼的对立关系，

---

① 参见王昭武：《法秩序统一性视野下违法判断的相对性》，载《中外法学》2015 年第 1 期。

② 参见温行健：《论多元的违法性判断》，载《江西警察学院学报》2018 年第 3 期。

③ 郑泽善：《法秩序的统一性与违法的相对性》，载《甘肃政法学院学报》2011 年第 4 期。

④ 王骏：《违法性判断必须一元论吗？——以刑民实体关系为视角》，载《法学家》2013 年第 5 期。

并非处于静态，而是在社会危害性影响下呈现出民事违法与刑事犯罪的动态发展变化。社会危害性理论虽然在我国刑法学理论中争议颇多，甚至有学者主张为了罪刑法定原则的真正实现，应当在注释刑法学中否定社会危害性理论，[①]但社会危害性在我国刑法的发展中具有非常重要的价值。民事违法行为与刑事犯罪行为同属于具有社会危害性的行为，但是后者之所以被规定为犯罪，是因为其具有严重的社会危害性，可以说社会危害性理论具有划定犯罪圈的立法功能。而近年来，我国刑法立法前置化的倾向更为明显，民事和行政领域的违法行为也就随之进入了刑法调整的范围，实现了民事违法行为向刑事犯罪行为的转化。有观点认为，司法中，为了贯彻罪刑法定原则，只能依据刑事违法性具体判断行为是否构成犯罪。[②]但事实是，不管是20世纪我国所制定的严打的刑事政策，还是当下所实行的宽严相济的刑事政策，都包含了社会危害性的色彩，刑法有关规定的模糊性更是加深了其效用。以民法中的侮辱行为和刑法规定的侮辱罪为例，侮辱行为要成立侮辱罪应当符合"情节严重"的入罪条件，就此并无规定予以明确，需要司法裁判者对行为的社会危害性进行衡量，使得司法实践中运用社会危害性理论办案已经成为一种惯性思维。此外，社会危害性具有变易性，随着社会实践的发展在不同的时间、场合下而改变，由此引发民事违法与刑事犯罪各自范围的改变，故社会危害性与严重的社会危害性之间并不具有一条固定的泾渭分明的边界。

综上可知，刑法和民法的违法性具有内在的关联性，无视其动态发展的特性而强行在二者之间确定一个可量化的标准是不现实的，而司法实务中又必须将案件明确定性，因此，我们需要采用新的司法方法，针对刑民违法性问题的特殊性进行分析，以适应司法实践中解决刑民交叉案件的实际需要，主张"或多或少"的关联性思维的类型化思维就具有可采性。[③]

---

① 参见陈兴良：《社会危害性理论——一个反思性检讨》，载《法学研究》2000年第1期。

② 参见王昭武：《法秩序统一性视野下违法判断的相对性》，载《中外法学》2015年第1期。

③ 童德华、赵阳：《类型化思维在刑事司法中的适用》，载《法律适用（司法案例）》2018年第10期。

二、类型化思维的证成

（一）类型化思维的基本内涵

类型化思维是20世纪上半叶从民法法系兴起的一种司法方法，是根据研究对象的特征进行类属的划分，并且把具有类似特征的社会现象和经验事实，依据一定的标准划分为一类，然后在各个不同类型之间根据其内在要素的强弱、影响力的大小等组成一个统一的类型体系。[①]类型化思维采用的归纳与演绎相互交织的双向度思考路径，一方面是对抽象概念等“元叙事”的进一步区分和演绎，表现为一种具体化的精细思考；另一方面则是对生活要素和具体个案的再提炼与再归纳，体现为一种再次抽象化的概括思维，具有对概念性思维的解构和重构效用。

类型化思维是与概念化思维相对应的研究方法，后者的适用建立在对研究对象具有明确认识的基础上，通过抽象与概括提炼出抽象化的概念；而前者则不然，它是基于认识对象的复杂性及认识能力的有限性而产生的，对事物的研究介于具体与抽象之间。一般来说，可以将类型化思维区别于概念化思维的特性概括为以下几点。

第一，类型化思维具有开放性，往往表现为三个层次：首先，类型与类型之间的开放性，一种类型与另一种类型之间具有一定的界限，但这种界限并不是绝对的、固定的，而是可以通过要素的加入或退出而改变，通过类型的流动性和过渡性准确把握中间类型与混合类型。其次，研究对象与类型具有开放性。上文提到，类型化思维具有归纳与演绎的双向度的思考路径，无论是对抽象概念的演绎还是对研究对象的再归纳，都是研究对象与类型的相互连通，这也是类型化思维研究价值的体现。最后，类型与要素的开放性，类型可以依据法律要求对某些要素予以接纳或排斥，使要素之间发生强弱对比的变化。[②]

第二，类型化思维具有模糊性，这种模糊性是相对于概念化思维主张的非此即彼而言的。类型化思维的对象是多元要素的整合，并非全面展现，往往

---

① 张斌峰、陈西茜：《试论类型化思维及其法律适用价值》，载《政法论丛》2017年第3期。

② 李可：《类型思维及其法学方法论意义——以传统抽象思维作为参照》，载《金陵法律评论》2003年第2期。

以或多或少的形式呈现，不同类型的区别也因此呈现出要素的多少或特征的强弱，并非经由概念涵摄后呈现的是与非、此与彼的精细逻辑划分，而是根据对象所包含的要素与特征的多少和强弱，根据价值评判的观点将其作为类似性的归属处置的归类式思维。①

第三，类型化思维是一种描述性思维。类型是从若干复杂的研究对象中抽象出来的，尽可能地保留了事物所具有的个性，同时又包含了事物之间的本质联系，是一般与个别、抽象与具体的中间物。此外，类型化思维具有模糊性，使得类型并不具有确定的范畴，而只是围绕核心所进行的对象的归类，没有固定的边界，而是在边缘处呈现一种缓和的、过渡的演变。因此，对于类型不能定义，而只能对事物的本来面貌通过一系列要素或特征加以描述，以期为演绎与再归纳的进行提供实践操作的可能性。

第四，类型化思维是一种意义性思维。根据拉伦茨的观点，类型思维正是实现价值和连接法律规范与事实的思维。②不同于概念化思维以价值作为事物界分的依据，类型化思维以价值意义为指引，在此基础上进行类型的理论构建，并在事物归类过程中，不断对价值进行回溯。这一特征相较前三者是一种统合式的特征，价值是形成共识的前提，为了理解类型各自的价值意义，需要以开放的思维进行研究，而模糊性与描述性是对价值弹性的适应。在价值意义的指引下，类型化思维也就形成了对客观事物本来面貌和整体性的研究。

（二）类型化思维的司法价值

据前所述，刑事违法性与民事违法性具有量的差异，并且二者的关系处于动态的发展变化之中，具有难以割裂的内在关联性。因此，在司法实践中为了案件的准确定性和处理，要求司法工作者必须以争议问题为引导，对案件的特殊性进行具体分析，采用类型化思维就具有合理性。

第一，类型化思维主张真实性解释与合理性解释的二元式刑法解释解构，符合刑民交叉案件处理的需要。过去刑法解释以真实性为目标，以是与非对案件作出简单精确的定性，这在理想的法律情境下当然无可厚非。但社会实践

① 杜宇：《类型思维的兴起与刑法上之展开路径》，载《中山大学法律评论》2014年第3期。

② 李依林：《论刑事司法实践中的类型化思维》，载《江西社会科学》2014年第2期。

具有多元性和开放性，刑民交叉案件在司法实践中也随着经济、政治、社会形态等的改变出现了许多引发社会广泛争议的疑难案件，牵涉的社会利益更为广泛，固守陈旧的刑法解释结构和简单的是与非的结论已经脱离了司法发展的进程。类型化思维是一种开放性的思维，不仅包括内部的开放，也包括与研究对象——社会现实的开放，为有效回应司法实践发展的诉求，在追求解释结论真实性的基础上，重视对解释结论进行价值意义的评判以实现其现实可接受性和合理性，以多或少对案件进行梳理，在刑民交叉案件的处理中建造了牢固的刑法解释基础。

类型化思维主张重构认识结构，确立主体间性理论，以实现刑民交叉案件裁判的良好效果。近年来，郭利维权案①、许霆案等刑民交叉案件引发社会广泛争议，2018年最高人民法院在《关于加强和规范裁判文书释法说理的指导意见》中指出，裁判文书要释明法理、讲明情理。可知，真正的司法公正不仅包括实现良好的法律效果，还应当得到社会成员的广泛认同，达到良好的社会效果。类型化思维所主张的主体间性理论，试图提供一个与主体哲学的单向度模式全然不同的认识视角和模式，致力于在不同主体间如何有效形成共识。②因此，在刑民交叉案件中以此种理论通过沟通和交流机制寻求裁判者、诉讼双方以及关注司法裁判的社会群体的价值共识，进而也就形成了对司法裁判的认同。

三、类型化思维的运用

司法实践中认定一个刑民交叉案件是民事案件还是刑事案件，往往在三个方面容易产生争议，下文将运用类型化思维进行分析。

（一）类型化思维与社会危害性的预判

行为是否具有社会危害性以及具有何种程度的社会危害性是判断其是否构成犯罪的重要条件，民事违法行为与刑事犯罪行为的区别就在于是否具有严重的社会危害性。在司法实践中，社会危害性的判断往往依赖司法者的预判，预

---

① 参见新华网："三聚氰胺受害孩子的父亲被判'敲诈'坐牢5年 再审改无罪"，http://www.xinhuanet.com/2017-04/17/c_1120824187.htm，最后访问时间2021年11月15日。

② 童德华：《主体间性理论对刑法现代化的再造》，载《时代法学》2017年第3期。

判的结果往往就决定了案件进入的司法程序。因社会危害性的判断失误导致将本应当以民事违法处理的行为认定构成犯罪的案件并不鲜见，郭利维权案就是一个典型的案例。

【案例一】郭利因其女儿是施恩奶粉三聚氰胺事件的受害者，多次找施恩公司索赔。2009年6月13日，施恩公司与郭利达成和解，赔偿人民币40万元，郭利出具书面材料表示不再追诉并放弃赔偿要求。同年6月25日，北京电视台就郭利向该台反映的施恩奶粉问题播出报道，29日，施恩公司主动与郭利联系，郭利提出300万元的赔偿请求，施恩公司遂以敲诈勒索为由报警。一审判决认定郭利构成敲诈勒索罪，判处有期徒刑5年，二审及再审均维持原判。[①]2016年广东高院再审认为：从本案发生、发展的过程看，尚不能认定郭利的行为性质超出民事纠纷的范畴。现有证据不足以证明郭利具有非法占有他人财物的目的，也不足以证明郭利实施了敲诈勒索行为。故判决撤销潮州中院及潮安县法院原裁判，改判原审被告人郭利无罪。

在此类高价索赔案件中，如果索赔数额与受损事项明显不对称，司法人员往往据此认定社会危害性存在及程度严重。因此，为保证社会危害性预判结论的正确性，首先，应当明确社会危害性的判断标准。通常认为，社会危害性是质与量的统一、主观与客观的统一。[②]因此，对危害性的考量应当包括行为的社会危害性和行为人的人身危险性，一般应当考虑如下因素：行为所侵犯的客体，行为的性质、手段以及时间、地点等其他情节，行为人本身的情况及其心理状态等。

其次，运用类型化思维论证社会危害性。现实的社会危害具有变易性和复杂性，应当坚持开放的类型化思维进行社会危害性的判断，透过现象把握行为的本质。具体而言，司法人员就案件行为是否构成犯罪以及构成何种犯罪形成的预判并不能确保正确，应当进行事实证伪和事实共识的双层论证。事实证伪

① 参见新华网："三聚氰胺受害孩子的父亲被判'敲诈'坐牢5年 再审改无罪"，http://www.xinhuanet.com/2017-04/17/c_1120824187.htm，最后访问时间2021年11月15日。

② 于改之：《刑民分界论》，中国人民公安大学出版社2007年版，第133页。

即应当对司法人员的预判依据案件的具体情节积极进行试错，逐步修正偏离的司法预判，并不断重复这一过程，最终消除预判对案件定性的不合理之处，从而避免在案件处理中形成难以挽回的错误。事实证伪的结论实现了真实性，但是合理性目标的实现则有所不足，而这也正是事实共识所要达到的司法效果。通过主体间性理论的运用，在裁判者和诉讼双方及其他社会公众间就社会危害性的预判形成最大限度的共识。

仍以郭利维权案为例，一审、二审及再审法院的司法裁判人员形成了郭利的行为成立敲诈勒索罪的预判，对其进行事实证伪可知，双方处于协商过程中，郭利虽然提出了超出当时有关部门处理问题奶粉事件最高赔偿标准的索赔要求，但并不能证明其具有非法占有目的；消费者具有索赔的权利，即便媒体应郭利的请求进行了负面报道，但在此前政府部门及媒体已经予以公开，并不存在成立“刑法意义的要挟行为”。因此，事实证伪的结论是预判有误，不能认定郭某的行为构成敲诈勒索罪。裁判人员应当对郭利无罪进行明确说理，以保证案件事实达成尽可能广泛的共识。

（二）类型化与犯罪构成行为的整体性

刑民交叉案件较为疑难的一种类型是一个犯罪行为借助于数个行为而实施，且单个行为均呈现合法形式。如果司法人员以概括式思维对案件事实进行有限的提取和片段式分析，往往容易忽视合法所掩盖的犯罪事实。故此类案件处理的关键就在于通过类型化思维对行为进行整体考察和价值评判。

“套路贷”就是以数个合法的民事法律行为掩盖犯罪目的的典型案例。何谓“套路贷”？“套路贷”是对以非法占有为目的，假借民间借贷之名，诱使或迫使被害人签订“借贷”或变相“借贷”“抵押”“担保”等相关协议，通过虚增借贷金额、恶意制造违约、肆意认定违约、毁匿还款证据等方式形成虚假债权债务，并借助诉讼、仲裁、公证或者采用暴力、威胁以及其他手段非法占有被害人财物的相关违法犯罪活动的概括性称谓。在此以2019年最高人民法院发布的潘某与金某民间借贷纠纷抗诉案为例。

【案例二】2017年6月15日，被告金某向原告潘某出具借条一份，约定：借款金额为40000元，借款期限为1个月，2017年7月14日前归还，借款月利率按1%计算，如被告未能在约定的还款期限内向原告归还本息40400元，被告愿意向原告支付每日借款总金额1%的滞纳金。同日，原告通过银行汇款将40000元款项交付至被告，借款发生后被告未支付过利息，也未归还过本金。浙江省绍兴市越城区人民法院经审理认为，原告潘某与被告金某之间的民间借贷关系应认定合法有效。绍兴市人民检察院在依职权监督程序中查明潘某、朱某恒、朱某根、杜某军、李某5人未经依法注册审批，在越城区财源中心大厦开设了“昊瑞”公司，非法从事小额贷款业务。在收取保证金、平台费、业务费等虚高手续费用，并在贷款中直接扣除第一期还款本息等方法后，金某实际拿到的借款仅仅为26000元左右。①

行为人先后采取了签订合法的民间借贷合同、银行流水转账等行为掩盖刑事诈骗行为的实质，并借助民事诉讼程序实现非法目的。如果以民事案件处理，被害人很难提供有力证据，被告人胜诉的可能极大，因此为了保护被害人的合法权益，公权力机关应当及时介入，以类型化思维对案件的行为进行整体性分析和定性。

民法和刑法两个法域规范目的协调实现也应当包含在整体性视角中。民法调整平等主体之间的人身和财产关系，目的在于促成交易；而刑法作为规定犯罪与刑罚的规范，目的在于惩罚犯罪，保障人权。在刑民交叉案件中，即便案件最终定性为犯罪，在其中民事行为的处理上也应当根据民法的规范目的，判断该行为的效力状况，而不能一概地将所有的行为都认定为与法律的强制性规范抵触而无效。简言之，就是要在统一的法秩序之下，依据本法域的特殊性进行违法的处理。

（三）类型化与主观要件的推定

行为人的主观要件不仅应当在社会危害性的预判中进行考察，其本身对罪与非罪、此罪与彼罪的判断就具有一定决定作用。财产犯罪与经济犯罪是

① 参见中国法学会案例法学研究会网：“最高法院‘民刑交叉’最新裁判规则：案件程序处理十六大典案例”，http://casestudy.chinalaw.org.cn/portal/article/index/id/32.html，最后访问时间2021年11月15日。

容易与民事违法行为产生交叉的重要领域，因此判断行为人主观上是否具有非法占有目的是对案件准确定性的关键。对行为人内心主观要件的认定很难通过直接的方式予以证明，必须借助于一定的外在客观表现，予以从客观到主观的推定。

《全国法院审理金融犯罪案件工作座谈会纪要》中指出，司法实践中，认定金融诈骗犯罪是否具有非法占有的目的，应当坚持主客观相一致的原则，既要避免单纯根据损失结果客观归罪，也不能仅凭被告人自己的供述，而应当根据案件具体情况具体分析。根据司法实践，对于行为人通过诈骗的方法非法获取资金，造成数额较大资金不能归还，并具有下列情形之一的，可以认定为具有非法占有的目的：（1）明知没有归还能力而大量骗取资金的；（2）非法获取资金后逃跑的；（3）肆意挥霍骗取资金的；（4）使用骗取的资金进行违法犯罪活动的；（5）抽逃、转移资金、隐匿财产，以逃避返还资金的；（6）隐匿、销毁账目，或者搞假破产、假倒闭，以逃避返还资金的；（7）其他非法占有资金、拒不返还的行为。这一规定为司法推定非法占有目的提供了重要指导，但仅仅是对实务经验的概括，并不完全等同于非法占有目的，司法人员不能固守这一规则，而应当根据具体情形对案件事实进行综合的考量。

例如，对挥霍款的认定应当注意不同量的区分，如果行为人将资金大部分用于生产或投资，小部分用于个人挥霍，那么不就能仅据此认定行为人具有非法占有目的；大额或巨额消费和挥霍的判断对于消费水平不同的行为人也往往产生不同的结论。集资诈骗罪在“致使集资款无法返还的”的认定中，司法机关必须对行为人的资金偿还可能性进行分析，资金的用途、生产及经营状况、资金不能返还的原因等都可以作为参考因素，但这种包含未然的判断应当慎重，保持司法理性。如果因市场投资风险或情势变更导致回报期限过长，但存在现实的偿还可能性，就不应当对未来才发生的“危害结果”予以人为性的“提前实现”，[①]也就不能据此认定非法占有目的的存在。

① 邢红霞、田然：《司法推定的证明方法及其限制——以集资犯罪“非法占有目的”为视角展开》，载《法律适用》2019年第22期。

第二节　司法目标导向

一、经验预判的确立：法律效果、社会效果与政治效果的统一

（一）何为经验预判

对未决案件判决结果的概括性预测可以称为预判。[①]如霍姆斯所言，法律的生命不在于逻辑而在于经验，司法裁决的过程正是在经验语境下来回审视案件事实和法律规范的过程。与诉讼中的不同角色区分相对应，预判也可以分为诉讼中的司法裁判者的经验预判以及作为裁判接受者的简单预判。一般来说，后者往往会成为普通社会公众的价值取向的集中体现，在动态的司法进程中不可忽视，但裁判者的经验预判更应当予以重点研究。具体来说，裁判者在案件处理中并非孟德斯鸠所说的“只不过是宣布法律之语词的喉舌，是无生命的人，既不能变动法律的效力也不能修正其严格性”[②]。恰恰相反，实践中案件事实与法律规定的内容并非严丝合缝，裁判者不可能将法律机械、直接地套用到案件中，而是立足于法律前见，通过法律素养、职业经历、生活经验等多重因素，对案件的信息进行初步的吸收处理，进而得出设证推理的预测结论。也就是说，裁判者经验预判结论的形成机制以法律前见为启动条件，以直觉加工机制为中介。

1. 以法律前见为启动条件

前见是在一切对于事情具有决定性作用的要素被最后考察之前被给予的一种判断，[③]在主张把握文本作者原意进行客观解释的传统解释学中受到否定，被认为是妨碍理性的存在。随着哲学诠释学的发展，前见的作用逐渐得以正名。对于文本的解释不可能脱离解释者所在的历史环境在文本范围内封闭进行，也

---

① 韩振文：《预判确定性命题的证立与捍卫——以卢埃林法律现实主义观为线索》，载《人大法律评论》2018 年第 3 期。

② ［美］本杰明·卡多佐：《司法过程的性质》，苏力译，商务印书馆 2017 年版，第 95 页。

③ 参见张小丹：《理性、前见与公正——法哲学的第三条道路》，载《研究生法学》2009 年第 4 期。

就是伽达默尔所说的，一切理解都必然包含某种前见，法律更是如此，对法律的诠释应当在社会中予以开放地解读，那么具有社会历史性的法律前见就成为其前提，影响了裁判者对案件的价值判断。

法律前见作为法学与哲学诠释学视域的融合，因哲学诠释学面临的主观主义、虚无主义等诸多指责，要发挥其在经验预判形成中的基石作用，有必要对以下几点加以明确：第一，裁判者的法律前见并不是个人的纯粹主观认知，其主观性不可否认，但是作为历史的现实存在，指向司法审判，是一种实践理性，超越了传统解释学绝对客观的观点，与解释的主客观统一性相适应；第二，和真前见与伪前见的区分相同，法律前见也有真伪之分。只有能够体现一定历史条件下的法律语言、基本的法律价值与伦理、法律权威、法律专业知识与思维及社会文化传统的前见才属于真前见。①法律前见首先是一种认知规范，其主观性也就决定了不可能全部经受住合理性的检验，裁判者的法律前见不可避免具有一定的偏差，能够对该偏差进行自身修正或者在其后的司法论证中得以修正的，即可认为具有合理性。

2. 以直觉加工机制为中介

裁判者对一个案件的经验预判先于司法推理或司法论证而产生，所借助的就是直觉加工系统。依靠经验而展开的直觉与理性分析一样，同为人的认知机制，只不过对事物的认知呈现一种感觉型、迅速的、不费力的，处于自主无意识的运行状态，②在案件事实的外部刺激下，简略或跳过理性分析认知中烦琐的逻辑论证或推理的过程，从而以凝练的形式直接获得对案件特定问题的即时结论。直觉加工机制发生的即时性证明其具有一定的无意识性和自动性，在经验预判中也难掩这一特性。职业经验丰富的法官，由于大量同类型案件处理经验的累积，在对一个刑民交叉案件进行裁判时，对案件事实的认定、法律规范的发现及事实与法律规范的配对，往往体现为一种“突如其来”的顿悟。数学家亨利·庞加莱有言：“逻辑是用于证明的，直觉是用于发现的。”换言之，逻辑更侧重于对已知领域的证伪与证成，而未知领域的发现

① 范志勇：《法学前见的内涵与特征研究——以哲学诠释学为视角》，载《西南交通大学学报（社会科学版）》2012年第1期。

② 韩振文：《司法假定及其检验》，华东政法大学2015年博士学位论文，第56页。

则依靠直觉进行。二者虽功能不同，但司法活动毕竟是一个要求较高逻辑性和理性的活动，并且法官在对某一案件进行判断时，以厘清案件事实、准确适用法律为目的，是故应用于司法经验预判的直觉内在无法与逻辑割裂，其只是不拘泥于对直觉作出的过程进行细节的逻辑分析，从形式上看也存在具有以经验为起点的逻辑推理性的“逻辑自动型直觉”。[①]从这一方面来看，直觉机制又不是不可控制的，也就是说，裁判者的经验预判兼具自动性和可控性、非逻辑性与逻辑性。

【案例三】2011年，李某先后收购了德某公司全部股权及盐边县宗某矿业有限公司60%的股权。2013年3、4月间，李某与天津宏某公司的张某、叶某洽谈后，以向某钢铁厂及电厂供煤为名，提出购买煤炭，张某、叶某表示同意。同年4月至6月间，德某公司与宏某公司签订多份煤炭买卖合同。合同签订后，宏某公司依约向德某公司发运了煤炭。2013年7月，宏某公司与德某公司对双方煤炭交易签署了结算单，德某公司确认，共收到宏某公司煤炭56872.51吨，货款52838617.57元。经宏某公司确认，其实际向李某发运煤炭56872.96吨，货款价值50450047.22元。李某收货后，将部分煤炭交由韩某、雷某、何某等人运走，以抵偿李某对上述人员的欠款，另将部分煤炭以低于实际进货价格转卖给某滇某有限公司，并将所获部分款项给付朱某等人，用于抵偿欠款，部分款项用于公司日常经营。经宏某公司催要，李某仅支付少量货款。后查明，自2012年，曹某、李某、雷某、刘某等人相继借款给李某。2012年8、9月间，宗某公司停产。其间，德某公司向某银行某借款1500万元，李某用其在宗某公司的股权向该笔借款的担保人四川省某担保公司进行了反担保。[②]

本案是刑民交叉领域常见的涉及民事合同欺诈与刑事合同诈骗罪的案件，二者区分的关键是判断主观上的非法占有目的及客观的诈骗行为。一般来说，在判断是否具有非法占有目的时，会重点判断交易主体的资格是否真实、行为人

① 李安：《新老法律现实主义司法直觉的嬗变》，载《杭州师范大学学报（社会科学版）》2014年第5期。

② 参见《人民法院报》：《合同诈骗与民事合同欺诈行为的界定》2017年2月23日，第6版。

是否具有实际的履约能力；客观的欺骗行为则会从欺诈内容是合同标的物的有无还是数量与质量问题，欺诈手段在合同签订及履行中所起的作用等方面进行判断。如果法官具有丰富的办案经验，根据其专业认知与记忆存储，本案行为人李某在与宏某公司签订煤炭购销合同时已经欠有巨额外债，其占股60%的宗某公司已经处于停产状态，并不具有合同履行能力，主观上具有非法占有目的；同时，李某在与宏某公司签订合同时虚构自己是某钢铁厂和电厂的长期客户，并且隐瞒了其与德某公司的实际资产状况，客观上实施了合同诈骗的行为。因此，对于本案，一个办案经验丰富的法官通常可以依照直觉认知系统，通过对案件有关信息的提取和加工，将已经成为潜意识的法学专业知识和职业经验应用于判断本案行为人李某构成合同诈骗罪而非民事合同欺诈，直面案件的核心问题。

裁判者的经验预判一旦形成，便具有相当的顽固性，除非证明具有彻底的错误或不合理性，否则案件的事实认定和法律适用都是对偏离的经验预判的逐步矫正，可以说成为司法推理的隐性前提。这一司法重要性，决定了经验预判的确立不能随心所欲，而应当围绕司法活动的目标，在其导向下发挥对司法审判的正向作用。

（二）司法目标的设定

司法目标是司法的核心问题，司法目标的设定决定司法系统的运行及司法体制的发展方向，是社会公共治理体系应然价值的凝聚和反映。在我国深化司法体制改革，建设法治中国的重要时期，研究司法目标的设定这一问题具有更为重要的现实价值。

目前，无论是法治实践还是理论研究，对于我国的司法目标均未形成统一观点。例如，姜小川教授认为我国的司法目标由公正、高效、权威三个要素构成；[①]方宏伟学者认为司法目标在于维护自发的社会合作秩序；[②]张伟学者认为司法目标在于追求个案裁判的正当性，得到当事人、法律职业群体以及社会公众的接受。[③]在现代汉语中，“目标”的含义之一为想要达到的境界或目的。司法

① 姜小川：《我国司法目标的构成要素及相互关系》，载《时代法学》2008年第6期。

② 方宏伟、张忆白：《司法目标与司法再解读》，载《西部法学评论》2015年第3期。

③ 参见张伟：《司法目标的理性思辨》，载《江苏法制报》2014年9月24日，第3版。

活动想要达到的境界或目的必然指向其价值的实现。也就是说，司法目标是司法应然价值阶段性实现的具体路径，其内涵应当体现出司法活动的特性，且能够为案件处理提供可操作的、具体的、明晰的指引。从这一点对上述三种观点分析可知，第一种观点主张的公正、高效、权威是从公正、效率、秩序这三个基本的法律价值简单转化而来，并未对司法活动提供一个可验证的具体标准，将其直接作为司法目标，一方面，因内容的抽象泛化导致无法为法律的适用予以清晰明确地指引；另一方面，随着社会现实的快速变化和社会失范状态的显现，在社会纠纷中人们对司法寄予了更高的期望，如果司法目标设定得过高或者过于概括，表面上看是对社会基本需求的回应，实则将司法目标推向了高高在上的神坛，与真正的司法公正南辕北辙。第二种观点强调维护自发的社会秩序以促进社会发展，运用“当时某个领域流行的行为习惯”裁决纠纷。但行为习惯并不必然符合社会发展趋势，且司法人员的办案水平参差不齐，要求作为适用法律解决纠纷的司法活动承担发现法律的功能实际上是对司法的强求。第三种观点强调达成共识以实现个案正义是从微观视角对司法目标进行的界定，只能作为司法目标的一个方面，那么宏观的司法活动应当设定何种目标呢？笔者认为，应当从司法公正这一首要价值入手进行分析。

党的十八届三中全会报告指出，司法公正是社会公正的最后一道防线，要努力让人民群众在每一个司法案件中都感受到公平正义。但是司法公正的内涵具有相当的抽象性，对个案或者一定时期内案件司法工作的公正性评价与分析最终往往落脚于已经或可能产生的效果上。换言之，能够兼容司法特性及具体可操作性的司法效果的优劣是衡量司法公正性的重要指标。在第十三届全国人民代表大会第三次会议上发表的最高人民法院工作报告指出，要努力实现法律效果与社会效果的统一。对司法目标的这一提法最早出现在1999年《全国民事案件审判质量工作座谈会纪要》中，并逐步应用于行政及刑事审判，成为“一项基本司法政策”。[①]我国社会主义法治建设进程的加快，对司法工作设置了更高的期待值，司法目标关注的领域及基本内涵不断丰富扩展，当下强调司法工作应当实现法律效果与社会效果的统一，实则追求的是法律与政治、经济、文

① 孔祥俊：《论法律效果与社会效果的统一：一项基本司法政策的法理分析》，载《法律适用》2005年第1期。

化、社会多重统一的司法目标。2019年第七次全国刑事审判工作会议强调，刑事审判工作“必须坚持政治效果、法律效果与社会效果相统一”，政治效果本属于宏观的社会效果的一部分，但是为了适应司法实践出现的部分案件政治性指引需求较强的现实情况，将其与社会效果并列加以讨论。因此，刑民交叉案件的司法活动也应当以法律效果、社会效果与政治效果的统一作为目标指引司法审判工作。这一目标具有两层含义，第一层是三个效果各自的内涵，第二层则是对统一性的理解，笔者将结合刑民交叉案件分别进行阐述。

1.三个效果的科学内涵

（1）法律效果。

作为法律实效的体现，司法的法律效果是对司法机关适用法律的情况所做的事后评价。一般来说，在刑民交叉案件中追求的法律效果可概括为以事实为依据，以法律为准绳。所谓以事实为依据，就是指无论是在案件的定性，还是在案件定性后进入刑事诉讼程序或民事诉讼程序中，都必须结合案件证据，查清并证明基本事实，作为正确适用法律以及同案同判的基础。以法律为准绳，则包含实体法和程序法两方面的内涵。第一，裁判者必须以法律的具体规定作为纠纷解决的依据。当明确案件成立刑事案件时，要严格适用法律的规定就具有贯彻罪刑法定原则的重要意义；当明确案件构成民事案件时，虽然法院可以依据公序良俗等原则对案件作出裁判，但是这些民事基本原则的适用必须经过必要性、合理性的充分论证，也就是说只有穷尽民事法律规定，才能适用法律原则。第二，必须严格遵守刑事诉讼和民事诉讼的有关规定，缺失了程序正义的法律效果也就丧失了实现司法公正的可能。从实体和程序两方面真正实现刑民交叉案件司法过程中法律的权威和统一。

（2）社会效果。

之所以强调司法的社会效果，是因为裁判并非是纯粹的法律规则演绎的结果，而且法律具有滞后性，忽略包罗万象的社会现实的变化而单一地固守法律规定，强调司法的法律效果，反而会导致明显的不公正。社会效果的实现实际上是将社会价值和社会基本利益需求反映在法律适用的过程中，一方面，通过案件的司法处理过程，实现和维护一定的社会利益；另一方面，司法审判的过程和裁判能够获得社会民众的广泛认可和接受，具有良好的法治宣传和教育意义。当前，在刑民交叉案件中社会效果越来越受到重视，如最高人民检察院和公安部依据我国刑事诉讼法等有关规定，结合打击经济犯罪工作的实际，修订了《关于公安机关办理经济犯罪案件的若干规定》，严禁公安机关插手经济纠纷，乱查封涉案财产，避免本属于民事纠纷的案件被迫卷入刑事侦查程序中，干扰正常的经济活动。又如，2019年最高人民法院发布的《全国法院民商事审判工作会议纪要》第129条，[①]考虑到涉众型经济犯罪与民商事案件涉及人数众多，裁判不当必然引发舆情事件，破坏正常的经济秩序，甚至会影响社会稳定，以例外式的程序规定为被害人的统一受偿提供了保障。上述规定都是为了防止通过刑事手段干预正常的民商事审判，造成地方保护主义和部门保护主义，通过坚守刑法的谦抑性，将市场经济活动中能够通过民事诉讼获得司法救济的正常民商事纠纷予以民事调整，维护良好的营商环境。当然，这也是司法工作体察社情民意的体现。此外，刑民交叉案件要实现良好的社会效果，还需要司法机关在依据事实和法律的基础上，对社会习惯和情理进行综合考量和灵活运用，通过充分的裁判说理，实现对情理和法理、司法公正与司法公信的高效协调。

（3）政治效果。

追求良好的政治效果的司法目标，也就是在司法裁判中体现政治因素的考量，体现和反映国内外的发展趋势和国家的宏观需求。不论如何标榜司法的中立性，作为司法适用根据的法律本身就是政治利益协调后的产物，且司法权作

---

① 《全国法院民商事审判工作会议纪要》："129.【涉众型经济犯罪与民商事案件的程序处理】2014年颁布实施的《最高人民法院最高人民检察院公安部关于办理非法集资刑事案件适用法律若干问题的意见》和2019年1月颁布实施的《最高人民法院最高人民检察院公安部关于办理非法集资刑事案件若干问题的意见》规定的涉嫌集资诈骗、非法吸收公众存款等涉众型经济犯罪，所涉人数众多、当事人分布地域广、标的额特别巨大、影响范围广，严重影响社会稳定，对于受害人就同一事实提起的以犯罪嫌疑人或者刑事被告人为被告的民事诉讼，人民法院应当裁定不予受理，并将有关材料移送侦查机关、检察机关或者正在审理该刑事案件的人民法院。受害人的民事权利保护应当通过刑事追赃、退赔的方式解决。正在审理民商事案件的人民法院发现有上述涉众型经济犯罪线索的，应当及时将犯罪线索和有关材料移送侦查机关。侦查机关作出立案决定前，人民法院应当中止审理；作出立案决定后，应当裁定驳回起诉；侦查机关未及时立案的，人民法院必要时可以将案件报请党委政法委协调处理。除上述情形人民法院不予受理外，要防止通过刑事手段干预民商事审判，搞地方保护，影响营商环境。当事人因租赁、买卖、金融借款等与上述涉众型经济犯罪无关的民事纠纷，请求上述主体承担民事责任的，人民法院应予受理。"

为国家权力的分支，从根本上也要服从于国家的政治治理，不应当否定司法所具有的政治导向。笔者也并不否定像陈金钊教授所提出的批判意见——“法律人把自己视为政治人，没有从社会主义法治的角度，表述司法政策，而是把司法放到了思想政治的高度”①。因此，在追求政治效果实现的同时，也应当坚定司法中立以及司法克制的立场，不能介入政治争议。②此外，司法所要考量的政治因素，不是空泛的，政治形势、政治需求和政治价值等内容应当以实在的政策为中介，指引司法活动的进行。民刑交叉案件的司法裁判，应当尤其重视我国的经济政策。当下我国的经济正经历增长速度、动能以及模式的巨大变迁，十九届四中全会指出应完善构建亲清政商关系的政策体系，健全支持中小企业发展制度，完善公平竞争制度，全面实施市场准入负面清单制度等。在这一政策的指引下，刑民交叉案件的处理，应当配合支持民营经济发展的法治环境建设。例如，在涉及合同纠纷的刑事案件中，是否构成犯罪并不必然影响合同效力的判断，这一点对民间借贷涉嫌或构成非法吸收公众存款罪尤为重要。再如，P2P网贷等新兴领域由于平台资质鱼龙混杂，恶意逃废债等行业问题突出，所以国家在政策上一方面为其提供了广阔的发展空间，另一方面也加大了监管力度。司法实践对于这一类案件，应当准确把握政策的基本精神，判断行为是否以P2P平台为名，行吸收存款之实，下文将要提到的杨某国非法吸收公众存款案就是典型案例，在此不再赘述。

2.统一性的辩驳与实现

司法目标要求上述三个效果协调统一实现，也是适应当下坚持依法治国和以德治国相结合的形势，实现程序公正与实体公正的必然要求。但统一论的主张饱受学界争议，学者主要围绕能否统一的认识论以及司法实践中运用出现偏差的方法论问题进行否定评价。③前者如对社会效果的评价标准难以客观化，具体认定往往不具有可操作性；④后者则包括助长了地方和部门保护主义，

---

① 陈金钊：《被社会效果所异化的法律效果及其克服——对两个效果统一论的反思》，载《东方法学》2012年第6期。

② 孔祥俊：《司法哲学》，中国法制出版社2017年版，第274页。

③ 政治效果属于宏观的社会效果，故对法律效果与社会效果相统一的批判也是对三效果相统一的批判。

④ 刘岩：《对法律效果与社会效果统一的若干思考》，载《十堰职业技术学院学报》2009年第4期。

不利于执法和审判工作的健康发展等。[①]笔者认为，认识论的质疑产生于将社会结果片面等同于公众对司法过程是否公正合理的判断结果，而即便是这一层面的社会效果，社会公众对于司法形成的主观认识，必然反映到其社会参与的客观行为中。对民众司法评价的认定也并不要求对每一个案件都进行民意舆情调查，互联网时代下的民意虽然很容易因接收信息的真实与全面程度而产生偏差，但归根结底仍然是其基本利益的反映，无论是参照同类的指导性案例对一定案件进行处理，还是在审判中切实贯彻人民陪审员制度都包含了民意的考量。因此，认识论的批判意见并不成立。至于方法论中的否定观点，不可否认，统一论的司法目标确实在适用息访、不平等保护等偏差，对此的合理应对之策应当是积极探求能够加以解决的方法，而非因噎废食，对统一论整体进行全盘否定。

如何实现三个效果的统一呢？首先，应当坚持法律效果作为前提和基础的重要地位，脱离法律效果的司法也就彻底丧失了实现良好的社会效果和政治效果的积极价值。其次，以社会效果作为法律效果的补充，在大多数情况下，司法的社会效果与法律效果基本是统一的，而在例外的法律效果与社会效果产生冲突时，如一审判决引发民众热议的许霆案，司法机关应当灵活运用法律解释、法律推理等法律方法化解矛盾纠纷，及时公布案件的有关信息，尤其是民众所关注的敏感问题，并增强裁判文书的说理性，阐明裁判理由，以获得民众的认同和支持。最后，以政治效果为边界，准确理解和把握社会政策的基本精神与要求，坚定政治立场，在法律效果与社会效果协调的基础上力求政治效果的最大化。

（三）司法目标导向下的经验预判

从上文对经验预判形成机制的分析可知，经验预判的形成来源于对案件证据、案卷材料等信息的加工和分析整理，但是未经庭审质证的案件信息，往往具有零碎性、冗杂性，客观真实性也无从保证，这也就是为什么有学者强调在刑事诉讼中为保护被告人的权利和诉讼程序的顺利进行，应当贯彻法官预断排

---

① 王发强:《不宜要求“审判的法律效果与社会效果统一”》，载《法商研究（中南政法学院学报）》2000 年第 6 期。

除原则。但经验预判作为认识主体的一种基本心理活动，彻底地排除是不切实际的，所以要保证裁判者作出的经验预判是合法又合理的，根据司法目标的导向可以引申出以下几点。

第一，经验预判必须忠诚于法律，建立在理性的天平上。其一，应当体现法律思维，也就是遵循法律的逻辑体系，进行类型化价值导向的思考，[①]从而在对法规范理性认知的基础上将某一案件事实归于普遍的法律规定。在法律前见中运用法律思维还要求在案件事实与规范的流转中进行理性因素与非理性因素的多次融合。其二，为了体现法律效果与社会效果的协调应当进行法律价值的衡量，在形式法治基础上探求民众的肯定或者说司法公信，当然，这也是有效限制法官因利益需求及个人偏见而形成过当经验预判的有力武器。

第二，剔除经验法则的欠缺之处。首先，经验法则具有条件性，超出了这一条件的范围，经验法则的使用就不再具有合理性。因此，经验预判必须考虑案件的具体实施，不能一概而论。例如，非法吸收公众存款罪与民间借贷这一类刑民交叉案件，二者区分的标准之一在于借款对象是否属于社会公众。在实践中，一般不将向身边的亲戚、朋友借款的情形视为向社会公众吸收存款。但是，如果行为人是向联系较少、彼此之间并不熟悉的亲友借款，或者亲友证明之所以出借是基于高利率回报的考虑，那么对此就不应当视为亲友之间的互帮互助行为，而应当作为非法吸收公众存款罪来进一步认定。其次，经验法则之间存在盖然性的不同程度之分，为了实现良好的司法效果，对于盖然性不高的经验法则应当排除，避免作出的司法裁判因不合常理而受到非议。

总的来说，在刑民交叉案件中，强调以法律效果、社会效果和政治效果相统一的司法目标为导向确立经验预判，并非口号式的空谈。上述司法目标对经验预判导向作用的论述只是经验预判形成过程中所应注意的两个问题，并不足以实现司法目标的基本价值。经验预判从其本质而言只是一种具有主观导向的假说，不可避免存在一定的缺陷，而人类的认识又具有先入为主的思维惯性，为了避免在司法实践中轻信经验预判，陷入对具有偏差的预判自圆其说的误区，造成冤假错案，因此必须在司法目标的总指引下，以理性的思维对经验预判进行验证检验。有观点认为，凡是一种观念理论的形成，都要先经历证成，

① 苏晓宏、韩振文：《论法律前见对司法裁决的影响》，载《东方法学》2013年第5期。

继而经历证伪。[①]刑民交叉案件虽然并不一定定性为刑事犯罪案件，但在处理时为了与我国职权主义诉讼影响下产生的有罪的习惯思维相对抗，应当谨遵刑法谦抑性，重视刑事司法活动疑罪从无的司法理念的落实。故此对刑民交叉案件裁判者经验预判的检验，应当将证伪置于证成之前，下文将进行详细论述。

二、经验预判及其证伪

（一）证伪之概述

理论要实现发展和创新，必然要在客观分析的基础上进行科学性的检验，结果要么是被证实，要么是被证伪，可以说，司法中的经验预判也必须经过证伪和证实这两大证明过程的验证。卡尔·波普尔认为，科学理论和人类所掌握的一切知识都不过是推测和假说，[②]区分其科学与非科学的标准就在于是否具有可证伪性。证伪主义的观点一经提出就受到自然科学领域的诸多批判，社会科学中也有学者对这一学说以及可证伪性提出了反对，进而否定该学说的方法论，也就是以证伪的方法去判断由核心命题和辅助性假说构成的社会科学命题。[③]如果要用证伪法去检验案件裁判者作出的经验预判，其究竟能否适用于社会科学研究是不能回避的一个前提性问题。笔者认为，否定观点的产生，主要来自对证伪法的误解，因此对此类观点的驳斥首先要拨开证伪法的迷雾。

部分观点将证伪主义的理论缺陷用于批判证伪法，但实际上，二者并不能画等号。证伪主义是由卡尔·波普尔所创立的科学哲学理论，建立在批判逻辑实证主义的经验归纳基础之上。认为归纳是将观察所得的一系列经验事实进行抽象和总结，最终得出具有普遍性的结论，为了确保结论的正确性和科学性，归纳对象的数量应当尽可能多，并且内容应当具有相当代表性，但是只要存在一个与结论不相符的单称陈述，归纳所得的全称陈述就不能成立。这种绝对否定归纳的观点也因此受到诸多非议。而证伪法是一种检验理论的方法论体系，虽然最初是作为证伪主义的方法论形态而存在，但已经逐渐与证伪主义相

---

① 虞佳臻：《证伪路径下无罪化思维的重申》，载《广西政法管理干部学院学报》2015年第4期。

② 文嘉：《证伪与证实》，载《思维与智慧》2019年第10期。

③ 参见张扬：《证伪在社会科学中可能吗》，载《社会学研究》2007年第3期。

分离，实现了自己的发展。将对A的批判转移到B，显然是不合理的。此外，社会科学的命题一般包括全称性命题及概率性命题，对于前者，研究对象数量是无限的，对其进行证伪往往通过寻找反例来进行否定；而对于有限的全称命题，对其进行证伪就意味着证成反例的单称陈述的真实性。社会科学毕竟不同于自然科学，占比较多的是概率性命题而非全称命题，对于此类命题的证伪则可以借助于限界条件理论，依据实证材料、理论定律及其方法说明进行证伪，判断特定理论在何种范围内能不被证明是错误的。①由此可见，在社会科学中运用证伪法进行验证不仅具有方法论上的可行性，同时，面对无限的命题及有限的命题，也规避了前者无法证实，以及后者的证实可能因广泛的对象范围而投入巨大的缺陷。证伪法也就具有相较于有限的经验法则逐个检验研究对象的证成法更为高效和合理的优越性。

综上可知，因证伪法的可行性以及验证结论的可靠性，只要社会科学能够被验证，就有能够被证伪的可能性。对刑民交叉案件裁判者的经验预判同样也可以用证伪法进行检验，判断其是否能够体现法律效果、社会效果与政治效果相统一的司法目标。

第一，证伪法以经验事实作为判断真理性的依据，逻辑上能够经由经验证伪的，才是科学的。经验事实是数个多次发生的典型事件与普遍事件堆积而形成的，以此对某一理论进行证伪，就意味着某个不能复制的个别的偶发事件即便与理论的基本观点相冲突，也不能以此证伪否定该理论。此外，经验事实并不等同于人们的主观经验或心理确信，其展现为已经经过证伪的被接受的理论陈述，但证伪并非一劳永逸，客观实践是不断发展的，主观见之于客观的真理也应当体现发展性，经验的科学必须能够被经验进一步反驳，以不断以至无穷的证伪实现对理论的错误进行修正。从上文对于经验预判形成机制的论述，不难得知经验法则或者说经验事实是其形成的重要依据之一，贯穿于法律前见与直觉加工系统之中，以经验事实对依据经验事实得出的推论进行证伪，能够体现司法裁判者经验预判的特殊之处，当然具有可适用性。

第二，证伪法是一种强调理性重建的演绎方法，卡尔·波普尔将其概括为从问题出发，以试探性理论进行检验，消除其中的错误之处，并逐渐产生新的

① 参见哈威廉:《关于社会学定律的“限界条件”》，载《社会学研究》1997年第3期。

问题，开启下一轮新的演绎验证过程。[①]这一过程其实也就是一个不断试错，于错误中实现理论革新发展的过程。第一步从问题出发，也就是寻找归纳推理或演绎推理形成的与理论不一致的基础陈述或者是卡尔·波普尔所称的“潜在证伪者类”，作为下一步进行经验事实证伪的对象。潜在证伪者数量越多，被证伪的可能性就越高。第二步试探性理论验证，是将理论与理论适用的先行条件用于对存在问题的陈述的证伪，通过多方面批判，寻找反例，以严格的目光审视寻找陈述中可能存在的谬误之处，并由此挖掘出其错误的根源所在。第三步则是对验证所发现的错误进行消除，在这一步实现原先陈述的扬弃和理论的更新。第四步新问题的产生与第一步相同，实际上已经是在更高水准的科学性层面上体现的理论证伪的循环往复。可以说，证伪并非一味地否定，而是通过否定达到短暂的肯定。证伪法通过演绎以一般理论验证个别命题来证伪其科学性，与个案处理的司法经验预判相一致，也就是并非追求得出一个具有普适性的结论，而是强调研究特定个案，判断具体呈现的案件事实能否被现有的法律规定所涵摄。

（二）经验预判证伪之展开

刑民交叉案件的司法过程是一个主张以缜密的思维在发现事实和适用法律过程中进行批判探索的理性过程。经验预判作为司法过程的逻辑起点，并不具有此种高度的理性，不可避免存在偏差，审理过程中往往倾向于寻求将与其自身相一致的信息和解释纳入评价和考虑的范围而忽视不同或相矛盾的信息，证伪正是立足于发现经验预判对事实认定和法律适用而产生的认知偏差，并据此对其加以修正，由此实现在否定中的确认和发展。

1.事实认定预判偏差的发现

一般来说，对刑民交叉案件进行事实认定的过程，所追求的是诉讼真实，而理论界对诉讼真实的界定，既存在主张办案人员主观认定的案件事实与已经发生的案件事实相一致的绝对客观真实，也存在以法律真实代替客观真实，只要对案件事实的认定符合法律规定即可的主张。[②]笔者认为，前一种观点无疑

---

① 参见王金柱：《卡尔·波普尔的证伪主义》，载《内蒙古社会科学（汉文版）》2002年第S1期。

② 参见陈光中、李玉华、陈学权：《诉讼真实与证明标准改革》，载《政法论坛》2009年第2期。

忽视了人类的认识活动必然受到主客观条件的限制，后一种观点难免对司法者追求案件真相的积极性具有一定的消解作用。故客观真实与法律真实相结合的观点才是包括刑民交叉案件在内的三大领域诉讼案件应当追求的诉讼观。对事实认定的经验预判进行证伪就需要以此为目的来判断发现不能协调客观真实和法律真实的错误之处。

第一，预判的客观真实性不足。对案件事实进行掌握和判断时，裁判者容易顺从认定为有罪的惯性思维，对信息的收集以及认知受到其经验和信念等主观因素的影响，忽视了不构成犯罪，仅为民事违法行为的案件事实的可能性，或者虽然认识到这一可能性，但并未对其进行具体考察，整体上呈现出为了肯定其预判的成立而进行选择性的案件信息处理，前提的片面性也就削弱了结论的客观真实性。举例而言，在郭利维权案中，虽然我们无法知晓裁判者所形成的预判如何，但是从表现于外的裁判事实可以大致推断出广东省潮安县人民法院审理法官作出了被告人郭利构成敲诈勒索罪的经验预判，认为郭利向施恩公司提出的不满足其要求将通过媒体进行负面报道的行为属于敲诈勒索行为。但是综合全案事实来看，在郭利提出300万元的索赔之前，政府部门及媒体已经向社会公布了相关奶粉的质量问题，并不足以使施恩公司因此产生恐惧。如果该案的审理法官在形成预判时，对这个信息进行权衡，至少可以在客观方面否定敲诈勒索罪的结论。

第二，预判未能兼顾客观真实与法律真实。强调法律真实是因为案件事实并不总是呈现真与伪的绝对对立，大多数时候呈现一种真伪不明的状态，而社会现实的发展造成社会关系的复杂多元，案件证据的数量和类型大幅度增长，对于事实的判断相较于以前更为困难，真伪不明性更为凸显，此时在最大限度落实客观真实的情况下，基于法律效果、社会效果和政治效果相统一的司法目标贯彻的考虑，强调法律真实就具有必要性。如果裁判者在预判时，为了追求客观真实以外的价值或政策，甚至有意罔顾或者漠视客观事实，[①]在司法实践中出现以刑事手段非法干预经济纠纷的地方保护主义，这种司法乱象可以说就是典型的例证。

2.法律适用预判偏差的发现

在刑民交叉案件中，裁判者作出的经验预判，主要围绕着以下几个方面展

① 孔祥俊：《论法律事实与客观事实》，载《政法论坛（中国政法大学学报）》2002年第5期。

开：行为属于民事不法还是刑事不法？如果属于刑事不法，构成何种犯罪，应当如何裁量刑罚？如果属于民事不法，是侵权行为还是违约行为？等等。也就是说，从刑事领域来看，裁判者对刑民交叉案件的经验预判集中在对罪与非罪、此罪与彼罪、罪重与罪轻的判断。相对应地，要对经验预判进行证伪应当重点关注是否存在误将民事违法行为判断为刑事犯罪或相反；误将此罪判断为彼罪或相反；以及误将罪重判断为罪轻或相反，导致量刑不当等情况，其中罪与非罪是预判的重点所在。违法行为必然具有一定的社会危害性，但情节显著轻微，危害不大的，也不成立犯罪。只有具有严重社会危害性的才属于能够构成犯罪的行为，至于是否达到这一相当程度，可以通过类型化的思维进行具体的把握。[①]要寻找经验预判的偏差，必然应当从行为的社会危害性出发进行检验。

要寻找社会危害性的预判偏差，离不开对社会危害性基本特性的考察。第一，社会危害性的有无及大小不是一成不变的，而是随着社会的发展而变化，在具体判断时，应当一切以时间地点和条件为转移。由此，可得出进行证伪要判断的第一个问题：对社会危害性的考察是否抛弃了历史的观点？P2P行业新兴之初，对其性质的定性以及可适用的法律规制对策一直存在争议，在快速发展的同时，缺乏国家有力的监管。借助于互联网进行融资和借贷具有更高的开放性，相较于普通的非法集资行为也就更容易构成犯罪。曾经有学者统计了2014年到2016年，涉及P2P网络借贷犯罪认定构成非法吸收公众存款罪占85%以上，并且数量呈现加速上升的趋势。入罪多以吸收资金的数额和造成的经济损失为标准，对于行为人的主观故意和资金的用途等情节，并没有予以充分的关注，难免具有客观归罪之嫌。[②]但是伴随着近年来对新兴金融行业发展的大力支持和鼓励中小企业发展的需要，国家对P2P行业的监管力度明显加大，除了部分严格合规的在营机构以外，其他机构能退则退，能关则关，此时，对于P2P平台是否构成犯罪，应当体现政策导向下对社会效果的重视。例如，对涉及资金沉淀问题的，司法机关对资金池的判断成立标准可以适当放宽，承认具有中介地位的平台也可能因托管客户资金而形成一定的资金沉淀，只要其坚守

① 具体可见本章第一节。

② 参见李永升、胡冬阳：《P2P网络借贷的刑法规制问题研究——以去了近三年的裁判文书为研究样本》，载《政治与法律》2016年第5期。

中介人地位，不动用客户沉淀资金，这一边缘类型就不需要视为设立资金池，一律认定为犯罪。忽视这一现实变化而作出相同的危害性预判就是认知的偏差。

第二，对社会危害性应当从主客观相统一的角度进行衡量，影响因素包括行为所侵犯的客体，行为的手段、后果，以及时间与地点，行为人的具体情况以及主观因素，等等。进行证伪要判断的第二个问题是，对社会危害性的判断是否具有片面性？只具有主观恶性而并未在此支配下实施客观危害行为；虽然具有客观的危害行为，但是主观上并无罪过；以及主客观均未呈现出具有社会危害性的情况，都不能视为达到构成犯罪程度的社会危害性，如果裁判者作出了成立犯罪的经验预判，就会在证伪过程中受到批判。

在此，笔者将以合同诈骗罪与合同欺诈行为对第一种情况进行重点说明。如果行为人甲是某餐馆法定代表人，经营状况不佳且欠有巨额外债，为了偿还高利贷，甲隐瞒了个人及餐馆真实的资产状况，虚构了餐馆装修升级的理由与乙签订了高额借款合同，乙对甲的资产状况及借款用途十分了解，但仍然予以出借。因资金链断裂，甲并未偿还借款。分析可知，行为人甲主观上明知自己资不抵债，不具有还款能力却仍然与乙签订了借款合同，非法占有的目的十分明显，但是客观上乙并未因甲的欺骗行为陷入错误认识，不能视为客观上实施了合同诈骗行为。也就是说，虽然行为人主观上具有恶性，客观上却不具有严重社会危害性，得出相反结论的经验预判就具有要被证伪的偏差。

第三，行为的社会危害性具有复杂性，实践中所呈现出来的往往并不能被直接地认知，裁判者在判断时必须抽丝剥茧，涤清迷雾，透过现象抓住其本质。故发现经验预判偏差所要判断的第三个问题就是，预判结论是否将实质不具有严重社会危害性的行为认为具有严重危害性，而将实质具有严重社会危害性的行为判断为不具有严重危害性。对于第一种情况，仍以非法吸收公众存款罪为例，根据《刑法》第176条的规定，该罪的成立不要求具有非法占有目的，因此行为人是否将融资款项用于生产经营并不影响犯罪成立，但是如果将用于生产经营的行为和用于违法犯罪等用途的行为一律认定为犯罪，表面上是严格适用法律，追求法律效果，但实际上却与刑法立法的目的相背离。该罪的设立是为了维护我国正常的金融活动管理秩序，将融资款项只是用于正常的生产经营活动，并且能够及时清退所吸收资金，弥补集资参与人的经济损失的，并未对国家的金融管理秩序造成不可挽回的严重破坏，社会危害性的程度远不及用于挥霍或违法犯罪活动的行为。最高人民法院《关于审理非法集资刑事案件具体应用法律若干问题的解释》第3条第4款也规定此种情形可以对行为人免予刑事处罚；犯罪情节轻微，危害不大的，可不作为犯罪处理。与此作出相反判断的，就应当在预判中剔除。第二种情况，如“套路贷”的问题，“套路贷”是当下刑民交叉领域多发的一类案件，是指以非法占有为目的，假借民间借贷之名，诱使或迫使被害人签订“借贷”或变相“借贷”“抵押”等相关协议，通过虚增借贷金额、恶意制造违约等方式形成虚假债权债务，并借助诉讼、仲裁或其他手段非法占有被害人财物的相关违法犯罪活动，很容易因案件事实复杂而使裁判者被其民间借贷的外衣所迷惑，否定其严重社会危害性的存在。因此，尤其应当重视对经验预判进行证伪，判断是否产生了认知偏差。

3.经验预判偏差的修正

对经验预判的证伪的重要一步就是对已经发现的认识偏差进行修正，实现否定基础上的发展。应当明确的一点是，经验预判的偏差可能同时具备积极的价值和消极的价值，因此在我们提出要对预判的偏差进行修正时，应当注意正面价值的保留，通过是否需要修正的判断而实现。因此，对于上述所提到的在事实认定和法律适用中的预判偏差加以修正，并非彻底否定。裁判者对事实和法律的经验预判离不开对证据相关性和可采性的分析。刑民交叉案件涉及的社会关系具有复杂性，如果是经济类案件，特别是涉众型的经济案件，案件信息更为繁多，即便从中提取出的具有相关性和可采性的证据，也难免存在相冲突之处，经验预判的偏差可能正是由于证据取舍所形成的不同结论。是否需要进行排除，需要结合偏差产生的原因，作出一个或多个可能性的解释，并对这些可能性解释与裁判者的经验预判，分别进行价值的评价和比较，根据选择的结果决定是否对偏差进行否定和排除。

总的来说，对经验预判的证伪就是对事实和法律与经验预判相矛盾之处进行考察和分析，从而获得其他可能性的结论，在与经验预判之间作出价值性的选择后进行修正。只不过证伪不是一个一蹴而就的过程，而一个案件的诉讼程序必须在一定时限内完成，因此修正后的经验预判应当在规定时间范围内进行多次证伪，从而不断接近司法目标的实现。

三、经验预判及其证成

(一)经验预判的证成之概述

对经验预判进行证伪，关注的重点在于消除其中的错误之处，但经验预判能否实现法律效果、社会效果和政治效果相统一的司法目标，只凭借证伪是无法予以充分检验的，必须对经验预判进行正面的证成。何为证成？从字面意思来理解，所谓证成就是证明成立的意思。对经验预判进行证成，就是要对裁判者的经验预判提供一个充分理由以说明其正当性。如前所述，经验预判是以法律前见和直觉加工机制所形成的，并没有经过逻辑论证或推理过程，而是以凝练的形式即时获得对案件特定问题的结论。对经验预判进行证成，就是要从这种非逻辑性与无意识性中提取出能够在司法过程中肯定其成立的合法性和合理性。虽然并没有以从大小前提推导结论的三段式推理的形式表现出来，但裁判者的经验预判也不外乎是法律规范与案件事实的判断，因此，笔者认为，要证明经验预判的成立，至少应当符合以下要求。

第一，裁判者作出预判所依据的法律规范应当明确妥当。法律效果、社会效果与政治效果相统一的司法目标要求裁判者依法裁判，而依法裁判的实现并非仅要求裁判者依据法律对案件进行处理，而是应当在所发现的可以适用于案件的若干法律规定之中寻求一个与案件事实联系最为紧密的，并且内容作出明确性表达的法律规范。经验预判是实现依法裁判不可缺少的重要因素。故在以即时形式快速获取法条，发现可适用的若干法律之后，必须对这些法律进行解释，并以解释是否清楚明确作为筛选的标准。在刑民交叉的疑难案件中，裁判者除了要对法律规范的正当性进行证成，还要说明法律之间取舍的理由所在，以较完整的案件说理便于民众在理解的基础上对裁判予以接受，并对司法工作加以认可。

第二，裁判者所认定的案件事实是真实的。虽然司法的三段论推理是以法律规范作为大前提，作为逻辑起点，但是在现实的司法实践中，经验预判是从小前提的案件事实的认定入手的，能够得以证成的必须具有案件事实的真实性。但是法官作为司法过程的中立者，在案件事实的发现中不应干涉过多，必须依据双方所提供的证据，当然证据首先必须具有真实性，经过举证、质证等阶段之后，通过证据作为假想上升为连贯的案件事实预判的中介。具有正当性的经验预判所要求的案件事实的真实性并不局限于发现证据所能证明的客观的已经发生的事实，还应当对这一事实进行整理，将其与法律规范的事实要件进行对比，从而使以证据所证明的生活事实转化为法律事实。①

第三，所发现的可用规范与证据所表征的事实之间能够实现最佳匹配。证成经验预判极为重要的一步就是判断可适用的法律规范与案件事实之间联系是否紧密，匹配的吻合效果是否最佳。“案件裁判是否正确的信心大部分是由这一匹配的吻合效果决定的。”②对于那些案情复杂的刑民交叉案件，裁判者对于案件事实的认定可能会形成多个预判，而可适用的法律规范也可能存在多个，这就需要将目光往返流转于事实与规范之间，不断地进行检验，最终在多个合理的答案之中选择出最优解。

第四，经验预判整体指向司法目标的实现。无论是事实建构还是法律发现，抑或是法律规范与案件事实之间符合性的判断，根据上述论述可以得知都是一个选择的过程，是裁判者价值的判断与衡量。只有最终指向具体落实司法价值的司法目标，才可以证明经验预判的成立。

总而言之，对经验预判进行证成就是要将从法律前见和直觉加工机制所获得的初步结论进行逻辑理性的检验，从而将价值有限的判断在司法过程中予以扩大和实现。

（二）经验预判证成的展开——外部证成与内部证成

罗伯特·阿列克西认为证成有内部证成与外部证成之分，二者所承担的是不同的任务。内部证成是指法学判断可由立论之前提中逻辑地导出，③也就是说，以规范为大前提，以一定的法律事实为小前提，将目光在大前提和小前提之间来回流转，并得出结论，其所追求的是从既定前提到结论推断的逻辑性。

---

① 参见耿宝建:《在法律与事实之间——司法裁判中事实认定过程的法理分析》，载《河北法学》2008 年第 1 期。

② 李安:《司法决定的认知机制与理性约束》，载《浙江社会科学》2016 年第 3 期。

③［荷］菲特丽丝等:《法律论证原理——司法裁决之证立理论概览》，张其山等译，商务印书馆 2005 年版，第 105 页。

外部证成所关注的是内部证成的大前提能否根据法律标准获得接受的问题。明确了这二者不同的任务定位之后，不难发现外部证成在经验预判的证成中具有更为重要的地位，只有保证了大前提的正当性，内部证成才能顺利地进行。通过外部证成与内部证成对经验预判进行证成，以理性和逻辑的双重机制实现其合法性和合理性或者说正当性，不失为一种好方法。下文以杨某国非法吸收公众存款这一刑民交叉典型案例为例进行阐述。

【案例四】杨某国是望某集团法定代表人、董事长，自2013年9月起，望某集团开始在线下进行非法吸收公众存款活动。2014年，杨某国利用其实际控制的公司又先后成立两家公司，通过线下和线上两个渠道开展非法吸收公众存款活动。根据理财产品的不同期限约定为7% — 15%不等的年化利率募集资金。线上，以网络借贷信息中介活动的名义进行宣传，理财客户根据望某集团的要求在第三方支付平台上开设虚拟账户并绑定银行账户。理财客户选定投资项目后将投资款从银行账户转入第三方支付平台的虚拟账户进行投资活动，望某集团、杨某国及望某集团实际控制的担保公司为理财客户的债权提供担保。线下，在全国多个省、市开设门店，采用发放宣传单、举办年会、发布广告等方式进行宣传，投资款被望某集团用于还本付息、从事生产经营等活动。此后，因资金链断裂，望某集团无法按期兑付本息。截止到2016年4月20日，望某集团通过线上、线下两个渠道非法吸收公众存款共计64亿余元，未兑付资金共计26亿余元，涉及集资参与人13400余人。[①]

本案争议的焦点是被告人以线上渠道开展的设立资金池进行自融的行为是不是犯罪。一审法院作出了构成非法吸收公众存款罪的判决。虽然该案裁判者的经验预判并未明确表示出来，但根据本案的裁判事实可以大致推断作出了构成非法吸收公众存款罪的经验预判。

1. 内部证成

对经验预判的内容进行内部证成，主要是通过演绎推理完成对从法律规范到案件事实的涵摄的证明，所要追求的是证明预判是一个演绎有效的预判，也

① 参见最高人民检察院第十七批指导性案例。

就是说，预判是从支持该预判而提出的前提中所推导出来的。经由外部证成对大前提的解释权衡和论证成立，才能顺利完成从大前提到小前提的演绎推理。

在杨某国非法吸收公众存款这一案件中，第一次内部证成应当围绕非法吸收公众存款罪的经验预判入手。也就是说，大前提为非法吸收公众存款或者变相吸收公众存款，扰乱金融秩序的行为，构成非法吸收公众存款罪；小前提为行为人杨某国实际控制的望某集团在线上设立资金池，实际控制、归集、支配、使用投资款，开展网络借贷信用中介业务，扰乱金融秩序的行为；结论是行为人杨某国构成非法吸收公众存款罪。在这个三段论中，从大前提到小前提再到结论，在逻辑上并不能体现出推理的必然性，大小前提之间联系性并不紧密。根据罗伯特·阿列克西的表述，逻辑的有效性建立在依据可普遍化原则的形式正义要求的基础上，[①]换言之，对于杨某国实际控制的望某集团在线上设立资金池，实际控制、归集、支配、使用投资款，开展网络借贷信用中介业务，扰乱金融秩序的行为这一规范判断，只有依据一个普遍规范才能得到证成。这样，本案的第二次证成就是在大小前提之间增加一个前提：非法吸收公众存款或变相吸收公众存款的行为，包括在线上开展的网络借贷信用中介业务行为。第二次证成至少在演绎推理的逻辑上是完整的，对于增加的这一个前提，同样应当在外部证成中进行正当性的论证。为了确保法律规定与案件事实更为紧密的联系，还可以在第二次证成的基础上进一步展开三段论的推理，进行第三次、第四次的证成……笔者在此不做展开。

基于以上讨论，对刑民交叉案件的经验预判进行内部证成，应当注意以下几个问题。

第一，在内部证成中，演绎推理的步骤越是详细，越能够将案件所要解决的问题更清楚地表达出来，所得结论的逻辑性和有效性也就更强；相反情况下，如果证成展开的步骤越简略，大前提、小前提到结论的跨度就越大，虽然看似节省了司法投入，但是所得的结论更容易受到冲击和反对。因此，要在法律内部最大限度地进行逻辑推理，从而降低经验预判中谬误出现的逻辑可能性。

---

① ［德］罗伯特·阿列克西：《法律论证理论：作为法律证立理论的理性言说理论》，转引自［荷］菲特丽丝：《法律论证原理——司法裁决之证立理论概览》，张其山等译，商务印书馆2005年版，第108页。

第二，内部证成需要从既定的或者共识性的前提中进行逻辑推导。[①]对于经验预判的内部证成，这种既定的或共识性的前提首先也就是法律，需要法官判断出所有能够适用于本案的法律和法律原则，这一点与外部证成具有相同之处，但是二者的侧重点不同，后者发现法律是为了对适用不同法律的后果进行分析、比较，从而做出选择，而前者则只是为了演绎推理的逻辑性展开。

2.外部证成

法官思维的特质是根据预设的结论，寻求相应的权威规则予以支撑，[②]从而确立所选择的法律大前提具有与案件事实最大限度的相关性。因此，这种权威性的规则并非抽象的公平、正义、效率等司法价值，而是应当体现对裁判具体的指引作用，也就必然要以司法目标里三种效果的实现作为具体判断的标准，即从后果论的角度，对经验预判可能产生的各种后果进行分析和评价，以能够产生最佳后果的法律规范作为司法演绎推理的大前提。有学者指出，对于后果的分析是指法律效果以外的其他社会后果。[③]对此，笔者认为，司法目标所追求的法律效果具有广阔的内涵，不能将是否适用法律作为法律效果的衡量标准，良好的法律效果所追求的不仅是法律适用，还包括法律的准确适用。因此在下文，笔者将从三种效果展开对经验预判的外部论证。这种后果主义的思维范式的合理性与否，是法律形式主义和后果主义审判模式的争论所在，笔者无意参与这两种意识形态的纷争，但是为了防止单一后果论造成法律演绎适用的空洞化趋势和裁判结果的不确定性，以及法律形式主义的僵化和教条性缺陷，故刑民交叉案件对经验预判的外部证成，应当整合法律形式主义和后果主义的优势。对本案经验预判的外部证成包括以下几个方面。

第一，外部证成的实现，应当首先寻求法律体系内部的依据，穷尽法律依据，方可在法律之外去寻求能够证明经验预判正当性的理由。所谓穷尽法律依据，不仅包括法律没有规定的情况下，还包括法律规定内容模糊不清，以及若

① 王彬：《逻辑涵摄与后果考量：法律论证的二阶构造》，载《南开学报（哲学社会科学版）》2020年第2期。

② 参见张顺：《后果主义论辩的证成与具体适用》，载《北方法学》2016年第1期。

③ 孙海波：《“后果考量”与“法条主义”的较量——穿行于法律方法的噩梦与美梦之间》，载《法制与社会发展》2015年第2期。

干法律规定之间存在冲突的情况下，需要对后果进行分析从而弥补法律疏漏，明确法律的内容，并且厘清法律规定之间的关系，为其提供权威支撑。那么首先要进行的是“找法的工作”，也就是去寻求所有能够适用或者可以适用于本案的法律，既包括具体的法律规则，也包括抽象的法律原则。

其一，在杨某国非法吸收公众存款一案中，首先涉及民事违法与刑事犯罪的判断，因此可能适用的法律既包括民事领域的法律规定和法律原则，也包括刑事领域的法律规定。前者包括《关于贯彻执行〈中华人民共和国民法通则〉若干问题的意见（试行）》第121、122条，《合同法》第206、207条，《民法通则》中的公序良俗原则，[①]《最高人民法院关于人民法院审理借贷案件的若干意见》[②]以及《最高人民法院关于依法妥善审理民间借贷纠纷案件促进经济发展维护社会稳定的通知》等规定都可以成为本案的裁判依据。刑法领域可以适用的法律规定包括《刑法》第176条非法吸收公众存款罪、第192条集资诈骗罪及共同犯罪和单位犯罪的规定，《全国法院审理金融犯罪案件工作座谈会纪要》《关于整治非法证券活动有关问题的通知》《关于审理非法集资刑事案件具体应用法律若干问题的解释》《关于办理涉互联网金融犯罪案件有关问题座谈会纪要》《关于办理非法集资刑事案件若干问题的意见》等司法解释和指导意见，也应当加以考虑。

面对诸多法律规定和法律原则，应当重点关注的是民事法律和刑事法律适用何者的法律选择问题。此时就要对适用民事法律的后果和适用刑事法律有关规定的后果分别进行分析。如果认为望某集团在线上开展的对理财客户投资款进行的控制、支配、使用以及还本付息的行为仅仅是民间借贷行为，应当适用有关的民事法律进行调整，将无法实现良好的法律效果。望某集团的这一行为已经从网络借贷信息中介转化为信用中介，与商业银行的吸收公众存款业务并无实质差别，将非法从事金融存款业务的行为认为仅仅是民间借贷行为显然是不具有合法根据的，难以产生良好的社会效果。金融是现代经济的核心和血脉，为保护金融行业的健康发展，金融活动和金融创新都应

---

① 《关于贯彻执行〈中华人民共和国民法通则〉的若干问题的意见（试行）》《合同法》《民法通则》均已失效，现参照《民法典》及相关司法解释的规定。

② 已失效。

当体现对金融风险的有效防控，而将望某集团的这一行为认定为民间借贷行为，实质上是以金融创新的名义实施犯罪活动，是对国家金融管理秩序的破坏，从政治效果实现的角度来看，也是对国家鼓励金融创新政策的扭曲理解。而适用刑事法律的有关规定，相较于前者就具有更大的实现良好司法效果或司法目标的可能性。

其二，对上述第二次内部证成中增加的一个前提“非法吸收公众存款或变相吸收公众存款的行为，包括在线上开展的网络借贷信用中介业务行为”的外部证成，从法律效果来看，设立非法吸收公众存款罪是为了保护正常的金融秩序，而在线上开展网络借贷信用中介业务，本质上与商业银行所专属的吸收存款的金融业务并无区别，这一规范性命题具有合法性根据。从社会效果来看，望某集团在线上渠道吸收的公众存款高达11亿余元，并且涉及人数众多，肯定这一前提的成立，从而将望某集团在线上实施的行为认定构成非法吸收公众存款罪，有利于被害人权益的保护，也有利于在社会上进行法治宣传教育。从政治效果来看，信息技术的高速发展对于网络借贷问题的政策监管带来了一定的难题，对于新情况、新问题应当尤其重视，新增的这一前提符合我国对于网络借贷监管政策的基本精神，对行业的规范发展也具有积极的价值，因此综合上述三个后果的考量，可以证明这一命题的成立。

第二，外部证成是一个价值判断的过程，因此必须通过对经验预判的后果进行预测和评价，在法律制度之外获取得以成立的依据，使结论能够为一个理性人所接受。[①]法律论证的合理性都是司法判决是否具有可接受性的关键，这种将证成等同于接受的观点，最终又将对经验预判可接受性的判断回归到证成本身。在不同主体之间围绕经验预判取得价值共识，是难以通过逻辑和理性实现的，通过对后果的预测和评价，从而形成主体间共同的价值取向才是可行之策。最先要解决的问题，也是后果论所要回应的问题就是如何确定一个可行的标准，对后果进行辨别、衡量。[②]笔者认为，这一问题的确是不可避免的缺陷，但从第一点的论述可知，对后果的分析受到法律拘束原则的限制，将后果分析仅作为

① 参见王彬：《逻辑涵摄与后果考量：法律论证的二阶构造》，载《南开学报（哲学社会科学版）》2020年第2期。

② 参见张顺：《后果主义论辩的证成与具体适用》，载《北方法学》2016年第1期。

辅助性的证成方式就是对该缺陷的应对。后果的判断只有置于具体的案件中才具有更大的研究意义。如上文所提到的，法律效果的判断除了要判断法律的可适用性，还要考虑法律的应适用性，将民间借贷的民事法律和原则应用于对杨某国行为的定性显然缺失应适用性。对社会效果所要考察和判断的对象更为广泛，而无论是人的理性还是经验法则都是有限的，对其进行预测具有更高的难度。望某集团因资金链断裂，未兑付的资金高达26亿余元，涉及集资参与人13400余人，本案的良好社会效果，一方面，就是判断是否有利于最大限度实现被害人的利益，防止群体性事件破坏社会和谐稳定；另一方面，从普通社会成员的角度来考虑，对行为的定性是否会遭到社会公众的反对和谴责。虽然一定时期的舆论导向并不等同于真正的民意诉求，但是如果对舆论导向应对不当，也会损伤司法公信力。例如，如果预判该案中杨某国的行为不构成犯罪，当民众将自己置身于受害人的境地时，就会产生自身合法权益得不到司法保护的危机感。从政治效果来分析，就是要考虑在国家鼓励P2P等新兴金融行业发展的政策下，判定杨某国的行为构成非法吸收公众存款罪是否与这一政策相冲突，如果不冲突，还要进一步判断是否有利于规范这一行业的健康发展，创造良好的营商环境。

综合上述论述可知，对杨某国非法吸收公众存款罪一案的经验预判进行外部证成的结果是，以刑法的有关规定适用于其行为的判断能够实现良好的准确法律适用的法律效果，维护被害人合法权益，获得社会公众认可的社会效果，以及贯彻落实促进民间借贷领域金融行业健康发展政策的良好政治效果，作为大前提具有正当性。

在刑民交叉案件对经验预判进行证伪和证成，是正确应对这一类案件的有效方式，其中所体现的法律效果、社会效果与政治效果相统一的价值导向，避免了司法目标仅仅作为高高在上的口号式宣言，而是切实地落实到司法实践中。

四、进行合理性论证

（一）合理性论证之提倡

“法院判决是否具有说服力，在于其结果是否能够经受理性的检验。”①司

① ［德］魏德士：《法理学》，吴越等译，法律出版社2005年版，第303页。

法过程是一个法律论证的过程，也是对法律规范的内容进行演绎的过程，应当实现论证从前提到结论的逻辑正确，同时不能将前提与结论的可接受性抛之脑后，也即在一般地追求法律准确适用的同时，根据案件事实的特殊性，对法规范所包含的价值以及法规范以外的价值进行兼顾或者阙如，在最大限度保障社会基本价值实现的基础上，实现法律效果、社会效果和政治效果相统一的司法目标。目前，在司法实践中占据主导的司法推理方法仍是传统的司法三段论方法，在法律规范的大前提下，寻找具体的事实要件这个小前提，最后依据三段论推理得出判决结论。[①]其优势在于区分法律规范和法律事实，法律推理的过程简洁明确，使司法推理在合法性范围内展开，虽然能够证明论证过程是正确的，但隔离了前提与结论中对法规范之外的价值因素的考量和对合理性的论证，难以保证真理性与可接受性。而刑民交叉案件一方面涉及社会成员最基本的人身和财产关系，另一方面深入广泛的社会生活中，裁判与民众生活紧密相连，裁判过程和结果关系到司法正义的实现，对裁判的合理性提出了更高的要求。

在刑民交叉案件中进行合理性论证具有多重作用。第一，司法是一个定分止争的过程，实践中法律规则与案件事实很难呈现出理想状态下的绝对契合关系。因此，一方面，在法官自由裁量权行使中进行合理性论证，当法律适用产生多个可能的裁判结论时，进行合理性论证有利于最优解的选择，降低裁判者个人主观因素对裁判结果的影响，说服裁判者自身，防止同案不同判的司法风险；另一方面，通过在裁判过程和结果中进行合理性论证，说服当事人接受并尊重法律适用的结果，同时获得社会民众对裁判及法律公正性的认可，真正实现“正义从裁判中发声”，也就是说服其他主体。第二，合理性论证在方法论的积极性主要表现在通过论证说理将法律规范与法律事实相连，在规范与事实之间来回审视，保证大小前提具有准确性的同时，从逻辑架构、论辩规则以及理想的言谈情境三个维度得出妥当适宜的裁判结论，弥补了上述三段论的不足之处。第三，对司法进行合理性论证不能局限于过去的形式逻辑，而要求采用开放性的思维，通过对语言规则的反思，及对反思的主体间性理论，以价值导

① 焦宝乾：《当代法律方法论的转型——从司法三段论到法律论证》，载《法制与社会发展》2004年第1期。

向支撑具有合法性的裁判。上文中提到，民刑关系本身并不具有非此即彼的绝对区分，在依据静态的法规范的同时进行动态的合理性论证，与刑民交叉关系处理所要求的开放性、类型性相适应。

（二）合理性论证依据

司法过程应当体现正当性，反映社会的基本价值倾向。法律规范的形成本身就是社会基础价值观念由立法机关固定下来的规范形式，适用法律的过程就是社会价值在司法中的间接实现。而社会具有发展性，仅依据相对固定的法律规范来实现社会的基本价值追求并不能满足司法正当性的需求，那么在司法过程中，直接反映社会价值倾向和多元主体多元利益需求的其他社会规范就为司法正当性提供了理论基础。也就是说，在刑民交叉案件中，司法者不能将眼光仅停留在法律规范上，而应当运用法律思维能力和裁判技能寻求和把握实质的论证依据。结合我国司法实践，能够在案件处理中提供和实现合理性论证的依据主要有以下几点。

1. 法律原则

法律原则是可以作为法律规则的基础或本源的综合性、稳定性的原理和准则，[①]并不涉及主体间具体的权利义务关系，而是抽象地对社会关系进行高度的一般化指导和协调。法律原则不同于法律规则之处在于，其具有相对稳定性并且能够在广泛的覆盖领域下加以灵活适用。我国民法领域的法律原则包括公序良俗原则、平等原则、诚实信用原则；刑法的基本原则包括罪刑法定原则、罪刑相适应原则以及罪刑平等原则。法律规则虽然是法律原则的体现，但是后者所包含的基础或本源的原理和准则并非全部体现在法律规则中，因此在刑民交叉案件中，为了实现个案正义，司法者可以根据社会实际发展的需要，通过把握法律原则的基本精神，把社会、政治、经济、文化方面的需求补充到法律规则中去。例如，在利用大宗货物网络平台进行诈骗的案件中，如果平台交易真实，只不过采用欺诈方法诱骗他人参加交易或者采取价格操作方式获取非法利益的，在审判中应当考虑民商法中的保障商事交易自由原

---

① 张军主编：《法理学》，中国民主法制出版社2014年版，第36页。

则，肯定交易这一民事法律关系。[①]以法律原则作为合理性论证的依据，并非指在案件处理中直接适用法律原则，这在刑事案件中显然是不合理的，而应当对法律原则的基本理念进行考量，在裁判者自由裁量权的范围内，为法律的适用提供合理性的支撑。

2. 公共政策

公共政策是指为管理社会公共事务而制定的指导准则。法律与公共政策都是现代国家治理的重要工具，后者在法律的立法、执法和司法过程中，具有极为重要的指导作用。在当下社会发展迅速的变革期，法律的滞后性尤为凸显，面对层出不穷的法律适用难题，依照或者参考国家或党的公共政策来对案件进行处理，从而将动态的"社会之善的普遍观点"，[②]作为法律规则漏洞的补充，融入法律纠纷的处理过程中。目前，保护民营企业发展成为我国经济领域的重要政策之一，中共中央、国务院印发了《关于营造更好发展环境支持民营企业改革发展的意见》，并在中央经济工作会议、国务院减轻企业负担部际联席会议中多次强调激发民营企业活力和创造力，在涉及经济纠纷与经济犯罪的刑民交叉案件中，也应当从司法层面贯彻和落实政策的基本精神，在罪与非罪、此罪与彼罪的认定和刑罚的裁量与执行中最大限度地减少司法活动对涉及民营企业正常生产与经营活动的消极影响，为良好有序的营商环境提供司法保障。

3. 民意

我国的法律是人民意志和利益的体现，是人民意志经由立法程序上升成为公意的结果，但是司法对法律的适用有时会引发民意和司法公信力的冲突。例如，近年来引发社会广泛热议的许霆案、今麦郎天价索赔案等，对司法公信力造成了不小的冲击。故在刑民交叉案件中主张以民意作为合理性论证，具有现实的价值意义。社会解构与失范态势下，民众不安感增加，往往将自身置于潜在受害者的角度对案件进行思考，在个案中呈现集中性的舆论表达，与司法所要求的专业性相去甚远，这也是有学者提出刑事司法中民意不应当有作用空间

① 参见陈兴良：《刑民交叉案件的刑法适用》，载《法律科学（西北政法大学学报）》2019 年第 2 期。

② ［美］E·博登海默：《法理学：法律哲学与法律方法》，邓正来译，中国政法大学出版社 2004 年版，第 487 页。

的部分原因所在。但是司法作为纠纷解决机制，内含多元利益的冲突与协调，民意作为社会利益主体的利益需求的外化，在司法中通过考量社会价值因素丰富裁判理念、吸收民众作为裁判主体、注重运用社会经验优化裁判方法等多方面实现合理性论证并无不当。对民意的考量并不等同于司法对民意的让位，恰恰相反，司法应当坚守司法公正的坚实基础，只有保障司法权依法独立行使以防舆论绑架司法，民意才有可能获得最大限度的表达、落实。

4.其他依据

前述三种是在刑民交叉案件司法过程中应当主要参考的对象。在此之外，习惯、道德规范以及公平、正义等其他有助于进行价值判断和利益衡量的非正式规范要素，同样也可以在司法中为裁判者适用法律的过程和结论论证合理性提供依据。

（三）合理性论证的方法与适用

从学界对法律论证的研究来看，既存在哈贝马斯主张的逻辑论证层次、对话论证层次、修辞论证层次的三元论，也存在荷兰学者普拉肯提出的逻辑、对话、程序、策略的四元论。[①]笔者无意参与理论之争讼，但是肯定应当从静态和动态两个方面对刑民交叉案件进行合理性论证。

1.静态视角下的合理性论证

所谓静态视角下的合理性论证，指的是在特定案件中，根据形式化的逻辑思维寻求合理性依据，进行内在的、程式化、阶段化、模型化的探析，从而适应规范所期待的稳定性、系统性和明确性，[②]合理性论证的实现主要依靠逻辑论证。逻辑合理性是合理性论证最基本的要求，一般而言，进行逻辑论证可以采用的方法包括演绎论证、归纳论证、类比论证等。

第一，在演绎逻辑论证中，首先，应当寻求并确证充分合理的法律规范前提，包括法有规定时对法律的适用，及法无规定时，运用法律解释并参考诸如法律原则、公共政策以及习惯法等规范进行漏洞填补。其次，在小前提的发现和适用中同样讲求合理性，即要求裁判者根据民法、刑法的实体法规定对发现

① 孙光宁:《可接受性：法律方法的一个分析视角》，山东大学2010年博士学位论文，第185页。

② 徐梦醒:《法律论证规则研究》，中国政法大学出版社2017年版，第190页。

的案件事实进行整理，基于价值中立的立场对诉讼各方提交的展现其利益的案件事实进行认识和把握，从而将具有法律意义及相当客观性的生活事实上升为法律事实。最后，在大小前提确定后就进入了规范与事实的连接处理阶段，前两个过程的合理性为这一阶段的合理性提供了保证，目光在规范与事实之间反复流转，通过多次的循环考察论证，建立事实与规范的对应关系，以对前提到结论的论证过程进行批判性的逻辑论证。在这一过程中，从实体法的角度要求严格按照规范的基本内容进行合理性说理，程序法上对证据提出了较高要求，不仅应当具备相当数量的证据，而且证据的指向以及相关性同样应当为逻辑层面的合理性论证服务，促成论证过程的逻辑严密性。在刑民交叉案件中，还应当对案件的证明责任尤其是证明标准问题进行着重研究，根据个案具体的案件事实进行具体的考察。

第二，归纳论证。归纳是一种从个别提取抽象出一般的方法，是司法工作中不可或缺的方法。不同于演绎论证可以从前提、过程、结论三个层面进行合理性判断，归纳论证受价值判断和利益衡量的影响，对应的往往是盖然、可能。通过对一系列证据内容的归纳，形成对某一基本事实的有力证明链；通过将复杂的案件事实根据内容与属性加以归纳，形成案件基本性质的基本判断。以上文提到的潘某与金某民间借贷纠纷抗诉案为例，通过对案件基本事实的归纳可知存在两个基本事实：被告与原告约定其未能在约定的还款期限内向原告归还本息40400元，愿意向原告支付每日借款总金额1%的滞纳金，从合同来看成立民间借贷关系；但是原告通过收取保证金、平台费、业务费等虚高手续费用，制造银行流水痕迹，被告实际拿到的借款仅为26000元，是以民间借贷之名行“套路贷”犯罪之实。

第三，类比思维是法律活动中经常运用的一种思维方法，是根据两个或两类对象之间在某些属性上的相同，而推断出它们在另一属性上也相同的结论。[①]类比论证所得的结论具有高度或然性，在强调准确性的司法中加以应用应当谨慎，不能脱离法律规定而任意出入定罪，违背罪刑法定的基本原则。但是当法律不能进行规范指引时，裁判者就可以通过类比论证，参考其他案件的处理作出有效裁判。在我国的刑民交叉案件中适用类比法论证合理性尤其应当重视发

① 葛洪义主编：《法律方法与法律思维 第1辑》，中国政法大学出版社2002年版，第99页。

挥指导性案例制度的价值，法官只要确定待决案件与指导性案例的事实存在相似性，就可以参照指导性案例中的判决。[①]

2.动态视角下的合理性论证

合理性论证的动态视角是基于民主社会的法律不再仅仅是强制性的社会规范，而应当成为与协商式民主相适应的平等主体间的讨论。在司法中，在多主体的交往行为之中进行裁判有效性、可接受性的分析就是合理性论证的动态把握。哈贝马斯主张合理性不是给定之物，而是通过与他人的沟通而持续获致的。[②]因此，实现刑民交叉案件动态合理性论证的关键就在于通过对话沟通获得主体间裁判正当性的共识，也就是说，动态的合理性论证的实现大致可以从两个角度展开：第一，诉讼主体之间达成共识；第二，社会的广泛认可。

刑民交叉案件涉及的社会关系复杂，不能只局限于裁判者自说自话的独白，而应当扩大诉讼主体在案件司法过程中的参与，对案件事实、法律规则进行话语的互动论辩。换言之，传统的主体独白式的法律决定应当转换为多元主体的对话论证，重视语言在司法中的实际使用活动。而各方对话所采用的语言符号是特定价值与利益的外化，并不当然遵循法律互动规则，也就需要裁判者立足价值中立，对不同主体语言的陈述、与案件事实的符合程度、表现出来的利益与价值进行法律和客观真实上的筛选与取舍，对案件的事实及适用的法律规范独立地作出判断并充分予以判中及判后说理。此外，合理性的论证要求在不同主体尤其是诉讼主体之间构建有效的对话方式，关键在于理性论辩程序的设定。我国刑事诉讼和民事诉讼领域都对诉讼主体的基本诉讼权利进行了规定，并在实践中加以保护，刑民交叉案件最终定性为刑事案件的应当强调庭审实质化，发挥庭审在保障诉权、查明事实、解决争议以及公正裁判中的决定性作用，真正使司法过程获得诉讼主体的认可。

不同主体的交涉互动最终指向的是主体间价值共识的达成。也就是说，通过对话，最终应当在诉讼程序中的控辩审三方主体之间达成价值的合意，并进而在更广泛的诉讼程序之外的社会层面于社会民众中形成共识，动态的

① 王利明：《我国案例指导制度若干问题研究》，载《法学》2012年第1期。

② ［比］马克·范·胡克：《法律的沟通之维》，转引自徐梦醒：《语言学视野下的法律论证》，中国政法大学出版社2014年版，第131页。

合理性论证就得到了真正实现。主体性理论是一种理念和价值观，意义在于指导诉讼的进行，而不在于成为解决一切具体技术问题的利刃。[①]该理论在刑民交叉案件中的指引作用在于重视司法为民，强化对司法的社会监督以获得良好的社会法治效果。这样一来，民意与司法关系的协调就成为关键。上文提到，刑民交叉案件进行合理性论证可以民意为参考依据，但民众通过新闻媒体所接受到的案件信息，因博取关注难免有所偏差，而通过舆论反映出来的民意又往往因为以个案作为社会焦虑感的宣泄口具有一定扭曲，如许霆案的一审判决，尽管一审诉讼主体之间就盗窃罪与侵占罪的定性产生争议，但是面对标题为《ATM机取款引发的无期徒刑　法律是谁的守护神？》《ATM机取款引发的无期徒刑》等的新闻报道，民众所热议的大都是无期徒刑的刑罚，而并未对案件具体事实多加关注。理查·马屈有言，真正的法庭是开放的。司法机关在刑民交叉案件中重视民意的表达是保持开放性的一种体现，但应当坚守专业性要求，严守司法底线，区分民意是激情式的表达还是民众具有社会现实性的切实之需，落实公民诉权保障制度和规则建构，在司法中实际发挥人民陪审员制度和人民监督员制度在拓宽公民参与司法渠道方面的积极意义。

上述对合理性静态与动态的区分仅仅是在合理性论证的整体框架中而言的，并不具有绝对性。逻辑合理性论证从整体上具有静态性，但正如拉伦茨所说的，在小前提的判断过程中，实际上是规范适用的过程，这也就肯定了三段论的三个环节处于动态的连接之中，构成一个具有内部互动性的稳定整体。从静态和动态两个层面进行案件的合理性论证，获得诉讼主体与社会民众的双重肯定，才是能够提高刑民交叉案件裁判可接受性和正当性的理性路径。

五、准确把握刑事政策

（一）刑事政策的司法价值

伴随着社会犯罪形势的变化，刑事政策的地位和功能受到了更高的重视，

---

① 左卫民、朱桐辉：《谁为主体如何正义——对司法之主体性理念的论证》，载《法学》2002年第7期。

主张刑法刑事政策化的学者指出立法的刑事政策化和司法的刑事政策化，[①]也即要在刑事立法和司法中贯彻刑事政策的内容与精神。在刑事司法中激活刑事政策的作用，具有不可忽视的积极意义。

第一，刑事政策对司法活动具有导向作用。应然状态下，刑事司法适用刑法规范对犯罪行为进行惩治，应当严格遵守罪刑法定原则。但在案件的处理过程中，犯罪事实并非与理论建构纹丝合缝，司法所追求的也并非仅仅是规范适用的准确性，还包括良好的社会实效，这就要求在刑事司法过程中应当对规范的和非规范的要素都加以考量。刑事政策是国家和社会对犯罪现象作出价值评判后的意志倾向，其任务不是为人们提供具体的行政规范，而是要解决犯罪控制系统中深层次的问题。[②]这种带有意向性的刑事政策自然也就具有了对刑事司法活动的导向性。此外，不同于相对固定的刑法规范，刑事政策具有动态性和开放性，一方面受到不断变化的犯罪形势的影响，将犯罪的现实情况加以反映；另一方面又根据犯罪以多样的调整手段对犯罪作出反应。因此，无论是刑事政策所蕴含的意志倾向，还是对犯罪的及时反应，都是刑事司法运作所不能割舍的，指导刑事司法制度的建设和实践活动的展开。

第二，刑事政策有助于整合司法资源与力量。刑事政策以社会的犯罪现象作为政策过程的起点，其所指向的对象具有广泛性，既包括宏观的犯罪现象，也包括微观的犯罪问题。既要对法定的犯罪行为进行调整，也要考虑法定犯罪之外的越轨行为；犯罪行为人、违法行为人、被害人、普通社会成员等都在刑事政策的客体之列。多元的对象需要具有针对性的、多样的手段，如惩罚性手段、预防性手段和恢复性手段。社会的发展对犯罪的防控提出了更高的要求，司法成本大大提升；集团性犯罪、恐怖主义犯罪、有组织犯罪等犯罪的高发需要集中司法资源予以惩治。在此背景下，在刑事司法活动中贯彻刑事政策的精神一方面有利于在国家、社会和公民之间达成犯罪治理的协同合作关系，[③]另一方面通过运用刑罚以外的其他手段也有助于在实现良好社会效果的同时降低司法投入。

---

① 陈兴良：《刑法的刑事政策化及其限度》，载《华东政法大学学报》2013年第4期。

② 赵亮：《当代中国社会转型时期的刑事政策调整》，法律出版社2013年版，第42页。

③ 石聚航：《刑事政策司法化：历史叙事、功能阐释与风险防范》，载《当代法学》2015年第5期。

第三，刑事政策在刑民交叉案件中具有重要的司法价值。随着社会主义市场经济的不断发展，刑民交叉案件呈现不断增长趋势。其中，涉及经济类的案件占据重要地位。这一类案件事实复杂、法律适用疑难问题突出，对政策具有较强的依赖性，仅仅依靠立法难以有效应对，需要司法机关予以特别重视。如果行为构成犯罪，在适用刑法规定的同时，为了挽回经济损失，防止处分不当扰乱市场经济的发展秩序，应当对民法的规范目的进行考量，也即以在惩治犯罪的同时最大限度地促进民事交易的实现为司法活动的追求。刑事政策是国家对犯罪的反应，具有广泛的包括社会政治、经济在内的外延，并追求理论的实用性和可操作性。对于经济类刑民交叉案件，以刑事政策作为民法法域和刑法法域的规范目的的缓和中介，能够在维稳和维权的基础上，实现裁判的合理性与合法性，法律效果、社会效果和政治效果的统一。

（二）刑民交叉案件刑事政策的基本理念

刑事政策是社会政策的重要组成部分，要准确把握处理刑民交叉案件的刑事政策需要，结合我国社会政策动向梳理其基本理念和原则。近年来，从我国民事经济领域的基本政策动向来看，与党中央、国务院深化“放管服”改革，推动政府职能深刻转变相适应，优化营商环境的决策受到重视，2019年国务院颁布《优化营商环境条例》以服务于我国现代化经济体系的建设，其中，民营经济和金融经济的发展成为重中之重。党的十九大报告中明确指出要支持民营企业发展，激发各类市场主体活力；并强调金融安全是我国经济高质量发展的主要基础。在刑事犯罪领域，有学者根据2018年的犯罪发展趋势和社会现实预测我国犯罪呈现传统型犯罪率逐渐降低，互联网+传统犯罪愈演愈烈；涉众型经济犯罪形势严峻，新兴经济领域成为犯罪重灾区的趋势，[①]这一预测也得到了当下现实的证实。因此，结合我国的犯罪现状及政策，一般来说，刑民交叉案件的刑事政策应当确立下列基本理念。

1.法治原则

强调刑民交叉案件的刑事政策应当遵从法治原则，包括两层含义。

① 靳高风、守佳丽、林晞楠：《中国犯罪形势分析与预测（2018—2019）》，载《中国人民公安大学学报（社会科学版）》2019年第3期。

第一，实现人权保障的法治原则，也就是罪刑法定原则。在刑事司法活动中贯彻刑事政策，实际上涉及国家刑罚权的应用。因此，必须严格遵守法无明文规定不为罪，法无明文规定不处罚的罪刑法定原则。在充分考虑经济犯罪和经济纠纷的特点基础上，依法对二者予以区分，对行为的定性、量刑、行刑三个过程都必须控制在法定范围内，无论是“宽”还是“严”，都应当于法有据，当宽则宽，该严则严，既要防止宽大无边、放纵犯罪，也不能严厉无比、滥用刑罚侵犯人权。对于仅成立轻罪并且人身危险性小的行为人，应尽量减少适用刑罚，以其他方式代之。在罪刑法定原则基础上，刑事政策还应当体现谦抑性的基本精神，凡是用行政或民事等其他手段足以惩治的，不应当认定为犯罪；适用轻刑就能实现良好的惩治效果就不应当适用重刑。

第二，维护市场秩序的法治原则。市场经济的良性有序发展离不开国家公权力的保障，但国家权力天生具有扩张性，如果不加以限制，反而会损害市场经济的发展。因此，基于促进交易和维护市场秩序的角度，应当以法治原则限制国家刑罚权的发动，寻求权力、社会和市场三者之间的平衡。

2.注重效果原则

刑事政策以社会的犯罪问题为起点，最终又指向社会的犯罪现象。因此，刑事政策具有服务于社会发展的价值特质。为了实现刑事政策的社会价值，在刑民交叉案件的司法实践中应当追求良好的效果，满足社会对公平、秩序、正义等价值需要。根据这一原则，刑事政策应当及时掌握犯罪形势的变化和社会的现实需要，根据不同情况，分析对不同群体或个体可能产生的影响，灵活区别对待，服务于新时代法治建设和经济发展的大局。当然，这一原则应当处理好与前述法治原则的关系。一般来说，在刑事司法过程中，刑事政策虽然具有指导作用，但是应当在法律所允许的范围内发挥。因此，刑事政策在刑民交叉案件的实现首先应当符合法治原则，然后才能肯定其效果价值。

3.强调犯罪预防的目的导向

刑事政策本身是没有目的的，但是刑事政策主体在创制和适用刑事政策的过程中，赋予其一定的价值取向，也就产生了一定的预期目的。学界对于刑事政策的目的并无定论，早期的刑事政策以惩罚犯罪、维持秩序为目的，此后随着犯罪形势的变化和刑事政策研究的深入，刑事政策目的论开始向预防犯罪、维持秩序的方向发展。[①]就易产生刑民交叉的经济类犯罪而言，与社会经济紧密相连，不可能被彻底消灭，只能从犯罪预防的角度加以控制。这也就要求刑事政策以开放的视角和广泛的外延对经济犯罪作出反应，分析和把握容易滋生经济犯罪的各种因素，运用多样的手段最大限度地在犯罪发生前进行控制。

4.平等公正

平等公正也即对各经济主体予以平等保护，这一理念主要是为了实现对民法规范目的的兼顾。2020年1月17日召开的中央政法工作会议强调，要为企业发展营造更好的法治环境，坚决防止把经济纠纷混作犯罪处理、把民事责任变为刑事责任。[②]民营企业是我国经济发展的重要力量，重视对民营企业利益保护的政策导向也应当反映在刑民交叉案件所要适用的刑事政策中。也就是说，对案件各方经济主体，不论是公有制经济还是非公有制经济，应当予以平等、无歧视的保护。同时，为了促成良好营商环境所需的机会平等、权利平等，应当注重运用针对性的刑事政策手段，以维持市场的利益协调，形成公平竞争的良好市场氛围和法治边界。

5.人道原则

人道原则是刑事政策普遍遵守的指导性原则，在刑民交叉案件中贯彻刑事政策应当体现人道主义的基本精神。指导刑事司法的刑事政策内容丰富，既包括刑事实体法方面的政策，也包括刑事程序法方面的政策，据此可大致将该原则分为两层含义：第一，应当根据行为人的不同特质适用有利于犯罪人回归社会的针对性刑罚。对刑民交叉案件中构成轻微犯罪并且再犯可能性低的行为人，应当尽量适用轻缓的刑罚，如资格刑、罚金刑，或者适用非监禁刑，让其在社会生活中进行改造，避免在狱中沾染恶习。对于其他一些严重的犯罪行为，如涉众型经济犯罪，由于影响广泛，应当予以严厉打击，但这并不意味着要对此类行为人一律适用重刑，而是应当根据矫正改造行为人的需要裁定适用有力而非过度严厉的刑罚。第二，程序法意义上的人道精神要求通过正当程序加以实现，不仅要重视对涉及公民生命、自由等人身权利限制和剥夺的程序正义，严格禁止适用残酷不人道的刑罚，在经济犯罪中也应当对财产的限制和剥夺持谨

① 参见赵亮:《当代中国社会转型时期刑事政策调整》，法律出版社2013年版，第57—58页。

② 《为民营企业营造更好的法治环境》，载《北京青年报》2020年1月19日，第A02版。

慎态度，必须严格依照法定程序进行。

（三）刑事政策的具体适用

刑事政策有基本刑事政策和具体刑事政策之分，前者是国家最高决策机关在特定历史时期内依法所确定的刑事政策总体价值目标与宏观实体策略的有机统一体。①我国的基本刑事政策经历了从惩办与宽大相结合到当下宽严相济的刑事政策。具体刑事政策则是在基本刑事政策指引下对具体问题所做的细化实体策略。对于刑民交叉案件，特别是涉及经济类犯罪的刑事案件，应当依托宽严相济的刑事政策，根据案件的不同情况予以具体化。宽严相济的刑事政策包含“宽”“严”“济”三方面的内容，分别指的是：宽缓、宽容，又可分为非犯罪化和刑罚轻缓化两层含义；严格、严厉，分别对应加强刑罚幅度和严密刑事法网；协调、补充，宽严应协调有度，宽中有严，严中有宽。②因此，在刑民交叉案件运用刑事政策包括如下内容。

1.宽严相济之“宽”

（1）对案件情节进行准确把握，不能将仅为民事经济纠纷的行为认定构成经济犯罪。

第一，严格区分正当的融资与非法集资、非法吸收公众存款，合同欺诈与合同诈骗。对那些虽然具有刑事违法性，但是随着社会和经济的发展已经不再具有相当程度社会危害性的经济纠纷行为，则不认定为犯罪，避免以刑事手段不当干预经济纠纷。第二，为了激发市场的活力，应当在法律和司法解释规定尚不明确，罪与非罪界限模糊，且并不属于违背法律基本精神的范围内为民事活动产生的经济纠纷保留一定的容错空间，允许企业及其他经济主体大胆探索，在考量社会经济效果后，可以不作犯罪处理。以赵某诈骗再审改判无罪案为例。

【案例五】1992年年初，被告人赵某担任厂长并承包经营的鞍山市立山区春某铆焊加工厂与东某冷轧板公司建立了持续的钢材购销关系。1992年至1993年间，赵某从东某冷轧板公司多次购买冷轧板。赵某提货后，通

① 魏东：《保守的实质刑法观与现代刑事政策立场》，中国民主法制出版社2011年版，第189页。

② 参见张亚平：《宽严相济刑事政策方略研究》，中国检察出版社2008年版，第130—139页。

过转账等方式，向东某冷轧板公司支付了大部分货款。在实际交易中，提货与付款不是一次一付、一一对应的关系。其中，1992年4月29日、5月4日、5月7日、5月8日，赵某在向东某冷轧板公司财会部预交了支票的情况下，从东某冷轧板公司购买冷轧板46.77吨（价值人民币134189.50元）。提货后，赵某未将东某冷轧板公司开具的发货通知单结算联交回东某冷轧板公司财会部。1992年5月4日、5月29日，1993年3月30日，赵某支付的货款220535元、124384元、20000元分别转至东某冷轧板公司账户。后双方在赵某是否付清货款的问题上发生争议，产生纠纷。1994年8月11日，东某冷轧板公司以赵某诈骗该公司冷轧板为由，向公安机关报案。[①]

根据最高院查明的案件事实，赵某虽未及时支付货款，但并未超出合同双方认可的交易惯例和方式之范围，不存在非法占有目的。并且，赵某4次提货前，均向合同相对方东某冷轧板公司财会部预交了支票，履行了正常的提货手续，事后，赵某未否认提货事实的发生，更未实施逃匿行为，不存在构成诈骗罪所需要的虚构事实、隐瞒真相之行为，因此，赵某主观上没有非法占有的目的，客观上亦未实施虚构事实、隐瞒真相的行为，不符合诈骗罪的构成要件，不构成诈骗罪。该案件虽然发生在20多年前，但对于当下刑民交叉案件的审理具有重大的指导意义，被认为是最高人民法院第二巡回法庭敲响东北地区保护企业家人身和财产安全的第一槌。该案中赵某被改判无罪的关键点在于，严格区分经济纠纷与刑事诈骗犯罪，严格限制刑事手段适用于尚未超出普通民事合同纠纷范畴的案件中，保障正常的民事活动，维护平等、自愿、公平、自治的市场交易秩序，用法治手段为健康的营商环境护航。

（2）综合运用多重手段加以应对。

刑法不是应对经济犯罪的唯一手段，而是最后的武器与防线，在刑民交叉的经济犯罪案件中，尤其应当重视国家调整手段的多样性，在国家的政治、行政和民事的手段与刑罚之间形成有机结合。对刑罚的适用应当追求刑罚轻缓化，包括下列几点：第一，对轻微的经济犯罪免除刑罚。第二，在刑种的适用上应

① 参见中国法院网：https://www.chinacourt.org/article/detail/2019/10/id/4591209.shtml，最后访问时间2021年11月15日。

当扩大非监禁刑，包括财产刑和缓刑的适用，减少、限制死刑和自由刑。财产刑剥夺犯罪人的财产利益而并不涉及其人身自由，对贪利型犯罪具有良好的预防和惩治效果。在构成轻罪的经济犯罪中扩大罚金刑的适用范围，对较为严重的犯罪适用没收财产，能够限制或剥夺行为人再次实施犯罪的物质基础。但是目前我国财产刑存在执行难的问题，应当根据宽严相济刑事政策适用的需要对财产刑的执行制度予以改进，以确保财产刑落实到位。此外，在适用财产刑时，应当严格区分合法财产和违法所得，个人财产和企业法人财产、涉案人员个人财产和家庭成员财产。[①]缓刑在经济类犯罪中同样具有重要的积极意义，对轻罪犯人适用缓刑，避免其社会关系的中断，在正常的社会生活中实现再社会化，同时，也能够避免因适用监禁刑所带来的较高的司法投入和犯罪人沾染其他恶习的弊端。第三，刑罚执行过程中重视减刑与假释在改造罪犯、预防经济犯罪方面的正面价值。

（3）程序简易化和非刑事诉讼化。

诉讼程序简易化和非刑事诉讼化是在刑事诉讼程序上对宽严相济政策“宽”的贯彻。程序简易化即通过运用简易程序、刑事速裁程序和认罪认罚从宽制度，对刑民交叉案件进行审理，减少不必要的司法资源投入，提高司法效率，也为当事人提供便利；非刑事诉讼化就是在审理刑民交叉案件中，对于构成犯罪，或者虽然构成犯罪但是情节轻微等情形，激活刑事诉讼法所规定的不起诉制度及刑事和解制度的活力。还有学者提出，可以在我国刑事司法中有条件地引入控辩交易制度。[②]这一主张的出发点与不起诉制度和刑事和解制度具有共通性，也即避免在冗杂的诉讼程序中耽搁，尽快解决案件矛盾，从而使当事人尽快恢复正常的生产经营、生活状态。

2. 宽严相济之“严”

20世纪80年代，邓小平发表了《坚决打击经济犯罪活动》的讲话，对当时惩治经济类犯罪起到了政策的指引作用。而如前所述，当下我国重视民营经济的发展和金融安全，营造良好的市场经济环境，所以宽严相济刑事政策所蕴

① 参见徐文文：《企业家涉产权犯罪刑事司法政策探讨》，载《法律适用（司法案例）》2018年第12期。

② 赵亮：《当代中国社会转型时期的刑事政策调整》，法律出版社2013年版，第174页。

含的“严”是建立在“宽”的基础上，对一些重点领域、危害性较大的重点犯罪予以严厉打击，而非彻底从严。产权制度是社会主义市场经济的基石，不仅保护物权、债权、股权，也保护知识产权及其他各种无形财产权。党中央和国务院为保护产权、优化营商环境作出了多项决策部署，为了维护民营经济健康发展所需要的公平竞争市场和法治营商环境，应当对侵犯产权类的犯罪在入罪、出罪及刑罚裁量和执行方面予以从严处理。

（1）涉众型经济犯罪。最高人民检察院在《关于充分履行检察职能加强产权司法保护的意见》明确指出要突出打击非法吸收公众存款、集资诈骗、组织领导传销等涉众型经济犯罪，此类犯罪逐年高发，涉案金额巨大，受害者人数众多，并且往往涉及证券、医药等多个领域，社会危害性巨大。在司法活动中又时常面临行为定性和取证困难、需要多方多地司法力量的协调合作等阻碍，对于这类案件尤其应当重视司法的社会效果。因此，在办理这类案件时，应当重视对不同犯罪主体区分对待，对自然人犯罪主体的主犯、单位犯罪主体的主管人员和直接负责的主管人员应当依法从严处罚。单位犯罪中企业的财会人员和其他专门从事相关业务的人员以及其他为犯罪提供帮助的人员，[①]要根据其实际作用判断是否入罪以及从严处罚。此外，还应当对案件的不同类型予以区别处理。例如，同为非法吸收公众存款用于企业的正常生产、经营，但企业最终因风险失控、资金链断裂导致无法偿还以及企业正常营利运转，这两种类型虽然都成立犯罪，但是显然前者才应当受到严厉打击。

（2）侵犯产权的职务犯罪。随着我国反腐工作的开展和监察体制的深化发展，职务犯罪成为我国刑事领域关注的重要犯罪。在侵犯产权案件中的职务犯罪不仅违背了正常的职能活动，对有序运转的营商市场也造成了破坏，应当重点规制下列几类犯罪：第一，利用国有产权所有者和代理人关系不明晰，国有企业财务、采购、营销、投资等方面内部监督制度不健全实施的贪污、受贿、挪用公款、私分国有资产等犯罪，以及通过内部人控制、关联交易、利益输送、利益交换等方式，以市场行为掩盖非法目的，导致国有资产严重流失的犯罪。第二，重点惩治发生在金融、土地、财税、能源、资源等重要领域行政审批、管理过程中侵犯产权的失职渎职犯罪。第三，重点惩治发生在国有资产、

① 参见印仕柏、李春阳：《涉众型经济犯罪之刑事政策及其适用》，载《法学评论》2010年第5期。

集体资产清产核资、登记、保管、使用、处置过程中的职务犯罪，以及利用农村产权流转交易侵犯农村集体产权、侵犯农民权益的职务犯罪。此外，对非公企业高管的职务犯罪问题也应当予以重视。

3.宽严相济之“济”

刑民交叉案件中强调“济”，也就是强调宽严要相互结合，宽中有严、严中有宽，对案件的处理不能僵硬地根据法律规定一味地从严或从宽。前述应当从严处理的案件所强调的也是宽严相互协调，对刑民交叉案件的处理须根据案件的具体情节进行区别对待。对于主观恶性大且犯罪情节恶劣的主犯、累犯必须依法从严惩处，而对于主观恶性较小、犯罪情节轻微的初犯、从犯、偶犯，则应当依法从宽处理。对于犯罪中认罪态度良好，主动投案自首或者坦白罪行的，以及检举揭发他人犯罪或者具有犯罪未遂、中止等法定从轻情节的，也应当在司法过程中进行从宽处罚的考量。

以上文所述的杨某国非法吸收公众存款一案为例，杨某国是望某集团法定代表人、董事长，截止到2016年4月20日，望某集团通过线上、线下两个渠道非法吸收公众存款共计64亿余元，未兑付资金共计26亿余元，涉及集资参与人13400余人。[①]从宽严相济刑事政策的角度来分析，本案是典型的涉众型经济犯罪，望某集团将非法吸收的公众存款用于还本付息、生产经营等活动，但是因资金链断裂而导致无法按期兑付本息，属于前述应当依法从严处罚的案件类型。行为人杨某国的犯罪已经达到数额巨大，依法适用最高一档的法定刑。本案的争议焦点之一在于望某集团在线上吸收的资金是否属于犯罪数额。杨某国的辩护人认为，国家允许P2P业务先行先试，望某集团设立资金池、开展线上业务之时国家尚未对该行业进行规范，仍属于民事法律的范畴。但事实上，虽然“宽”要求为鼓励企业的创新活动应当保留一定的容错空间，但是这一空间应当是不被法律所禁止的，而望某集团在线上开展的网络借贷中介业务已经从信息中介转化为信用中介，与商业银行吸收存款业务并无实质差别，对这一行为应当严厉打击，将线上吸收的资金计入犯罪数额。

总而言之，在刑民交叉案件中把握宽严相济的刑事政策，考虑到犯罪本就是作为社会的一种消极现象而存在，再加上刑民关系交织，在兼顾民事活动利

① 参见最高人民检察院第十七批指导性案例。

益的情况下，应当首先坚持宽大的精神，在此基础上，考虑从严的必要性和合理性。在遵守法律规定的同时，也应当合乎情理，关注和体现社会公众的共同价值判断和意志倾向。

第三章

社会危害性及其判断

第一节　社会危害性的地位

一、社会危害性的内涵

（一）社会危害性的基本概念

从渊源上看，社会危害性概念源于苏联刑法理论。在苏联刑法理论体系中，行为是否具备社会危害性是能否构成犯罪的必要条件。因此，在苏联刑法中的四要件犯罪论体系被介绍到国内，并在我国取得通说地位之后，社会危害性的判断也随之成为我国刑法理论体系中一个极为重要的概念。一般来说，社会危害性是指行为依据主流社会的价值判断对刑法所保护的社会关系造成或者可能造成损害的特性。[①]社会危害性的基本概念包括两个方面：首先，从性质上看，社会危害性属于价值评价的一种，是我国宪法和法律对行为人的行为所作出的否定性的评价，原则上仅限于行为人的行为所直接引起的危害后果。[②]其次，从程度上看，根据我国刑法的规定，“显著轻微”的危害行为不认为其具备社会危害性。[③]所以，只有被宪法和法律所否定的、严重危害社会的行为，才被认为具有社会危害性。

（二）社会危害性的特征

社会危害性的特征，主要可以归纳为以下几点：其一，社会危害性的判断是价值判断。可以认为，任何行为本身都是不具备价值色彩的，而由于一些

① 参见齐文远主编：《刑法学》，北京大学出版社 2016 年版，第 49 页。

② 参见苏青：《我国刑法中社会危害性概念之界定》，载《中国刑事法杂志》2012 年第 7 期。

③ 《刑法》第 13 条但书规定：“……依照法律应当受刑罚处罚的，都是犯罪，但是情节显著轻微危害不大的，不认为是犯罪。”

行为在客观上会对社会产生负面效果，不利于社会的发展，所以立法者和司法者通过制定法律、进行解释等一系列立法和司法活动来对这一类行为贴上“犯罪”的标签，也即认定这一类行为具备社会危害性。所以行为是否具备社会危害性、具备多大的社会危害性，事实上都是价值主体进行价值评价的结果，行为的社会危害性与行为本身的客观属性是有所区别的。

其二，评价行为是否具有社会危害性的依据是现行有效的法，而不是习惯、伦理等其他规范。这里的“社会危害性”，指的是刑法上的社会危害性。在民事、行政等领域，可能存在通过风俗习惯等来判断社会危害性的情形，如民法中存在的无过错责任，行为人即使在主观上没有过错，只要在客观上造成了损害结果，就仍然需要承担损害赔偿等民事责任。但在刑法上，对社会危害性的判断需要严格地依照宪法和法律，因为刑法所进行的处罚更为严厉，在适用时需要更加谨慎，而相比于明确的法律条文，伦理道德、风俗习惯等都具有主观性、模糊性的特点，如果以此为规范来认定行为人构成犯罪，进而追究刑事责任，很有可能侵犯行为人的正当权益，有违刑法的人权保障机能。

具体来说，刑法上的社会危害性的评价依据主要有二，一是我国的宪法，二是我国的刑法。宪法是我国的根本法，是所有法律的根本依据。立法者在制定刑法时，必须遵守宪法规定的根本原则与基本精神，不然相对应的刑法条文就会归于无效。从这个角度上说，只要行为符合宪法的基本精神，该行为就不具备社会危害性。但是宪法的规定较为宽泛，在具体案件中仍然需要进一步细化，所以专门规制犯罪行为的刑法就承担了这一任务。我国刑法分则中规定的每一项具体罪名，事实上就是对某一种或者某几种行为具备社会危害性的肯定，如故意杀人罪就肯定故意杀人行为具备严重的社会危害性。当然，在立法完成后，随着社会的发展，刑法也会暴露出一定的漏洞与缺陷，无法准确地判断一些具体的情形是否具备社会危害性。此时就需要采取解释的方式，由司法机关结合具体案件来阐释法律条文，并作出最终的判断。

其三，社会危害性的评价对象是行为及行为所产生的结果。有一些学者认为，社会危害性的评价对象仅限于危害行为所造成的直接结果。如果危害行为并没有造成危害结果，则不认为其具有社会危害性。[①]一方面，他们指出社会

① 参见苏青:《我国刑法中社会危害性概念之界定》，载《中国刑事法杂志》2012年第7期。

危害性体现为危害行为对他人的直接侵害，在没有对他人进行侵害的场合，不应当认为有社会危害性。例如，自杀行为就只侵害了自己的生命健康，没有造成对他人的危害，于是就不成立犯罪，不具有社会危害性。另一方面，虽然刑法中也存在危险犯的概念，即没有产生实害结果，刑法也认为一些行为具有社会危害性，有处罚的必要。但是，危险犯应当作为例外处理，刑法追究行为人刑事责任的原则仍然是产生实害结果。除了法律有明文规定的情形之外，其他情形都不具备社会危害性。例如，教唆他人故意犯罪，被教唆的行为人最终没有实施犯罪的场合，即使教唆者的行为可能引起严重的后果，但是由于没有产生实际的危害，故不具备社会危害性，进而也就不成立犯罪。

在笔者看来，以上观点有一定的可取之处，在很大程度上有利于保障被告人的自由，但是显得过于宽纵，很可能不当地缩小刑法处罚的范围。因为这种观点仅关注行为带来的后果，而不关注行为本身，这从分析模式上来看就是有所欠缺的。首先，单纯关注行为是否造成危害后果，无法有效地得出该行为是否具有社会危害性的结论，即使行为没有产生危害后果，一样有可能具有社会危害性。在我国现行刑法之中，虽然大多数犯罪都是实害犯，但是行为犯一直有着一席之地，这就说明很多行为不需要造成结果，其本身就构成犯罪，如非法持有枪支罪、持有毒品罪、参加恐怖活动组织罪等。而如果依据上述观点，单纯地把这些罪名当作“例外”，只有在法律有明文规定时才承认其社会危害性，事实上就已经犯了逻辑错误。因为正是由于行为具有严重的社会危害性，立法者才考虑将其作为犯罪处理，进而制定具体的罪名，加入刑法典中。如今又以其出现在刑法典中为由肯定其社会危害性，这种论证方法不仅存在循环论证的问题，还是本末倒置的，实质上是回避了对行为犯的法理思考。其次，退一步讲，即使在定性时肯定造成了危害后果的行为都具有严重的社会危害性，如果光靠危害结果这一衡量标准，在定量时一样会出现问题，很多情况下并不足以具体判断行为的严重程度。因为在司法实践中，尤其是在共同犯罪的场合下，很多时候直接实施了行为，造成了严重后果的行为人，事实上可能只是共同体中的“小弟”，而实施教唆或者帮助行为的人才是幕后的“大哥”。例如，在毒品犯罪中，很多携带毒品企图混过机场、火车站安检的行为人，很有可能只是毒贩临时雇用来的“马仔”，真正的毒贩只需要开出很小的价码，加上一定的教唆煽动行为，就足以让很多倾家荡产的吸毒人员充当运输毒品的“工具”。在分析这种行为的社会危害性大小时，单从危害结果上看，运输毒品的行为人直接实施了行为，并且直接引起了危害结果，使毒品从加工厂等地流向了市场，而教唆他们运输毒品的行为人则只是简单地以很少的金钱相诱惑，甚至都不需要使用强迫的手段，故最多只是间接地造成了毒品流入市场的结果。那么，是否可以肯定毒品运输者行为的社会危害性就高于背后指使的毒贩呢？答案显然是否定的。因为不管怎么分析，幕后的指使者都是处于主导、支配地位的，运输者只是“听命行事”，如果“听命行事”的成了主犯，“发号施令”的反而是从犯，这必然与罪责刑相适应原则相悖。从犯罪受益来说也是如此，运输者最多只是拿到一点雇佣金，最终将毒品运送进市场之后的贩卖所得都属于在幕后指使的毒贩，所以认定运输者行为的社会危害性大于毒贩的结论必然是不准确的。综上所述，笔者认为社会危害性的评价对象不应当仅限于犯罪行为直接造成的危害结果，而应当同时考虑犯罪行为本身，结合具体的犯罪情节对行为人犯罪行为的社会危害性进行考量。

最后，从量上来说，社会危害性必须达到严重的程度。前文已经指出，《刑法》第13条的相关规定就是对社会危害性程度的规定。这一条规定在财产犯罪中体现得尤其明显。盗窃、侵占、诈骗等罪名均规定了数额不同的起刑点，法定刑也相应地分出了“数额较大”“数额巨大”“数额特别巨大”三个不同的量刑层次，因此盗窃一张餐巾纸、从朋友烟盒中掏出一支烟抽的行为并不会成立犯罪，这种行为虽然表面上符合盗窃罪犯罪构成的表述，但是造成的危害结果极其有限，并不足以运用刑法来“大动干戈”。在司法实践中，即使是扒窃、多次盗窃等并没有明文规定数额限制的犯罪行为，在实际进行处罚时仍然具有一定的数额底线。例如，盗窃罪“数额较大”的标准是3000元以上，实践中处理多次盗窃行为时数额虽然会有所降低，但也不会降低到0元，一般需要达到1000元以上才认为存在处罚的必要，具有了严重的社会危害性。由此可见，社会危害性不仅存在定性的问题，而且存在针对具体案件进行定量的问题。

二、社会危害性地位的理论争议

（一）苏联刑法学界关于社会危害性地位的理论争议

社会危害性在犯罪论体系中所占的地位，就是社会危害性是否能够成为犯罪的概念的问题。在这一问题上，苏联刑法学理论中一直存在争议。在苏维埃时期，由于当时阶级斗争的思想盛行，所以在进行刑法研究时也存在阶级斗争的影子。具体到社会危害性的概念问题上，一些学者就主张用“阶级危害性”的概念来取代“社会危害性”，不过很快这种观点就遭到了批判。皮昂特科夫斯基教授指出：“将所有实施犯罪的人都视为阶级敌人显然是不妥当的。”①到了20世纪60年代，越来越多的学者意识到，社会危害性仅仅是“损害到了社会主义的社会关系”，本身并不具备阶级的色彩，只是一个中立的概念，所以以“具有意识形态色彩”为由来放弃社会危害性概念的做法是不明智的，故皮昂特科夫斯基教授的观点也得到了大部分学者的赞同。库兹涅佐娃教授进一步指出：“只有在惩治犯罪的效果不明显时才有修订刑法的必要，而在之前任何一次刑法修订过程中，无论是在理论上还是在实践上都没有人放弃社会危害性的概念，这说明社会危害性能够有效地发挥惩治犯罪的效果，并没有显现出所谓的局限性。至于‘政治性’、‘宣言化’、‘意识形态’等是进行学术辩论时使用的概念，无法借此来排除犯罪的核心和本质属性。”②由此，社会危害性概念一直存在于刑法理论之中，并且在认定犯罪时发挥着举足轻重的作用。

在性质上，传统的刑法理论认为犯罪首先是一种社会现象。③犯罪带来的损害（社会危害性），不论是物质上的还是非物质上的，都是现实存在的损害，而非人为主观臆想出来的。具体来说，损害侵害的是具体的社会关系（客体），并通过社会关系的改变而体现出来。基于这种逻辑，理论上学者们将犯罪的实质归纳为犯罪行为对刑法所保护的社会关系造成的损害或者损害的可能性。在苏联时期的几部刑法典中，对犯罪的这一定性被集中地体现出来。在立法目的上，立法者将保护国家利益和社会正当的法秩序作为首要目的，即使在公民的人身权利、财产权利的保护上，也强调任何侵犯人身、财产权利的犯罪行为“对社会存在危害”。苏联学者卡尔布什和库尔梁斯基的观点就表明了这种立

---

① 参见［苏联］A.A.皮昂特科夫斯基主编：《苏联刑法科学史》，曹子丹等译，法律出版社1984年版，第29页。

② 参见［俄］Н.Ф.库兹涅佐娃、И.М.佳日科娃主编：《俄罗斯刑法教程·总论·犯罪论》，黄道秀译，中国法制出版社2002年版，第137页。

③ 参见薛双喜：《苏俄刑法学关于社会危害性理论的论争》，载《国外刑事法治》2015年第1期。

场。卡尔布什和库尔梁斯基指出："刑法所规定的犯罪是：由达到刑事责任年龄的人罪过地实施的，对社会主义社会关系进行的具有社会危害性的侵害。"[①]两位教授还指出，犯罪属于社会危害行为之下的概念，必须要求行为人达到了刑事责任年龄，而社会危害行为则可以由未成年人等其他主体来实施。由此可见，社会危害性是判断犯罪行为是否成立的条件之一，至于最后的"侵害"，则需要综合考虑主观和客观两个方面的社会危害性。

针对这种基于社会关系的考量而给出的定义，一些苏联学者也进行了批判，认为刑法所规制的犯罪行为侵害的并非社会主义的社会关系，而是"法益"，这就是法益说。[②]主张法益说的学者认为"法益"的概念应当取代"社会危害性"的概念。一方面，"社会危害性"这一概念存在缺陷，它过于抽象，以至于在进行把握时缺乏具体标准。因此，社会危害性事实上只是人们基于自己的价值观念对某一具体行为所作出的价值评价，属于社会评价的范畴，将这种社会评价纳入法律之中，成为刑法不可或缺的概念，是不妥当的。另一方面，犯罪行为，尤其是人身、财产等犯罪，主要侵害的不应当是社会秩序，而应当侧重于个人的利益，将犯罪定义为对刑法保护利益的侵害行为，就可以凸显出犯罪"法益侵害性"和"刑事违法性"两大特征。这种观点在1996年俄罗斯新刑法典的草案说明中有所呈现。该说明指出，社会危害性的概念应当予以废除，因为社会危害性偏重保护社会主义的社会关系，这之中存在阶级斗争的意味，所以社会危害性实际上是阶级社会的产物。既然俄罗斯采用了民主政体，那么这一类表述就不符合法制的要求，应当进行相应的调整。具体来说，就是要用"要件"的表述来代替社会危害性这种缺乏具体判断标准的社会评价。[③]

不过，在最终颁布俄罗斯新刑法典时，立法者对社会危害性的去留还是做了模糊的处理，一方面在刑法典中仍然保留了"社会危害性"的概念，但另一方面对社会危害性的具体表述又语焉不详。应该说这种做法非但没有平息俄罗

---

① 参见［苏联］M.П. 卡尔布什、В.И. 库尔梁斯基：《刑事责任和犯罪构成》，转引自薛双喜：《苏俄刑法学关于社会危害性理论的论争》，载《国外刑事法治》2015 年第 1 期。

② 苏俄刑法中的法益即刑法所保护的利益，法益说认为犯罪的实质在于行为侵害了刑法所保护的利益。十月革命前，塔甘采夫就对这种观点作出了系统论述，之后俄罗斯的新法益理论再次赞同了这一主张。

③ 参见薛双喜：《苏俄刑法学关于社会危害性理论的论争》，载《国外刑事法治》2015 年第 1 期。

斯刑法学界对“社会危害性”地位的争议，反而进一步激化了观点的分歧，因为不管是赞成保留社会危害性的学者还是反对保留社会危害性的学者，都能够从新制定的刑法典中找到可以支撑自身观点的依据。所以在社会危害性地位的问题上，现在的俄罗斯刑法理论中还不存在压倒性的观点，只存在占多数的主流观点。主流观点统合了社会危害性说和法益说的观点，在肯定犯罪是一种社会现象的同时，指出社会利益与社会关系之间是现象与实质的关系，并没有本质的不同，可以理解为一体两面的关系。在实践中，被法律所保护的社会关系可以表现为一定的为法律所保护的利益。

（二）我国刑法学界关于社会危害性地位的争议

随着时代的发展，1979年刑法在施行过程中不断地暴露出问题，如流氓罪、投机倒把罪等“口袋罪”的存在，以及当时采取的刑法类推制度，都使刑法牵涉的范围太过广大，不当地扩大了刑法的处罚范围。虽然对犯罪进行了有力的威慑，但却有用力过猛，不利于人权的保障之嫌。于是在1997年，我国通过新刑法确立了罪刑法定原则，在思想上开始将保障人权也作为刑法需要发挥的机能之一。这种基本思想的转变，引起了学界对传统四要件犯罪构成理论的反思。从外部来说，德日的三阶层犯罪构成理论也开始被学者们介绍，为刑法学界对刑法基本理论的研究提供了不一样的思路，在很多问题上开始有了基于三阶层和基于四要件的不同的理论分析。具体到犯罪社会危害性理论研究的层面，总的来说，新理论的引入和立法的变更都导致关于社会危害性理论的研究向着深入方面推进。我国除了和苏联一样开始争论社会危害性与法益之间的关系，还结合我国的司法实践，开始探讨社会危害性理论与罪刑法定原则、社会危害性理论与犯罪构成之间的关系，关于这两个问题，笔者在下文将逐一进行论述。

1. 社会危害性与罪刑法定原则是否冲突

前文已述，1997年刑法颁布之后，提出了罪刑法定原则。罪刑法定原则要求一切犯罪行为都必须具有刑法条文明确的规定，将刑法条文作为判断某一具体行为是否构成犯罪的重要标准。但是，在1997年刑法之前，社会危害性理论就已经充当了犯罪是否成立的判断标准，学界普遍认为只有行为具有社会危害性，才可能构成犯罪。那么，刑法规范与社会危害性理论之间的冲突关系如何处理？这一争论就成了刑法学界讨论的重点，还曾经被作为中国刑法学2002年和2010年两届年会的主题研究问题之一。[①]总的来说，学者们在这一问题上形成了三种不同的观点。

第一种观点是“赞同冲突说”，侧重于社会危害性与罪刑法定之间的差异性和冲突性，主张社会危害性和罪刑法定是两个完全不同的概念，彼此之间存在冲突且无法调和。在此基础上，由于罪刑法定原则已经成为我国刑法的基本原则，其人权保障思想也已经得到学界和司法实践部门的普遍认可，所以作为罪刑法定原则对立面的社会危害性理论已经不再具备合理性，相反还会因为其模糊性和抽象性对罪刑法定原则产生损害，干扰罪刑法定原则所要求的明确性特点。故应当降低对社会危害性理论的重视，并使其逐步淡出现有的刑法理论体系。例如，劳东燕教授就曾主张：“社会危害性是传统刑法理论建立的基石，不论在刑事立法领域还是刑事司法领域，社会危害性均对犯罪的认定起着重要的作用……只要社会危害性范畴在我国刑法领域内继续占据帝统地位，刑事法治就永远难见天日，夭折在摇篮里是早晚的事。”[②]劳东燕教授还指出：“社会危害性的帝统地位应当被去除……司法实践中罪刑法定的明确性要求与刑法系统的开放性之间存在的矛盾，常常会损害罪刑法定的明确性要求。”[③]由此可见，赞同社会危害性和罪刑法定原则之间存在冲突的学者，普遍都会论述刑法明确性和开放性之间存在的冲突：为了提高刑法的权威，刑法需要保证具体规定的明确性，尽量避免采用抽象的概念（如社会危害性）；而为了应对不断变化发展的社会现实，刑法又不得不保证一些“口袋”罪名的存在。如何有效地调和这一对矛盾，是亟待解决的问题。

在国外的理论中，在刑法的明确性和刑法的开放性如何调和的问题上，英美法系国家和大陆法系国家有着不同的处理方法。英美法系国家崇尚遵循先例，从司法实践入手解决刑法的明确性与开放性冲突。原则上，英美法系国家一般支持“法官造法”，将法官在司法实践中形成的判例作为指导之后的类似案件

---

① 中国刑法学2002年年会和2010年年会分别就社会危害性与刑事违法性以及社会危害性本体论进行了集中研讨。参见孙燕山：《无法逐出刑法领域的社会危害性——社会危害性研究40年（1978—2018）的共识与再聚焦》，载《法学论坛》2018年第5期。

② 参见劳东燕：《社会危害性标准的背后——对刑事领域“实事求是”认识论思维的质疑》，转引自陈兴良主编：《刑事法评论：第7卷》，中国政法大学出版社2000年版，第199页。

③ 参见劳东燕：《罪刑法定的明确性困境及其出路》，载《法学研究》2004年第6期。

的根据。由此可见，英美法系国家首先注重的是刑法的明确性和可预见性，以此来建立法律的权威和人们守法信法的思想。只有当遇到了一些无法援引先例的新型疑难案件时，英美法系国家才会援引另外设置的衡平法，通过衡平法来实现个案的正义，保证罪刑法定原则的实现，使刑法不至于因过于死板而失去公平性。当然，衡平法只是一种补充的手段，主要用于弥补先例的不足。大陆法系国家则与英美法系国家不同，由于大陆法系国家主要采取成文法的形式来规定刑法，德国、法国等具有代表性的大陆法系国家更是在19世纪中后期就拥有了较为完善的刑法典。因此，大陆法系国家在处理刑法的明确性与开放性问题时，通常习惯于从理论出发，通过对刑法条文进行解释，从而在法律概念的框架内探讨刑法的明确性。这种方法更强调形式逻辑，在已知前提的基础上通过严谨的推理演绎来得出相应的结论，与英美法系“法官造法”的做法相比，在对刑法进行解释时受主观影响的程度更小，因此也得到了一些学者的赞同。如陈兴良教授认为：“只有通过形式化的犯罪概念，才能体现罪刑法定原则的明确性，实质化与罪刑法定原则规定的明确性之间总是存在冲突，我国刑法应当通过形式化的犯罪概念来进行刑法的立法。”① 另外，由于社会危害性概念存在模糊性和抽象性，在刑法立法和司法活动过程中无法清晰地把握其边界。而从德日刑法的理论体系来看，德日的刑法多使用“法益”概念来作为行为是否构成犯罪的判断标准。因此，陈兴良教授进一步指出：“在将社会危害性逐出注释刑法学领域同时，应当引入大陆法系中的法益概念。”②

在进行刑法解释时单纯使用形式化的犯罪概念，能否使刑法真正变得明确呢？笔者认为这一观点是值得商榷的，形式化的概念固然通俗易懂、逻辑严密，但是刑法所要面对的是纷繁复杂、变化多端的现实社会。从理论上说，自启蒙运动以来，很多学者就开始追求绝对的理性，认为人可以凭借自身的理性为世界找到一个通行的标准，但是这样的尝试注定是失败的。逻辑推导只能说在大部分时间能得出令人信服的答案，但是并没有能力为人们提供一个通行的标准；从司法实践上说，在立法的发展过程中，不止一个国家的立法者尝试剥

① 参见陈兴良、刘树德：《犯罪概念的形式化与实质化辩证》，转引自孙燕山：《无法逐出刑法领域的社会危害性——社会危害性研究40年（1978—2018）的共识与再聚焦》，载《法学论坛》2018年第5期。

② 参见陈兴良：《社会危害性理论——一个反思性检讨》，载《法学研究》2000年第4期。

夺法官的自由裁量权，将法律规定得事无巨细，但是最终现实社会都会在发展过程中出现立法者无法预计的新情况，造成法律的漏洞。由此可见，形式的犯罪概念只是人们的一个美好梦想，人具有的理性总是有限的，受到所处社会与时代的限制，如果因为实质难以捉摸就放弃对实质的追求，刑法最终能起到的效果就必然是极其有限的。

在这种认识的基础上再来审视“法益”这一概念，我们就会发现“法益”概念并不像一些学者描述的那样美好。陈兴良教授主张在将社会危害性概念完全逐出刑法学领域的同时，还需要引入一个具有实际意义的“法益”概念。[①]但是这种将犯罪的本质由法益侵害替代社会危害性给人的感觉仅是一种概念的更换而已，并且不切实际地抬高了法益的功能，似乎只要引入法益的概念，原来模糊的东西就有了确切的标准，实际上并没有解决任何实质性的争议。[②]法益本身仍然和社会危害性相似，是模糊的、抽象的。“法益”究竟是什么？如何在我国刑法体系中发挥作用？这些都是有待研究的问题。由于法益概念是德日刑法体系中不可或缺的概念，所以德日学者在使用这一概念时较为得心应手，但当法益概念传入我国之后，由于我国的刑法体系中并没有这个概念，“法益”概念就出现了“水土不服”的问题。例如，法益概念在被引入时，是为了成为刑法认定行为人的行为是否构成犯罪的标准。正常的逻辑是，在德日刑法体系中行为是否构成犯罪，关键在于行为是否侵害了特定的法益。但是由于我国对法益的认识不清，这一逻辑在现在的司法实践中已经出现了颠倒，往往是立法者规定了某一具体犯罪之后，顺手创造出与该犯罪相对应的“法益”。法益概念非但没有起到限制刑法适用范围的作用，反而成为扩大刑法适用范围的工具。因此，“法益概念更为明确”“用法益替代社会危害性，将社会危害性逐出注释刑法学领域”的观点，事实上并不具备太强的说服力。即使法益概念真的全面取代了社会危害性概念，在面对现实社会时同样会出现力不从心的情况。学者们对“刑法缺乏明确性”的指责同样很难消除。所以，从目前学界的观点来看，完全赞同这种将社会危害性驱逐出犯罪概念外，将社会危害性与罪

① 参见陈兴良:《社会危害性理论——一个反思性检讨》，载《法学研究》2000 年第 4 期。

② 参见孙燕山:《无法逐出刑法领域的社会危害性——社会危害性研究 40 年（1978—2018）的共识与再聚焦》，载《法学论坛》2018 年第 5 期。

刑法定原则对立的观点并没有被学界广泛认可。

第二种观点是“反对冲突说”，侧重于社会危害性与罪刑法定原则之间的一致性。主张反对冲突说的学者认为，我国刑法体系中的犯罪概念离不开社会危害性的认定，社会危害性概念与罪刑法定原则具有内在的价值一致性。“赞同冲突说”之所以认为社会危害性理论与罪刑法定原则不能兼容，是因为其实际上是站在犯罪本质一元论的基础上展开的论述，而“反对冲突说”则从犯罪本质多元论出发展开论述，因此两者之间并不存在矛盾。“赞同冲突说”与“反对冲突说”看似是两个相互对立的观点，其实只不过是从不同的理论出发各自作出的推导而已，双方从未在同一理论前提下展开过论辩。刘艳红教授指出，社会危害性理论与罪刑法定原则是否冲突，“赞同冲突说”和“反对冲突说”并没有真正的交锋。①如果“赞同冲突说”也从犯罪本质多元论的角度出发，可能就无法得出令人信服的论证了。刘艳红教授进一步指出，“赞同冲突说”和“反对冲突说”这种僵持的现状，表明仅依靠犯罪本质观确实无法有力地对社会危害性理论加以否定，并将其逐出刑法的理论框架之内。甚至连“赞同冲突说”本身也只有在赋予犯罪本质新意的情况下，方能做到理论上的自圆其说，但此时的社会危害性合理性的辩护与以往的社会危害性中心理论已经不再具有可比性。②

“赞同冲突说”和“反对冲突说”不仅在社会危害性理论与罪刑法定原则的关系之间存在分歧，在社会危害性与违法性之间也存在不同的观点。一般认为，社会危害性是衡量某一行为对社会所造成的危害的概念，因此属于犯罪实质的合理性，而违法性则是刑法对某一行为是否构成犯罪而进行的形式上的描述，属于犯罪形式的合理性。在二者的关系上，“赞同冲突说”和“反对冲突说”均认为形式合理性优于实质合理性，毕竟基于罪刑法定原则的要求，某一行为即使具有严重的社会危害性，只要刑法没有明确规定，原则上也不能认定为犯罪。但是相比较而言，“赞同冲突说”显得更加激进，甚至有些矫枉过正，原本只是将社会危害性在犯罪认定过程起到决定作用这一特征作为批判的对象，后来就演变为完全不考虑社会危害性在犯罪认定过程中所起到的作用，而

① 参见刘艳红:《社会危害性理论之辩证》，载《中国法学》2002 年第 2 期。

② 参见刘艳红:《社会危害性理论之辩证》，载《中国法学》2002 年第 2 期。

将形式的合理性（罪刑法定）抬高到判断罪与非罪唯一标准的地位，开始对罪刑法定原则产生机械性的理解。首先，由于刑法需要面对不断变化发展的现实社会，所以刑法立法的滞后性是不可避免的，完全依靠罪刑法定虽然在很大程度上保证了刑法的稳定性，但是不利于刑法对一些新出现的情况作出反应。其次，失去了社会危害性的考量，现有刑法中存在的漏洞也会进一步扩大，如《刑法》第263条抢劫罪的加重情节中有“冒充军警人员抢劫”需要加重处罚的规定，而如果行为人并非“冒充”，而是真实地拥有军警人员的身份呢？从形式上看，其并不符合加重情节的规定。但从实质上看，真正的军警人员一般都拥有比普通人更强的战斗力和更敏感的身份，其抢劫对社会产生的危害必然高于冒充的军警人员。因此，按照“赞同冲突说”的观点所得出的结论，就会使罪责刑显得不相适应。相比较而言，“反对冲突说”并没有彻底否认实质合理性在定罪过程中的意义，在承认保证形式合理性的基础上，以实质合理性为补充，所以与“赞同冲突说”相比，“反对冲突说”更加具有合理性。

2. 社会危害性与犯罪构成的关系

在定罪的过程中，社会危害性与犯罪构成之间也存在关系之争，尤其是在类推制度尚未被明文废除的1979年刑法时期。在1997年刑法修订前，由于类推制度的存在，司法实践中在对某一行为进行定性的过程中，并没有严格地遵循“法无明文不处罚”的要求，这一时期社会危害性是否严重反而成了行为是否应当被定性的关键，只要认为行为的社会危害性达到了应当适用刑罚的程度，就可以认定行为构成犯罪，即使刑法没有相对应的条文对该行为进行规制，也可以就近参照与该行为最相近的罪名进行处罚。可以说，在类推制度尚未被废除之时，社会危害性对犯罪构成起到了决定性作用。因此，一些学者就把社会危害性与犯罪构成认定为平等关系，认为“社会危害性是在犯罪构成之外需要进行独立判断的一个要素，由此形成对行为的社会危害性与犯罪构成的双重判断”。[①]在类似观点的指导下，学界对很多问题的理解都产生了分歧。例如，正当防卫、紧急避险应当如何定性？为何行为人能够通过正当防卫、紧急避险等事由不承担原本的刑事责任？在德日刑法理论中，正当防卫、紧急避险等均属于违法阻却事由，通过认定行为不具有违法性，从而排除行为人的刑事

① 参见陈兴良：《社会危害性理论：进一步的批判性清理》，载《中国法学》2006年第4期。

责任。而在苏联和我国当时的刑法理论中，具有正当防卫等情节的行为往往被称为排除社会危害性的行为，通过否定行为的社会危害性来排除行为人的刑事责任。如高铭暄教授就提到："排除社会危害性的行为是指外表上符合犯罪构成，实质上不具有社会危害性的行为。"①

1997年刑法修订后，罪刑法定原则得以明确，犯罪构成在我国刑法理论体系中的地位上升，成为"划分罪与非罪的唯一根据、行为人承担刑事责任的唯一基础"。②社会危害性和构成要件之间，不再具有平等的关系，而逐渐将社会危害性置于构成要件之下，这一关系的转变从构成要件这一概念中就可以体现出来。在对构成要件概念进行描述时，就提到它是"依照刑法的规定，决定某一具体行为的社会危害性及其程度而为该行为构成犯罪所必需的一切客观和主观要件的有机统一"。③由此，类推制度的废除也意味着社会危害性不能再超出犯罪构成的范围，对"防止社会危害性通过'犯罪本质'的外衣为突破罪刑法定原则的刑罚处罚提供一种貌似具有刑法色彩的理论根据"。④

明确了社会危害性是犯罪构成的下位概念之后，另一个主要的问题是如何确定社会危害性在犯罪构成中的地位，即社会危害性与同是犯罪构成下位概念的四要件等概念之间存在什么关系？针对这一问题，由于犯罪构成理论体系上存在三阶层与四要件的不同理解，故学界也根据这两种不同的理论体系产生了两种不同的思路。

其一，一些学者借鉴德日犯罪体系中的三阶层模式，主张通过构成要件该当性—违法性—有责性的模式来对行为人的行为进行定罪，由于社会危害性概念并不存在于德日刑法体系之中，而且社会危害性主要评判的是实质层面，为行为是否构成犯罪作出具有实质合理性的判断，而在三阶层犯罪体系中，违法性正好处于和社会危害性相同的地位，扮演了实质层面判断的角色。因此，也有赞同不在三阶层之中使用社会危害性概念的观点。持这一观点的学者通常在

---

① 参见高铭暄主编:《中国刑法学》，中国人民大学出版社 1989 年版，第 145 页。

② 参见邓又天、邓定义、赵长青:《我国刑法上的犯罪概念》，转引自孙燕山:《无法逐出刑法领域的社会危害性——社会危害性研究 40 年（1978—2018）的共识与再聚焦》，载《法学论坛》2018 年第 5 期。

③ 参见高铭暄、马克昌主编:《刑法学》，北京大学出版社、高等教育出版社 2007 年版，第 54 页。

④ 参见李海东:《刑法原理入门》，法律出版社 1998 年版，第 4 页。

犯罪概念上放弃社会危害性，而在“违法性”要件中进行实质层面的评判。简单来说，只要符合构成要件该当性的行为，并不具备违法性要件中规定的违法性阻却事由，那么就可以认为该行为构成犯罪是具备实质合理性的，不必再特别评估其社会危害性，直接可以进行最后的有责性判断了。当然，大多数学者仍然认为，即使是适用“三阶层”理论体系来分析犯罪构成，在其之中仍应当保留社会危害性。不过，社会危害性与刑事违法性孰先孰后呢？围绕这一问题，不同的学者又产生了许多不同的观点（将在本书下一节详细叙述）。

其二，在支持“四要件”的学者们看来，社会危害性就不再是一个可有可无的概念了。由于社会危害性一直伴随四要件理论体系，故支持传统四要件理论体系的学者，都在尝试将社会危害性融入四要件的体系框架内，给予其独立的地位。具体来说，一般将社会危害性包含到犯罪客体要件之中，使其产生和三阶层理论中的“违法性”相似的消极评价作用。凡是不具备社会危害性的行为，可以被认定为并未侵害相应的犯罪客体，从而排除行为人的刑事责任。由此，社会危害性就可以“成为一道‘过滤网’，将不具备严重社会危害性的行为排除出犯罪圈……在现有的犯罪构成理论中不会存在体系上的矛盾冲突”。[①]

三、社会危害性的存在价值

虽然在学界中也存在不少理论认为应当将社会危害性逐出刑法的理论框架，但是目前的主流观点仍然认为，社会危害性在整个刑法理论体系中发挥着不可替代的作用，具备其特有的存在价值。长期以来，社会危害性之所以在刑法理论体系中扮演着重要角色，一个很重要的原因就是其反映了刑法发展过程中人类理性的自我约束功能。[②]它极大地限制了刑法的适用范围，使刑法只有在危害社会的行为出现之时才能动用，避免了滥用刑法、胡乱制造罪名来滥用刑罚的情形，使所谓“腹诽罪”“莫须有”等“冤假错案”不至于在现代社会出现，为刑法的适用奠定了正当性基础。

社会危害性的主要价值就体现在其对犯罪的限定之上，即使是在当代的刑

---

① 参见姚兵：《犯罪构成视野中的社会危害性概念》，载《海南大学学报（人文社会科学版）》2006年第3期。

② 参见张智辉、陈伟强：《社会危害性的刑法价值》，载《国家检察官学院学报》2010年第5期。

事立法和刑事司法活动中，社会危害性仍然对刑法的适用范围发挥着限定的作用。当立法者在把某种行为规定为犯罪，以及司法者判断某种行为是否构成犯罪时，总是无法避免地去考量行为的社会危害性如何。而社会危害性理论之所以受到学者的质疑和挑战，与其本身的不明确性是分不开的。另外，随着罪刑法定原则的确立，注重形式的刑事违法性规定为认定犯罪提供了更为具体的界限，在一定程度上成了社会危害性理论的“替代品”，在这种背景下，有的学者认为，尽管我们可以将社会危害性作为犯罪的本质，但是不可否认的是存在社会危害性的行为并不一定构成犯罪，即社会危害性只是构成犯罪的必要条件，而非充分必要条件。那么，能够成为构成犯罪的充分必要条件的就只剩下刑事违法性了，故为了更明确地确定某一行为是否属于犯罪行为，最终仍然需要归结到罪刑法定原则，即刑法是否明文规定禁止这种行为。由此，所谓的社会危害性也就成了可有可无的部分，定罪时完全依赖于行为的刑事违法性。①也有学者认为，由于社会危害性无法提供客观的认定标准，存在模糊性，因而在具体认定犯罪时，常常容易被误用，陷入“因为行为有社会危害性，所以构成犯罪；既然构成犯罪，则行为具有社会危害性”的循环论证的误区。社会危害性有时不仅不能限制刑法的处罚范围，还有可能成为入罪的“借口”，从而不正当地扩大刑法的处罚范围。基于这种考虑，故而主张在定罪时纯粹由刑事违法性所决定，“将刑事违法性视为区分罪与非罪界限的唯一标准”。②

以上观点都从根本上否定了社会危害性存在的独立价值，其论据无非有二，一是刑事违法性具有更为明确的认定标准，只需要观察刑法中是否具有相关规定，或者能否从现有规定中合逻辑地进行解释即可；二是社会危害性概念本身具有模糊性，把握难度很大，容易遭到误读。不可否认，在贯彻罪刑法定原则的今天，社会危害性理论确实面临着重大挑战。不过，在笔者看来，尽管在定罪方面，刑事违法性可以在一定程度上取代社会危害性的地位，但是绝对无法做到完全取代。社会危害性仍然具备很多刑事违法性不具备的优越之处，这也是社会危害性的价值所在。

第一，社会危害性为刑事违法性提供了合理的依据。前文已经提及，社会

---

① 参见李海东：《刑法原理入门》，法律出版社 1998 年版，第 7 页。

② 参见陈兴良：《本体刑法学》，商务印书馆 2001 年版，第 162—167 页。

危害性由于其外延模糊，因而遭到一些学者的批判，并由此主张用易于把握的刑事违法性来取代社会危害性。但是，刑事违法性所能够提供的仅仅是形式上的合理性，即刑法有对应的规定，违反刑法规定的行为是“刑事违法”。虽然这种做法有利于保证法律适用的确定性，但是存在极大的风险，因为“仅靠确定性并不足以保障公民的自由，一个含义‘确定’的犯罪规范，完全可能是专横与无理的产物”。[①]也有学者指出：“当刑罚法规的内容缺乏合理性，不值得处罚的行为规定为犯罪、规定与犯罪不相称的刑罚时，就不能进行正义、公平相适合的人权保障，就违反了以民主主义、人权尊重主义为基础的罪刑法定主义的本旨。而刑法的内容缺乏适正性时，也丧失了罪刑法定的实质意义。”[②]因此，在定罪的过程中，除了依照罪刑法定原则要求具体行为具备违反刑法分则具体条文的形式特征，还要求刑法对这一行为的评价是正当的，这种正当性也被称为实质合理性，与社会危害性紧密相连。

推崇形式合理性的一个必要前提就是，学者下意识地认为立法者永远是客观公正的，不会出现任何错误。但是司法实践已经表明，一方面，立法者并非先知，无法确立完美无瑕的刑法条文，其制定的法律出现漏洞与错漏是必然的；另一方面，如果立法者自身的立场不够公正，并未制定一部良法（如德国法西斯时期的立法），那么在这种情况下一味地坚持形式合理性甚至会成为一种灾难，一部“恶法”对公民的生命、自由和财产都会造成最大的威胁。孟德斯鸠曾经说过：“没有比在法律的借口之下和装出公正的姿态所做的事情更加残酷的暴政。”[③]由此可见，对立法者的盲目自信并不足以成为刑事违法性合理的依据。与刑事违法性不同，社会危害性的判断并非出于对立法者的推崇，而是从长期的司法实践之中，结合社会公众的朴素法感情作出的。贝卡利亚在《论犯罪与刑罚》中就指出：“我们已经看到，什么是衡量犯罪的真正标尺，即犯罪对社会的危害。”[④]这一观点已经较为明确地点出了社会危害性与刑事违法性之

① 参见［意］杜里奥·帕多瓦尼：《意大利刑法原理（注评版）》，陈忠林译，中国人民大学出版社 2004 年版，第 14 页。

② 参见［日］大塚仁：《刑法概说（总论）》，冯军译，中国人民大学出版社 2003 年版，第 63 页。

③ 参见［法］孟德斯鸠：《罗马盛衰原因论》，婉玲译，商务印书馆 1962 年版，第 75 页。

④ 参见［意］贝卡利亚：《论犯罪与刑罚》，黄风译，中国法制出版社 2005 年版，第 82 页。

间的关系，即社会危害性是刑事违法性的标尺，刑事违法性从社会危害性之中产生，行为具有严重的社会危害性是行为成为犯罪的前提和根据。由此可见，社会危害性是刑事违法性的基础，与盲目相信立法者相比，社会危害性为刑事违法性提供了更为合理的依据，否定社会危害性，就会使刑事违法性成为无本之木。

事实上，在当代的刑事立法过程中，社会危害性也一直发挥着对刑事违法性的指导作用，形式合理性完全不可能成为定罪的唯一标准。一方面，在立法活动之中，刑法立法权总是受到限制，几乎不会出现行使权力时毫无阻碍，可以恣意立法的立法者。立法活动通常都需要受到当时的社会现状、公众期待等因素的影响，而决定这些因素的，恰恰就是社会危害性。只有当“行为在大多数人看来，对社会的威胁是显著的，从社会的各重要部分来看是不能容忍的”之时，[①]该行为才会得到立法者的重视，进而将其规定为犯罪，运用刑法对行为人进行处罚。在这一过程中，立法者通常需要通过判断行为的社会危害性，根据全体社会成员的共同体认识将那些具有严重社会危害性的行为通过立法程序类型化为犯罪，使之成为刑法评价的对象（入罪）。另一方面，立法者同样需要在社会危害性的判断基础上，将社会共同体普遍认为缺乏社会危害性的行为从犯罪的概念中排除（出罪），避免刑罚权的过度扩张而危及公民自由。立法行为更像是一种“贴标签”的行为，立法者不断地将一些行为贴上“犯罪”的标签，同时从一些特定行为上撕去已经贴上的“犯罪”标签。这一行为的背景就是不断变化发展的社会物质生活条件，而具体的标准，则是犯罪的社会危害性。社会危害性之所以能指导刑事违法性，是因为其并不像刑事违法性那样完全基于立法者的意志，对社会危害性的认识通常是基于社会共同体的意识。随着社会生活的变化，社会公众会很自然地依照自身的社会经验来判断某一行为是否还具有社会危害性，立法活动必须及时地顺应这一变化，以保证刑法不会滞后于时代的发展。这也表明，如果完全舍弃社会危害性，刑事违法性就很容易失去前进的方向。

第二，社会危害性与刑事违法性并非相互排斥的概念，两者在定罪方面各有优势，当然也各有不足，因此两者完全可以相互补充，没有必要相互取代。

---

① 参见张明楷：《刑法的基础观念》，中国检察出版社 1995 年版，第 145 页。

社会危害性的这一补充作用主要体现在犯罪的“定量”方面。在我国的刑法理论体系中，不仅和大陆法系国家一样需要对具体行为进行定性分析，而且在定性之后还需要对该行为进行定量分析，形成了特有的既定性又定量的立法范式。储槐植教授对这一立法范式进行过描述，即“（该立法范式）是指在界定犯罪概念时，既对行为的性质进行考察，又对行为中所包含的‘数量’进行评价，是否达到一定的数量对决定某些行为是否构成犯罪具有重要意义”。[①]具体来说，这种定量分析在我国刑法分则规定的很多具体罪名中都有所体现。例如，在很多罪名之后，常常附带“情节严重的”等描述，而行为达到何种程度属于“情节严重”，就需要司法人员进行定量的分析。又如，盗窃罪、抢劫罪等财产类犯罪，刑法条文中除了对罪状进行描述之外，还依据不同的犯罪数额规定了数额较大、数额巨大以及数额特别巨大三种不同的量级，并依据不同的量级，配置不同的法定刑。这些规定都使司法工作人员在司法实践中处理具体案件时，刑事违法性最多只能为认定犯罪的性质提供标准，而在很多场合下无法对犯罪的定量提供具有说服力的判断。为了更好地把握罪与非罪之间的界限，司法工作人员就不可避免地要寻找把握定量因素的恰当标准。以什么为标准对此进行解释和判断呢？社会危害性就在其中扮演了重要的角色，弥补了刑事违法性的不足。在既定性又定量的立法范式中，行为具备刑事违法性之后，行为的社会危害性就在定量方面具有了决定性的意义。简单地说，行为对社会造成的危害程度越重，行为人所应当受到的处罚也就越重。反之，行为如果没有对社会造成多少危害，那么就可以降低对行为人的处罚，乃至认为行为人不构成犯罪。只有这样，我们才能更好地理解我国刑法中一些条文存在的意义和发挥的作用，如《刑法》第13条规定。[②]原本按照刑事违法性的要求，只要具体行为符合我国刑法分则条文中规定的具体犯罪的犯罪构成，那么该行为就应当构成犯罪，不存在任何例外。但是《刑法》第13条作为总则中的规定，能够对分则中

① 参见储槐植、汪永乐:《再论我国刑法中的犯罪概念的定量因素》，载《法学研究》2000年第2期。

② 《刑法》第13条规定：“一切危害国家主权、领土完整和安全，分裂国家、颠覆人民民主专政的政权和推翻社会主义制度，破坏社会秩序和经济秩序，侵犯国有财产或者劳动群众集体所有的财产，侵犯公民私人所有的财产，侵犯公民的人身权利、民主权利和其他权利，以及其他危害社会的行为，依照法律应当受刑罚处罚的，都是犯罪，但是情节显著轻微危害不大的，不认为是犯罪。”

的所有具体犯罪发生作用。这就意味着这一条规定为所有的具体罪名都设置了一个“例外”，使司法工作人员在司法实践中处理具体案件和解释刑法条文时，不仅需要关注犯罪构成要件，而且要具体考量行为人的犯罪情节，根据全案的情况分析判断有关人的行为是否属于“情节显著轻微危害不大的”的情况。如果将刑事违法性认定为评价具体行为是否构成犯罪的唯一标准，那么《刑法》第13条的存在就是难以解释的，只有承认社会危害性也是定罪的评判标准，才能合逻辑地解释立法者创设这一规定时的意图。即使行为完全符合刑法规定的具体犯罪构成，但是如果行为不具备严重的社会危害性，那么就属于“情节显著轻微危害不大”的范畴，不应当认为其构成犯罪。

除了依照社会危害性程度来对犯罪进行定量，也有学者提出了“法益”的概念，认为“法益侵害性”同样可以成为犯罪定量的标准。但是值得注意的是，从我国刑法理论体系的发展过程来看，我国的犯罪构成要件体系最初就是照搬苏联的刑法理论，以社会危害性为基石建立起来的，犯罪构成要件直接反映着行为的社会危害性。所以在对某一行为进行定量时，理当考察行为的社会危害性。运用“法益”等概念，难免会有“水土不服”的情形出现。例如，在运用“法益”概念时，常常会出现相关法益无法得到立法支撑的情况，最后发展成立法者规定一项犯罪，就创设一种法益，法益不但没有能够限制刑法的处罚范围，反而成为刑法立法的“借口”。所以，运用社会危害性理论对行为进行定量，是最为妥当的处理方法。由此可见，在现代刑事法治的发展过程中，社会危害性依旧在评价行为是否构成犯罪的问题上发挥着重要的作用，其与刑事违法性相结合，有助于我们在定性和定量上作出更加准确的判断。

社会危害性的重要性在我国的司法实践中也能得到印证。当仅凭刑法规范的形式规定难以判断罪与非罪、此罪与彼罪的界限时，法官通常就需要判断行为的社会危害性大小，进而作出正确的裁判。例如，在行为人通过暴力、胁迫手段，强迫他人以远高于市场价数倍的价格购买商品，或者以远低于市场价数倍的价格卖出商品的场合，如果单纯根据刑事违法性的形式规定，那么行为人就只成立强迫交易罪。但是，上述行为与普通的强迫交易罪之间又存在区别。普通的强迫交易罪虽然也要求行为人通过暴力或者胁迫手段强买强卖商品，但是在一般情况下行为人仍然按照合理的市场价买卖商品，一旦行为人强迫被害人以离谱的价格进行交易，其行为产生的社会危害性就超过了一般的强迫交易罪。用犯罪客体的概念来对社会危害性进行表述的话，上述行为不仅侵害了正常的市场交易秩序，也侵害了他人的合法财产。所以，在这种场合下仍然认为行为人构成强迫交易罪，就有可能对行为人行为的性质作出错误的评价。针对上述行为，最高人民法院在《关于审理抢劫、抢夺刑事案件适用法律若干问题的意见》中明确将其定性为抢劫罪。[①]在该意见中，最高人民法院就是从强迫交易罪与抢劫罪的社会危害性的差异性出发对行为进行分析，阐释了强迫交易罪和抢劫罪之间的区别。由此可见，社会危害性在定罪过程中所起的作用完全不亚于刑事违法性。

总而言之，刑事违法性的优势在于其容易把握，只要关注刑法有无具体规定即可，但是其不足在于过于空洞，只具备形式上的合理性，无法就此得出令人信服的结论；而社会危害性虽然拥有实质内容，但是难以把握，容易被滥用。所以，完全可以通过立法活动将社会危害性刑法化并限制外延过宽的社会危害性。具体来说，立法者将某一具有社会危害性的行为规定为犯罪，使之具有刑事违法性特征的过程，其实就是社会危害性刑法化的过程。当社会危害性通过刑法条文表现出来时，事实上就成了犯罪客体要件的一部分，拥有了刑法学意义上的法律规范品质。于是，立法者一方面根据社会危害性的不同样态和社会危害性的不同程度，在刑法中规定各不相同的具体犯罪；另一方面立法者也根据社会危害性的具体形式，从主观和客观方面构设各个罪的犯罪构成，为刑事违法性提供一个具体、划一的标准。[②]此时，社会危害性与刑事违法性就得到了较好的统一，既能发挥刑事违法性的明确性，又能使其不至于过于空洞，有社会危害性为定罪提供依据。

第三，社会危害性是裁量犯罪分子刑罚的重要根据。前文已经提到，社会危害性理论能够帮助我们更好地对犯罪行为进行定量分析，而定量分析不仅在定罪阶段表现为评价行为是否属于“情节严重”的情形，还在量刑方面体现为

① 最高人民法院《关于审理抢劫、抢夺刑事案件适用法律若干问题的意见》第9条第2款规定：“从事正常商品买卖、交易或者劳动服务的人，以暴力、胁迫手段迫使他人交出与合理价钱、费用相差不大钱物，情节严重的，以强迫交易罪定罪处罚；以非法占有为目的，以买卖、交易、服务为幌子采用暴力、胁迫手段迫使他人交出与合理价钱、费用相差悬殊的钱物的，以抢劫罪定罪处刑。在具体认定时，既要考虑超出合理价钱、费用的绝对数额，还要考虑超出合理价钱、费用的比例，加以综合判断。”

② 参见张智辉、陈伟强：《社会危害性的刑法价值》，载《国家检察官学院学报》2010年第5期。

应当对行为人科处多重的刑罚。因此，社会危害性不仅在定罪方面能够对刑事违法性起到补充作用，在量刑方面也有着积极的意义。《刑法》第61条就直接承认了需要在量刑方面考察行为的社会危害性大小。[①]也就是说，在行为构成犯罪的情况下，对于犯罪人是否判处刑罚、判处什么样的刑罚，除了根据犯罪的事实和犯罪的性质所决定的法定刑范围，还要根据案件的情节等因素综合评价犯罪对社会的危害程度，在法定刑的范围内决定实际判处的刑罚。这本身就意味着在我国刑法中，社会危害性在量刑阶段亦具有独立的意义，对危害程度的综合考量，是对犯罪分子裁量刑罚不可忽视的根据之一。

第二节　社会危害性与刑事违法性的关系

一、社会危害性与刑事违法性关系的理论分歧

（一）社会危害性中心说与刑事违法性中心说

社会危害性与刑事违法性的关系问题，一直是理论界所争论的问题。最初，学者们大多将社会危害性与刑事违法性认定为一对相互排斥的概念，从两者中选择其一，由此产生了社会危害性中心论与刑事违法性中心论，力图将其中一个概念驱逐出刑法的理论框架，或者说至少要使其中一个概念边缘化。如社会危害性中心说就主张行为的社会危害性是判断行为是否构成犯罪的唯一标准，“刑法之所以将行为规定为犯罪，正是由于行为具备了严重的社会危害性……否则，行为不具备严重的社会危害性，刑法就不可能将其规定为犯罪”。[②]在社会危害性中心说看来，社会危害性是犯罪的根本属性，刑事违法性不过是社会危害性的派生产物而已，只有当立法者看到了行为的社会危害性时，才会启动立法程序赋予该行为刑事违法性。所以，在区分罪与非罪时，关键就在于判断行为对社会造成的危害程度。

---

① 《刑法》第61条规定：“对于犯罪分子决定刑罚的时候，应当根据犯罪的事实、犯罪的性质、情节和对于社会的危害程度，依照本法的有关规定判处。”

② 参见高铭暄、马克昌主编：《刑法学》，中国法制出版社1999年版，第78页。

针对社会危害性中心说的观点，刑事违法性中心说从不同方面进行了反驳。首先，从社会危害性本身的特征出发，刑事违法性中心论指出社会危害性概念模糊、抽象，对犯罪的评价在很大程度上具有主观随意性，更像是一个社会政治的评估，而非规范的法律概念。[①]如果在定罪时单纯考虑行为的社会危害性而不寻找其他因素进行制约，很有可能会再次出现罪名的类推。其次，结合司法实践可以发现，既然将社会危害性作为判断罪与非罪的唯一标准，那么理论上具备社会危害性的行为就应当构成犯罪，但是在实践中显然不可能将所有的具有社会危害性的行为均作为犯罪处理。正是由于社会危害性理论并没有提供明显的界限，所以在区分犯罪行为和其他危害行为时，人们仍然需要借助“刑法对此有无明确规定”这一形式标准来作出判断。由此可见，社会危害性最终的落脚点还是行为的刑事违法性。[②]最后，从性质上看，部分学者认为社会危害性与刑事违法性完全属于两个不同领域中的概念，如李晓明教授指出：“尤其是在‘罪刑法定’原则下，社会危害性更应当回归于犯罪学中……”[③]所以两者不能混为一谈，社会危害性可以发挥与刑事政策相似的作用，但在具体分析犯罪时的根据依旧是刑事违法性。

总的来说，社会危害性中心说与刑事违法性中心说是两个较为极端的学说，都试图将社会危害性或刑事违法性作为认定犯罪的唯一根据。经过理论的不断发展和实践的不断检验，越来越多的学者开始意识到社会危害性与刑事违法性分别代表着定罪过程中的实质合理性与形式合理性，两者各有其优势，也各有不足。因此，不管从何种角度阐述社会危害性或刑事违法性在刑法中的地位，最终都没有哪一个观点占据了绝对优势。故在以上两种观点之后，就有学者提出了两者应当相辅相成的观点，即所谓的折中说。首先，刑事违法性是罪刑法定的体现，在定罪过程中一味关注行为的社会危害性而忽略其刑事违法性，极有可能造成刑法类推的出现，有悖于罪刑法定原则；其次，将社会危害性完全从刑法理论体系中剥离并不现实，可能使刑事违法性成为一具空壳，出

① 参见樊文：《罪刑法定原则与社会危害性的冲突》，载《法律科学》1998年第1期。

② 参见李海东：《刑法原理入门》，法律出版社1998年版，第7页。

③ 李晓明、陆岸：《社会危害性与刑事违法性辨析——重在从“罪刑法定”视角观之》，载《法律科学》2005年第6期。

现“因为违法，所以违法”的解释逻辑；最后，在现在的刑事立法中也直接同时运用了社会危害性与刑事违法性，如《刑法》第13条。所以，只有两者相辅相成，才能更好地分析具体行为的定罪乃至量刑问题。但是，在两者共存的前提下，以何者为先呢？在定罪过程中两者的具体关系为何？对此，当前的理论界存在均衡说与刑事违法性优先说两种不同的观点。

（二）均衡说

均衡说是在社会危害性中心说的基础上发展而来，看到了社会危害性概念的不足之处。虽然拥有实质内容的社会危害性概念有利于维护社会秩序，保护公共财产和个人财产不受犯罪行为的侵犯，实现刑法的保护机能，但是同时也容易使刑法的解释空间过大，令法官获得过于自由的司法裁量权，不利于实现刑法的保障机能。均衡说以《刑法》第13条为切入点，同时阐述了社会危害性中心说和刑事违法性中心说的不足。一方面，针对社会危害性中心说，均衡说引用了《刑法》第13条前半部分的规定，认为只有“依照法律应当受刑罚处罚”的行为，才属于犯罪，如果法律没有明文规定，即使行为具备相当的社会危害性，也依然不构成犯罪。例如，通奸行为在我国就不属于犯罪，而在日本刑法中，由于存在“近亲相奸”等罪名，故类似行为被纳入犯罪的范畴。另一方面，为了反驳刑事违法性中心论，均衡说从《刑法》第13条后半段但书入手，指出尽管行为具备形式上的违法性，但只要“情节显著轻微”，同样“不认为是犯罪”。这里的“不认为是犯罪”，并不意味着免予刑事处罚，而是应当认为不构成犯罪。这就说明社会危害性仍然能够左右犯罪的认定。由此均衡说认为，在罪与非罪的界限问题上，现行刑法既未采用纯粹的社会危害性标准，也未采用完全的刑事违法性标准，而采用一种刑事违法性和社会危害性相结合、规范标准和非规范标准互为补充的复合标准。[①]

据此，均衡说认为犯罪是兼具社会危害性和刑事违法性的行为，只有社会危害性达到一定程度，且刑法规定给予刑罚制裁的违法行为才属于犯罪。罪与非罪的判断不仅要受刑事违法性的形式制约，而且要受社会危害性的实质限

---

① 参见莫洪宪、彭文华：《社会危害性与刑事违法性：统一还是对立》，载《刑法论丛》2007年第1期。

定。具体来说，某一行为可能出现四种不同的情况：其一，行为既具有刑事违法性，又具有社会危害性，那么该行为构成犯罪；其二，行为虽然具有刑事违法性，但是不具备社会危害性，那么就依据《刑法》第13条但书的规定，认定为“情节显著轻微”，不构成犯罪；其三，行为没有刑事违法性，但有社会危害性，由于刑法没有明文规定，依据罪刑法定原则的要求，该行为也不构成犯罪；其四，行为既没有刑事违法性也没有社会危害性，不构成犯罪。由此，均衡说通过《刑法》第13条但书和罪刑法定原则构建了犯罪认定的双重制约格局，既可保证一般公正，又可实现个别公正，使犯罪的实质内容受到规范内的关照。①

最后，主张均衡说的学者还强调了在司法实践中判断社会危害性的必要性和可能性。如储槐植教授指出，从必要性上来看，在司法实践中，不论刑法规范规定得如何具体，司法者都不可能一目了然地对行为进行对照判断，都会存在“转化”的过程，而在这一过程中刑事违法性无法起到应有的指导作用，司法者所能倚仗的“经验”，事实上也就是对行为社会危害性的判断，所以刑事违法性可以保证刑法规范的类型化，但是在实际执法个别化问题上仍然离不开社会危害性。②从可能性上看，尽管社会危害性具有笼统、抽象的特点，但是其实相对稳定性与变异性的统一是客观性与可知性的统一。③社会危害性在特定社会物质生活条件下并不会发生质的变化，司法者仍然可以依据主体、行为、主观等方面的因素来对具体行为的社会危害性加以判断。

综上，在均衡说看来，社会危害性与刑事违法性是平行的两大要素，两者不分先后，都是犯罪行为所必需的。只有兼具社会危害性与刑事违法性的行为，才可能构成犯罪，缺少其中之一的行为被认为是“失衡”的，不属于犯罪的范畴。

---

① 参见储槐植、张永红:《善待社会危害性观念——从我国刑法第13条但书说起》，载《法学研究》2002年第3期。

② 参见郑伟主编:《新刑法学专论》，转引自储槐植、张永红:《善待社会危害性观念——从我国刑法第13条但书说起》，载《法学研究》2002年第3期。

③ 李立众、李晓龙:《罪刑法定与社会危害性的统一》，载《政法论丛》1998年第6期。

（三）刑事违法性优先说

刑事违法性优先说是在刑事违法性中心说的基础上发展起来的观点，赞同刑事违法性中心说关于刑事违法性在犯罪成立中处于主导地位的主张，并认为这是罪刑法定原则的内在要求，也是司法实践的必然选择。刑事违法性优先说主张社会危害性不能作为犯罪成立与否的标准，决定某一行为是否成立犯罪应当以刑事违法性为前提和基础，兼顾社会危害性。持该观点的学者同样从《刑法》第13条但书的含义出发，但却针对《刑法》第13条的规定阐释了与均衡说完全不同的理解：刑事违法性优先说并不像均衡说那样将社会危害性与刑事违法性视为平行的概念，而认为两个概念之间存在不同的层次，《刑法》第13条看似将形式合理性与实质合理性混为一谈，但本质上两者仍然遵循了一定的层次。如黎宏教授就指出："我国刑法第13条中有关犯罪概念的规定，表面上看，确实存在'混淆了两个层次的概念，使得本已清楚的实质概念和形式概念反而都模糊起来'的问题。但是，如果从另外一个角度来对本条进行解释的话，是可以消除这种缺陷，使实质概念和形式概念恢复其本来面貌的。"[①]具体来说，刑事违法性优先说认为刑事违法性的层次要高于社会危害性。即当具体行为被认为具有刑事违法性时，那么就已经默认该行为具备了相应的社会危害性。因此，在刑事违法性和社会危害性的关系问题上，黎宏教授进行过这样的论述："社会危害性是刑事违法性的基础，刑事违法性是社会危害性的法律表现。如果说应受惩罚程度的社会危害性是犯罪的本质要素，那么，刑事违法性就是犯罪的法律特征。立法机关不会将没有社会危害性或社会危害性较小的行为在刑法中作为犯罪加以规定。犯罪是严重的社会危害性与刑事违法性的统一。在考察某种行为是否构成犯罪时，首先必须考察该种行为是否是构成刑法分则某一条文所规定的实行行为，如果该行为不能成立该条文所说的实行行为时，就直接认定该行为不构成犯罪就行了。"[②]

除了肯定刑事违法性在犯罪认定过程中的优先地位，赞同刑事违法性优先

---

① 参见黎宏：《罪刑法定原则下犯罪的概念及其特征——犯罪概念新解》，载《法学评论》2002年第4期。

② 参见黎宏：《罪刑法定原则下犯罪的概念及其特征——犯罪概念新解》，载《法学评论》2002年第4期。

说的学者还充分肯定了社会危害性的价值。认为社会危害性除了能够在定性方面发挥作用（如帮助区分正当行为与不正当行为、犯罪行为与违法行为），还能为定量问题提供标准（如决定刑罚的幅度、量刑的轻重），所以是不能须臾舍弃的。王政勋教授就曾论述道："社会危害性在理论刑法学上、在立法上具有重要价值，这是毋庸置疑的。对于司法者而言，社会危害性不能作为犯罪成立与否的标准。决定某一行为是否成立犯罪，应当以形式的正义为前提、基础，兼顾实质的正义，即首先根据罪刑法定原则的要求，考察行为是否具备分则所规定的犯罪构成；之后再进一步考察该行为是否具有犯罪的社会危害性、社会危害性程度是否达到了应当用刑罚制裁的程度，并最终根据行为的社会危害性的大小，决定对犯罪人所判处的刑罚的轻重。所以，在刑法解释学上，社会危害性仍然具有限制、补充的意义。承认社会危害性的地位，并不是对罪刑法定原则的破坏，相反，社会危害性理论和罪刑法定原则一起成为保障人权、限制随意发动刑罚权的两道防线。"①

由此可见，刑事违法性优先说与刑事违法性中心说之间的区别之处在于，前者并没有像后者那样强烈地抨击社会危害性，而是有限度地承认了社会危害性在犯罪认定过程中所起到的作用，通过解释《刑法》第13条但书规定说明了社会危害性对犯罪成立的重要意义，但同时强调其并非处于核心地位。而与均衡说的观点相比，两者都承认犯罪是刑事违法性与社会危害性的统一，秉承了折中说的一贯观点，而且从结果上看，两者对于某一行为是否构成犯罪所得出的结论基本上是相同的，都能够排除一些仅具备刑事违法性但并不具备社会危害性的行为。所以两者的区别只是在认定犯罪的过程上，均衡说倾向于分别认定行为的刑事违法性和社会危害性，而刑事违法性优先说则将社会危害性置于刑事违法性之内，认为犯罪的成立只能是行为符合刑罚规范的规定，即具有刑事违法性。司法者首先考察的是行为的刑事违法性，之后才考察该行为的社会危害性。总而言之，刑事违法性优先说倾向于认为社会危害性与刑事违法性之间是纵向的包含关系，通过社会危害性来否定刑事违法性；均衡说则倾向于认为两者是横向的平行关系，两者缺一不可。

---

① 王政勋：《论社会危害性的地位》，载《法律科学》2003年第2期。

二、相关学说的不足之处

社会危害性与刑事违法性的关系之所以会显得较为复杂，根源在于刑法保障机能和保护机能之间的冲突。一方面，为了实现刑法的保障机能，刑法必须在严厉惩治已经出现的犯罪的基础上，尽可能地对新出现的危害行为作出应对，避免自身因为社会物质生活条件的变化而显现出滞后性。从这个层面上看，刑法就需要倚重社会危害性，通过分析行为危害社会的程度来决定是否适用刑法处罚该行为。但是另一方面，刑法又需要发挥保护机能，在保障国家、社会以及公民个人利益的同时，维护犯罪嫌疑人的合法权利，防止冤假错案的出现。这一要求又使刑法需要具备稳定性，通过明确、易把握的标准来限制刑法适用的范围。

由于社会危害性在传统的刑法理论中是判断罪与非罪的重要概念，社会危害性中心说便成了最早的学界通说，因此其也首当其冲，遭到了很多学者的质疑。概括地说，持反对观点的学者认为社会危害性中心说存在以下不足：首先，从罪与罪之间的关系上看，在社会危害性中心论的指导下，立法过程中造成了很多具体犯罪罪状之间的重复。因为虽然社会危害性在界定罪与非罪的过程中具有优势，但是很难区分此罪与彼罪。例如，盗窃罪则与抢夺罪、侵占罪在罪状描述上存在相似之处，都是以非法占有为目的，获取不属于自己的公私财物，从社会危害性上看，则都表现为损害国家、集体或他人的财产，并不存在明显的区别。为了厘清这些社会危害性相似的罪名，就必须通过司法解释来规定此罪与彼罪之间的界限，或者直接允许司法者进行自由裁量，这种做法要么提升了司法的负担，要么纵容了司法裁决的随意性，因此社会危害性中心论有难以避免的缺陷。其次，从单个罪名角度来看，仅关注行为的社会危害性，在立法上容易导致“口袋罪”的出现，不恰当地扩大刑法的处罚范围。社会危害性具有的模糊性和抽象性容易演变为刑法具体规定的模糊性和抽象性，进而在判断具体行为时出现较大主观随意性，增加“同案不同判”的可能。例如，在非法经营罪中“其他严重扰乱市场秩序的非法经营行为”的规定就有“新口袋罪”的性质。“非法经营行为”确实存在社会危害性，但“非法经营”囊括的范围很大，在缺乏客观标准的情况下，司法者对类似行为就有了较大的自由解释空间，只要司法者认为有社会危害性，就有可能将行为人入罪，这种模糊性是刑法条文不能容忍的。再次，除整体罪名“口袋化”外，还有部分罪名在定量的过程中不够明确，如将“情节严重”“情节恶劣”作为罪与非罪的区分标准，在没有数额等客观标准支撑的前提下，罪与非罪之间存在极大的不确定性。①最后，社会危害性中心论容易导致司法解释的泛滥。正如上文所述，由于社会危害性难以区分此罪与彼罪，重视社会危害性将推动最高司法机关以解释的形式扩大刑法的适用范围。从现实情况看，截至2005年年初，在1997年刑法修改后废除类推的约8年时间里，司法解释的数量达166项之多，较之没有规定罪刑法定原则的修改前刑法所实施的18年时间里发布的216项司法解释，其发布的数量与频率无疑显著提升。②这样大规模颁布司法解释的另一个后果，就是可能使司法解释与现有的刑法条文相冲突。例如，2000年最高人民法院发布的有关交通肇事罪的司法解释，其实涉及了关于过失共犯的规定，显然与刑法关于共犯的规定直接冲突。③

在理论界提出了折中说的观点之后，理论界和实务界都致力于寻找兼顾社会危害性与刑事违法性的进路，使犯罪概念呈现出形式与实质“混合”的特点。但是，不论是均衡说还是刑事违法性优先说，都没有找到理想的方法来科学地协调二者的关系，它们在指导刑事法律规范的立、改、废工作以及刑事司法的解释、立案、侦查、审判等整个刑事法律的创制、裁量与执行工作的过程中，常常致使刑事立法与刑事司法中出现很多偏差和漏洞，并导致刑事立法与刑事司法之间的矛盾与冲突。④究其原因，“混合”式的犯罪概念常常难以真正地融合社会危害性与刑事违法性，因为人们的社会生活是复杂的，在很多时候行为人实施的具体行为不会呈现出既具备社会危害性又具备刑事违法性的“理

① 参见柴春元、沈海平：《犯罪本质特征的再认识——2002年中国刑法学年会专题研究综述》，载《人民检察》2003年第2期。

② 刘志伟等编：《刑法规范总整理》，法律出版社2005年版，第14页。

③ 2000年最高人民法院《关于审理交通肇事刑事案件具体应用法律若干问题的解释》第5条第2款规定：“交通肇事后，单位主管人员、机动车辆所有人、承包人或者乘车人指使肇事人逃逸，致使被害人因得不到救助而死亡的，以交通肇事罪的共犯论处。”但《刑法》第25条规定：“共同犯罪是指二人以上共同故意犯罪。二人以上共同过失犯罪，不以共同犯罪论处；应当负刑事责任的，按照他们所犯的罪分别处罚。”

④ 莫洪宪、彭文华：《社会危害性与刑事违法性：统一还是对立》，载《刑法论丛》2007年第1期。

想状态”，而是仅具有社会危害性而不具有刑事违法性，或者仅具有刑事违法性而不具有社会危害性。在这种场合下，尤其是当行为具备社会危害性但不具备刑事违法性时，以何种标准来区分罪与非罪？即使是看似兼顾两者的折中说同样难以解决上述问题。

首先，在行为仅具备社会危害性或刑事违法性时，持一律否定态度的均衡说并不具有较强的说服力，因为刑法想要避免自身的滞后性，就必须时刻关注社会的发展，针对一些新出现的具有社会危害性的行为作出及时的应对。也就是说，随着时代的发展，刑法几乎是必然会出现漏洞的，此时如果坚持行为不具备违法性而否认其构成犯罪，那么就容易造成刑法停滞不前的后果。所以，均衡说看似不偏不倚，但仍然可以通过否定刑事违法性来否认犯罪的成立，无形中使用刑事违法性限制了社会危害性，没能摆脱刑事违法性中心说存在的缺陷。

其次，坚持刑事违法性优先说的效果也不尽如人意。赞同这一观点的学者指出：“没有必要否认社会危害性概念本身，而应该通过对社会危害性标准的合理阐释来解决上述矛盾。”①在刑事违法性优先说看来，社会危害性可以被解释为实质违法性，社会危害性与刑事违法性的关系就成为实质违法性与违法性的关系。这样，就能够以实质违法性为指导来阐释刑法所规定的犯罪构成要件，使符合犯罪构成要件的行为具有实质违法性，定罪时就不必再从违法性之外另寻社会危害性。②但是，这种处理方式仍有缺陷。一方面，在立法上，由于过分强调刑事违法的稳定性而忽视了社会危害的变易性，刑事违法性优先说和刑事违法性中心说一样容易导致立法的相对滞后，使一些只有较小的社会危害性，甚至没有社会危害性的行为仍具有刑事违法性，或者对某些严重危害社会的行为迟迟不能赋予其刑事违法性。如1979年刑法规定的贩卖私粮投机倒把罪，直至1997年才正式废除，实际上，贩卖私粮的投机倒把行为在1993年市

① 参见柴春元、沈海平：《犯罪本质特征的再认识——2002年中国刑法学年会专题研究综述》，载《人民检察》2003年第2期。

② 参见柴春元、沈海平：《犯罪本质特征的再认识——2002年中国刑法学年会专题研究综述》，载《人民检察》2003年第2期。

场经济确立后就已退出了历史舞台。[①]另一方面，这一理论只能保证行为具备社会危害性，却无法衡量社会危害性的大小，在司法实践中难以区分此罪与彼罪。例如，强迫交易罪的社会危害性要明显小于抢劫罪，但是，如果行为人以远高出市价的价格向被害人销售商品，或者以远低于市价的价格向被害人购买商品，那么其看似实施了强迫交易行为，实质上则属于抢劫行为，如果过分强调刑事违法性，那么就只能将这一类行为定性为强迫交易罪，得出罪责刑不相适应的结论。

三、社会危害性与刑事违法性的关系梳理

前文已经提及，刑法需要同时发挥保障机能和保护机能，优先考虑社会危害性，就有可能使司法者的自由裁量权过大，侵犯到犯罪嫌疑人的人权；优先考虑刑事违法性则有可能导致刑法的滞后性。所以不论是社会危害性中心说、刑事违法性中心说还是折中说，在社会危害性与刑事违法性的关系问题上都无法得出令人信服的结论。笔者认为，以上学说之所以存在缺陷，是因为其都用统一的标准指导立法与司法，但是，立法与司法对定罪的要求是存在明显的区别的。在立法的过程中，立法者首先需要考虑的是避免刑法的滞后性而非刑法的确定性，使刑法能够对新出现的危害行为作出应对才是立法的首要目的，所以在立法的过程中，立法者更倾向于关注具体行为的社会危害性，只要认为行为对社会产生了严重的危害，就有必要以刑法具体条文的形式给行为“贴上”犯罪的标签。孟德斯鸠在其著作中就提到：“立法机关依照正当的立法程序制定法律，这种法律具有最大的权威性和最普遍的约束力。”[②]由此可见，在立法与刑事违法性的关系问题上，前者是后者的根据，所以立法只有更多地关注行为的社会危害性，及时将具有社会危害性的行为纳入刑法，同时剔除没有社会危害性或只具备轻微社会危害性的行为，才能更好地调整刑法的处罚范围，为司法、执法和公民守法提供合理的标准。

当然，在立法的过程中以社会危害性为主，并不意味着完全抛弃刑事违法

---

① 参见莫洪宪、彭文华：《社会危害性与刑事违法性：统一还是对立》，载《刑法论丛》2007年第1期。

② 参见［法］孟德斯鸠：《论法的精神》（上册），张雁深译，商务印书馆1961年版，第155页。

性，相反，刑事违法性还需要发挥重要的辅助作用。因为在立法的过程中，法条的明确性是必须得到保证的。马克昌教授指出："明确性原则要求立法者必须具体地并且明确地规定刑罚法规，以便预先告知人们成为可罚对象的行为，使国民能够预测自己的行动，并限制法官适用刑法的恣意性。否则，如果规定的刑罚法规含混不清，就不能达到上述目的，是违反罪刑法定主义的宗旨的，从而认为是无效的。"由此可见，尽管模糊性和抽象性是社会危害性固有的特征，但是刑法条文却不能像社会危害性那样抽象，必须具有明确性，这样才能令社会公众理解刑法的精神，并根据刑法的规定调整自身的行为。刑法条文如果过度模糊，必然会有悖于罪刑法定原则，进而导致司法实践的操作标准也随之变得模糊，加剧裁判的随意性。因此，社会危害性需要刑事违法性来加以限制，不至于赋予司法者太过自由的裁量权。

而在司法的过程中，司法追求的目标与立法有所不同，所以在社会危害性与刑事违法性的偏重上也有所不同。司法者需要通过惩罚犯罪人，来达到对犯罪人的矫治作用与对其他社会成员的教育、威慑作用。由于刑罚处罚的手段与民法、行政法等其他部门法相比较为严厉，所以对刑法条文的适用必须有明确的标准。此时，刑事违法性界限清晰、认定标准客观的优势就显现了出来。在司法的过程中贯彻刑事违法性，是罪刑法定原则的基本要求，这不仅有利于保障犯罪嫌疑人的合法权益，也能进一步加强社会公众对法律的信赖，认定刑法不会因为被滥用而侵害自身的合法权益，有利于法律权威的进一步加强。

值得注意的是，虽然刑事违法性占据了主导地位，但是社会危害性依旧发挥着区分不同犯罪情节的作用。在司法过程中，由于不同的案件存在不同的具体情节，所以单凭行为是否具有刑事违法性来判断其是否构成犯罪，就容易从一个极端走向另一个极端，使裁判结果由过于自由、开放，变得过于机械、死板。例如，长期忍受丈夫家暴的妻子，某天忍无可忍，在还击时失手杀死了丈夫，虽然构成过失致人死亡罪，但是由于被害人存在明显过错，妻子的行为与一般杀人行为相比，社会危害性程度更轻，所以实践中通常可以酌情从轻处罚。而如果是长期虐待妻子的丈夫，某天在殴打妻子时失手将妻子打死，此时作为犯罪嫌疑人的丈夫实施的行为不仅与一般杀人行为相当，甚至在社会危害性上还超过了普通的过失致人死亡。两件案子从刑事违法性上看，触犯的法条完全相同，但是如果因此而给出相同的处罚，显然是不合理的。由此可见，社会危害性在司法过程中，依旧能对刑事违法性起到重要的补充作用。

综上所述，笔者认为，社会危害性与刑事违法性都是立法和司法过程中不可或缺的考量因素。之前的诸学说之所以无法处理好两者之间的关系，主要原因在于立法和司法对实质和形式层面有不同的偏重，如果单纯地认为社会危害性为先，那么就无法解决司法阶段法官自由裁量权过大的问题，认为刑事违法性为先，则无法解决立法阶段法条空洞的问题。因此，根据立法和司法阶段不同的要求，进一步划分社会危害性与刑事违法性在立法与司法不同阶段中的先后关系，有利于更好地调和社会危害性与刑事违法性之间的矛盾，对具体行为的性质进行合理的评价。

第三节　社会危害性的评价进路

一、概述

想要确定社会危害性的评价进路，首先需要确定社会危害性评价的基本立场。在我国的刑法理论体系中，一贯秉持的是“主客观相统一”的态度，即认为在评价行为的社会危害性的过程中，不仅需要关注客观方面对危害对象产生的损害，还应当考察行为人自身的年龄、精神状态（主体），以及行为人对自身行为所持的主观态度（主观方面）。在这种立场下，传统的刑法理论继承并发展了苏联的四要件刑法理论体系，在综合评价行为人主客观各方面因素的前提下，判断行为人的行为是否构成犯罪。

大陆法系的刑法理论中没有“社会危害性”这一概念，但是其三阶层犯罪体系中的违法性概念与社会危害性较为相近，都发挥着将某一行为入罪或出罪的作用。大陆法系在判断行为是否具备违法性时，通常基于结果无价值论或行为无价值论来展开论述，这两种观点已经成为大陆法系刑法学分析具体行为社会危害性的基本研究方法。前者认为行为是否具有违法性，关键需要关注行为是否侵害或威胁到了刑法所保护的利益，后者则认为行为的违法性主要在于行为本身，如果行为本身不符合相关的规范，那么就可以肯定其违法性。具体来说，结果无价值论坚持彻底的客观主义立场，将保护国家和个人利益作为最终目标。因此，只要刑法所保护的国家或个人利益遭到了损害，就应当考虑动用刑罚对行为人进行处罚，至于行为人的主观状态，则是比较次要的影响因素。而且从司法者的角度来看，法官作为一位有理性的一般人，只能从一般人的角度来对行为人的行为进行认识和分析，而很难窥探行为人的内心世界，行为人的主观态度具体为何在很多案件中无法得到确切的证明，只能通过其行为进行推断，所以考虑行为人主观因素是一件“费力不讨好”的事。基于以上考虑，结果无价值论极其重视行为的结果，而相对轻视行为本身。如果行为人的行为没有造成法益的侵害，即使行为人主观恶性极大，其行为同样不具有违法性（社会危害性），不适宜动用刑罚进行规制。

与结果无价值论相反，行为无价值论认为犯罪行为并不一定要造成法益的侵害，只要犯罪行为本身违反了社会伦理规范，刑法就有必要对作出该行为的行为人进行处罚。行为无价值主要从社会相当性理论、社会的不法理论和主观的人的不法理论等方面展开。[①]从学说的发展过程来看，在行为无价值论内部，还曾经存在“一元论”与“二元论”的对立。“一元论”又称为绝对的行为无价值论，与结果无价值论的观点完全相反，认为行为时行为人的主观态度是判断行为是否具备违法性的唯一根据。当然，这一观点太过主观，甚至可能处罚思想犯，与刑法“无行为则无犯罪”的基本原则相悖，因此现在已经很少得到学者的支持；与“一元论”相对应的则是“二元论”，又称为修正的行为无价值论。由于在理论发展的过程中，结果无价值论和绝对的行为无价值论都遭到了质疑，被指出了很多缺陷，使越来越多的学者意识到纯粹的结果无价值论和一元的行为无价值论均无法准确全面地说明违法性的问题，于是在一定程度上结合了绝对行为无价值论与结果无价值论的“二元论”观点应运而生，并逐渐成为德国刑法理论的通说。“二元论”认为，在判断行为是否具有社会危害性时，首先应当考虑行为人的行为方式和主观心态，结合行为人自身的具体情况进行综合判断，行为人的主观以及行为形态是否合乎道德伦理规范对行为人是否构成犯罪起到决定性的作用，因为通过强调社会伦理秩序，就能够将犯罪严格地限制在伦理秩序的范围之内。与此同时，不应当忽略对行为造成的危害结

---

① 参见陈璇：《德国刑法学中结果无价值与行为无价值的流变、现状与趋势》，载《中外法学》2011年第2期。

果，结果违法性中仍然占据着基础的地位，直接反映了行为人的行为是否造成了对法益的侵害以及造成侵害的轻重程度，这些因素可能直接影响到对行为的定性。总的来说，“二元论”与我国刑法学“主客观相统一论”的立场相类似，都强调兼顾主观和客观方面，只是“二元论”相对来说更加偏向行为人的主观方面。

需要注意的是，虽然二元的行为无价值论目前在德国取得了优势地位，但这并不意味着结果无价值论已经被抛弃。在经历了漫长的发展过程之后，大陆法系不同时期的违法性理论都拥有自身独特的视角或方法。结果无价值论尽管遭到了很多批评，但与行为无价值论相比，其在某些方面仍然具有行为无价值论不具备的理论优势，所以结果无价值与行为无价值之间并不完全是相互冲突、水火不容的关系，同时也存在相互借鉴、相互吸收的关系。两者均对违法性理论的丰富作出了重要的贡献。因此在下文中，笔者试根据结果无价值论与行为无价值论两种不同的立场，分别探索社会危害性的评价进路。

二、结果无价值立场的评价进路

（一）“法益侵害”与“社会危害”之辩

根据结果无价值理论来评价某一行为是否具有社会危害性时，首先需要明确的是“社会危害”与“法益侵害”的关系问题。在大陆法系中，持结果无价值论的学者通常也赞同法益侵害说，并以法益侵害说为基本出发点，从法益侵害的角度出发论证刑法规范设立的必要性，认为设立刑法规范的目的就是保护“法益”，[①]只有当刑法认为存在应当保护的国家或个人利益时，才会设立相应的法条。所以，防止行为对法益的侵害或危险，也正是大陆法系国家刑法的重要任务之一。

不过，正如前文所提到的，“法益”概念是在大陆法系刑法体系中存在的概念，与我国传统刑法理论中的“社会危害性”概念并不完全相同。因此，在发现了社会危害性理论的诸多不足，又认识到法益侵害理论在大陆法系刑法中发挥的重要作用之后，一些学者开始偏向于法益侵害理论，认为法益不仅和社

① 参见童德华:《外国刑法导论》，中国法制出版社 2010 年版，第 32 页。

会危害性一样具备实质内容，还具备社会危害性不具备的规范性，因此完全可以用“法益”取代传统刑法理论体系中的社会危害性。当然，也有一些学者提出反对，认为法益侵害理论和社会危害性理论并无不同。具体来说，首先，法益侵害理论与社会危害性在评价行为是否构成犯罪时，都运用了先定性、后定量的分析方法；其次，尽管社会危害性的外延并不清晰，但是法益同时也是一个具有抽象性的概念，在实践中仍然需要通过主观经验判断法益是否遭到了侵害；最后，法益侵害说保护“国家、社会和个人法益”的刑法任务与我国社会危害性“保卫国家安全、维护社会秩序、保护公民权利”的理念不谋而合，这说明社会危害性与法益侵害性在实质层面对行为作出的评价也是大体相同的。因此从本质上说，社会危害性与法益侵害性之间并无明显的区别。从总体上看，法益侵害说并不比社会危害性概念优越。①

笔者认为，后一种观点更具有说服力。在社会危害性与法益侵害性的关系上，两者应当是相辅相成的关系，而非相互取代的关系。

首先，从理论内容上看，社会危害性理论所包含的内容与法益侵害说相差不大。一般认为，社会危害性是指行为对社会秩序和社会关系造成这样或那样损害的事实特征。②而法益则是指由法所保护的、客观上可能受到侵害或威胁的人的生活利益，法益侵害就是对这种生活利益产生的侵害或者威胁。③两者虽然都体现了刑法对社会秩序的维护，但在评价犯罪时所站的角度不同。法益侵害理论相对来说更倾向于关注个人的利益，从保护个人的角度设定法益；而社会危害性则倾向于关注社会利益，从维护社会的角度出发设定具有危害社会的行为。由此可见，社会危害性理论关注的社会关系内容更为丰富，包含主体、客体、内容（权利和义务）等多项要素，而法益侵害说关注的“法益”却只是社会关系的一个具体要素。从这个角度上来看，社会危害性理论在阐述刑法的保护作用时采用的是较为宏观的、整体性的视角，而法益侵害说则从微观的、个体的角度，通过强调具体利益的保护来阐述刑法的保护作用，所以，在内容

① 参见童德华：《犯罪本质的新诠释》，载《湖北警官学院学报》2005 年第 3 期。

② 参见倪业群：《论社会危害性的认定及其轻重大小的判定》，载《广西师范大学学报（哲学社会科学版）1995 年第 3 期。

③ 参见张明楷：《刑法学》（第五版），法律出版社 2016 年版，第 63 页。

上社会危害性理论与法益侵害理论的内涵并无二致，只是进行具体论证时的出发点有所不同而已。

其次，法益概念本身和社会危害性一样，都具有彻底的开放性，是“形式的、空心的”。[①]“法益”在德文中的表述为“Rechtsgut”，意为“法律上的好的事物”，但是“好的事物”具体为何，则有赖于立法者的解释。法益之所以能在德日的刑法理论体系中发挥犯罪评价作用，是因为法益侵害被限定在犯罪构成违法性判断的阶段，主要被用于作出行为是否具有违法性的实质判断，由于适用范围确定，因而具有规范色彩。但是随着大陆法系理论的不断引入，在我国，“法益”概念在理论的发展过程中逐渐被阐释出不同的含义，被期待发挥出不同的作用，进而适用的范围不断扩大，逐渐难以被具体地把握。在我国的刑法理论体系之中，“法益”概念不再仅适用于违法性的评价，而开始向构成要件符合性渗透。而且随着新康德主义哲学思想在刑法理论中的渗透，法益的概念被精神化，法益越来越脱离了原本所处的位置，从一个实体性的概念演变为一个观念性的概念。[②]所以，法益侵害理论即使取代了社会危害性理论，也很有可能面临和社会危害性相似的窘境，很难达到学者的期待。

再次，法益是大陆法系刑法理论中广泛运用的概念，但在我国的传统刑法理论中并没有出现过，是纯粹的“舶来品”。传统刑法学经历了长期的历史发展，概念与概念、理论与理论之间都具有一定的内在契合性，突然从中插入“法益”这一完全陌生的概念，不仅在理论上可能打破现有理论体系的内在逻辑，使一些概念之间出现矛盾，还有可能在实践中产生不必要的问题。例如，我国刑法在认定行为是否构成犯罪时采用的是主客观相统一的分析方法，社会危害性概念与之对应，通过主观和客观两个不同方面来评价具体行为，但是法益则不同，其在大陆法系中被用于违法性阶段的实质判断，因此只考虑在客观上行为对法益造成的侵害或威胁，并不关注主观要素。这种评价方法最终得出的结果可能与我国主客观相统一的思想并不相合。

复次，尽管法益侵害无法完全取代社会危害性，但法益侵害理论相比社会危害性理论，仍然有其可取之处。例如，法益对结果要素的重视是社会危

---

① 参见冀洋：《法益保护原则：立法批判功能的证伪》，载《政治与法律》2019年第10期。

② 参见童德华：《犯罪本质的新诠释》，载《湖北警官学院学报》2005年第3期。

害性不具备的，值得社会危害性评价加以借鉴。在司法实践中，危害结果占据重要的地位，是犯罪评价不可忽视的依据，通常是先出现了某种危害结果，侦查人员才会据此展开侦查，进而搜索行为人，并挖掘出其实施的具体行为以及实施行为时可能的主观态度。我国刑法对相关制度的规定也体现了对危害结果的重视。例如，违法性阻却事由中的紧急避险，就是立法者在考量行为造成的危害结果之后作出的规定。之所以认为紧急避险不构成犯罪，是因为符合紧急避险要求的行为虽然对刑法所保护的社会关系造成了一定的危害，但是与此同时也保全了更大的利益，因此在评价该行为时，并不认为其对社会造成了严重危害。

最后，结果要素对定罪的意义还体现在我国的刑事立法之中。由于我国刑法分则中的大多数犯罪都是结果犯，所以在对具体行为进行定性时，行为造成的危害后果是否符合刑法条文的表述，对最后的定性有着决定性的意义。而在定量的层面，由于我国刑法分则中存在大量的“数额较大”“造成严重后果”“情节严重”等与结果直接相关的犯罪情节，因此结果在定量的过程中也能发挥指导作用。这一指导作用甚至能延伸到部分行为犯，因为即使刑法规定只要实施了行为就能够构成犯罪，在进行行为和危险的具体判断时也还是离不开对情节等因素的考量。总而言之，在结果无价值理论指导下的刑法具有明确的目的，只要行为造成的结果没有侵害或威胁刑法所保护的利益，这种行为就不会被刑法认定为犯罪，①这种结果化导向的思路在很大程度上有利于保障国民的自由，所以行为的危害结果完全可以作为评价社会危害性的进路之一。

（二）危害结果的社会危害性评价

通常认为，结果是指客观事物在一定的外力作用下所产生的变化。②刑法上的危害结果则是指由刑法规定的，危害行为所直接造成的对定罪量刑具有价值和意义的损害和危险状态。③前文提到，结果无价值论注重对结果的报应性评价，从结果出发对具体行为进行评价，并根据结果的危害程度设定不同的刑

① 参见张明楷：《刑法学》（第五版），法律出版社2016年版，第110页。
② 参见林亚刚：《刑法学教义（总论）》，北京大学出版社2017年版，第136页。
③ 参见彭文华：《危害结果概念：反思与重构》，载《中国刑事法杂志》2010年第8期。

罚。基于这种立场，结果就成为反映社会危害性的直接标准，对社会危害性判断产生了最重要的意义。所以，在以结果作为犯罪社会危害性评价进路的前提下，明确行为的结果要素、确定结果的评价结构是至关重要的。

在我国刑法规定中，危害结果是结果犯的构成要件要素之一。结果犯中如果没有出现特定的危害结果，那么行为人的行为就不会被认定为具有严重的社会危害性，进而不构成犯罪。例如，当盗窃罪的数额并未达到法定的入罪数额时，行为人就不会构成盗窃罪。而在行为犯或者危险犯的规定中，虽然未造成结果也能够构成犯罪，但是特定结果的出现可能改变刑法对行为人行为性质的评价，同时影响着行为人的量刑轻重。例如，行为人在道路上醉酒驾驶机动车，虽然没有出现人身伤亡、公私财产损失等结果也能构成危险驾驶罪，但是一旦特定的结果出现，如造成交通事故致人重伤或死亡，那么行为人不仅可能被从重处罚，还有可能构成交通肇事罪，进而承担更严重的刑事责任。由此可见，结果在犯罪的社会危害性评价过程中，在定性和定量两个方面都发挥着指导性的作用。

在现实生活中，结果存在不同的样态，可以被划分为物质性损害结果和非物质性损害结果。前者因为较为直观具体，可以通过司法鉴定（针对人身伤亡）或者数额（针对公私财产的损失）等方式直接进行测量和计算，因此把握起来较为容易，评价具体行为的社会危害性时也存在客观的标准；后者则通常不能通过科学数据的方式表现出来，难以测量和计算，在对非物质性损害结果进行认定时，通常需要司法者结合自身的主观经验、预期的社会效果、社会公众对行为的反应等不同情况来进行抽象的把握。所以，非物质性损害结果的认定方法就显得极为重要，如果认定方法不一致，很有可能就会出现“公说公有理，婆说婆有理”的局面，这是刑事司法所不能允许的。

具体来说，在把握非物质性损害结果的过程中，需要尽可能地使其客观化，具体方法包括从行为所引发的社会影响、对被害人造成的直接经济损失等能够衡量的因素入手，使司法者以及公众获得对该行为的社会危害性的抽象认识。例如，制片人甲在设计某部电影的剧本时，故意将他的仇人乙设计为电影中的反派角色，并在电影中使用了乙的真实姓名、职业等易于辨识的身份特征，将乙描绘成一个无恶不作、烧杀淫掠的“魔头”。电影播出后，乙的负面形象深入人心，使乙本人在现实生活中受到极大的困扰，不仅名誉受到严重损害，还常常被无端唾骂。在这种情况下。甲的行为虽然没有对乙造成直接的物质性损害，但已经实质性地侵害了乙的名誉，影响了乙的日常生活，这就属于非物质性的损害。对于这种缺少具体衡量标准的非物质性损害结果，我们需要尽可能地寻找一些可以被人们认知和赞同的因素，使人们获得对该行为社会危害性的抽象理解。

首先，从案件性质看，甲在电影中胡乱编造的行为严重侵害了乙的名誉权，使乙的声誉和社会评价变得极为负面，因此甲的行为性质具有与一般的人身财产犯罪相似的恶劣性；其次，虽然单凭乙的“魔头”形象，不至于造成电影观众的恐慌，但是当人们发现现实生活中存在与电影角色有着相同职业、姓名、身份，甚至相似的相貌的乙时，依然有可能下意识地联想电影情节，产生慌乱情绪，最终对正常的社会秩序产生不良的影响；最后，在甲制作的电影的诱导下，乙的工作和生活都受到了无端的冲击，在一定程度上给乙造成了不必要的财产损失，甚至还有可能使乙丢掉工作，引发次生的损害结果。通过对这些因素的综合分析，原本难以把握的损害结果被社会秩序、经济损失等抽象的因素勾勒出来，得到了抽象化的把握，进而能够对定罪和量刑产生指引和评价作用。

值得注意的是，结果只是客观构成要件的要素之一，很多并不具备结果的行为，也有可能构成犯罪。所以在将结果作为社会危害性评价的进路的同时，还需要关注行为的危险性，以此来准确地把握刑法中的一些危险犯。一般认为，刑法上的危险犯的“危险”是一种可能发生的损害结果，它可能对刑法所保护的社会关系造成重大的威胁。[①]危险与结果相比，往往不具有可计算性，甚至也无法像非物质性损害结果那样对社会危害作出抽象的把握。因此，在分析危险犯的社会危害性时，需要考察具体场合中刑法保护的社会关系所处的状态以及危害行为的紧迫程度等。例如，行为人醉酒后在马路上开车，与行为人醉酒后在马路上飙车所产生的危险程度是不同的，在高速驾驶车辆的情况下，行为人对紧急情况作出应变的难度更大，可能造成的人身伤亡或财产损失就更为严重。因此，所具有的社会危害性更大。此外，还需要考察行为可能引发实际损害的范围和程度。例如，行为人在空无一人的荒地中点火，和在繁华的商业街上点火，前者可能只会造成一些财产的损失，后者则不但可能会造成公私财产

① 参见舒洪水：《危险犯中危险状态的判断》，载《西北政法大学学报》2012年第5期。

的巨额损失，还有可能产生大范围的人身伤亡，所以后者对刑法所保护的社会关系产生危害的紧迫程度更为严重，可能产生的危害结果也更严重，因而其社会危害性往往更大。

三、行为无价值立场的评价进路

（一）行为无价值论的流变及对社会危害性判断的借鉴意义

行为无价值论的基本观点认为，无价值的行为是指脱逸了社会的相当性，违反了社会历史所形成的社会共同生活秩序的行为。[①]由于刑法具有特别预防的目的，需要通过刑罚处罚来使犯罪人认识到自己的错误，并以此完成犯罪人的再社会化，所以刑法评价这种行为时不仅应当考虑侵害的客体，还应当关注行为本身的样态以及行为人的主观态度。

在德日刑法理论的发展过程中，行为无价值论经历了从一元的行为无价值论到以结果无价值为基础的二元的行为无价值论的演变过程：一元行为无价值论认为行为人基于自主的意志引发的行为是刑法需要关注的对象，而结果要素只发挥判断刑罚必要性的作用，仅在限制刑罚处罚范围的层面有着积极意义，并不能决定实质违法性是否成立的问题。在理论基础上，一元的行为无价值论彻底贯彻了规范违反说，[②]其主要观点有：其一，违法性的关注重点应当从结果转移到行为上来，因为刑法最根本的使命在于保护社会的道德和伦理规范；其二，结果无价值只有通过人的违法行为才能发挥其刑法上的意义，[③]而行为无价值却是所有犯罪所普遍具有的无价值，在评价具体行为是否构成犯罪时更具有现实意义；其三，判断行为是否存在规范违反性时，要注重对行为侧面及行为人主观方面要素的考察；等等。

由于一元的行为无价值论过于关注外部的事实过程，主要通过判断人的主观意志来认定具体行为是否具有违法性，与行为刑法的原则相悖，所以随着理论的发展，越来越多的学者开始赞同在考虑行为的规范违反性的同时，还应考

① 参见童德华：《外国刑法导论》，中国法制出版社2010年版，第47页。

② 参见［日］曾根威彦：《刑法学基础》，黎宏译，法律出版社2005年版，第87页。

③ 参见［日］大塚仁：《犯罪论的基本问题》，冯军译，中国政法大学出版社1993年版，第133页。

虑行为在客观上引发结果无价值的现实可能性的观点。在这种情形下，二元的行为无价值论被提出，认为违法性的本质不仅包括行为无价值，还包括结果无价值，行为无价值和结果无价值之间是相互依存的，在评价行为是否具有违法性时，需要同时考虑行为本身的规范违反性和结果的法益侵害性。显然，二元的行为无价值论属于折中的违法性理论，通过主观和客观两个层面进行展开。

首先，客观层面的行为无价值主要由社会相当性理论和社会的不法理论组成。前者强调在评价行为是否符合社会伦理、道德秩序时，需要通过对行为是否具有社会生活上的必要性以及事实上的通常性的价值来进行判断，从而确定行为是否属于具有相当性的社会行为，为正常的社会伦理道德秩序所接纳。如果认为行为具有相当性，那么就应当否定其具备实质违法性。社会的不法理论则认为，违法性存在于行为人对客观社会义务的违反之中，所以在评价行为人的行为时，应当重点考察行为人对规范及社会义务的违反态度，进而决定其是否具备违法性。其次，行为无价值的主观层面则主要从人的不法理论展开，强调行为人的主观要素是不法的实质和必要组成部分，而不是像结果无价值论所说的那样只是在例外情况下才能得到承认的不法要素。①

从行为无价值论的内涵演变来看，实质违法性的认定应以行为所造成的法益侵害为基础，综合考察行为的手段、方法以及行为人主观的内心状态等因素。但即使是二元的行为无价值论，其在违法性理论发展的过程中还是不免遭到了批判。对于二元的行为无价值论，有学者从逻辑根据、适用标准和理论根据等不同的方面对其提出了批评。第一，在不能犯和未遂犯的问题上，需要着重考察行为是否具有侵害法益的现实危险，但是二元行为无价值论难以解决这一问题；第二，二元行为无价值论所主张的社会相当性理论等概念在用语上存在模糊，难以把握其具体内容和理论定位；第三，作为行为无价值的理论基础的社会伦理规范也并不能准确区分民事上的侵权行为、行政违法行为和刑法上的犯罪行为。②

在行为无价值与社会危害性判断的关系问题上，不可否认的是，在通过行

① 参见陈璇：《德国刑法学中结果无价值与行为无价值的流变、现状与趋势》，载《中外法学》2011年第2期。

② 参见黎宏：《行为无价值论批判》，载《中国法学》2006年第2期。

为无价值的立场来判断行为是否具有社会危害性的过程中，行为无价值论所强调的对行为人的行为状态以及内心状态的考察，能够进一步丰富我国刑法学中社会危害性的内涵。因为结果要素对于认定社会危害性的意义更多地体现在社会危害性的程度上（定量方面），而行为类型的评价则往往能够反映社会危害性的有无。一方面，行为人实施的行为是司法实践中具体案件事实与法律规定之间的连结点；另一方面，行为人的主观状态在判断具体的违法性类型和正当化事由是否成立等情况下具有不可替代的作用，只关注行为所造成的结果而不考虑行为人的主观心理态度，很多时候是无法得出令人信服的结论的。所以，日本学者曾根威彦就指出，行为无价值论可以将行为人的意图、动机、行为形态之类的有关法益以外的要素全部纳入违法评价的范围之内。[①]另外，行为无价值论还可以通过规范违反性来限制法益侵害性，以此消除“所有的法益侵害都是违法的”这一结论存在的不足。

总而言之，德日刑法中二元行为无价值理论对我国社会危害性理论的借鉴意义在于，通过对行为方面的要素和行为人的主观方面要素的考察，对行为是否具有社会相当性做出更准确的回答，避免“唯结果论”倾向的出现，全面地把握行为的社会意义。

（二）危害行为的社会危害性评价

行为无价值注重对行为的预防性评价，预防主义认为刑罚的正当性根据在其“有用性或合目的性”。[②]所以在评价行为是否具有社会危害性时，行为无价值主要是通过考察行为本身的反社会性来体现行为的社会危害性。只有认定行为具有“反社会性”（或者说不具有社会相当性），才能进一步肯定刑罚是“有用且有必要”的。在考量对象上，行为无价值一般聚焦于“人在意志支配之下实施的危害社会的身体动静”，即危害行为。[③]而对危害行为的考察又可以分为如下角度。

首先，行为无价值论认为行为所采取的方法、手段是影响行为社会危害性

① 参见［日］曾根威彦：《刑法学基础》，黎宏译，法律出版社 2005 年版，第 93 页。

② 陈子平：《刑法总论》，中国人民大学出版社 2008 年版，第 32 页。

③ 齐文远主编：《刑法学》（第三版），北京大学出版社 2016 年版，第 81 页。

的最直接的因素之一。例如，在抢夺罪和抢劫罪的区分问题上，立法者之所以区分抢夺他人财物的行为与抢劫他人财物的行为，并为抢劫罪和抢夺罪设置了不同的法定刑，其原因就在于抢劫所采用的方法、手段（暴力或威胁）比抢夺的方法、手段（单纯的掠取）可能会对公私财产造成更大的侵害或威胁，行为性质也更加恶劣。而在司法实践中，行为的方法、手段更多地通过实施行为借助的工具，以及行为实施的频率等方面表现出来，如在故意伤害案件中，行为人使用尖锐利器伤害他人的行为在危害性上要大于使用钝器或者不使用器具的行为，因为前者的杀伤力更强、更直接。又如，在盗窃罪的场合，“多次盗窃”属于刑法明文规定的犯罪情节，即使行为人盗窃的数额未达到法定标准，如果存在“多次”，也能够构成犯罪。由此可见，通过对具体行为特定的方法、手段进行考察，不同的行为方法或行为手段能够直观地反映行为对于社会规范的违反以及行为性质的恶劣程度，因此方法和手段是进行社会危害性评价时首先需要考量的因素，在评价过程中占据着基础地位。

其次，行为实施的时间、地点也会影响对行为的社会危害性评价。例如，当众实施的猥亵行为在社会危害性上大于在私密场合实施的猥亵行为，因为猥亵行为是对被害人身体自由、名誉权、隐私权的侵犯，在公共场合实施的猥亵行为较之在私密场合实施的猥亵行为，更能加剧被害人内心的羞辱感，也会大大降低外界对于被害人的社会评价。再如，在疫情期间，一般认为行为人实施的盗窃医疗卫生用品的行为在社会危害性上大于社会秩序稳定时期所实施的同等的盗窃行为，因为在疫情这一特殊时期，医疗物资稀缺且需求量大、转运难度大，一旦出现物资丢失的情况，很有可能会使应急方案失效，甚至使整个救援行动失败，引发人员伤亡、社会管理秩序混乱等不良后果。所以在特殊时期实施特定的犯罪行为，很有可能会导致比平时更严厉的处罚。由此可见，行为实施的时空条件对于某些危害行为的社会危害性分析具有重要意义。

再次，行为对象也是影响对行为社会危害性评价的一个重要因素。行为对象主要是指犯罪行为直接作用的具体人或物。[①]对于同样的行为，根据行为所指向的对象的不同，对该行为作出的社会危害性评价也极有可能不同。例如，同样是强奸行为，我国刑法条文中却明确规定奸淫幼女需要“从重处罚”，对“奸

① 林亚刚：《刑法学教义（总论）》，北京大学出版社2017年版，第91页。

淫幼女”和“强奸妇女”作出了区分，[①]这说明立法者在对强奸行为进行社会危害性评价时关注了行为对象之间的差异，并认为奸淫幼女在危害程度上要大于强奸成年女性。一方面，因为幼女尚处在成长的时期，缺乏准确的辨别和控制能力，既不知道性交行为的性质和可能造成的结果，也不可能真正地表达自己的意志，所以相比强奸成年女性，奸淫幼女的行为更容易摧残被害人的身心健康；另一方面，幼女相比成年女性，处于更加弱势的地位，面对来自成年人的侵害，基本不具备任何反抗的能力，所以实施奸淫幼女的行为也更容易得逞。基于以上考虑，对奸淫幼女规定更高的法定刑也体现了刑法对于这一弱势群体的特殊保护。

最后，当行为对象对危害事实的发生具有过错时，对行为作出的社会危害性评价也可能有所不同。我们假设两种不同的情境：其一，妇女甲长期遭受丈夫的谩骂和殴打，并多次遭到丈夫“如果离婚，便杀了你”的威胁，一日在忍无可忍的情况下奋起反抗，并最终持刀杀死丈夫；其二，妇女乙多年来一直处于社会底层，因工作和生活压力过大而对社会心生不满，最终持刀杀害马路上的一名陌生人。从行为性质上看，两种行为均属于故意杀人，但在前一种情况中，甲在杀人之前多次受到了丈夫的家暴，对其身心都造成了巨大的创伤，可以说被害人家暴的过错是甲杀人的主要原因，配合一些具有偶然性的诱因，才导致最终结果的发生；而在后一种情形中，被害人与乙不如意的生活状况无丝毫关联，却无辜地成为行为人报复社会的受害者，所以在后一种情形中，被害人不存在任何过错。如果不考虑被害人的过错，即行为对象方面的因素，认为这两种情形下行为的社会危害性相同而对两者施以同样的刑罚，对于行为人或者被害人而言显然是不公平的，判决也难以得到社会公众的接受。因此，应当分析行为对象对于案件社会危害性所造成的影响，如行为对象的身份、对危害行为的引发的作用力等。

四、社会危害性判断的具体程式

除了明确结果无价值与行为无价值对于社会危害性的评价进路外，社会危

---

① 《刑法》第236条第1款、第2款规定：“以暴力、胁迫或者其他手段强奸妇女的，处三年以上十年以下有期徒刑。奸淫不满十四周岁的幼女的，以强奸论，从重处罚。”

害性评价的程式也是社会危害性判断过程中不可回避的问题。在过去，学者在认定行为的社会危害性时，通常习惯于采用概念性的思维，即通过设计相关的概念，来对可能需要考察的各种因素作出概括、解释和说明。由于概念的表述具有逻辑性、客观性和具体性，所以概念性思维一度被认为是方便、快捷的思维模式，能够将具体的案件事实和刑法规定的犯罪构成对应起来，有效地衔接规范和事实，从而合逻辑地、快速地解决实践问题。但在实践中，概念思维并没有发挥出理想的效果。由于社会危害性评价需要基于案件的基本事实，对基本事实的社会意义作出评判，而在大多数情况下，案件的事实并不会完全按照法律规定的情形去发生，社会的进步和观念的转变也会使法律适用的标准不断发生变化。因此，面对多样化的社会生活，传统的概念思维常常无力解决社会危害性评价中出现的疑难问题。

在学者注意到传统概念思维的局限性之后，类型化思维就应运而生了。类型化思维主张对具有刑法意义的个别现象进行归纳和提炼，寻找出不同的现象之间存在的共同点，并以此为依据对现象进行分类，达到将个性归类在共性的范围内予以解释或运用的目的。[①]类型化思维与概念思维的区别在于，类型化思维不再试图将事实涵摄于抽象概念之下，而是将事实依据其本质属性的不同而划分为不同的类型。例如，在区分某一行为属于盗窃还是诈骗时，如果我们从教科书规定的概念出发，运用概念中固定的特征和该行为逐一对照，那么运用的就是概念性思维；而不再借助概念中描述的固定的几条特征，着眼于评价该行为更符合盗窃的本质属性还是诈骗的本质属性时，运用的就是类型化思考。

与概念思维相比，类型化思维具有开放性和包容性，能够更好地适应社会生活的变化，使法官在面对实践中的疑难问题时，能更精准地把握行为的性质，评价行为的社会危害性，不至于囿于具体概念的某一个特征而左右为难。在判断程式上，运用类型化思维评价行为的社会危害性时，主要可以分为三个步骤：首先，作出行为是否具有社会危害性的前见；其次，在前见的基础上结合相关罪名的构成要件，对前见进行验证；最后，建构案件事实进行充分说理，使公众达成共识。

---

① 参见马荣春:《刑法类型化思维的概念与边界》，载《政治与法律》2014 年第 1 期。

（一）作出是否具备社会危害性的前见

社会危害性评价具有价值属性，是刑法规范对于行为的一种价值判断。[①] 一般来说，在了解具体行为之后，人们往往会下意识地运用自身的生活经验对该行为是否具备社会危害性作出预判，这种预判也被称为"前见"。对于不具备法律专业知识的社会公众而言，其在判断行为是否"该被处罚"时，往往就只依赖自身对案件产生的"前见"；而对于专业的法官或学者而言，虽然拥有了构成要件等规范的分析方法，但是"前见"依然是普遍存在的，甚至是下意识产生的。在司法实践中，这种前见往往首先表现为司法人员的道德预判，即司法人员根据长期积累的办案经验，在把握案件事实的前提下形成的对案件整体社会意义的预判。[②]具体来说，法官基于自身的办案经验，在归纳不同的犯罪现象的基础上，根据现象之间具有的典型特征对现象进行分类，形成不同的类型，进而将需要评价的行为归类到最具有相似性的类型之下，形成对案件事实社会危害性的"前见"。"前见"这种类型化思维方式与传统的概念思维相比，其优势在于前见并不受到任何外在形式的束缚，而是法官依据自身经验作出的，所以法官在评价具体行为时具备了一定的开放性，在面对运用概念思维难以解决的一些疑难案件时，只要对事物本质意义上的评价上具有一致性，法官就可以将疑难案件和一些普通案件归为一类，作出相同的处理。[③]在司法实践中，疑难案件之所以难以处理，很多时候是因为其并不完全符合相关刑法规范的描述，因此难以找到相应的规范分析方法，而一旦疑难案件被归类到典型

---

① 参见利子平、石聚航：《传统法律文化：解读社会危害性的新路径》，载《法制与社会发展》2010年第4期。

② 参见童德华、赵阳：《类型化理论在刑民交叉案件中的适用》，载《法律适用》2018年第10期。

③ 例如，行为人携带浓硫酸实施抢夺行为是否可以认定为携带凶器抢夺，进而按照抢劫罪处理？可以肯定的是，当行为人携带枪支、管制刀具等工具进行抢夺时，将枪支、管制刀具认定为"凶器"并无疑问。但是当行为人携带浓硫酸抢夺时，人们则容易产生迟疑，因为通常意义上的凶器是指具有杀伤性的器具，而浓硫酸并不完全符合我们通常理解上的"凶器"。类型化思维下，对案件事实的认识应当是本质意义上的理解，因此对浓硫酸是否属于"凶器"进行理解的前提是探究"凶器"的真实含义，并将其与通常意义上的枪支、管制刀具等作比照，在相似性的基础上考虑将其纳入"凶器"范围的可能性。从本质上来看，浓硫酸和枪支、管制刀具等器具一样，都具有压制他人反抗的物理性能和侵犯他人人身权利、财产权利的危险，所以浓硫酸具有与枪支、管制刀具等器具"同样的意义"，携带浓硫酸实施抢夺行为的可以被认为是携带"凶器"实施抢夺的行为。

的具体类型中，法官所作出的“前见”就为下一步的规范论证指明了方向，能够更有针对性地进行规范论证。

（二）通过构成要件分析验证前见

前文已述，在运用办案经验整体性地分析案件的社会意义之后，法官会作出行为是否具备危害性，以及可能构成何罪的“前见”，需要注意的是，“前见”虽然很直观，但由于没有经过严谨的规范分析，所以其结论并不一定是完全正确的，需要通过不断地“证伪”来逐步实现对案件事实的全面归纳和对行为性质的准确把握。这一“证伪”的过程就是构成要件的规范论证过程，因为在“证伪”前见的过程中，所需要的就是刑法明确规定的具体犯罪的构成要件。通过将案件事实和法官通过前见认定的具体犯罪的构成要件事实进行对比和代入，来检验先前的理解是否正确。一旦前见被证伪，法官就会在此基础上认识到自己前见中的不足，进而形成新的前见，并在此基础上进行新一轮的规范论证，直到“证成”前见，即令前见与构成要件事实推理出的结果相一致。在结合构成要件严谨地进行演绎推理之后，法官就能做到澄清案件中的争议问题，从而形成更加客观、具有说服力的结论。例如，在许霆案中，许霆从ATM机中取出17.5万元的行为显然构成犯罪，但构成何种犯罪？很多人会认为ATM机是银行工作人员来进行管理和维护的，而许霆利用银行工作人员的这一失误，实施连续多次恶意取款的行为，并最终获得巨额的非法利益，所以将许霆取款的行为定性为骗取行为，认为其构成诈骗罪。但结合这一前见，在进行犯罪构成要件的规范论证则会发现，诈骗罪在客观方面要求受害人因行为人的欺诈行为陷入错误认识，并基于该错误认识处分自己的财产。但是许霆行为指向的对象是ATM机，机器不可能会因为人的误导而陷入错误认识，所以将许霆的行为定性为诈骗行为的结论并不能成立。于是，诈骗罪就被“证伪”了。在法官获得这一认识之后，就会转向关注许某行为中“非法占有不属于自己的财物”的特点，作出“许霆构成盗窃罪”的新的前见。在此基础上继续运用构成要件进行分析：首先，这一行为客观上对社会公私财产造成了损害，具有社会危害性；其次，许某具有非法占有的目的；最后，许霆在此目的支配之下实施了多次窃取公私财物的行为。所以，许霆的行为完全符合盗窃罪的犯罪构成要件，应当以盗窃罪论处。由此，盗窃罪被“证成”。经历了前见—证伪—证实的评价过程，法官不仅可以正确地对行为进行定性，也能在判决书中更详细地阐述盗窃罪和诈骗罪的适用选择问题这一争议点，使最终的判决结果更加具有说服力。

（三）建构案件事实与充分说理

在类型化思维中，作出前见与验证前见的过程只是法官根据自身的经验，在结合构成要件分析的基础上对行为的性质达成的内心确信。而法官的最终目的是通过判决来使社会公众认同自身作出的内心确信，进而对具体案件的定罪和量刑达成共识。将内心确信转化为外部共识的过程，就需要法官建构事实（将案件中的生活事实转化为法律事实），并针对该事实进行充分的说理，以确保最大限度地达成共识。法官在建构案件事实时需要注意以下几点：一是对事实的考察需要具有全面性，不能因为自己的前见而将目光局限于某个特定的犯罪类型，而是应当尽可能地收集与案件事实相关的一切主、客观方面的材料，防止遗漏重要的案件事实。二是要具有开放性，法官应当将犯罪构成要件看作一个开放的体系，既要以现有的构成要件为指导来重新还原和塑造案件事实，又要针对实践中的具体问题来不断地修正自己对于某种犯罪的构成要件固有的错误认识。三是要充分地听取控辩双方关于案件事实的陈述，并允许控辩双方就争议问题展开辩论。法庭为控辩双方提供充分表达意见的平台，不仅可以暴露控辩双方观点中难以发现的问题，使法官更清晰地还原案件事实，而且控辩双方意见的充分表达也能保障当事人的诉讼权利，彰显庭审时的程序正义，增强社会公众对案件裁判结论的接受度。

在构建了相对清晰的法律事实之后，法官需要针对案件事实进行法律解释，通过充分说理的方式来使双方当事人和社会公众接受自己作出的内心确信，使最终的裁判结果发挥出应有的惩罚和教育作用。因此，说理是每一份判决书都必须具备的部分，如周光权教授指出："刑事判决书必须详尽地说明裁判理由、推理过程，批驳相反观点。"[①] 而为了使受众能更好地理解法官的思想，在具体进行论证时，应当具有逻辑性和条理性。以刑事判决为例，法官需要从定罪、量刑两个方面入手，在阐述控辩双方意见的基础上得出结论（法官的前

① 参见周光权：《判决充分说理与刑事案例指导制度》，载《法律适用》2014年第6期。

见）。首先，法官需要在听取控辩双方意见的基础上客观地归纳出争议焦点，在判决书中以争议焦点为根据，有针对性地对双方的意见进行回应。其次，在论证行为是否构成犯罪，是否具备社会危害性时，应当基于案件事实，从行为和结果两个方面来分析行为人的行为性质、危害结果，进而论证行为是否构成犯罪（罪与非罪），以及与相似罪名之间的界限（此罪与彼罪）。最后，在论证量刑问题时，法官应当根据现行刑法中法定的各种量刑从轻、从重情节，结合案件事实进行对照分析，充分地解释和说明对被告判处某种刑罚以及选择某种刑度的原因。经过类似程式的判断与分析，不仅有利于帮助受众厘清案件事实，了解定罪量刑的过程，还能够极大地保证共识的实现。

第四章

非法占有目的及其判断

刑法理论对于盗窃、诈骗等财产犯罪是否将非法占有目的作为犯罪构成的主观要素，存在争议，包括“非法占有目的必要说”和“非法占有目的不要说”。

按照“非法占有目的必要说”的观点，成立盗窃罪、诈骗罪等罪要求行为人主观上除了具备故意心态，还应具有非法占有目的。其理由可以概括为以下几点：其一，“非法占有目的”具有区分财产取得类犯罪与财产毁弃类犯罪的功能，对于盗窃罪、诈骗罪而言，不仅要具备盗窃、诈骗的故意，还要具备非法占有的意图；而对于毁坏财物罪而言，只要具有致使财物不能再被利用的意图即可。[①]另外，“非法占有目的”还能解释为何盗窃罪、诈骗罪的法定刑重于毁坏财物罪。比如，日本学者大谷实认为，毁坏财物罪发生的概率较低，而且行为人反复犯罪的可能性也较小；但是盗窃等取得罪通常具有较大的诱惑性，行为人能够从中获得较大的利益，因此其反复犯罪的可能性也就更大，一方面使得社会危害性更大，另一方面从对这类行为人特殊预防的必要性出发考虑也更应该加重处罚。因此，不难发现，盗窃等取得罪的法定刑比毁坏财物罪重的根本原因是行为人在主观方面的责任更重，这也使得将“非法占有目的”作为盗窃等取得罪的主观要件更有必要。[②]其二，“非法占有目的”具有区分盗用行为、骗用行为与盗窃罪、诈骗罪的功能，盗用行为、骗用行为通常只是暂时性地使用他人的财物，并不具有盗窃罪、诈骗罪所要求的非法占有意图。[③]其三，由于财产罪的本质是侵犯财产所有权及其他

---

① 参见［日］阿部纯二等编：《刑法基本讲座》（第5卷），转引自张明楷：《论财产罪的非法占有目的》，载《法学论坛》2005年第5期。

② 参见［日］大谷实：《刑法各论的重要问题》，转引自刘明祥：《刑法中的非法占有目的》，载《法学研究》2000年第2期。

③ 参见［日］阿部纯二等编：《刑法基本讲座》（第5卷），转引自张明楷：《论财产罪的非法占有目的》，载《法学论坛》2005年第5期。

本权，因此单纯的侵害占有意思并不足以认定犯罪，还必须具有作为所有权者或者本权者处分财产的意思。[①]

对于上述“非法占有目的必要说”的观点，“非法占有目的不要说”给予了批判，其支持者认为盗窃罪、诈骗罪的行为人只要具有盗窃、诈骗的故意即可，不必另具有非法占有目的。其一，“非法占有目的”并不能作为区分盗窃罪、诈骗罪与毁坏财物罪的依据，如果将其视为区分标准，则对于行为人以毁坏财物为目的取得他人财物以后并未实施毁坏行为，以及行为人最初以毁坏财物为目的取得了他人财物但随后对他人财物加以利用的行为，很难得出合理的结论。[②]其二，“非法占有目的”也不能区分盗用行为、骗用行为与盗窃罪、诈骗罪，前者之所以不被当作犯罪行为进行处罚并不是因为其不具有非法占有目的，而是因为行为本身就不是盗窃罪或诈骗罪的行为，二者的差异主要是客观行为的表现不同而非主观心态的区别。[③]其三，他人对财物的占有权也是盗窃、诈骗等罪的保护法益，即使只是侵害了他人的占有，由于行为人对这种侵害有足够的认识与意志，因此也应认定为盗窃罪、诈骗罪。[④]

前述“非法占有目的必要说”与“非法占有目的不要说”之争是大陆法系刑法理论长期以来的争论，在我国，不同学者同样持有不同观点，即便是在“必要说”或“不要说”内部，也存在各种各样的理由。我国刑法虽然没有明文规定盗窃罪和诈骗罪的成立需要行为人主观上“以非法占有为目的”，但是我们认为，在我国的刑法体系下，应该坚持“非法占有目的必要说”，理由如下。

其一，“非法占有目的”能够区分盗窃罪、诈骗罪与故意毁坏财物罪。在盗窃罪、诈骗罪这类取得型财产犯罪中，行为人明显具有将他人财物据为己有的目的，其明知财物是他人所有，但仍然企图采取非法手段将财物为自己所

---

① 参见［日］大谷实：《刑法各论》，转引自张明楷：《论财产罪的非法占有目的》，载《法学论坛》2005 年第 5 期。

② 参见［日］大塚仁：《刑法概说（总论）》，转引自张明楷：《论财产罪的非法占有目的》，载《法学论坛》2005 年第 5 期。

③ 参见［日］大塚仁：《刑法概说（总论）》，转引自张明楷：《论财产罪的非法占有目的》，载《法学论坛》2005 年第 5 期。

④ 参见［日］大塚仁：《刑法概说（总论）》，转引自张明楷：《论财产罪的非法占有目的》，载《法学论坛》2005 年第 5 期。

用、为自己所有。而在故意毁坏财物罪中，行为人虽然对于财物属于他人也是明知的，但是其实施违法行为并不是为让自己成为财物的享有者，而只是单纯地不想让被害人再继续占有、利用或者所有财物。也就是说，在盗窃罪、诈骗罪中，行为人不仅损害了财物原来的合法所有人对财物的权利，还要将这种权利“转移”到自己身上，正是这种“非法占有目的”能够作为取得型财产犯罪与毁坏型财产犯罪之间区分的标准之一。另外，也正是因为“非法占有目的”是不法行为人很容易产生的贪欲，在司法实践中获取他人财物据为己有的情况明显多于获取他人财物并加以毁弃的情况，使得各国立法对于盗窃罪、诈骗罪的刑罚处罚规定一般都重于故意毁坏财物罪。

其二，“非法占有目的”能够区分盗窃罪、诈骗罪与盗用行为、骗用行为。刑法进行规制的盗窃罪、诈骗罪与不被视为犯罪的盗用行为、骗用行为在行为手段上有着较大的相似性，往往都是采取并不为法所允许的方法、手段对他人的财物加以“利用”，但是后者通常不被处罚有一个很大的原因是行为人主观上并没有非法占有目的。比如，甲将路边停放的他人的自行车“撬走”骑了5分钟之后返还原处，无论对“非法占有目的”如何理解（对排除意思、利用意思的不同理解），各学说一般都不会将这种行为定性为盗窃罪，而只是盗用行为。在这样类似的案件中，行为人的做法虽然不值得肯定，但是由于其主观上并没有想要占有他人财物的目的，客观上也没有造成严重的社会危害后果，因此不需要从刑法层面进行规制。当然，“非法占有目的”并不是罪与非罪的唯一区分标准，而且在某些没有“非法占有目的”的盗用行为，如在前述案件中，如果甲使用的是他人的汽车，即便只有5分钟，因为所涉财产利用的重大也可能被认定为犯罪。但是，在一般情况下，“非法占有目的”无疑可以作为简单的区分标准。

其三，“非法占有目的”能够表明行为的社会危害程度。“非法占有目的”虽然是判断行为人的主观心态，但是并不意味着只从主观上认定盗窃、诈骗等犯罪，相反，这一目的能够从侧面反映出行为的社会危害性大小。对于盗窃罪、诈骗罪的认定，应当以行为当时的情况进行判断，而不能完全以行为后的情况按照仅从财产损失结果进行判断。既然要分析行为人在行为当时的情况，就必须要考虑行为人当时的主观意思。社会危害性大小并不是一种纯客观的判断，行为人的内心倾向对社会危害性大小的判断也有影响，行为人从一开始就具有强烈的“非法占有目的”，与行为人在实施不法行为过程中偶然产生“非法占有目的”，虽然在结果上可能没有任何区别，但是在实际认定时，必然会因其社会危害性的不同而使得司法机关在量刑时考虑到予以不同的预防刑。

第一节　非法占有的地位

在本章开头，我们已经简要论证了“非法占有必要说”的可取性，在我国现行刑法体系下，财产犯罪的“非法占有”是不可缺少的要素。非法占有并不等于故意的主观目的，也并不是简单的故意心理的一种表现，其在犯罪构成中有着独立的地位与价值。正是因为该要素的重要性，使得其能够在一定程度上区分罪与非罪、此罪与彼罪，提高司法效率，促进司法公正。而且，在不同的财产犯罪中，非法占有的认定具有不同的意义、方法等，应对它们进行区别。

一、非法占有在犯罪构成中的地位

（一）非法占有目的与故意的关系

在刑法理论史上，故意在刑法体系上的地位有所变化。早先的理论认为，故意是责任的要素；但随着主观违法要素被发现，以及人的违法性论的展开，故意成为一般的违法要素之一，而将其置于构成要件阶段加以认识的见解相当广泛。[①]将故意置于构成要件要素的地位，是因为故意具有区分罪与非罪、此罪与彼罪的作用，而且故意是判断构成要件未遂的前提。故意包括认识的要素和意思的要素。就认识的要素而言，首先，故意的认识对象是客观的构成要件要素。其次，并不是所有与成立犯罪相关的事实都需要被认识到。比如，符合主观的构成要件要素的事实，即故意、目的犯中的“目的”，常习犯中的“常习性”等，因为本来是主观的，所以不是成为认识对象的情况；又如，不属于构成要件部分的责任能力、客观的处罚条件和追诉条件不成为认识的对象；等

① 童德华:《外国刑法导论》，中国法制出版社2010年版，第122页。

等。[①]故意的意思要素并不是指单纯的愿望、空想、希望或单纯的行为意思，而是指实现构成要件的希望、行为决定或意欲。[②]

关于非法占有目的与故意之间的关系，日本早期的判例主张将非法占有目的视为故意之中的一个要素。但是，现在的通说认为，非法占有的目的是超出了构成要件的客观要素范围的所谓“超过的内心倾向”，与故意的性质并不相同。[③]在我国理论界，存在两种观点，有的学者认为非法占有目的就是故意的一种表现形式[④]，而有的学者则认为非法占有目的是不同于故意的独立的主观要素。[⑤]

在刑法上，“占有”包括“占有状态”“占有行为”以及“非法占有目的”三种含义，[⑥]当在“非法占有目的”层面进行讨论时，主要就是一种主观要素的判断。实际上，非法占有目的本身就是指非法控制财物的意图，就是盗窃、诈骗等财产犯罪中故意所指的内容。在这些财产犯罪中，故意指的是行为人对盗窃、诈骗等的主体、行为方式、结果等客观要素有明确的认识，同时希望或意欲侵占他人财产这一犯罪事实的实现。可见，非法占有目的是包含在这一故意的内容之中的。然而，对“非法占有目的”的讨论往往赋予了其特殊含义，从“排除权利者意思说”“利用处分意思说”“折中说”到“不法所有说”“非法获利说”等，都不再简单地将非法占有目的作为故意的内容看待。实际上，非法占有目的是独立于故意的主观要素，其可能与故意的内容重合，但也有可能在故意的内容之外，如其目的是追求行为实施、结果发生后的非法利益，或者与危害后果没有关系。“行为人是否有排除权利者权利的意思，以及有无利用处分财物的意图或非法获利目的，均不影响盗窃等取得罪的故意的成立”，[⑦]对于故意与非法占有目的应该分别进行考察、判断。

---

① 具体论述请参见马克昌：《比较刑法原理——外国刑法学总论》（上），武汉大学出版社2002年版，第233—235页。

② ［韩］金日秀、徐辅鹤：《韩国刑法总论》，郑军男译，武汉大学出版社2008年版，第179页。

③ 参见［日］大塚仁：《刑法概说（各论）》，有斐阁1992年日文版，第192页。

④ 具体论述请参见高铭暄主编：《中国刑法学》，中国人民大学出版社1989年版，第502页。

⑤ 具体论述请参见刘明祥：《论目的犯》，载《河北法学》1994年第1期。

⑥ 具体论述请参见徐凌波：《刑法上的占有》，载《刑事法评论》2009年第2期。

⑦ 刘明祥：《刑法中的非法占有目的》，载《法学研究》2000年第2期。

（二）非法占有目的是主观的构成要件要素

构成要件在犯罪论体系中首先是违法性和责任的类型，指导违法性和责任的内容，同时其还规制未遂犯、共犯以及罪数等。[①]构成要件包括客观构成要件要素和主观构成要件要素。具体而言，客观构成要件要素即行为、行为客体、行为结果、因果关系等客观存在于外部世界的事物；主观构成要件要素则指的是行为人的内心世界，即行为人内心的意欲、企图等，而非法占有目的是一种特殊的主观构成要件要素，其进一步表明了行为人的行为意志，影响着盗窃罪、诈骗罪犯罪构成要件符合性的判断。[②]

非法占有目的作为一种"超出的内心倾向"，当行为人实施了盗窃、诈骗等行为时，不仅体现了故意的主观构成要件要素，还实现了非法占有目的这一特殊的主观构成要件要素。虽然构成盗窃罪、诈骗罪中必然存在故意，但是在其之外将非法占有目的作为构成要件要素，表明其是不可缺少的要素，对行为人内心的考察不能局限于故意的认识与意思，还应当包括对其是否具有非法占有目的的判断。

（三）非法占有目的是主观的违法要素

非法占有目的不仅是主观的构成要件要素，还是主观的违法要素。实际上，早期基于"违法性是客观的，责任是主观的"原则，刑法上只承认客观的违法要素，不承认主观的违法要素。后来，不少学者基于对目的犯、表现犯、倾向犯的研究，主张应该承认主观的违法性要素。还有学者基于目的行为论，认为作为给予行为的违法性以影响的故意、过失成为主观的违法要素，进而认为行为的动机、目的也应该成为主观的违法要素。其中，最早表明主观要素与违法性关联的是德国学者H.A.费舍尔，其后数年，主张客观违法性论的黑格尔在《犯罪论体系的研究》一文中，承认主观的违法要素，提出"并非一切之主观的要素皆属于责任；同时，属于违法性者，亦非仅客观的要素"。[③]由于违法性本质上并不仅仅是客观存在的事物，判断违法性时必须考虑行为人的主观状态，刑法规

---

① 童德华：《外国刑法导论》，中国法制出版社2010年版，第69页。

② 吴贵森：《非法占有目的的法律地位探究》，载《中国刑事法杂志》2005年第6期。

③ 转自洪福增：《刑法理论之基础》，转引自童德华：《外国刑法导论》，中国法制出版社2010年版，第154—155页。

范既是评价规范又是命令规范，所以违法要素也理所当然包括主观的违法要素。

对行为人违法性的判断对象不限于行为的外在方面，而主观上的违法要素主要就是倾向犯的内心倾向、目的犯的目的、表现犯的心理过程等。就非法占有目的而言，目的本身会对行为人行为的法益侵害结果、危险程度等产生影响，从而影响行为人违法性的判断，无须到责任阶段才对非法占有目的进行评价。

二、财产犯罪中非法占有的认定意义

无论“非法占有”在犯罪构成中处于何种地位，其实质性的功能都不会发生改变，一般而言，包括区分罪与非罪、此罪与彼罪的功能。对“非法占有目的”的考察首先能够帮助司法机关对犯罪行为与一般违法行为（或正常行为）进行区分，无论刑法条文有无明文规定，在盗窃罪、诈骗罪等财产犯罪中“非法占有目的”都应该是需要重点评价的因素，将不具有“非法占有目的”的行为认定为犯罪很难符合人们的法感情。更为重要的是，在财产犯罪内部，虽然都造成了国家或他人的财产损失，但是盗窃罪、诈骗罪、金融诈骗罪等各种犯罪所侵犯的法益是不同的，造成的社会危害后果也是不同的，“非法占有目”对此罪与彼罪的区分也具有积极作用。在不同类型的财产犯罪中，行为人所具有的“非法占有目的”是不同的，司法实践中很多时候控辩双方正是在这上面产生争议、出现交锋。

可见，“非法占有”的认定对于诈骗罪、盗窃罪的评价与判断有重要意义。而且这两类财产犯罪在我国司法实践中时常发生，在全国各地的犯罪中占据着较大的比重，一方面，有的案件看似简单但实则涉及的问题较为复杂，使得法院在进行审判时对行为人的非法占有认定存在困难；另一方面，随着经济的快速发展，金融诈骗类案件层出不穷，在这类犯罪中是否考察非法占有以及如何判断非法占有均存在不少疑惑。因此，有必要分别对诈骗罪和盗窃罪中的非法占有进行分析、讨论。

（一）诈骗罪中的非法占有

【案例一：王某明合同诈骗案】被告人王某明冒充房主即王某明之父的身份，以出售北京市石景山区古城路×号楼一处房屋为由，与被害人徐某签订房屋买卖合同，约定购房款为100万元，并当场收取徐某定金1万元。数月后又收取徐某支付的购房首付款29万元，并约定余款过户后给付。后双方在办理房产过户手续时，王某明虚假身份被石景山区住建委工作人员发现，余款未取得。最终王某明的亲属将赃款退还给被害人徐某，被害人徐某对王某明表示谅解。[①]

本案争议焦点是，王某明的诈骗既有既遂的又有未遂的，法官在对二者进行评价时应该如何确定最终的量刑。按照《关于办理诈骗刑事案件具体应用法律若干问题的解释》第6条规定："诈骗既有既遂，又有未遂，分别达到不同量刑幅度的，依照处罚较重的规定处罚；达到同一量刑幅度的，以诈骗罪既遂处罚。"实际上，在诈骗案件中，行为人的非法占有是不分既遂与未遂的，无论其最终实际获得的非法财产有多少，主观上必然是想要侵占实施诈骗行为期待的所有财产。因此，对于诈骗罪中的既遂与未遂都应当进行评价，即便实际上在数额上没有取得全部财产，也不能仅因为数额就忽视了行为人的行为属于未遂，应作为未遂情节予以考虑。具体而言，在综合认定整个案件应该适用的法定刑幅度时，先确定未遂部分所对应的法定刑幅度（注意考虑是否减轻处罚），再与既遂部分对应的法定刑幅度比较：（1）若既遂部分对应的法定刑幅度更重或者二者相同，则全案适用的法定刑幅度以既遂部分对应的法定刑幅度为准，在对量刑情节进行评价时考虑未遂部分，从而对基准刑进行适当调整；（2）若未遂部分对应的法定刑幅度更重，则全案适用的法定刑幅度以未遂部分为根据，同时把既遂部分作为影响基准刑的量刑情节进行评价。[②]

本案中，王某明的合同诈骗犯罪行为既遂部分为30万元，对应的法定刑幅度为有期徒刑3年以上10年以下；未遂部分为70万元，由于被告人符合减轻处罚的标准，应当对其未遂部分减一档处罚，对应的法定刑幅度即为有期徒刑3年以上10年以下，与既遂部分相同。因此，以合同诈骗既遂30万元确定法定刑幅度为有期徒刑3年以上10年以下，将未遂部分70万元的犯罪事实，连同如实供述犯罪事实、退赔全部赃款、取得被害人谅解等一并作为量

① 参见最高人民法院第13批指导案例62号。

② 参见最高人民法院第13批指导案例62号。

刑情节，法院最终对王某明从轻处罚，判处有期徒刑6年，并处罚金人民币6万元。①

在诈骗案件中，行为人的“非法占有”就是“非法所有”，其将非法获取并拥有他人的财产作为追求的理想目标。以上述案件这种合同诈骗罪为例，其与普通的民事合同违约行为在客观行为上其实并没有太大的区别，关键正在于行为人是否表现出了非法占有的主观心态。当行为人一开始就是为了非法侵占合同对方当事人的财产时，即便其最终因为种种原因未能使诈骗行为得逞，也会受到一定的惩罚。对其予以刑罚处罚并不是基于其非法占有的主观归罪，而是因为非法占有也在客观上造成了一定的社会危害，表现了对他人财物的侵占，影响着对行为人危险性的判断。因此，在上述案件中，即便被告人诈骗已经取得的数额远小于未取得的数额，也要对未遂部分进行全面评价，围绕“非法占有”对既遂与未遂部分在统一考察之后才进行比较与区分。

《刑法》第224条的合同诈骗罪中明文规定了“以非法占有为目的”，除此以外，只有集资诈骗罪、贷款诈骗罪还有这样的明文规定，其他诈骗犯罪在刑法条文中都没有规定“以非法占有为目的”。然而，这并不意味着其他诈骗犯罪就不要求行为人“非法占有”，任何诈骗犯罪都应该评价行为人的“非法占有”。无论何种诈骗，都是行为人为了实现非法占有他人财产的目的，实施了欺骗行为，侵犯了公私财产的所有权。倘若诈骗犯罪的认定不包括“非法占有”，那么当行为人实施的诈骗行为只是一种骗用行为时，仍然要进行刑法规制，显然无法被人们所接受，因为骗用行为仅仅在短时间侵害了财物的经济价值，对财物完整的所有权并没有造成影响，尚不需要对行为人进行刑罚处罚。可见，非法占有应当被视为诈骗犯罪的构成要件，行为人具有的“非法占有”使得其社会危害性达到了值得追究刑事责任的程度。②

（二）金融诈骗罪中的非法占有

近年来金融诈骗犯罪率较高，金融诈骗犯罪不仅侵犯了公私财产所有权，更严重侵害了国家金融安全，涉及的利益极其重大。虽然我国刑法对金融诈骗

① 参见最高人民法院第13批指导案例62号。

② 参见吴学斌、俞娟：《论我国刑法中的“以非法占有为目的”》，载《当代法学》2005年第2期。

罪的规定侧重于维护金融管理秩序，但是金融诈骗犯罪与诈骗罪之间是特殊与普通的关系，金融诈骗犯罪应当符合诈骗罪的构成要件，因此在金融诈骗犯罪中同样必须评价、判断行为人的“非法占有”。

以2010年最高人民法院发布四起集资诈骗犯罪典型案例为例。

【案例二】被告人唐某南原系安徽省万物春科技开发有限公司董事长、法定代表人。2004年6月至2007年3月，其伙同他人以高额回报为诱饵，对万物春公司养殖梅花鹿的经营状况进行不符合实际的虚假宣传，极大地夸大了其公司的运营，在各地以万物春公司的名义先后与49786人（次）签订《联合种植养殖合同书》，非法集资人民币9.73亿余元，这些非法所得的绝大部分被唐某南等人用于购车买房等个人消费，或转移隐匿等。至案发时止，尚有集资款人民币3.33亿余元无法归还，并导致一名被害人自杀。[①]

【案例三】2006年12月至2007年11月，被告人孙某明以支付高额利息为诱饵，假借各种名义筹集资金，在杭州市先后骗取多达28名被害人集资款共计人民币1466万元。随后，被告人将所得款项的大部分都用于赌博、还债、高利放贷及挥霍等。至案发时止，尚有集资款人民币1299万余元无法归还。[②]

【案例四】2004年8月至2008年3月，被告人吕某强以支付高额利息为诱饵，谎报各种资金用途，与他人签订借款协议等获取他人钱财，先后在浙江省丽水市多地非法集资，共计人民币2.6亿余元，所得款项大部分被用于在澳门赌博、个人挥霍等。至案发时，尚有集资款人民币4038万余元无法归还。[③]

---

① 参见《最高人民法院发布四起集资诈骗犯罪典型案例》，载《人民法院报》2010年6月18日，第3版。

② 参见《最高人民法院发布四起集资诈骗犯罪典型案例》，载《人民法院报》2010年6月18日，第3版。

③ 参见《最高人民法院发布四起集资诈骗犯罪典型案例》，载《人民法院报》2010年6月18日，第3版。

【案例五】1997年7月至2007年7月，被告人张某蕾以到期返回本金及每月高额回报为诱饵，虚构险种，制作假保险单证，欺骗被害人胡某东等多人投保，收取上述人员“保险费”共计人民币2125万余元，骗取款项大部分被用于个人挥霍。至案发时止，尚有集资款人民币488万余元无法归还。[①]

在上述案例中，被告人均利用人们希望在短时间内获得高回报以致富的心理，为了非法占有他人财产，千方百计地进行非法集资，不只是给被害人造成了严重的财产损失以及心理打击，更重要的是破坏了金融秩序，严重扰乱社会的和谐稳定。上述被告人都是事先想好诱骗被害人的理由，再利用自己的身份、地位等便利条件虚构事实、迷惑被害人，从而获得财产，并且将获得的财产基本都用于个人挥霍。区分集资诈骗罪与非法吸收公众存款罪，行为人主观上是否具有“非法占有目的”可谓最主要的依据。在集资诈骗罪中，行为人的非法占有意图是推动其实施犯罪的重要因素，只有通过客观行为能够体现出非法占有目的时，才能够认定为集资诈骗罪。集资诈骗案件中行为人通常会采取“放长线钓大鱼”的做法，从实施犯罪行为到被制裁时间较长，涉及的环节也较多，因此在认定行为人是否构成集资诈骗罪时，应当把非法集资的整个过程作为一个有机体，对其“非法占有”进行综合考察，结合集资前、集资过程中以及集资完成后的行为表现加以认定。

我国对于金融诈骗犯罪的规定中，刑法条文除在集资诈骗罪和贷款诈骗罪中明文规定了“以非法占有为目的”外，在另外几个罪名中都没有规定。但是正如前面对诈骗罪的分析一样，在认定其他几种金融诈骗犯罪的非法占有时，不以刑法条文规定为前提，也就是说，这些犯罪中的被告人都应该具备非法占有的意图，否则不能够认定其成立犯罪。“非法占有”这一不成文的构成要件对于金融诈骗犯罪的认定极其重要，是区分刑事上的金融诈骗和民事上的金融欺诈的依据。在司法实践中，对这一要素的认定要格外重视，因为金融欺诈行为并不具有非法占有目的，行为人通常只是利用欺诈的方法骗取资金，在一段

① 参见《最高人民法院发布四起集资诈骗犯罪典型案例》，载《人民法院报》2010年6月18日，第3版。

时间内供自己使用，并没有借此占据他人财产的意图，其本质是属于民事欺诈，所侵犯的一般而言只是他人资金的使用权和收益权，无关所有权，因此对这种行为认定为民事侵权行为就可以了。①

（三）盗窃罪中的非法占有

我国刑法没有明文规定盗窃罪要“以非法占有为目的”，但是如前所述，非法占有的必要性并不以刑法条文的规定为前提，与诈骗罪一样，盗窃罪同样应当将非法占有作为犯罪构成要件。以孙某盗窃案为例。②

【案例六】2010年4月26日，被告人孙某与梁某、刘某经预谋，由梁某向其亲戚弓某借来一辆本田牌小汽车，并伪造了弓某的相关证件后，由刘某冒充弓某，与孙某一起将该车以人民币72000元质押给被害人薛某，并作出还款赎回的书面承诺。同年5月8日，梁某等人用事先另配的钥匙将车盗回并归还给弓某。

本案被告人实施的是一系列行为，即伪造证明材料，将借来的车辆冒名抵押给他人，后又从抵押权人处窃回该车辆，每一行为之间都存在关联性。孙某等人一开始便具有非法占有目的，但是其目的的实现并不是通过最初的伪造和质押行为实现的，而是通过环环相扣的行为在最后从被害人薛某处窃取回车辆时才对其财产造成了侵害。如果不将“非法占有”视为连接先后各行为的关键因素，仅从客观上判断行为则可能无法认定被告人构成盗窃罪。首先，被告人孙某等人与被害人薛某之间的质押行为是一种民事行为。尽管孙某等人伪造了弓某的相关证件，还冒充弓某对小汽车进行质押，但是依照我国民事法律相关规定，薛某在质押时尽到了合理注意义务，其是善意的，因此他能够取得对小汽车的占有权，并未受到财产损失。其次，被告人孙某等人不构成诈骗罪。尽管在质押过程中被告人隐瞒了车辆真实的所有权人，使得被害人薛某在错误的认识下完成了交易，但是此时被害人并没有财产损失，其确实对车辆享有占有

① 参见刘宪权、吴允锋：《论金融诈骗罪的非法占有目的》，载《刑事法制》2001年第7期。

② 参见刑事网：http://www.xingshiwang.net/index.php/article/read/aid/4738，最后访问时间2021年11月15日。

权，因此并不成立诈骗罪。真正让被害人遭受损失的其实是孙某等人最终将车辆窃回的行为，由于车辆丢失，薛某便无法根据之前的书面承诺通过回赎将之前支付的72000元收回来，从而受到财产损失。而对于孙某等人来说，其窃取小汽车后归还给了弓某，就无须再承担赔偿责任，“空手套白狼”得到72000元的非法所得。

任何盗窃案件总是围绕着“财物的转移占有”展开的，行为人与被害人之间因为财物“发生关系”，即前者获取的东西正好是后者丧失的东西，因此从行为人与被害人角度对非法占有进行解读就是：被害人被剥夺占有与行为人取得占有。关于盗窃罪中非法占有的对象，德国刑法理论存在以下三种学说：一是物的存在形式说。该说认为，盗窃行为人所占有的对象必须是财物本身（包括全部或其中的一部分），但是这种占有并不是狭义上永久取得所有权，如果行为人以返还的意思取走他人财物，即便后来返还了，但如果财物的价值、功能等遭到一定程度的损失，其也符合“非法占有”。二是物的价值说。该说认为，盗窃罪并不要求行为人长期保有窃取的财物，占有的对象是财物所蕴含着的价值，只要行为人取走财物后利用物品全部或部分价值就可以视为对该财物的非法占有。三是综合说。该说认为，盗窃罪中既包括非法占有财物的存在形式，也包括非法占有财物所蕴含的价值。①实际上，财物的存在形式与蕴含的价值并不是完全独立的。相反，二者相互关联、相互依存，当占有财物的形式时，对其价值必然也会产生损害。因此，采取综合说能更适宜地认定盗窃罪的“非法占有”，不需要证明行为人对财物具有永久占有的意思，只要证明其意欲占有财物的特殊内在价值即可。

第二节　非法占有方法的推定方式

非法占有方法是“非法占有目的”的客观表现，行为人的主观心态不能臆断，其行为手段、方式是推测的重要依据。非法占有方法是“客观不法”的体现，在当前司法实践中，由于普遍认可了“不能从主观到客观认定案件事实，

① 具体论述请参见王莹：《盗窃罪“非法占有目的”对象刍议》，载《中外法学》2015年第6期。

而应从客观到主观认定案件事实”[①]的说法，因此非法占有方法的认定在相关犯罪中显得尤为重要。

然而，非法占有方法的推定并不因其客观性而变得简单易判，无论是公安机关、检察机关还是法院，在各阶段都难以准确认定，而其往往也成为控诉双方争议的焦点，尤其是不少辩护律师会想方设法在非法占有方法的推定上作出有利于被告人的辩解。关于行为人使用何种方法算非法占有方法不可能在立法上形成统一的、精准的判断标准，最高司法机关也无法全面地对其予以解释。

因此，在司法实践中，非法占有方法的推定是一个较为困难的问题。近年来，各级司法机关主要采取“司法推定”的方式来加以认定，即根据方法与结果之间的常态联系，基于确定的结果和确定的案件事实，推断是否存在非法占有方法。所谓“推定”，其基本原理就是“根据基础事实的存在推定事实也存在”[②]。这一方式固然能够缓解非法占有方法难以认定的问题，在一定程度上推动司法诉讼的进程。但是由于推定主要依赖于司法人员的主观判断，即使在相当范围内限制其推定能力，推定的本质也决定了不可避免出现“主观归罪”的风险。在适用该方式时，必须有更多的限制条件，并且通过其他方式来弥补其缺陷。

一、非法占有的认定难题

关于“非法占有”，不仅主观上的非法占有目的难以认定，客观上如何判断非法占有方法同样是一个不太明确的问题，何种占有属于非法占有并不像杀人、伤害等行为一般依靠常识就可以判断。尤其是涉及经济利益时，在市场经济下交易方式、交易手段、交易途径本来就是千变万化的，人们之间的经济往来非常频繁，这使得合法交易与非法占有之间的界限更加难以区分。一方面，在我国，非法占有公私财产的行为不仅是对他人或集体利益的破坏，还会给国家整体的经济发展造成严重的阻碍；另一方面，在市场经济下，如果一味“严打”，可能会适得其反，对市场的自由交易形成过度的干扰，导致

① 参见张明楷:《案件事实的认定方法》，载《法学杂志》2006年第2期。

② 陈增宝:《诈骗犯罪非法占有目的的认定方法探究》，载《人民检察》2004年第6期。

经济发展停滞不前。在这种“两难”的局势下，非法占有的认定困扰着立法、执法和司法机关，而且各地的认定标准也存在很大的差异，难以形成完善、协调的工作机制。

以近年来引起社会广泛关注的“套路贷”问题为例，对非法占有的认定面临的困境加以分析。

在《关于办理“套路贷”刑事案件若干问题的意见》中，明确规定“套路贷”是“以非法占有为目的”的违法犯罪活动，“非法占有”是其与民间借贷的本质区别，也是用以区分其与一般非法讨债案件的重要依据。尽管《关于办理“套路贷”刑事案件若干问题的意见》中对“套路贷”的犯罪手法与步骤进行了列举，但是实践中认定主观上的故意或者客观上扰乱市场经济秩序的后果时往往缺乏有力证据，更难以形成完整的证据链。

比如，A以年利率36%的利息向B借钱，约定了一个很短的还款时间，同时A承诺会在还款日期之前持续不断地帮助B融资。于是A把C介绍给B，然后C以年利率24%的利息给A借钱，借款金额为A从B处所借的本金加利息。最后，A未能在约定时间还款给C，于是C将A诉至法庭。这一案件看似简单，日常生活中很多人的看法也是“B、C肯定是一伙的，是提前串通好蒙骗A的”，在情感上对A的遭遇充满同情。然而，在法律层面上，虽然有证据能够证明C是A介绍给B的，但是这种行为在市场交易中其实是很正常的，即便可能因此怀疑A、C之间或许存在串通行为，也无法肯定他们有共同侵害B合法利益的目的和行为，也就不可能认定他们构成诈骗罪。可见，在这样类似的案件中，在普通大众的认知里，很容易就将B、C视为“骗子”，不能接受“最终仍然需要A承担巨额债务”的结果。然而，司法机关在客观上却很难找到证明行为人非法占有的证据，即便有很强烈的怀疑，但也无法认定为犯罪。很多行为人具有较强的逻辑思维，提前谋划好全局并想好退路，在面对侦查时处变不惊，甚至到了审判阶段也能够镇定自若，通过各种手段和说辞模糊司法人员的视线，不仅无法判断其是否具有非法占有目的，甚至连客观上是否造成非法占有结果都不能清楚认定。

另外，在“套路贷”案件中，受害人并不是传统意义上完全处于弱势的被伤害群体。因为在借款时，其明知利息较高，但出于对自己还款能力的信任仍愿意承担高额利率，他们所投资的生意实际上往往是一些投机性质的生意，为了短期内获得高收入回报，不惜承受高额利率。虽然他们的行为并不存在过错，“赚钱、发财”的目的也没有任何问题，但是这种至少表面上“一个愿打、一个愿挨”的情况使得司法实践中更难以认定被告人的“非法占有”。比如，很多“套路贷”案件都是被告人在网上成立“网贷公司”，然后通过“砍头息”、收取“续期费”“展期费”等获取利益。虽然国家对于这类网络非法借贷进行了严厉打击，不断加大对“套路贷”违法犯罪的打击力度，但事实上，我们在日常上网过程中仍然能够看到很多“低利息、无担保”的网贷广告，被网贷集团追债讨债的新闻也络绎不绝。在国家对非法网贷行为已经重点打压的情况下，为何还会有很多人“顶风作案”，甚至犯罪有愈演愈烈之势呢？实际上，这与司法实践中难以有效认定“非法占有”从而无法定罪有关。在非法网贷案件中，被害人缺乏基本的风险防范意识，仅凭网络沟通就相信从未谋面的陌生人，而网络的虚拟化又使得被告人很容易实施计划并在事后销毁证据，从侦查到审判，需要耗费巨大的人力、物力，司法机关可能要到全国各地收集证据、抓捕嫌疑人。因此，不少人正是抱着侥幸心理，只要作案手段高超、隐蔽性强，其非法占有的目的和行为就难以被证实，从而逃避法律的制裁。

在刑民竞合问题上，行为人是否具有非法占有目的、是否实施了非法占有手段是对案件进行定性的关键，“非法占有”的认定具有决定性作用。由于社会经济生活越来越复杂多变，犯罪手段和方法也不断“更新”，犯罪的隐蔽性、欺骗性更强，片段化处理、个别化判断的方式不可能再正确有效地解决问题，司法实践中证明、认定“非法占有”的难度不断增加。无论是在普通的盗窃、诈骗案件中，还是在金融诈骗案件中，行为人的“非法占有”很多时候都没有直接证据证明，尤其是在涉案人数众多的情况下很难对所有参案人员的“非法占有”都予以认定，从而无法进行定罪处罚。

二、司法推定的证明方式

（一）司法推定的意义

在对案件进行裁判时一方面是法律的适用，另一方面是案件事实的认定，前者相对更为直观、简单，确定案件事实则较为复杂。然而，无论是怎样的案件，确定案件事实无非就是两种方法，即实际获取证据和依靠先前经验的推定。[①]证据的收集与运用是贯穿司法审判全过程的主线，对于裁判案件起着重要作用。但是在司法实践中，证据的获取并不是简单轻松的事情，由于司法侦查手段、司法鉴定技术、司法人员能力等都存在不可避免的限制性，使得一些案件事实很难有证据直接予以证明。司法推定作为证据证明的补充，其能够增强案件事实的认定，提高司法效率。

在盗窃罪、诈骗罪中，“非法占有目的”是行为人的主观心态，无法通过客观的科学技术手段直接判定行为人是否具有这种主观意图，只能够依靠客观行为来推定其内心存在的想法。而在长期实践过程中，一些事实之间生成了固定的逻辑关系，当对案件的基础事实予以证明之后，如果行为人存在一些行为就可以认为其在主观上具有“非法占有目的”。比如，2001年，最高人民法院在《全国法院审理金融犯罪案件工作座谈会纪要》中规定了7种认定金融诈骗犯罪“非法占有目的”的方法便是司法推定的经验。司法推定的存在使得公诉机关的证明责任（主要是其中的说服责任）相对减轻，提高诉讼效率，同时还能够强化“以审判为中心”的刑事诉讼制度，让法官更多地融入案件事实中。

当司法机关出现“没有寻找到直接证据，而间接证据之间又无法形成完整的证据链时”，法官在进行裁判时就会面临这样的两难选择：一方面，无法合理、有力地依据现有证据确定案件事实、适用相关实体法律法规；另一方面，在已经存在社会危害后果的情况下，又不能拒绝对案件作出明确裁判，以平息讼争。[②]尤其是在一些金融诈骗案件中，犯罪嫌疑人不仅侵犯了公私财产利益，更破坏了对国家金融秩序，严重阻碍了国家的经济发展。但是犯罪嫌疑人几乎不可能承认自己具有“非法占有目的”，而其行为通常在表面上也是正常合法的商业行为，司法机关在取证时面临着巨大的挑战。因此，法官在确定案件事实时就需要充分发挥“自由心证”的功能，运用司法推定的方式综合基础性事实判断行为人是否具有“非法占有目的”。司法推定虽然是一种辅助性的证明手段，但其并不是不得已的“下策”，无论未来的科学技术如何发展，司法推定都将一直存在于司法审判活动中，作为一种特殊手段，与证据证明一同发挥

---

① 参见毛淑玲、林驰：《司法推定的适用条件与要求》，载《法学杂志》2019年第12期。

② 参见傅贤国：《对司法推定若干基础问题的研究》，载《西南政法大学学报》2014年第6期。

"确定案件事实"的作用。

（二）司法推定的适用

司法推定虽然不似证据证明需要遵循既定的方法、程序，但是其也不是法官随心所欲的证明手段，其适用仍然有标准与原则。

其一，只有基础事实得以确证之后才可以适用司法推定。基础事实是司法推定的前提，决定着是否能够进行司法推定以及司法推定的效果。基础事实应该是不具有争议、不存在怀疑的事实，其需要有确凿的证据予以证明，从而被认定为必然性的事实。司法推定的适用只是免除了公诉方对推定事实的举证责任，并不意味着对公诉方需要证明案件基础事实义务的免除。除非法律明确规定了免证情形，否则举证确定基础事实就是司法推定得以适用的必需条件。而且为了保证法官对推定事实的内心确信，尽可能地使得推定事实更加贴近真实情形，必须使得基础事实"达到排除合理怀疑"的程度，确保基础事实不存在实质性的争议，使得司法推定能够顺利且合理地进行下去。如果基础事实就是存在疑问或者无法排除其他可能性的，则后续司法推定得出的事实必然只会"错上加错"，最终导致整个案件的审判结果都出现错误。

其二，进行司法推定时必须选择正确的经验法则。在确定基础事实之后，选择正确的经验法则是适用司法推定的又一前提条件。经验法则并不是立法者制定的固定规则，更不是个案中法官自己的主观猜想，而是经过一定时间的积累与沉淀后，在社会中形成的较为普遍的认识。经验法则是从实践中总结出来的规律，同时也是检验司法实践合理性的标尺，二者之间相辅相成。但值得注意的是，经验法则并不是数学上的公理，一经证成就不会再改变，其是由归纳逻辑生成的，因此并不是绝对真实的、可信的。当事人可以对经验法则的真实性、合理性提出质疑，甚至可以通过科学的论证反驳已有的经验法则。另外，法官在选择经验法则时要结合案件的具体情况进行综合判断，因为经验法则之间存在差异，甚至可能还会产生冲突，在这种情形下，法官就需要根据基础事实和已有的证据具体认定、选择更为合适的经验法则。只有将正确的经验法则运用于基础事实之后，才有可能进行正确的司法推定，尽可能地还原案件真相。

其三，司法推定只能够在法庭审判中由法官适用。司法推定并不是简单的法律论证或者推理，其并不存在于公诉方和被告人中，其主体只能是审判案件的法官。司法推定是在基础事实已经清楚的前提下选择正确的经验法则推定新的事实，这其实是法官自由心证的一种体现。在控辩双方提供一定的证据与说理之后，法官再按照公平、正义的原则判断尚未明确的事实。由于司法推定并没有明确的法律依据可以遵循，推定的结果又会影响案件的整体判决，因此对其适用必须谨慎，只能够允许法官在一定范围内进行司法推定。如果将司法推定的主体扩大到检察官、被告人或辩护人，则将会严重破坏现有的刑事诉讼程序、刑事诉讼证据规则甚至是刑法原则，导致出现更多真伪不明的案件。将司法推定的主体限制为法官，能够最大限度保证推定的公正性、合理性、科学性，避免因为立场的不同而使得推定的事实出现完全相反的结果，而是从中立的角度出发保证推定事实更有可能接近于案件事实。

其四，任何司法推定都可以被质疑与反驳。司法推定毕竟只是一种“推定”，其与案件真相之间总是存在差距的，可以说这只是一种最具有可能性、最能使人信服的假设，因此司法推定必然会存在偏差甚至是错误。我们在适用司法推定时要注意到这一客观事实，从而允许控辩双方对法官的司法推定提出质疑、反驳，在其有充分证据能够推翻司法推定时应该重新认定案件事实。具体而言，可以从三个角度对推定进行反驳：一是举证证明司法推定赖以进行的基础事实并非真实；二是举证证明推定事实不可能成立；三是举证证明司法推定所依据的经验法则存在不合理性或者不正当性。[①]尤其是在司法推定是对被告人不利的推定时，更要尊重并听取被告人及其辩护人对该推定的意见，避免不当认定。所以，司法推定并不是法官的“最后通牒”，只有保证控辩双方对司法推定的质疑、反驳权利之后，才更能增强司法推定的可信度，使其发挥弥补证据证明的作用，推动案件的审判。

可见，即便没有明确的法律法规具体规定司法推定的适用，运用这一方法时也不是毫无原则的。司法推定的适用并不是个案中存在的方法，几乎所有的刑事案件都需要用到这一方法，并且越是复杂的案件越是反复适用司法推定。司法推定的适用对整个案件将产生重要影响，无论是定罪还是量刑都会因司法推定的不同而不同。因此，司法推定的适用一方面要有既定的原则和规则，无论在何种案件中都应该遵循这些原则和规则，如前述四项适用标准；另一方面

① 参见毛淑玲、林驰：《司法推定的适用条件与要求》，载《法学杂志》2019 年第 12 期。

要结合科技发展导致的证据规则变化，针对不同的案件有不同的适用条件、范围等。总之，司法推定绝不是法官的“无奈之举”，其在现代刑事司法中占据着重要地位，既要大胆地使用这一方法，又要严守适用底线，从而保证司法推定能够最大限度地发挥作用。

三、司法推定的限制

如前所述，在刑事司法认定中司法推定是不可缺少的证明手段。司法机关在认定“非法占有”时更是要充分运用司法推定方式，行为人的“非法占有”几乎没有直接证据可以证明，而在盗窃罪、诈骗罪等犯罪中其又是关键的要素，因此必须考察行为人的“非法占有”。为了判断“非法占有”主要依靠的是司法推定，即在确定的基础事实的基础上选择经验法则推定是否具有“非法占有”的事实。虽然司法实践已经广泛采纳了该方式，但是司法推定毕竟不是真正的案件事实，该方式的使用存在一些弊端和缺陷。为了减少司法推定造成的错误，有必要在一定程度上对其适用加以限制，使得司法人员在进行司法推定时不会偏离基本的原则和规则，保证司法推定的正确性。

（一）司法推定的缺陷

第一，司法推定在一定程度上降低了控方的证明标准，可能对被告人不利。在司法实践中，当控方没有直接证明某一事实的证据（链）时，如果法官适用了司法推定，则实际效果就是控方无须再就此事提供证据进行证明，反而是被告人要想推翻法官的司法推定就应当提供证据进行反驳。而被告人往往只是独立的个体，在国家机关尚难以收集到确凿证据的情况下，其又如何能够提供充分的证据来推翻法官推定的事实呢？

第二，司法推定的结论不具有必然性，可能导致冤假错案的发生。在盗窃罪、诈骗罪中，司法推定的适用通常是为了解决“非法占有目的”的认定难题，推定结果直接关乎行为人是否有罪的判断。但是司法推定毕竟不是确凿的证据，再大的可能性都存在例外，如果推定发生了偏差就可能导致被告人蒙受冤屈。

第三，司法推定主要依赖于法官的自由心证，法官的主观心理可能干扰案件的客观审判。真正的司法推定只能由法官在案件的审判阶段适用，但是法官也只是普通人，即便受过专业训练也仍然有着常人的思想情感。因此，法官在进行司法推定时，其经历、见识、个人生活等都可能影响其推定的思路、角度等，从而影响推定结果。比如，在认定集资诈骗犯罪中的“挥霍”时，法官个人的消费观可能会使得其对被告人使用资金的事实产生不同的认识，同样的行为有的法官认为是“挥霍”，有的则认为是正常消费，从而影响案件的进一步认定。

我们以非法集资案件为例，将下面两个案例[①]对比分析后来说明司法推定的前述缺陷。

【案例七】刘某珊是云南玉灵宝之堂珠宝有限公司的实际控制人。2011年，刘某珊先后在四川多地成立宝之堂分公司，组织杨某洪等多人，以开展玉器戴养业务为名进行各种宣传、鼓吹，同时谎称有高额的“劳务费”，为了达到其诈骗目的还进行“包装”，夸大公司的运营状况，从而鼓动社会不特定人员，特别是中老年人积极缴纳资金。至案发共吸收资金人民币6242.68万元，扣除期间已返还“劳务费”和退合同款，尚欠集资款项人民币5814.795万元。

【案例八】2011年2月，被告人周某注册成立中宝投资公司，担任法定代表人。公司上线运营“中宝投资”网络平台，借款人（发标人）在网络平台注册、缴纳会费后，可发布各种招标信息，吸引投资人投资。投资人在网络平台注册成为会员后可参与投标，通过银行汇款、支付宝、财付通等方式将投资款汇至周某公布在网站上的8个其个人账户或第三方支付平台账户。借款人可直接从周某处取得所融资金。项目完成后，借款人返还资金，周某将收益给予投标人。

公司前期运行正常，但后来因部分借款人未能还清借款造成公司亏损。于是周某便采取“拆东墙补西墙”的办法，自2011年5月至2013年12月陆续虚构34个借款人，发布大量虚假抵押标、宝石标等，并以高额回报为诱饵，向社会不特定公众募集资金。但在此期间所募资金不再进入公司账户，而是全部由周某个人掌控和支配，并将资金主要用于购车买房等个

---

① 参见最高法官网：《最高法院12月4日公布诈骗犯罪典型案例》，http://www.court.gov.cn/zixun-xiangqing-16206.html，最后访问时间2020年6月9日。

人挥霍。2011年5月至案发，累计向全国1586名不特定对象非法集资共计10.3亿余元，除支付本金及收益回报6.91亿余元外，尚有3.56亿余元无法归还。

以上两个案例最终都定性为集资诈骗案件。在集资诈骗罪中，行为人主观上具有非法占有的意图，在客观上又采取了欺骗方式进行非法集资的事实是认定犯罪的关键，但是非法集资类案件往往牵扯到很多社会成员，持续时间也较长，因此在调查这一类案件时，司法工作人员的取证工作就较为困难，很有可能出现各种不同的瑕疵和问题，而且"非法占有目的"本身难以直接证明。因此，法官在裁判时往往只能依靠司法推定，进而对行为人的行为加以认定。

在案例七中，刘某珊一开始成立宝之堂分公司就是带有欺骗性质的，制造了各种假象，最初就未曾给被害人带来利润。而且从受害对象大都为40岁至60岁的中老年人可以看出，刘某姗等人为了使得行骗更易成功，专门选择这类风险意识、防范意识更低的人群为诈骗对象。因此，对本案融资项目真实性、资金去向、归还能力等事实、证据进行综合判断后，确实应当认定刘某珊构成集资诈骗罪。

在案例八中，周某一开始成立中宝投资公司虽然可能有着"投机取巧"的心理，但是其不同于案例七中的被告人，并非完全就是为了行骗而成立公司。而且周某在公司运转前期也确实为被害人带来了部分利益，其后虽然资金链断裂，但周某实际上还是试图偿还集资款。

对比两个案例，我们还是会感觉到行为人的主观心理是存在差异的：案例七中的被告人刘某珊明知其成立的就是一家虚假公司，"玉器戴养"也并不具有他们吹嘘的那些功能，其就是想从被害人处获取更多的资金，而且获得这些资金也都是为了自己的利益。而案例八中的被告人周某虽然知道其网贷公司牟利有着不正当性，但是可能着眼于公司未来的发展潜力，认为在自己发财的同时也不会损害到他人的利益，即便是公司开始出现亏损后其可能仍然认为自己具有归还能力。而在当今全球经济背景下，一夜之间发生巨变也不再是新奇的事情，对于其是否有可能"翻身"也着实说不准，他所具有的"非法占有目的"并不如案例七中的被告人那样明显。法院最终的推定也只是结合当时的情况认为其不具有归还能力的可能性更大。然而，这种推定其实是对"未来"行为及其结果的推定，虽然这种推测有据可依，但是其毕竟只是推测，“未来”本身就充满未知数，其高度盖然性仍然具有不确定性。在这种情况下坚持认定被告人具有“非法占有目的”可能会对市场环境中投资者的利益造成损害，不利于投资行业的发展，一定程度上会影响到企业家的“冒险”创业精神。

（二）限制司法推定的理念

由于司法推定只是一种特殊的证明方法，其适用缺少法律的明文规定，但是在司法实践中又需要被广泛运用，如果滥用、乱用司法推定，不仅会使个案得到不公正的审判结果，还会影响到整个司法系统的正常运转。因此，我们认为有必要在允许法官进行司法推定的前提下，限制其适用，尽可能制定一些规则制度约束审判过程中的司法推定。限制司法推定的理念或者依据包括以下内容。

其一，“存疑时有利于被告人”原则的体现。在刑事诉讼中，控辩双方实际上力量悬殊，被告人面临的是国家的控诉，检察机关（或者自诉案件中的原告）是利用国家的权利对他人进行指控、追究刑事责任。因此，在控辩双方很难处于平等地位的刑事诉讼中，加之被告人面临的刑事处罚关乎其身体健康、人生自由甚至是生命安全，为了保障被告人的权利，就应该强调“存疑时有利于被告人”的原则。当法官在审判案件时，如果某一事实无法用证据直接予以确定而必须进行司法推定时，应当充分体现“存疑时有利于被告人”的原则，对于该事实的推定要在贴近事实的前提下更能够保障被告人的权利。比如，在直接证据尚不能认定被告人有罪的情况下，法官不能为了定罪而推定出明显不利于被告人的案件事实，否则很有可能就演变成了“推定有罪”，使得推定不再只是对事实的推定，而直接是对审判结果的推定。

其二，“法益恢复”理论的贯彻。“法益恢复”理论的提出背景是这样的情形：行为人虽然已经达到了犯罪既遂的程度，但是随后自己主动采取了某些方法、途径，有效地制止了犯罪结果的发生，实际上成功避免了给被害人造成严重的损失；或者虽然犯罪结果已经发生，但是行为人之后的行为使得已经遭受侵害的法益恢复到了“完好如初”的状态。[①]在刑民交叉案件中，这

① 参见庄绪龙：《“法益可恢复性犯罪”概念之提倡》，载《中外法学》2017年第4期。

种情形出现的可能性更大。比如，在集资诈骗犯罪中，行为人的集资行为和无法偿还的结果虽然已经造成了社会危害，但是如果集资的行为人可以在较短的时间内采取合理有效的方法对投资者进行弥补，归还其遭受的财产损失，并对投资者进行适当的赔偿，那么即便对行为人之前的集资行为定性为犯罪既遂，也应当考虑“法益恢复”理论的优越性和科学性。[①]因为在这样的案件中，其实即便是对被告人进行刑罚处罚，被害人的损失也并不能完全得到弥补，而如果行为人能够在后续处置中偿还资金才更符合被害人的期待，更有利于保护被害人的利益。实际上，对司法推定进行限制就是对该理论的一种贯彻。由于司法推定本就不是必然性的结论，为了避免推定不当带来的危害有必要选择更为温和的路径去处理一些刑民交叉案件，秉持“法益恢复”理念，尽量获得“双赢”。

其三，“追踪溯源”理念的践行。所谓“追踪溯源”，就是指法官在审理案件的过程中，不能割裂整个案件单独评价某一行为、认定某一事实，必须从头至尾将所有相关行为、事实连接起来，从前一行为联系到后一行为、从前一事实推定到后一事实。同样以集资诈骗犯罪为例，司法机关在推定行为人“非法占有目的”时，应该对行为人从集资行为开始到集资行为结束后的所有行为进行评价，通常来说包括成立公司时的情况、集资的手段和方式、集资后资金的动向、无法偿还后采取的措施等。司法机关应当将这些行为作为整体进行考察，不能仅仅因为某一行为就推定其“非法占有目的”，否则很有可能因为存在片面性导致司法推定与事实的较大偏差。比如，对于这类案件中“挥霍”行为的认定尤其要注意与其他行为的结合，因为集资犯罪的行为人通常有着企业家身份，其消费观念与普通人本就不同，将集资款用于购买豪车、别墅等对普通人来说是“挥霍”，但是对于这些行为人来说可能只是正常的生活开销。这并不是为他们寻找逃避刑事责任的借口，而是确实应该考虑存在这样的可能性。因此，司法机关在推定行为具有“挥霍”性质时，需要结合行为人的个人成长环境、行为前后的生活处境以及集资时的手段等来综合判断。

① 参见邢红霞、田然：《司法推定的证明方法及其限制——以集资犯罪“非法占有目的”为视角展开》，载《法律适用》2019年第22期。

（三）限制司法推定的方法

总体而言，对司法推定的限制应当遵循司法推定的适用规则，主要就是如前所述确保基础事实的真实性、经验法则的准确性、司法推定的可反驳性等。具体来说，可以通过这样一些方法加以限制。

其一，建立与司法推定相配套的监督制约机制及报批手续。在法院系统中或在法院之外的司法系统中，有必要建立专门监督制约法官司法推定权力的机制。首先，制定专门的规章制度对司法推定的范围、条件等进行约束，尽可能统一一些推定的标准，减少法官主观性的影响，同时使得控辩双方尤其是被告人一方对司法推定的作用、程序、效果等有更多的认识与了解。其次，在一定程度上要求法官对其在审判案件中适用的司法推定做到“用前报批，用后留档”，当某一案件的司法推定对于定罪量刑起到关键作用时，既要保证在适用之前向有关部门或上级法院报告获得批准，又要确保在适用之后能够公开说明推定的依据、理由等，使得司法推定“透明化”。最后，严肃处理法官滥用、乱用司法推定的情况。一旦发现某一案件的审判法官徇私舞弊，故意进行了明显不当的司法推定时，应当严格追究该法官的责任，必要时还应考虑是否应当追究其刑事责任；即便是法官由于过失进行了不太恰当的司法推定，在造成了危害结果的情况下也应该对其予以处罚。

其二，增强对法官自律意识和专业能力的培养。司法推定实际上是赋予法官的一种权利，其作用的发挥依赖于主体。司法推定不同于一般的法庭调查，其需要法官遵从道德观、价值观，按照自我良心的标准进行适用。虽然现代社会强调“法治”，但是一方面法律是神圣的、威严的，这就决定了其必须也是相对稳定不变的。而另一方面社会又是在不断发展、不断变化的，因此为了适应难以预料的将来案情的需要，法律不仅要有刚性的具体规定，还需要作出一些原则性的、弹性的规定。如此一来，当司法机关在审判案件时，即使找不到明确的法律法规作为依据，也“不至于固步不前”，而是能够凭借经验、常识等发挥主观能动性，“对案件事实作出最接近本来真实面目的‘回溯’认识”[①]，从而为查清案件事实、解决纠纷提供保障。然而，司法推定在很大程度上依赖

① 参见傅贤国:《对司法推定若干基础问题的研究》，载《西南政法大学学报》2014年第6期。

于法官的自由心证，有着一定的任意性。为了降低司法推定的这种任意性所带来的不当推定，有必要对推定主体——法官进行更加专业的培养，不断增强其自律意识，减少非理性的个人情感因素对其司法推定的影响。一方面，要强化法官的道德感、责任感，使其具有正确的价值观、人生观等，相较于普通人能够进行更好的自我约束；另一方面，要通过外部的明确、严格的规章制度对法官适用司法推定进行限制，进一步保障其站在中立角度作出客观公正的判断。总之，就是要尽可能地减少法官因个人主观认知的不当对司法推定的影响，努力提升其业务能力，调动其积极性。

其三，遵循“单级推定”原则。如果说对司法推定要有明确的原则限制，我们认为“单级推定”原则应当是首要原则。也就是说，“通过推定得到的结论不能作为再次推定的基础事实”。[①]因为推定的事实本身就是在其他事实的基础上推定而来的，并不具有必然性，甚至可以说其正确与否都是存在疑问的，如果再在推定事实的基础上进行新一轮的推定，则很有可能使得最终的结论与案件真相相去甚远。在推定事实的真实性得不到保证的情况下，再次进行推定极易导致“错上加错”，最终定罪量刑的依据可能一多半都是不可靠的推定。而且如果违背了“单级推定”原则，允许反复多次推定，还会导致出现循环论证的情形。当司法机关在认定某一事实没有确凿证据可以依赖时便采取推定，而后续的证明同样没有证据，就又在推定的事实上再次推定，所有推定的事实既是结论，又是前提，导致审判结果“放大性失真”。另外，一般而言，推定的事实不宜作为定罪量刑的主要依据，必须与其他必然性的证据相互印证，不能独立作为定案的证据。

综上，对于司法推定这一方式，我们要予以高度重视，既要肯定其在刑民交叉案件中认定“非法占有”的重要性，充分认识到司法实践中运用该方式弥补证据证明的瑕疵的价值；又要保持谨慎严肃的态度适用司法推定，明确其存在的缺陷与弊端，并积极采取有效的措施限制司法推定的适用，减少不当推定造成的损害。

---

① 毛淑玲、林驰:《司法推定的适用条件与要求》，载《法学杂志》2019年第12期。

第五章

刑法与民法竞合问题疑难案件分析

第一节　合同行为中的刑民竞合问题

一、典型案例

【案例一】2013年10月，A公司使用虚假的财会报表、审计报告及担保物，拟向B银行申请1500万元的借款，并邀请C公司、A公司法定代表人吕某及其丈夫文某为其提供担保。因财会报表、审计报告夸大了公司资产、减少了公司债务，致使B银行、C公司、吕某及其丈夫文某对A公司的贷款额度及还款能力作出错误评估。2013年11月8日，A公司成功向B银行借款1500万元，并签订了《借款合同》，约定还款日期为2014年11月7日。同时该公司法定代表人吕某及其丈夫文某、C公司共同为其提供最高额担保，并与B银行签订了《最高额保证合同》，约定保证方式为连带责任担保，B银行向A公司发放了1500万元贷款。2014年9月4日，成都市公安局青羊区分局经侦大队对A公司涉嫌骗取B银行成都分行贷款1500万元一案立案侦查。2017年2月27日，该局经侦大队对A公司涉嫌骗取C公司贷款担保一案立案侦查（合同诈骗）。另外，A公司其他关联公司涉嫌非法吸收公众存款案也在立案侦查中。2014年11月7日，在贷款期限届满之时，A公司拒不偿还贷款本金及利息，并且吕某及其丈夫文某、C公司也拒不承担连带保证责任。2015年6月26日，B银行向D公司转让上述借款合同中享有的债权，以及相应的担保合同权益，双方为此签订了《债权转让协议》。D公司受让该债权后，多次向A公司、C公司、吕某及其丈夫文某催告还款，均遭到了拒绝。其后，D公司向四川成都高新区法院提起了诉讼，诉请A公司向D公司归还借款，C公司、吕某及其丈夫文某为此债务承担连带清偿责任。

> 在成都高新区法院审理此案过程中，成都市公安局青羊区分局于2017年9月18日函告该院载明：因贵院正在审理的民事案件与我局经侦大队正在立案侦查的刑事案件系同一行为事实，刑事侦查结果可能会影响该案的民事判决，建议贵院将该案移送我局审查。①

那么成都高新区法院是否应当裁定驳回D公司的起诉，将该案移送成都市公安局青羊区分局进行立案侦查呢？

在现实生活中，随着经济的发展，刑民交叉案件越来越频繁，究其原因，不外有二：一是刑民法律关系交叉，二是刑民法律事实交叉。②但是刑民法律关系交叉并不一定存在于所有的刑民交叉案件中，有些刑民交叉案件中的刑事法律关系和民事法律关系并行不悖，并未出现交叉重合。刑事法律关系是指由于犯罪而产生的，存在于国家与犯罪人之间的特殊权利义务关系，主体为犯罪人与国家，内容为犯罪人的刑事责任和国家的刑罚权，客体为犯罪人的生命、自由、财产以及资格等；而民事法律关系是指由民事法律规范所确认和保护的以民事权利和民事义务为基本内容的社会关系，其主体地位是平等的，包括自然人、法人和其他非法人组织，民事权利义务是它的内容，物、行为、智力成果和人身权益等民事权利义务指向的对象为民事法律关系的客体。以上表明了民事法律关系和刑事法律关系具有完全不同的构造，因此两者不可能出现完全的交叉，而只可能在某个或某些构成要素上出现交叉，如主体交叉和客体交叉。主体交叉是指在刑民竞合案件中，行为主体既是刑事法律关系中的犯罪人，也是民事法律关系中的一方当事人。比如，行为人故意伤害他人导致他人重伤的结果，一方面行为人是刑事法律关系中的犯罪人，要承担故意伤害罪的刑事责任，另一方面行为人是民事法律关系中的一方当事人，要就自己故意伤害他人的行为对另一方当事人承担民事赔偿责任。客体交叉，刑事法律关系客体中的生命和自由不可能成为民事法律关系中的客体，能同时成为刑民法律关系中的客体的只有犯罪人的财产和资格等，如犯罪人的财产，既有可能在刑事法律关系中被判处没收或者剥夺，成为刑罚执行的对象，也有可能在民事法律关系

---

① 参见裁判文书网：https://wenshu.court.gov.cn/website/wenshu/181107ANFZ0BXSK4/index.html?docId=0eee0acd664a4b58816ca83901165e76，最后访问时间2021年11月15日。

② 毛立新：《刑民交叉案件的概念、类型及处理原则》，载《北京人民警察学院学报》2010年第5期。

中被判处承担民事赔偿责任，成为民事执行的对象。

并非所有的刑民交叉案件都存在上述所说的主体、客体交叉，在一些较为典型的案例中，并不存在上述交叉，却依然被人们广泛认为是刑民交叉案件。如最高人民法院《关于银行储蓄卡密码被泄露导致存款被他人骗取引起的储蓄合同纠纷能否作为民事案件受理问题的批复》规定："因银行储蓄卡密码被泄露，他人伪造银行储蓄卡骗取存款人银行存款，存款人依其与银行订立的储蓄合同提起民事诉讼的，人民法院应当依法受理。"据此，被害人在诉求犯罪人承担刑事责任的同时，还可以要求负有过错的银行承担民事赔偿责任。因此，该刑民竞合案件中的刑事法律关系的主体、客体和民事法律关系中的主体、客体均不存在交叉。又如，最高人民法院《关于在审理经济纠纷案件中涉及经济犯罪嫌疑若干问题的规定》第4条规定："个人借用单位的业务介绍信、合同专用章或者盖有公章的空白合同书，以出借单位名义签订经济合同，骗取财物归个人占有、使用、处分或者进行其他犯罪活动，给对方造成经济损失构成犯罪的，除依法追究借用人的刑事责任外，出借业务介绍信、合同专用章或者盖有公章的空白合同书的单位，依法应当承担赔偿责任……"据此，该刑民竞合案件中刑事法律关系中的主客体也并未和民事法律关系中的主客体出现交叉。刑民法律关系交叉并不一定存在于所有的刑民交叉案件中，但当刑民法律关系出现交叉时，一定会有刑民法律事实交叉，因为法律事实是指由法律规范所规定的，能够引起法律关系产生、变更和消灭的客观情况和现象，法律事实是法律关系产生的基础和前提，法律关系的产生来源于法律事实的存在，刑民竞合案件中不一定会有刑民法律关系交叉，但一定会有民事法律事实和刑事法律事实的交叉。由此可得出，刑事法律关系和民事法律关系之间的交叉并不是刑民交叉案件产生的实质原因，该类案件的刑民交叉情况只能来源于刑民法律事实交叉。

法律事实包括法律事件和法律行为两种，单纯的法律事件不能导致犯罪，却能引起民事侵权行为，也就是说刑事犯罪只能由法律行为引起，而不能由法律事件引起，而民事侵权既能由刑事犯罪引起，也能由民事侵权引起，因此刑民法律事实交叉只能是由于法律行为交叉所引起，进而导致刑民交叉案件。

由上述，刑事法律关系和民事法律关系绝不可能是同一性质的法律关系，所以绝不能以刑民法律关系交叉来认定刑民交叉案件。不仅同一法律事实可以引起刑民交叉案件，非同一法律事实同样也可以，由此可将刑民交叉案件分为牵连型交叉和竞合型交叉，也即我们所说的刑民牵连交叉和刑民竞合交叉。[①]因此，刑民竞合案件可以定义为由同一法律行为引起，既包含刑事法律关系，也包含民事法律关系的案件。

在本案中，A公司向B银行借款1500万元，并签订了《借款合同》，在贷款期限届满之日不偿还贷款，构成对B银行于贷款期限届满之日要求A公司归还贷款本金及利息这一民事权利的侵权。在这一以B银行要求A公司偿还贷款本金及利息的民事权利与A公司于贷款期限届满之日偿还B银行贷款本金及利息的民事义务为内容的民事法律关系中，主体为A公司和B银行，内容为B银行具有于贷款期限届满之日要求A公司归还贷款本金及利息的权利以及A公司负有于贷款期限届满之日归还B银行贷款本金及利息的义务，客体为1500万元贷款以及利息。A公司使用虚假的财会报表、审计报告及担保物，并邀请C公司、A公司法定代表人吕某及其丈夫文某为其提供担保，向B银行申请1500万元的贷款。A公司在向B银行贷款以及要求C公司、A公司法定代表人吕某及其丈夫文某为其提供担保的过程中，提供虚假的财会报表、审计报告夸大了公司资产，减少了公司债务，以及提供虚假的担保物致使B银行、C公司、吕某及其丈夫文某对A公司的贷款额度及还款能力陷入了错误认识，对此作出错误评估，B银行基于这种错误认识，向A公司发放贷款1500万元，并签订了《借款合同》，C公司、A公司法定代表吕某及其丈夫文某为A公司提供最高额担保，并签订了《最高额保证合同》，与A公司对B银行的债务一起承担连带清偿责任。A公司的这种以欺骗手段骗取B银行贷款，给B银行造成重大损失的行为构成刑事犯罪，在这一由A公司骗取贷款的犯罪行为而产生，存在于A公司与国家之间的刑事法律关系中，主体为A公司与国家，内容为A公司为骗取B银行贷款的行为而应承担的刑事责任以及国家对A公司的刑罚权，客体为法律要求A公司就该骗取B银行贷款的刑事犯罪对国家应缴纳的作为罚金的财产。在A公司与B银行的民事法律关系与A公司与国家的刑事法律关系中，主体、客体以及内容均不同，这也说明在该案件中，刑民法律关系并未出现交叉。

A公司使用虚假的财会报表、审计报告及担保物，骗取B银行1500万元贷

① 杨兴培:《刑民交叉案件法理分析的逻辑进路》，载《中国刑事法杂志》2012年第9期。

款，并于贷款期限届满之日拒不偿还的这一行为事实不仅导致刑事犯罪，也构成了对B银行的民事侵权，也就是说成都高新区法院正在审理的民事案件与成都市公安局青羊区分局经侦大队正在立案侦查的刑事案件系同一行为事实所引起，A公司涉嫌"骗取贷款"案与A公司向B银行贷款的事实系同一行为事实，符合刑民竞合案件的概念，因此该案件属于刑民竞合案件。

至于C公司是否应对A公司拒不偿还B银行贷款的事实承担民事责任，是否对该债务负有连带清偿义务，从法律以及司法解释的角度是否可以为我们提供答案？《担保法》①第30条规定了两种保证人不需承担民事责任的情况，其中无论是主合同的债权人采取欺骗、胁迫手段，还是主合同双方当事人恶意串通，都是使保证人在意思不真实的情况下所做的保证，由此依据《保证法》第30条无法得出有效定论。《最高人民法院关于适用〈中华人民共和国担保法〉若干问题的解释》②第40条是在《担保法》第30条的基础上，规定了一种保证人无须承担保证责任的情况，即主合同债权人在明知债务人利用欺诈、胁迫等手段这一事实时，仍然放任保证人在无意不真实的情况下提供保证，由此按照《保证法》第30条的规定定罪处罚。同样，依据该法也无法为本案件提供定论。A公司采取使用虚假的财会报表、审计报告及担保物的这一欺诈手段，使C公司对A公司的贷款额度和还款状况作出错误评估，但是B银行在整个贷款事实中扮演什么角色，是否对A公司采用欺诈手段骗取贷款这一事实知情或者应当知情，以及是否与A公司恶意串通，骗取C公司提供担保都有待成都市公安局青羊区分局经侦大队进行立案侦查。

二、处理原则

杨兴培教授认为，刑民交叉案件可以分为三种类型：第一种刑民交叉案件在外形上看似有刑民交叉的形式，但其案件的社会危害性并未超出民法的社会危害性的量的规制范围，未达到刑法的刑事违法性的质的规定性，因此仅依据民法规范处理就足以实现对案件的合理解决。另外两种分别为刑民牵连交叉案件和刑民竞合交叉案件，在外形上都表现为交叉的形式，但是就其社会危害性

① 已失效。

② 已失效。

而言，这两种案件的社会危害性都已超出民法的社会危害性的量的规制范围，单纯使用民法规范不足以对行为性质进行完整评价，已经进入刑法的规制范围中，不能单纯依靠民法规范或刑法规范来处理案件中的法律关系。就其内容而言，由于刑民牵连交叉案件并非由于同一法律事实而导致，因此刑民法律关系表现为一种横向的平排并列的关系，因此需要用民法规范来处理案件中的民事法律关系，用刑法规范来处理案件中的刑事法律关系，这两者并行不悖，互不影响。刑民竞合交叉案件由于同一法律事实而导致，因此刑民法律关系表现为一种纵向的重合包容关系，刑事法律关系实际上已经包含了民事侵权法律关系，因此不仅要使用民法、刑法规范来分别处理民事、刑事法律关系，还应体现使用上的一种顺序性，不然无法表明这两种法律关系纵向的重合包容关系。①

德国刑法学者耶林有言：“刑罚乃一把双刃之剑，用之不当，则国家和个人两受其害。”

这句话表明刑罚作为惩罚犯罪这种最严峻的恶具有一定的威慑和预防作用，但是过度使用刑罚，则会侵害公民个人权益，并最终导致国家法律的公信力受到损害，不利于社会稳定。不只国外，我国在古代就有了“出乎于礼而入于法”这样的礼法关系，这种思想在今天演变为“出乎于他法而入于刑法”的诸法关系。这也表明我国在注重人权保障的今天，强调刑法的理性精神和谦抑性原则，刑罚作为最严厉的惩罚手段，是其他部门法的保障法、后盾法，具有适用的最后性，只有当刑法的前置法不能合理解决案件矛盾，无法公正进行利益分配时，才需动用刑法。②

就同一法律事实引发的刑民竞合交叉案件，人民法院已经受理，当人民法院发现所审理的经济纠纷案件涉嫌经济犯罪，或者案件当事人、其他人就同一法律事实向公安机关检举揭发、控告、举报等，要求公安机关立案侦查，追究其刑事责任，或者公安机关在日常工作中自行发现法院所受理的经济纠纷案件涉及经济犯罪，依法应追究刑事责任，那么公安机关是否有权再进行立案侦查呢？对此，可以在公安部2005年12月印发的《公安机关办理经济犯罪案件的

---

① 杨兴培:《刑民交叉案件法理分析的逻辑进路》，载《中国刑事法杂志》2012年第9期，第19页。

② 张明楷:《论刑法的谦抑性》，载《法商研究》1995年第4期，第55页。

若干规定》[①]第11条规定和最高人民法院《关于在审理经济纠纷案件中涉及经济犯罪嫌疑若干问题的规定》（2020修正）第12条规定中找到答案。《公安机关办理经济犯罪案件的若干规定》第11条规定：“公安机关发现经济犯罪嫌疑，与人民法院已受理或作出生效判决、裁定的民事案件系同一法律事实的，应当说明理由并附有关材料复印件，函告受理或作出判决、裁定的人民法院，同时，通报相关的人民检察院。”第12条规定：“需要立案侦查的案件与人民法院受理或作出生效判决、裁定的民事案件，属于同一法律事实，如符合下列条件之一的，公安机关应当立案侦查：（一）人民法院决定将案件移送公安机关或者撤销该判决、裁定的；（二）人民检察院依法通知公安机关立案的。”最高人民法院《关于在审理经济纠纷案件中涉及经济犯罪嫌疑若干问题的规定》第12条规定：“人民法院已立案审理的经济纠纷案件，公安机关或检察机关认为有经济犯罪嫌疑，并说明理由附有关材料函告受理该案的人民法院的，有关人民法院应当认真审查。经过审查，认为确有经济犯罪嫌疑的，应当将案件移送公安机关或检察机关，并书面通知当事人，退还案件受理费；如认为确属经济纠纷案件的，应当依法继续审理，并将结果函告有关公安机关或检察机关。”

A公司拒不偿还B银行贷款本金及利息这一经济纠纷案件已经被成都高新区法院受理，与此同时，成都市公安局青羊区分局在该案件中发现了A公司涉嫌骗取B银行贷款的事实，成都高新区法院对于该经济纠纷案件的受理并不影响成都市公安局青羊区分局对该涉嫌经济犯罪的案件进行立案侦查。原因主要有以下四点。

第一，法院的司法权威并不会受公安机关立案侦查的影响，关于民事的诉讼活动并不能查明该案件是否有经济犯罪的嫌疑，而且并没有法律规定民事诉讼活动可以阻断公安机关对该案件的立案侦查，公安机关的立案侦查权是由法律所赋予的，职责之一就是侦查违法犯罪活动，即使是民事诉讼活动也不能影响公安机关这一职能。

第二，单就该案件中的法律关系来说，刑事法律关系是由公安机关进行立案侦查，而民事法律关系则是由民事诉讼活动进行审理，两种法律关系无法相互替代。该案件中包含了刑事和民事两种法律关系，却由同一法律事实所引起，

---

① 已失效。

既有当事人为A公司与国家之间的刑事法律关系，A公司应向国家承担刑事责任；也有当事人为A公司与B银行之间的民事侵权法律关系，A公司应向B银行承担民事赔偿责任。刑事法律关系和民事法律关系是两种性质完全不同的法律关系，法院进行民事诉讼活动只能审理该案件中A公司拒不偿还B银行贷款这一民事侵权法律关系，不能查明A公司涉嫌诈骗的刑事法律关系，因此需要民事诉讼和刑事侦查分别解决该案件中的两种法律关系。

第三，生效的民事裁判是对民事法律事实的认定，对民事侵权法律关系的审理，而对刑事法律事实的认定和刑事法律关系的审理并没有预决效力。①虽然刑民竞合案件是由同一法律事实所引起的，但是民事诉讼和刑事诉讼在实体法和程序法的应用、证明责任的分配、证据标准的认定等方面都大相径庭，人民法院对于刑民竞合案件中民事部分作出的裁判对于此后进行的刑事诉讼并无预决效力。成都高新区法院对于A公司拒不偿还B银行贷款这一民事侵权法律关系的审理并不涉及A公司涉嫌合同诈骗这一刑事犯罪的认定，成都高新区法院即使判决A公司应向B银行偿还贷款本金及利息，也不当然认定A公司使用虚假的财会报表，审计报告及担保物骗取贷款的行为构成刑事犯罪。再者，在刑事诉讼中会有专门的侦查机关的介入，其对案件证据的调查能力较强，对案件事实的查明更清晰，对案件事实的认定能力也更强，因此刑事诉讼审理的结果完全可能推翻民事诉讼审理的结果，不能够单纯以作出民事裁判而否定刑事诉讼存在的必要性。

第四，人民法院对民事案件的受理以及对该案件作出的生效民事裁判，可能会与公安机关对该案件进行立案侦查所作出的刑事裁判有所冲突，但是这种冲突并不是相互矛盾的，而是可以调和的。②民事裁判和刑事裁判之间的冲突主要表现为以下两种形式：一是人民法院作出的生效民事裁判，与其后的刑事诉讼所作出的裁判相冲突；二是刑事裁判与其后的民事诉讼所作出的民事裁判相冲突。这种裁判结论间的冲突，往往是由于民事诉讼和刑事诉讼对于案件事实和行为性质的认定不同所导致的。对于案件事实，由于刑事诉讼的认定标准与民事诉讼相比较高，因此刑事诉讼对于案件事实的认定对于其后的民事生效

① 毛立新:《诈骗犯罪处理中的刑民交叉问题》，载《法治研究》2011年第12期。

② 毛立新:《诈骗犯罪处理中的刑民交叉问题》，载《法治研究》2011年第12期。

裁判具有预决效力，但是民事诉讼对于案件事实的认定对于其后的刑事裁判没有预决效力。值得注意的是，刑事诉讼对于案件无罪的判决，对于其后的民事裁判有无预决效力，则要区分不同情况，不可一概而论，如果刑事诉讼对于被告人无罪的认定是因为查明犯罪行为非系本人所为，那么该刑事裁判就对民事诉讼具有预决效力；如果刑事诉讼对于被告人无罪的认定仅因犯罪证据不足或不清所导致，则该刑事裁判对于民事诉讼没有预决效力，正因刑民事诉讼对于案件证据的认定标准高低不同，刑事裁判不认为能证明被告人有罪的证据，民事诉讼或许可以将其作为民事侵权的证据。与对案件事实的认定不同，在行为的法律性质的认定上，刑事裁判与民事裁判互有预决效力。[①]首先，这种预决力表现在民事裁判对刑事诉讼活动的影响中，民事裁判认定某行为合法，则往往阻断刑事上的违法性，如民事诉讼认定行为人善意取得是合法行为，则该行为不具有刑事上的违法性，在刑事裁判中也应认定为合法行为。其次，刑事裁判对于行为的法律性质的认定对于民事诉讼也具有预决效力，刑事裁判认定合法的行为，民事诉讼也应认定为合法；刑事裁判认为犯罪的行为，在民事上也具有侵权或违约性。综上所述，刑事诉讼和民事诉讼之间的裁判冲突往往是可以避免和调和的，当刑事诉讼在前时，民事诉讼则要避免作出与刑事裁判相冲突的裁判；当民事诉讼在前，刑事诉讼作出了与民事裁判相冲突的裁判时，则可以通过审判监督程序来纠正民事裁判。在该案中，成都高新区法院正在进行的民事诉讼活动可以认定A公司拒不偿还B银行贷款的事实，却无法认定A公司使用虚假的财会报表、审计报告及担保物骗取B银行贷款的事实，而这一事实极有可能在刑事诉讼中被认定为犯罪。反之，如果成都市公安局青羊区分局查明了A公司骗取B银行贷款的事实，则在民事诉讼中当然要作出A公司偿还B银行贷款本金及利息的裁判。对于行为性质，如果成都市公安局青羊区分局将A公司骗取B银行贷款的行为认定为犯罪，则A公司拒不偿还B银行贷款这一行为就一定构成民事侵权。

对于刑民竞合交叉案件的处理，应以“先刑后民”为原则，以“刑民并行”和“先民后刑”为例外。[②]所谓先刑后民，是指当同一法律事实既引起了

① 毛立新：《诈骗犯罪处理中的刑民交叉问题》，载《法治研究》2011年第12期。

② 毛立新：《刑民交叉案件的概念、类型及处理原则》，载《北京人民警察学院学报》2010年第5期。

刑事法律关系，又引起了民事法律关系时，司法机关应当先就其中的刑事案件进行审理，待刑事案件审理结束甚至裁判生效后，再审理民事案件。这主要是因为刑事裁判中对于物质的处分，可以顺带解决民事案件中的财产赔偿问题，《刑法》第64条也规定："犯罪分子违法所得的一切财物，应当予以追缴或者责令退赔；对被害人的合法财产，应当及时返还……"除此之外，2000年最高人民法院颁布的《关于刑事附带民事诉讼范围问题的规定》（已失效）第5条规定："犯罪分子非法占有、处置被害人财产而使其遭受物质损失的，人民法院应当依法予以追缴或者责令退赔。被追缴、退赔的情况，人民法院可以作为量刑情节予以考虑。经过追缴或者退赔仍不能弥补损失，被害人向人民法院民事审判庭另行提起民事诉讼的，人民法院可以受理。"但是该条规定前半段中仅规定了"犯罪分子非法占有、处置被害人财产而使其遭受物质损失的"情况，却没有规定犯罪分子侵害被害人人身权利而使其遭受物质损失的情况，对此应根据刑事附带民事诉讼加以解决。刑事附带民事诉讼是指法院在审理刑事案件过程中，根据被害人等的申请或检察机关的提起，对由该犯罪行为所造成的直接物质损失的赔偿问题进行合并审理的诉讼活动。刑事附带民事诉讼一般将刑事案件和民事案件进行合并审理，但如果造成了刑事案件审理的期间过分延迟，也可以先行审理刑事案件，待刑事审判结束后，再行审理民事案件。在合并审理时，附带民事诉讼部分的辩论应在刑事诉讼辩论结束后进行，在分开审理时，则必须由审理刑事案件的审判组织审理民事案件，这主要是为了附带民事诉讼的裁判与刑事裁判的一致性，避免附带民事诉讼所认定的案件事实与刑事诉讼所认定的案件事实出现冲突。对于"经过追缴或者退赔仍不能弥补损失"，被害人可以在刑事诉讼结束后，再行提起民事诉讼。之所以要先进行刑事诉讼，是因为在刑事诉讼终结之前，追缴和退赔工作尚在进行当中，无法判定经过追缴和退赔的财产是否能够弥补被害人所遭受的物质损失。对于A公司涉嫌骗取B银行贷款的事实，公安机关在侦查之后，经刑事诉讼认定构成刑事犯罪，应当对所骗取贷款进行追缴，退赔B银行。如追缴、退赔的财产足以弥补B银行的物质损失，则不需要再行提起民事诉讼，直接按照刑事附带民事诉讼审理即可；若追缴、退赔的财产不足以弥补B银行的物质损失，则需要在A公司骗取B银行贷款的刑事诉讼结束之后，另行提起一个A公司拒不偿还B银行贷款的民事侵权案件。

在刑民牵连交叉案件中，由于刑民法律关系并非源于同一种法律事实，因此在案件事实的查明上，二者相互独立，并行不悖。并且刑事诉讼只能审理刑事法律关系，民事诉讼只能审理民事法律关系，两者各司其职，并不存在孰优孰劣、孰先、孰后的问题。因此，刑民牵连交叉案件以“刑民并行”为处理原则，即刑民案件相互独立，进行分案处理，并行不悖。“刑民并行”原则有很多法律条文作为支撑，比如，最高人民法院颁布的《关于审理票据纠纷案件若干问题的规定》第73条规定：“人民法院在审理票据纠纷案件时，发现与本案有牵连但不属同一法律关系的票据欺诈犯罪嫌疑线索的，应当及时将犯罪嫌疑线索提供给有关公安机关，但票据纠纷案件不应因此而中止审理。”《公安机关办理经济犯罪案件的若干规定》第13条规定：“需要立案侦查的案件与人民法院受理或作出生效判决、裁定的民事案件，如果不属同一法律事实，公安机关可以直接立案侦查，但不得以刑事立案为由要求人民法院裁定驳回起诉，中止审理或撤销判决、裁定。”

最高人民法院2005年7月25日颁布的《关于银行储蓄卡密码被泄露导致存款被他人骗取引起的储蓄合同纠纷应否作为民事案件受理问题的批复》规定：“因银行储蓄卡密码被泄露，他人伪造银行储蓄卡骗取存款人银行存款，存款人依其与银行订立的储蓄合同提起民事诉讼的，人民法院应当依法受理。”除此在外，最高人民法院1998年4月还颁布了《关于在审理经济纠纷案件中涉及经济犯罪嫌疑若干问题的规定》[①]，其中第10条规定：“人民法院在审理经济纠纷案件中，发现与本案有牵连，但与本案不是同一法律关系的经济犯罪嫌疑线索、材料，应将犯罪嫌疑线索、材料移送有关公安机关或检察机关查处，经济纠纷案件继续审理。”但原则仍有例外，在刑民牵连交叉案件中，有时也需要进行“先刑后民”或“先民后刑”的处理，如最高人民法院《关于审理存单纠纷案件的若干规定》第3条第2款规定：“人民法院在受理存单纠纷案件后，如发现犯罪线索，应将犯罪线索及时书面告知公安或检察机关。如案件当事人因伪造、变造、虚开存单或涉嫌诈骗，有关国家机关已立案侦查，存单纠纷案件确须待刑事案件结案后才能审理的，人民法院应当中止审理……”

刑民竞合案件以“先刑后民”的原则进行处理，但在必要时候，也可以例

① 已于2020年修正。

外地适用“刑民并行”“先民后刑”的程序进行审理。[①]虽然《民事诉讼法》第150条第1款第5项规定了本案必须以另一案的审理结果为依据，而另一案尚未审结的，应当中止诉讼。民事案件的审理应当以刑事案件的审理结果作为依据，但是在一些特殊案件中，不加变通地一律采用“先刑后民”原则，反而会使刑民竞合交叉案件得不到合理解决，受害人的民事利益得不到保护，如犯罪嫌疑人潜逃致使刑事诉讼活动无法顺利正常进行、刑事案件久侦不决导致民事诉讼无法开始等。因此，此时应例外地适用“刑民并行”或“先民后刑”的处理程序，不必等待刑事案件审理结束，在刑事诉讼尚未进行或正在进行时，案件当事人即可另行起诉，要求对方承担民事侵权责任，赔偿自己的民事损失。立法有时难免出现僵硬的现象，在司法实践中应当灵活适用，事实证明，“刑民并行”或“先民后刑”的处理方法已在司法实践中出现了良好的社会效果。比如，在一些交通肇事案件中，由于犯罪嫌疑人潜逃导致刑事案件无法及时得到解决，但此时被害人已生命垂危，急需大量的医药费，我们应当允许被害人在刑事诉讼之外，另行提起一个民事诉讼，要求犯罪嫌疑人对民事侵权部分进行赔偿，以解决自己经济上的燃眉之急，这种“刑民并行”的处理方式才是此类刑民竞合案件的有效解决方法。而“先民后刑”，是指在刑民竞合案件中，民事案件的审理不必待刑事案件审理结束后才能进行，而先行解决民事案件部分，待民事诉讼审理结束后，再行处理刑事部分。这种处理方式不像“先刑后民”或“刑民并行”有大量的法律文件加以支撑，“先民后刑”并无法律文件加以确认，而主要是司法实践中的做法，只在一些特殊案件中存在，如侵犯知识产权、盗伐林木等案件。如甲侵犯乙的知识产权，并且公安机关已经对此立案侦查，但是在查明过程中，发现该知识产权的权属仍存在民事争议，而知识产权权属的民事确认对于甲是否构成对知识产权的刑事犯罪具有决定意义，此时就不能再固守“先刑后民”的处理原则，而应使用“先民后刑”的程序进行处理，即先确认知识产权的权属，再认定甲是否构成对乙的知识产权犯罪。在一些盗伐林木案件中，同样也是如此，很多时候要先进行对林木的民事产权确认，再认定是否构成盗伐林木犯罪。

刑民竞合交叉是以先刑程序或刑事附带民事诉讼为原则，以先民后刑、刑

① 毛立新:《刑民交叉案件的概念、类型及处理原则》，载《北京人民警察学院学报》2010年第5期。

民并行为例外。

但在刑民竞合案件中，不应绝对采用“先刑后民”原则，《民事诉讼法》第150条第1款第5项规定，如果本案必须以另一案的审理结果作为依据时，即民事诉讼的启动有赖于刑事案件的审理结果时，“先刑后民”处理原则才具有可适用性。在实践中，如果一味僵硬地采用“先刑后民”，有可能会使被害人被侵犯的民事权利得不到救济，因此可以例外适用“先民后刑”或者“刑民并行”。

三、分析路径与方法

（一）分析路径

1.司法解释层面

我国的法律规范文件中最早出现“先刑后民”是在《关于及时查处在经济纠纷案件中发现的经济犯罪的通知》中，该通知是由最高人民检察院、最高人民法院和公安部于1985年8月19日联合颁布，规定了：“各级人民法院在审理经济纠纷案件中，如发现有经济犯罪，应按照一九七九年十二月十五日最高人民法院、最高人民检察院、公安部《关于执行刑事诉讼法规定的案件管辖范围的通知》，将经济犯罪的有关材料分别移送给有管辖权的公安机关或检察机关侦查、起诉，公安机关或检察机关均应及时予以受理。”因此，各级公安机关、检察机关应当各尽其责，不能互相推诿、扯皮。随后，对“先刑后民”的司法处理原则作了进一步详述的是在《关于在审理经济案件中发现经济犯罪必须及时移送的通知》中，这是由两院一部于1987年3月11日所发布的。它表明了人民法院正在审理的案件涉及刑事犯罪的，即使属于经济纠纷，也要将案件全案移送给侦查机关，但如果经济纠纷案件已经审理结束，即使此时又发现了刑事犯罪案件，也只能移送刑事犯罪部分，或者两类案件可分案处理，此时也只移送刑事犯罪部分。公安机关、检察机关在侦查案件事实之后，认为仍需分案审理的，应将经济纠纷部分退回人民法院审理。至此，在司法实践中“先刑后民”原则被正式确定下来。《关于审理存单纠纷案件的若干规定》是最高人民法院于1997年12月11日所颁布的，其重申了“先刑后民”原则，同时强调适用“先刑后民”的前提是民事案件的审理需以刑事案件审理结果为基础，指出对于追究有关当事人的刑事责任不影响对存单纠纷案件审理的，人民法院应对存单纠纷案件有关当事人是否承担民事责任以及承担民事责任的大小依法及时进行认定和处理。由此可以看出，该条规定已经注意到机械适用“先刑后民”的弊端，并对此作出调整，即可以以“刑民并行”作为例外。1998年4月21日，最高人民法院发布了《关于在审理经济纠纷案件中涉及经济犯罪嫌疑若干问题的规定》，对“先刑后民”作出了有史以来最为全面的规定，其中第1条和第10条都规定了“刑民并行”，而不再是以往将案件全案移送作为解决刑民交叉问题的一概做法，真正地区别了刑事和民事这两种构造完全不同的法律关系。“先刑后民”这一司法处理原则体现在该规定的第11条，即人民法院在审理所谓的“经济纠纷”案件时，发现其对案件性质的认定应属经济犯罪时，应裁定将案件驳回起诉，将相关材料转交给负责经济犯罪案件的部门。由于本规定并未区分法律事实和法律关系，因此在司法实务中大多还是按照“先刑后民”进行处理。2014年3月25日，最高人民法院、最高人民检察院、公安部联合发布的《关于办理非法集资刑事案件适用法律若干问题的意见》中也秉持了“先刑后民”的原则，该意见第7条规定：“对于公安机关、人民检察院、人民法院正在侦查、起诉、审理的非法集资刑事案件，有关单位或者个人就同一事实向人民法院提起民事诉讼或者申请执行涉案财物的，人民法院应当不予受理，并将有关材料移送公安机关或者检察机关。人民法院在审理民事案件或者执行过程中，发现有非法集资犯罪嫌疑的，应当裁定驳回起诉或者中止执行，并及时将有关材料移送公安机关或者检察机关。公安机关、人民检察院、人民法院在侦查、起诉、审理非法集资刑事案件中，发现与人民法院正在审理的民事案件属同一事实，或者被申请执行的财物属于涉案财物的，应当及时通报相关人民法院。人民法院经审查认为确属涉嫌犯罪的，依照前款规定处理。”

在成都高新区法院审理A公司拒不偿还B银行贷款这一经济纠纷的过程中，成都市公安局青羊区分局已经函告该法院，A公司使用虚假的财会报表、审计报告及担保物，骗取B银行1500万元贷款，并且骗取C公司、A公司法定代表人吕某及其丈夫文某为其提供最高额担保，A公司涉嫌刑事犯罪，公安分局已经对此立案侦查。除此之外，A公司其他关联公司涉嫌非法吸收公众存款案也在立案侦查中。该案件既有经济纠纷部分，也有刑事犯罪部分，根据相关司法解释，人民法院在审理经济纠纷时若发现涉嫌经济犯罪，应裁定驳回起诉，将全案移送给管辖刑事犯罪案件的公检机关。并且成都高新区法院正在审理的民事案件与成都市公安局青羊区分局已经立案侦查的刑事案件属于同一事实，因此该法院应将正在审理的此经济纠纷涉嫌经济犯罪案件全部移送给成都市公安局青羊区分局。成都市公安局青羊区分局以该案件具有刑事犯罪嫌疑为由要求成都高新区法院移送，在接受该案件后，应当查明A公司相关行为是否构成刑事犯罪。公安机关经查明A公司使用虚假的财会报表、审计报告及担保物，骗取B银行1500万元贷款这一事实构成贷款诈骗罪，另外A公司使用相同手段骗取C公司、A公司法定代表人吕某及其丈夫文某为其提供最高额担保的这一事实构成合同诈骗罪。根据相关司法解释，公安机关在对该案件立案侦查之后，当查明该案件不属于经济犯罪，或者案件中经济纠纷部分与经济犯罪部分可以分案进行审理时，应将案件全部或部分退还法院进行审理。因此，此案件中成都市公安局青羊区分局不应将该案件退还给成都高新区法院进行审理。

2. 司法实践层面

第一，处理刑民竞合案件的前提是运用类型化思维进行分析。刑民竞合案件种类纷繁复杂，处理起来不免烦琐，运用类型化思维进行类型分析可以使难点逐级分流，降低难度。首先，对案件采取先刑后民的处理方式有不同的路径，可以进行不同的分类。（1）法院在审理民事案件过程中，发现该民事案件涉嫌刑事犯罪的，应将案件主动移送有管辖权的公安机关或者检察机关；（2）与人民法院主动移交案件不同，公安机关也可在发现法院正在审理的民事案件涉嫌刑事犯罪时，要求法院将案件进行移送；（3）当事人认为案件涉嫌刑事犯罪从而向公检部门举报的，公检部门在进行立案侦查后认为确属刑事犯罪而未提起公诉的；（4）一方当事人将民事案件诉至人民法院，人民法院在审理过程中，第三方当事人，如借款合同中的担保人认为存在担保诈骗或者借款诈骗的可以申请先刑程序。其次，对刑民牵连案件和刑民竞合案件进行分类，认定刑民竞合案件的标准分为实体和程序。程序标准可求证于《民事诉讼法》第150条第1款第5项关于诉讼中止的条件之一，另一案的审理结果为本案的依据，而另一案尚未审理结束的；实体标准是刑事法律关系和民事法律关系由同一法律事实所引起。处理刑民竞合案件的前提是运用类型化思维，在个案的类型化分析中，必须判断案件中的民事法律事实和刑事法律事实是否由同一事实导致，刑事犯罪案件的审理结果是否一定成为民事侵权案件的审理依据，只有满足如此类型化判断，才能进行刑民竞合案件的程序选择。①

第二，处理刑民竞合案件的重点是进行程序选择。从前文对刑民竞合案件的类型化分析中，不难发现，解决刑民竞合案件的难点以及重点是刑民程序的选择。刑民竞合案件的判断，我们应当避免两个误区：（1）行为人的行为构成刑事犯罪并不当然导致其所签订的民事合同无效，只要该合同符合合同成立的要件，符合合同法精神，并不受刑事犯罪的影响。即使在刑民竞合案件中也不能因在先刑判决中而认定合同效力，要看行为人的犯罪行为与涉及判定合同效力的合同纠纷是否具有关联性或竞合性。（2）在实践中经常采用的“分案审理”观点并未完全否定“先刑后民”，无论是先刑后民还是先民后刑，都应结合案件的具体情况采用，不应僵硬化、绝对化，单独走向某个极端。②

不得不承认的是，尽管目前学界对于刑民竞合案件的程序仍有不同选择，但在司法实务中，主流做法仍是采用“先刑后民”的程序，这不仅符合司法实际情况，也与以往司法解释精神相同。

（二）分析方法

迪尔凯姆曾说：“任何一个学科如欲取得和运用某种多多少少具有真理性的认识，就不能仅仅停留于理论上的论证和思想上的体验，而要遵从一种严格的准则、方法，否则，就不可避免要重走过去的老路。”这表明了方法论的重要性。

如何认定合同诈骗行为中的刑民竞合交叉问题，关键在于如何认定“民事欺诈”和“刑事诈骗”，区别的方法一般从欺骗行为、履约能力和非法占有目的三个方面来进行。

1.欺骗行为

民事欺诈和刑事诈骗的欺骗行为可以从欺骗内容和欺骗程度两个方面来进行考察。

民事欺诈和刑事诈骗的行为在外部均表现为欺骗性，但是欺骗的内容是不

---

① 王林清、刘高：《民刑交叉中合同效力的认定及诉讼程序的构建——以最高人民法院相关司法解释为视角》，载《法学》2015年第2期。

② 王林清、刘高：《民刑交叉中合同效力的认定及诉讼程序的构建——以最高人民法院相关司法解释为视角》，载《法学》2015年第2期。

一样的。合同欺诈中仅有个别或局部的事实属于欺诈的内容，而在贷款诈骗罪中，诈骗的内容却为整体的全部的事实。在贷款诈骗中，行为人在签订合同的过程中压根就没有要履行合同的意思，而只是以合同的形式来掩饰自己想非法获取银行或其他金融机构贷款的目的。在这种情况下，民事上签订合同的行为只是为了掩盖贷款诈骗，因此我们要掀开民事合同行为的面纱，认定贷款诈骗。

《刑法》第193条规定了五种贷款诈骗罪的实施方式：（1）编造引进资金、项目等虚假理由骗取银行或其他金融机构的贷款的；（2）使用虚假的经济合同诈骗银行或者其他金融机构的贷款的；（3）使用虚假的证明文件诈骗银行或其他金融机构贷款的；（4）以骗取银行或其他金融机构的贷款的方式为超出抵押物的价值重复作担保或者使用虚假的产权证明作担保；（5）以其他方法诈骗银行或其他金融机构贷款的。其中第五种为兜底性条款，其他四种诈骗的方法都是进行整体事实的诈骗。行为人在使用上述欺骗方法签订了合同之后，如果并未履行合同内容的，则为贷款诈骗；如果其后认真履行合同内容，即使通过该欺骗行为进行获利，也绝不能认定贷款诈骗，而仅为民事欺诈。[①]因此，贷款诈骗罪诈骗的内容应是整体的事实，行为人只是利用合同来骗取银行或其他金融机构的贷款，并没有履行合同的意愿和行为；而民事欺诈欺骗的只是部分事实，如在合同的行为主体、担保或质量、数量等要素方面进行欺骗，其后仍然认真履行合同，该合同应认定无效，其应承担合同违约责任。A公司使用虚假的财会报表、审计报告及担保物，骗取B银行1500万元贷款这一事实，属于贷款诈骗罪中的第三种欺骗方法。在骗取贷款之后，A公司并未严格按照合同内容履行于贷款期限届满之日偿还贷款本金及利息的合同义务，后期B银行及D公司多次向其催收贷款本金及利息，A公司仍拒不偿还，应认定为贷款诈骗，而不是单纯的民事欺诈。

欺骗程度对于判断合同行为中刑民竞合交叉案件也具有重要的作用。当行为人采取欺骗手段使得被害人陷入一种错误的认识，并且基于这种错误的认识而作出了处分财产的行为，行为人实施欺骗的行为与被害人的财产损失之间具有因果关系时，构成刑事诈骗；当行为人实施欺骗行为，对方处分财产，但对

① 陈兴良：《从归因到归责：客观归责理论研究》，载《法学研究》2006年第2期。

方并不是无对价地支付财物时，不构成刑事诈骗，仅成立民事欺诈。[①]A公司使用虚假的财会报表、审计报告及担保物，足以使B银行以及C公司、A公司法定代表人吕某及其丈夫文某产生A公司拥有足够的还款能力，能够于贷款期限届满之日还清贷款本金及利息的错误认识，并且基于这种错误认识，B银行向A公司借款1500万元，C公司、A公司法定代表人吕某及其丈夫文某为其提供最高额担保，最终B银行无法收回贷款本金及利息，C公司、A公司法定代表人吕某及其丈夫文某面临要求被承担保证责任的损失，正是由于A公司的欺骗行为导致，二者之间具有引起与被引起的关系。因此，A公司的欺骗行为达到了刑事诈骗的程度，构成贷款诈骗罪和合同诈骗罪。

2. 非法占有目的的推定

在取得型财产犯罪中，是否需要在主观故意之外，还具有非法占有目的，国内外刑法理论界争议较大。总的来说，德国和瑞士等一些国家在刑法条文中明确规定了财产型犯罪需要具有非法占有目的，而日本的一些学者，如大冢仁、曾根威彦教授等则主张"非法占有目的不要说"，认为非法占有目的不是认定财产性犯罪的必备要素。我国的张明楷教授主张"非法占有目的必要说"，除此之外，张明楷教授还认为非法占有目的包含排除意思和利用意思，即排除意思不要求永久性剥夺财物，而只要达到妨害他人利用财物的意思即可，利用意思不要求必须按照财物本来的经济用途进行利用的意思，只要求遵从财物可能具有的用途进行利用、处分的意思。[②]

推定作为一种以"忽略个别可能与结论相反为代价或基础的思维程序和证罪方法，已在我国司法实践中被广泛认可和运用"。[③]最高人民法院《关于审理诈骗案件具体应用法律的若干问题的解释》[④]第2条、最高人民法院《全国法院审理金融犯罪案件工作座谈会纪要》，使金融诈骗罪的"非法占有目的"得到司法认定，肯定了刑事推定的运用。行为人的主观心理态度是难以被肉眼观察的，这种主观态度会外化为一定的行为，我们需要透过现象看本质，从行为人

① 陈兴良:《从归因到归责：客观归责理论研究》，载《法学研究》2006年第2期。

② 张明楷:《论财产罪的非法占有目的》，载《法商研究》2005年第5期。

③ 肖中华:《论合同诈骗罪认定中的若干问题》，载《政法论丛》2002年第2期。

④ 已失效。

所实施的行为中反观其内心态度。推定行为人的非法占有目的，应做整体考察，具体而言，可以从行为推定方面来推定非法占有目的。[①]

行为推定，即在司法实践中，行为人单纯使用虚假的经济合同、证明文件、产权证明作担保、编造虚假的理由，如引进资金、项目、超出抵押物价值重复担保等诈骗银行或其他金融机构较大数额的贷款，还不足以认定行为人具有非法占有目的。只有同时具备以下五种行为之一的，才可以认定行为人的行为具有贷款诈骗罪的“非法占有目的”，即挥霍贷款、将贷款用于高风险经济活动、将贷款用于违法犯罪活动、改变贷款用途、携带贷款潜逃等致使贷款无法偿还的情形。A公司使用虚假的财会报表、审计报告及担保物，骗取B银行1500万元贷款后，造成重大经济损失，致使贷款无法偿还，符合上述第三种情形，应当认定A公司具有非法占有该笔贷款的目的。并且A公司提供虚假的担保申请贷款，贷款期限届满后，拒不偿还贷款，属严重情节。

四、结论证明

最高人民法院《关于在审理经济纠纷案件中涉及经济犯罪嫌疑若干问题的规定》第11条规定：“人民法院作为经济纠纷受理的案件，经审理认为不属经济纠纷案件而有经济犯罪嫌疑的，应当裁定驳回起诉，将有关材料移送公安机关或检察机关。”第12条规定：“人民法院已立案审理的经济纠纷案件，公安机关或检察机关认为有经济犯罪嫌疑，并说明理由附有关材料函告受理该案的人民法院的，有关人民法院应当认真审查。经过审查，认为确有经济犯罪嫌疑的，应当将案件移送公安机关或检察机关，并书面通知当事人，退还案件受理费；如认为确属经济纠纷案件的，应当依法继续审理，并将结果函告有关公安机关或检察机关。”结合上述规定，认为处理经济犯罪嫌疑和民商事纠纷交织的案件，要注意把握依法支持职能机关查处经济犯罪和保护当事人合法民事权益的利益平衡。对于“刑民交叉”的案件是否应当移送公安机关，应采取谨慎严格的处理方法，只有在刑事案件的处理结果对民事案件的处理结果足以产生实质性影响的前提下，才应适用“先刑后民”。

主债务人被告A公司涉及骗取贷款案件、合同诈骗案件以及非法吸收公众

---

① 李佳忆：《合同诈骗案件刑民交叉问题研究》，华东政法大学出版社2017年版，第14页。

存款案件等多起刑事案件已被立案侦查，因主债务人A公司涉嫌的刑事犯罪尚未侦查终结，B银行在借款时扮演的是什么角色，是否与A公司串通，是否知道或应当知道，也就是是否涉及《担保法》[①]第30条、《最高人民法院关于适用〈中华人民共和国担保法〉若干问题的解释》[②]第40条规定的情形，尚无从得知。

《担保法》第30条规定："有下列情形之一的，保证人不承担民事责任：（一）主合同当事人双方串通，骗取保证人提供保证的；（二）主合同债权人采取欺诈、胁迫等手段，使保证人在违背真实意思的情况下提供保证的。"《最高人民法院关于适用〈中华人民共和国担保法〉若干问题的解释》第40条规定："主合同债务人采取欺诈、胁迫等手段，使保证人在违背真实意思的情况下提供保证的，债权人知道或者应当知道欺诈、胁迫事实的，按照担保法第三十条的规定处理。"即本案审理的案件与公安机关侦查的案件系同一法律事实，刑事侦查的结果将直接影响本案的判决结果，应根据先刑后民的原则，裁定驳回起诉，将本案移送公安机关。

本案中，被告A公司向B银行借款1500万元并签订《借款合同》，C公司、A公司法定代表人吕某及其丈夫文某与B银行签订了《最高额保证合同》提供最高额担保。而从公安机关发函告知以及本院调取的公安立案材料的情况来看，被告A公司因分别涉嫌"骗取贷款"以及"合同诈骗"被立案侦查。其中被告A公司涉嫌"骗取贷款"案与本案所审理的被告A公司向B银行贷款的事实系同一行为事实，即被告A公司涉嫌"骗取贷款"案的处理结论将可能影响本案中对主合同（借款合同）的效力认定，故本案应暂缓进入实体审理。也即被告A公司所涉嫌"骗取贷款"案的处理结果对本案的处理结果已可能产生实质性影响，故从慎重处理本案的角度出发，本案应当先裁定驳回原告的起诉，并由本院将相关材料移送公安机关。

关于行为的社会危害性评价，目前学界主要具有两种学说，规范违反说和法益侵害说。法益侵害说将犯罪本质视为对法益的侵害或者威胁，行为所具有的社会危害性是指对于法所保护的公共生活的实质侵害和威胁。规范违反说认

---

① 已失效。

② 已失效。

为行为的严重社会危害性在于对于法秩序或法规范的违反。[1]法益侵害说论者一般赞成结果无价值论，而规范违反说论者一般赞成行为无价值论。[2]社会危害性评价属于经验性预判，为司法实践指明了方向，具有司法实践方向的指导性。按照概念化思维的观点，对于行为的严重社会危害性要么根据法益侵害说来评价，要么根据规范违反说来评价，但是按照概念化思维来处理案件，具有一系列的问题，如概念化思维要求严格按照法律规范来认定案件所涉罪名，强调一种法律的精准性，但这样重视了逻辑自洽性，却忽视了处理结论的合理性。概念化思维过于依赖司法人员的司法能力和司法素养，忽视了现实法制背景下，我国部分司法人员仍存在司法知识漏洞、司法能力不高的问题，重视普遍性法律问题，缺乏应对具体性、特殊性及中间性问题的有效手段，而且概念化思维重视裁判的法律效果，忽视了裁判的社会效果，等等。[3]类型化思维为了弥补概念化思维的缺陷，主张行为的严重社会危害性评价应以行为的无价值论为基调，以结果的无价值论为限制要素进行合理证成。也就是说，按照类型化思维，进行行为社会危害性评价时，必须将行为无价值和结果无价值结合起来，缺一不可。

第一步，社会危害性评价应以结果无价值为限制要素进行合理证成，因此应首先根据结果无价值论判断行为人的行为是否侵害了法益。A公司使用虚假的财会报表、审计报告及担保物，骗取B银行1500万元贷款，并使得C公司、A公司法定代表人吕某及其丈夫文某为其提供最高额担保，在贷款期限届满之日拒不偿还贷款，很明显侵犯了B银行、C公司、A公司法定代表人吕某及其丈夫文某的利益，在结果无价值论者看来，按照法益侵害说，A公司贷款诈骗的行为很明显具有法益侵害性，因此具有严重的社会危害性。

第二步，类型化的思维方法以行为无价值论为基调，因此在按照结果无价值论判断出行为具有严重的社会危害性之后，要再根据规范违反说判断行为是否具有社会危害性。A公司使用虚假的财会报表、审计报告及担保物，骗取B银行1500万元贷款，并使得C公司、A公司法定代表人吕某及其丈夫文某为其

① 周光权：《论刑法学中的规范违反说》，载《环球法律评论》2005年第2期。

② 张明楷：《刑法的基本立场》，中国法制出版社2002年版，第163页。

③ 童德华、赵阳：《类型化思维在刑事司法中的适用》，载《法律适用》2018年第10期。

提供最高额担保，符合《刑法》第193条第4项规定的贷款诈骗罪的实施方式，即使用虚假的产权证明作担保或超出抵押物价值重复担保，骗取银行或其他金融机构贷款，应认定为贷款诈骗罪。也就是说，在行为无价值论者看来，按照规范违反说，A公司的此行为违反了刑法规定的关于贷款诈骗罪的行为规范，具有严重的社会危害性。

第三步，按照行为人无价值说，观察行为人本身是否具有一定的人身危险性，行为人的行为在道德评价上是否是不道德的。A公司于陷入资金困境时发出求助信号，B银行、C公司、A公司法定代表人吕某及其丈夫文某对其伸出援助之手，解决其资金困难问题，A公司不仅不心存感激，按期还款，反而于贷款期限届满之日百般推诿，拒不偿还贷款，使B银行利益受损，使C公司、A公司法定代表人吕某及其丈夫文某陷入不义境地。古话说，“欠债还钱，天经地义”，A公司骗取贷款及最高额担保的行为，本来就已经违背了人们心中关于诚实信用的美好道德的要求，并且A公司变本加厉于贷款期限届满之日拒不偿还贷款，更是不道德的。因此，按照行为人无价值说，A公司的行为同样具有严重的社会危害性。

故意和过失是共同的犯罪构成要件，目的是选择的构成要件，在刑法规定中，有些罪名没有明确要求犯罪的成立必须具有特定目的，财产类犯罪例外，非法占有目的是大部分财产型犯罪的必备要素，如在贷款诈骗罪中，明确规定了犯罪人以非法占有的目的，诈骗银行或其他金融机构的贷款，数额较大的行为。目的是主观层面的，我们没办法直接窥探犯罪人的主观心理，而行为是心理的外在表现，据此我们需要通过犯罪人外在的行为表现来推定其是否具有非法占有目的。关于推定的一般性规则，《全国法院审理金融犯罪案件工作座谈会纪要》指出，认定非法占有目的是一个复杂的问题，既不能单纯客观归罪，也不能仅凭借被告人自己的供述进行主观归罪，而要坚持主客观相统一的原则，具体案例具体分析。在认定贷款诈骗罪时同样也是如此，不能仅仅依据贷款的损失结果进行客观归罪，即不能只根据贷款偿还与否来认定贷款诈骗罪。金融本身就是一个高风险的行业，在司法实践中，贷款不能偿还的情况难免发生，背后的原因复杂多样。如行为人出于过失，对自己的资金能力估计过高，以致无法到期偿还贷款，这种情况不能认定行为人具有非法占有贷款的目的；另外，市场行情总是处于变动中，行为人或许因经营不善以致发生亏损，无法到期偿还贷款，这种情况也不能认定行为人具有非法占有贷款的目的。行为人使用欺骗的方法取得贷款的行为包括以下几种：使用虚假的经济合同、证明文件、产权证明骗取银行或其他金融机构的贷款，超出抵押物价值重复担保等。具有上述几种行为之一的，行为人于贷款期限届满之日拒不偿还贷款，可以推定为具有非法占有目的。案例中，A公司的行为属于使用虚假的证明文件诈骗银行或其他金融机构的贷款，因此推定A公司在向B银行贷款时即具有非法占有的目的，构成贷款诈骗罪。

第二节　家事纠纷中的刑民竞合问题

一、典型案例

【案例二】被告人：张某2，曾用名“张某斌”，男，生于1970年7月10日，汉族，小学文化，务农，四川省平武县人，现住四川省遂宁市大英县。于2018年3月12日被平武县公安局取保候审。平武县人民法院于同年8月30日依法决定对其继续取保候审，同年9月7日依法变更强制措施决定对其予以逮捕。

被告人：张某3，女，生于1969年4月12日，汉族，小学文化，个体户，四川省平武县人，住绵阳市涪城区。于2018年3月15日被平武县公安局取保候审。

被告人：张某4，女，生于1966年1月10日，汉族，小学文化，务农，四川省平武县人，住平武县大印镇。

被告人：张某5，女，生于1963年5月16日，汉族，小学文化，务农，四川省平武县人，住平武县豆叩镇。

被告人：张某6，女，生于1958年11月24日，汉族，初中文化，务农，四川省平武县人，现住四川省遂宁市大英县。

被告人张某4、张某5、张某6均于2018年3月12日被平武县公安局取保候审。

平武县人民法院经公开审理查明：平武县豆叩镇先锋村青杠组村民张

某1与赵某某共生育被告人张某2、张某3、张某4、张某5、张某6五名子女，至2008年，五名被告人先后结婚离开该村到外地生活。从2010年开始，被告人张某5将其母亲赵某某接到豆叩镇银岭村共同生活，留下当时已年满72岁的被害人张某1独自生活。其间，五被告人并未协商张某1的日常照顾及生活来源等赡养事宜。2014年豆叩镇先锋村将张某1评为建档立卡贫困户。2016年7月至2017年4月，被害人张某1因疾病多次住院治疗，村组干部及卫生院医护人员多次电话通知五被告人前往医院照顾被害人，但五被告人之间相互推诿，均未到医院履行赡养义务，后由村组干部轮流看护。2017年4月，被害人张某1向豆叩镇司法所寻求法律援助，起诉子女，要求履行赡养义务，司法所工作人员多次电话通知五被告人，五被告人均拒绝到场调解，甚至拒接电话。其间，被告人张某2甚至对打电话的村干部扬言“父亲现在是五保户，村上必须管好自己的父亲，否则要告村上”及“父亲死了就回来安埋”。2017年4月30日，被害人张某1因严重腹泻、体力不支，经村组干部电话通知子女后，被告人张某3、张某4和张某5将张某1送至豆叩镇卫生院住院治疗。入院后第一日由张某4看护，第二日、第三日由张某2看护，之后再无子女看护，亦未请人进行护理及支付费用。张某1迫于无奈遂于同年5月18日自行离院回到家中，直至2017年5月27日，村组干部走访贫困户时，才发现被害人张某1死于家中，殁年80岁。①

二、基本原则

观察我国刑法和民法的发展史，会发现其大致经历了“二法合体—相互独立—相互交融”三个阶段。尽管目前在理论界，学者致力于建立刑法和民法的界分壁垒，坚定刑民并行发展的法律理念，但是不得不承认，司法工作者在实务中所面对的案件是极其纷繁复杂的，刑民案件之间的相互交叉更是不可避免。天下没有两片完全相同的树叶，也没有完全相同的两个案件。概念性思维是法学研究中一种重要的传统研究方法，但是其强调法学本质所在和意义体现必须固定不变，为了能够将复杂多变的案件事实尽可能归纳进概念中，必须用

---

① 参见裁判文书网：https://wenshu.court.gov.cn/website/wenshu/181107ANFZ0BXSK4/index.html?docId=2b57804a3c1843cebb5ca99201654aef，最后访问时间2021年11月15日。

抽象概括的词汇来表述概念，这导致了概念的抽象性和空洞性。基于概念性思维的这一缺陷，20世纪90年代，类型化思维应运而生，刑法对某一种犯罪的规定实际上是一种类型化的规定。[①]类型化思维是对抽象性概念更细致的演绎，也是对具体案件事实的进一步归纳和总结。对于刑民竞合类案件所涉及的罪名，尽管在刑法中都有所涉及，其中的民事侵权行为在民法中也有所规定，但是这类案件并不是非此即彼、罪与非罪的关系，而是刑事犯罪行为和民事侵权行为相互交织、罪与非罪界限不明的复杂关系。就如该案件中所涉及的遗弃行为，在刑法中有遗弃罪加以规制，在民法中对于不赡养老人同样有对应的监护制度加以规定。

基于类型化思维，认定刑民竞合案件的标准是法律关系还是法律事实，学术理论界是有争议的。最高人民法院《关于在审理经济纠纷案件中涉及经济犯罪嫌疑若干问题的规定》第1条规定了审理该类案件程序适用的标准，即“同一自然人、法人或非法人组织因不同的法律事实，分别涉及经济纠纷和经济犯罪嫌疑的，经济纠纷案件和经济犯罪嫌疑案件应分开审理”。同时第10条还规定：“人民法院在审理经济纠纷案件中，发现与本案有牵连，但与本案不是同一法律关系的经济犯罪嫌疑线索、材料，应将犯罪嫌疑线索、材料移送有关公安机关或检察机关查处，经济纠纷案件继续审理。”该规定用了不同的法律事实和不同的法律关系作为对具有刑民交叉现象的案件原因的分析。但是在司法实践中仍有大量因为同一法律事实而引起的刑民竞合案件，这表明了该司法解释对于该理论的争议所采取的一种回避的态度，在一定程度上造成了司法实践中法律适用的冲突和混乱。

案件在表象上具有刑民交叉的形式，但内中形成的刑民交叉所具有的相互关系在本质上是一种纵向的、属于刑事包容民事的法律关系，此时就应当遵循“先刑后民”或者“刑事附带民事诉讼”的破解方法和处理原则。[②]这一类案件虽以经济性和财产性犯罪居多，但是在家事纠纷中也有所涉及。在本案中，根据《刑法》第261条的规定，遗弃罪是指负有扶养义务的人，对年老、年幼、患病或者其他没有独立生活能力的人，负有扶养义务而拒绝扶养，

---

① 杨兴培:《刑民交叉案件的类型分析和破解方法》，载《东方法学》2014年第4期。

② 杨兴培:《刑民交叉案件的类型分析和破解方法》，载《东方法学》2014年第4期。

情节恶劣的行为。赡养老人不仅是我国的优良传统美德，也是法律赋予公民的义务，《老年人权益保障法》第76条规定对老年人负有赡养义务、扶养义务而拒绝赡养、扶养，情节严重构成犯罪的，依法追究刑事责任。如果刑法对遗弃老人的行为并没有作出制约性的规定，那么拒绝扶养老人就其本身而言是一种民事法上的约定行为或者至多是一种民事法上的侵权行为，仅仅停留在民事法上加以解决。但随着中国社会人口老龄化进程的加快，老年人老有所依、老有所养已经成为衡量一个国家文明发展程度的重要指标，使老人获得幸福感所起的作用越来越重要。而根据作用与反作用相等的物理原理，拒绝扶养老人所带来的社会危害性也日益严重，所以现代刑法对具有扶养义务，但拒绝扶养老人、情节恶劣的行为不能坐视不管。在我国刑法中，从原来没有规定遗弃罪到规定这一犯罪是一个瓜熟蒂落、水到渠成的过程。扶养老人本身起始于社会公众的内心道德标准，在行为延续过程中由于行为性质的变异逐渐涉及民法上的侵权，最终进入刑法上可以构成犯罪。此时已进入刑法评价领域的拒绝扶养老人、情节恶劣的违法行为已经包含民事法规的违约行为，这样已经构成的犯罪中包含和吸收了民事侵权行为。理顺刑法和民法在拒绝扶养老人行为过程中的相互联系和界限，不仅能为刑事法律规范及时和有效地介入拒绝扶养老人、情节恶劣的行为提供充足的理论根据，也为司法实践中正确适用刑罚打击此类犯罪行为提供了刑事法律规范依据。以国家强制力为后盾的刑法作为其他部门法的保障法，虽然在其适用上具有谦抑性，只能作为第二次的规制手段加以使用，但是在必要时仍是无法避免的。因此，在这类家事纠纷中的刑民竞合案件所涉及的刑事违法和民事侵权行为造成了老年人利益的损害，应当通过“先刑后民”或者“刑事附带民事诉讼”的方法加以解决。

“先刑后民”适用的语境包括以下三种：

第一，刑事犯罪与民事争议由同一个审判机构进行审理的情形。典型的主要包括两类：一是刑事附带民事诉讼。在该语境下，民事的赔偿由刑事犯罪所引发，应首先就刑事犯罪进行审理与裁判，在有罪的认定基础上，再来审理和裁判附带的民事赔偿部分。这里的民事赔偿争议具有附带性，应在刑事审判庭与刑事诉讼进行合并审理，当事人不可在刑事诉讼之外单独提起民事诉讼。二是在知识产权案件涉及“三审合一”的试点中，知识产权法院有权合并审理与知识产权相关联的民事案件、行政案件。以上两类案件的共同之处为皆处于案件合并审理的语境之下，有所交叉的刑事和民事诉讼并非独立并行，由不同审判机构分别进行主管的，而皆由同一审判机构审理与裁判。[①]

第二，在民事诉讼中发现涉及刑事犯罪的情形。该语境下的先刑后民是指，人民法院发现民事案件中涉嫌刑事犯罪，应将民事诉讼裁定驳回或中止审理，将案件移送公安机关或检察机关，启动刑事诉讼程序。[②]

第三，刑事犯罪和民事侵权已经同时存在，只是分属不同审判机构主管的情形。同时存在的刑民案件在事实或法律关系方面存在交叉或关联，所以需要解决如何处理交叉关系的问题。[③]该案例中出现的刑民交叉情况属于此种语境之下，张某1的5个子女均拒绝赡养老人，已经构成民法上的侵权。同时拒绝赡养老人的行为，已经具有一定的严重程度，造成张某1因无人赡养而惨死家中的局面，已经触犯了刑法法规，构成遗弃罪。张某1的5个子女拒绝扶养老人这一行为，既造成了民事侵权，又构成了刑事犯罪，属于因同一法律事实而造成的刑民交叉案件。

从技术上分析，刑事诉讼更有利于揭示案件事实真相。在刑事诉讼中，案件事实主要依靠代表公权力的侦查手段来揭示，在一定条件下可以采用特定的技术手段进行侦查，如监听、监视、检查邮件等。但是在民事诉讼中，案件事实的揭示主要依赖于双方当事人的努力，一般不允许公权力的介入。人们普遍认为，依赖公权力揭示案件事实，更容易接近事实真相，而追求真实也是民事诉讼的价值追求之一。[④]

从价值上判断，刑事诉讼较之民诉诉讼更具社会意义。刑事诉讼的主要任务是维护公共秩序以及为了社会利益来决定犯罪人的荣誉与自由，而民事法官仅为了私人利益进行裁判，这种私人利益常常表现为一种金钱性质的利益。[⑤]长期以来人们普遍认为刑事问题涉及国家层面的社会公共利益，影响社会安

① 张卫平：《民刑交叉诉讼关系处理的规则与法理》，载《法学研究》2018年第3期。

② 张卫平：《民刑交叉诉讼关系处理的规则与法理》，载《法学研究》2018年第3期。

③ 张卫平：《民刑交叉诉讼关系处理的规则与法理》，载《法学研究》2018年第3期。

④ 万毅：《“先刑后民”原则的实践困境及其理论破解》，载《上海交通大学学报》2007年第2期。

⑤ 万毅：《“先刑后民”原则的实践困境及其理论破解》，载《上海交通大学学报》2007年第2期。

定，相较于只影响私人利益的民事问题更为重要，因此当刑事和民事诉讼出现交叉时，要优先审理和裁判刑事诉讼。不可否认，"先刑后民"原则具有一定的积极意义。刑法作为公法，优先保护的是国家利益，民法作为私法，保护的是私人利益。在民事纠纷案件中，当事人只关心自己的私人合法权益是否受到侵犯，而鲜少注重国家利益的维护，国家利益优于个人利益在此得不到体现。"先刑后民"的适用，使得公民私人合法权益在受到保护的同时，更追究了犯罪嫌疑人的刑事责任，维护了国家层面的社会公共利益。除此之外，刑法具有最严厉的制裁手段，刑事责任一般比民事责任更为严苛。刑事责任轻则限制人身自由，重则剥夺人的生命，而民事责任一般为财产赔偿，这就要求我们在对待刑事犯罪时要比对待民事纠纷更为审慎，这种审慎的态度也使得人们一般将刑事诉讼的审理置于优先的地位。[①]

在民事诉讼中，当事人举证能力有限，要想查明案件事实真相，司法人员必须付出更多的人力、物力资源。人民法院在审理民事纠纷案件时发现涉嫌刑事犯罪的，如果不采取"先刑后民"的操作模式，一旦民事判决与其后的刑事判决发生矛盾冲突，还要经过再审程序纠正民事判决中的错误。在错案终身追责制的压力下，民事案件的法官更倾向于选择趋利避害的稳妥做法，将案件先通过刑事诉讼程序进行处理。

"先刑后民"作为一项司法原则，应当在某项法律制度中具有普遍适用性，但是"先刑后民"并不具有这样的特点。在立法层面，"先刑后民"作为一项原则，必然要有较高层次的法律依据，但是我国法律、法规均未对"先刑后民"作明确规定，为数不多的法律依据仅存在于司法解释当中。[②]有部分学者认为，《民事诉讼法》第150条第1款第5项可以作为"先刑后民"的法律渊源，但是该规定只是说明本案必须以另一案的审理结果为依据的，本案诉讼才有可能中止，并没有指明另一案必须是刑事案件，因此该条款不能作为"先刑后民"的法律渊源。至此，"先刑后民"的法律渊源只存在于司法解释当中，并

① 杨兴培:《刑民交叉案件中"先刑观念"的反思与批评》，载《法治研究》2014年第9期。

② 陈兴良、胡建生、朱平、李克:《关于"先刑后民"司法原则的反思》，载《北京市政法管理干部学院学报》2004年第2期。

且这些司法解释也只是涉及某一类案件的审理，并不具有概括性。[①]且不说相关法律条文之少，在已有的条文中也更多的是强调对刑民交叉案件应按不同情况分别处理。

“先刑后民”一直以来饱受诟病，最高人民法院在20世纪90年代后期就尝试通过颁布司法解释来规范司法实践中“先刑后民”的适用，但是并未解决根本问题。这不仅有相关法律条文过少导致的原因，更多的是缘于已有的司法解释本身的混乱与模糊。[②]

“先刑后民”思维模式最早出现于1985年最高人民法院、最高人民检察院和公安部联合所作的《关于及时查处在经济纠纷案件中发现的经济犯罪的通知》[③]（已被废止）的规范性文件中。但是该规定的语义是非常模糊的，人民法院在审理经济纠纷案件时，发现涉及经济犯罪，应及时将案件移送侦查机关，但是这里的移送是指法院裁定驳回民事诉讼还是中止民事诉讼，该规定并未给予明确回答。

1987年，最高人民法院、最高人民检察院、公安部联合发布了《关于在审理经济纠纷案件中发现经济犯罪必须及时移送的通知》[④]（已被废止），在该规定中出现了一个非规范性的表述，即全案移送。全案移送意味着人民法院不再继续审理该民事案件，但是该条规定仍未明确表明人民法院在进行全案移送时是将民事诉讼裁定驳回还是中止。全案移送更像是司法机关内部程序操作的行业术语，这也显示了运用“先刑后民”程序处理的非规范性。我们只能在法理上认为法院是将民事诉讼裁定中止而非驳回，不然很难理解该通知中关于“对于经公安、检察机关侦查，犯罪事实搞清楚之后，仍需分案审理的，经济纠纷部

---

① 傅贤国：《对刑民交叉案件有关司法解释的理解——兼论刑民交叉案件的处理模式》，载《西部法学评论》2010年第3期。

② 纪格非：《刑民交叉案件的审理顺序》，载《法学家》2018年第6期。

③ 该规范性文件规定：“各级人民法院在审理经济纠纷案件中，如发现有经济犯罪，应按照一九七九年十二月十五日最高人民法院、最高人民检察院、公安部《关于执行刑事诉讼法规定的案件管辖范围的通知》，将经济犯罪的有关材料分别移送给有管辖权的公安机关或检察机关侦查、起诉……”

④ 该规范性文件规定：“（三）人民法院在审理经济纠纷案件中，发现经济犯罪时，一般应将经济犯罪与经济纠纷全案移送……对于经公安机关、检察机关侦察，犯罪事实搞清楚后，仍需分案处理的，经济纠纷部分退回人民法院继续审理。”

分应退回法院继续审理”的规定，这隐含了全案移送只能理解为案件材料的移送，而该经济纠纷案件仍属于民事法院。[①]

“先刑后民”思维模式的规范性文件还有一个是最高人民法院于1997年颁布的《关于审理存单纠纷案件的若干规定》，其中第3条第2款中明确了只有当刑事犯罪的审理结果会对民事诉讼产生实质影响时，才应将案件移送侦查机关，如果当事人的刑事责任不影响对存单纠纷案件的审理，人民法院应继续审理该存单纠纷案件。[②]相较于1985年的通知和1987年的通知，1997年的规定不再是无条件地中止民事案件的审理，而只有当刑事案件的审理结果成为民事诉讼的依据时，人民法院才裁定中止。[③]虽然该规定明确了以“先刑后民”作为处理刑民交叉案件的操作模式，但是我们也应当看到，其仍存在以下几个问题：第一，人民法院在将犯罪线索及时书面告知公安机关或检察机关之后，是否应立即中止民事诉讼的审理？第二，该规定仅仅指明案件当事人因伪造、变造、虚开存单或涉嫌诈骗，有关国家机关已立案侦查时才有可能中止审理，那么如果案件当事人涉嫌其他犯罪呢？《关于审理存单纠纷案件的若干规定》中并未涉及。在存单纠纷案件中，当事人的行为涉嫌犯罪的种类并不限于上述规定的几种情况，还包括用账外客户资金非法发放贷款、贪污等，该规定没有明确当事人涉嫌这些罪名时相关的经济纠纷案件是否也应该中止审理。[④]第三，该条规定表明了中止民事诉讼是有要求的，即确须待刑事案件结案后才能审理，这里的确须应做如何理解？什么情况下才属确须？《关于审理存单纠纷案件的若干规定》并未对此加以考虑。[⑤]

“先刑后民”的思维模式在司法解释文件中表述得最为详细的是最高人民

---

① 张卫平：《民刑交叉诉讼关系处理的规则与法理》，载《法学研究》2018年第3期。

② 已于2020年修正。《关于审理存单纠纷案件的若干规定》第3条第2款规定：“人民法院在受理存单纠纷案件后，如发现犯罪线索，应将犯罪线索及时书面告知公安或检察机关。如案件当事人因伪造、变造、虚开存单或涉嫌诈骗，有关国家机关已立案侦查，存单纠纷案件确须待刑事案件结案后才能审理的，人民法院应当中止审理……”

③ 张卫平：《民刑交叉诉讼关系处理的规则与法理》，载《法学研究》2018年第3期。

④ 张卫平：《民刑交叉诉讼关系处理的规则与法理》，载《法学研究》2018年第3期。

⑤ 傅贤国：《对刑民交叉案件有关司法解释的理解——兼论刑民交叉案件的处理模式》，载《西部法学评论》2010年第3期。

法院于1998年颁布的《关于在审理经济纠纷案件中涉及经济犯罪嫌疑若干问题的规定》①，第1条规定了不是同一法律事实的刑民交叉案件，刑事案件与民事案件应当分别处理，改变了以往人们认为当经济纠纷与经济犯罪出现交叉时，应一概将经济纠纷全案移送的问题。第10条规定不是同一法律关系的刑民交叉案件，在将经济犯罪予以移送启动刑事诉讼的同时，民事诉讼继续审理。第11条规定人民法院在发现误将经济犯罪案件当作经济纠纷案件受理之后，应当裁定驳回民事起诉，将案件移送侦查机关。这是对1997年《关于审理存单纠纷案件的若干规定》的进一步完善，超越了存单纠纷这一类特殊案件，而是适用于所有的经济纠纷案件。《关于在审理经济纠纷案件中涉及经济犯罪嫌疑若干问题的规定》第12条还指出："……经过审查，认为确有经济犯罪嫌疑的，应当将案件移送公安机关或检察机关，并书面通知当事人，退还案件受理费；如认为确属经济纠纷案件的，应当依法继续审理，并将结果函告有关公安机关或检察机关。"第12条规定有不明确之处：第一，"书面通知当事人，退还案件受理费"，是否等同于裁定驳回起诉？第二，该条只规定了"确有经济犯罪嫌疑"和"确属经济纠纷"这两种情况，却没有说明"既有经济犯罪嫌疑也属经济纠纷"时应当如何处理。②第三，此处的函告有关公安机关或检察机关的意义并不明朗，没有表明公安机关或检察机关是否需要参考法院的审理结果，也没有表明如果公安机关或检察机关不认同法院的审理结果该如何处理，而法院与公安机关、检察机关关于案件的性质存在不一致的看法是完全可能的。③第四，人民法院经过审理，认为确有经济犯罪嫌疑的，应将案件移送公安机关或检察机关，此时侦查机关若必须立案，是否侵害了侦查机关的立案管辖权？因为根

---

① 1998年颁布的《关于在审理经济纠纷案件中涉及经济犯罪嫌疑若干问题的规定》第1条规定："同一公民、法人或其他经济组织因不同的法律事实，分别涉及经济纠纷和经济犯罪嫌疑的，经济纠纷案件和经济犯罪嫌疑案件应当分开审理。"第10条强调："人民法院在审理经济纠纷案件中，发现与本案有牵连，但与本案不是同一法律关系的经济犯罪嫌疑线索、材料，应将犯罪嫌疑线索、材料移送有关公安机关或检察机关查处，经济纠纷案件继续审理。"第11条规定："人民法院作为经济纠纷受理的案件，经审理认为不属经济纠纷案件而有经济犯罪嫌疑的，应当裁定驳回起诉，将有关材料移送公安机关或检察机关。"该文件已于2020年修正。

② 傅贤国：《对刑民交叉案件有关司法解释的理解——兼论刑民交叉案件的处理模式》，载《西部法学评论》2010年第3期。

③ 张卫平：《民刑交叉诉讼关系处理的规则与法理》，载《法学研究》2018年第3期。

据《刑事诉讼法》的规定，是否立案只能由公安机关或检察机关自行决定，法院无权插手。此时，若公安机关或检察机关不予立案，而法院已经裁定驳回起诉，不仅会使当事人的权利无法得到救济，也会损害司法的威信与公正。因此，笔者私以为“书面告知当事人，并退还案件受理费”应是裁定中止诉讼比较合理，因为一旦公安机关或检察机关不予立案，为了当事人民事权利的救济，人民法院还可恢复民事诉讼的审理。①

根据1998年《关于在审理经济纠纷案件中涉及经济犯罪嫌疑若干问题的规定》可得知，基于同一法律事实或同一法律关系的刑事与民事交织的案件，应当适用“先刑后民”原则，但是何为同一法律事实或同一法律关系，并没有明确的标准，实践中常有任意扩大的现象。②以法律事实或者法律关系作为判断是否适用“先刑后民”的标准，主要有以下两点不足：第一，“法律事实”是否相同的识别标准模糊。法律事实包括人的行为与事件，但是事件并不会引起刑事责任的承担，刑法始终以人的行为为规制对象。作为法律事实的行为，包括主体与行为内容两个要素，法律事实相同是指主体与行为内容相同。但是2014年《最高人民法院关于审理非法集资刑事案件具体应用法律若干问题的解释》中所称的同一法律事实是错误的，因为在非法集资中，刑事部分和民事部分中的主体和行为并不相同。除此之外，在司法实践中，在公司代表伪造公司印章对外签订合同或从事民事交往的案件中，实施伪造行为的自然人涉嫌刑事犯罪后，在相对方以公司为被告提起民事诉讼后，法院会以事实相同为由，中止民事纠纷的审理。③但是该案中，行为内容是一样的，主体却不一样，公司代表作为刑事案件中的犯罪嫌疑人，却并不是民事诉讼中的当事人。④第二，法律事实、法律关系容易导致混乱。有的司法解释将法律事实作为类型化区分标准，有的将法律关系作为类型化区分标准。法律关系是指在法律规范调整社

① 傅贤国：《对刑民交叉案件有关司法解释的理解——兼论刑民交叉案件的处理模式》，载《西部法学评论》2010年第3期。

② 陈兴良、胡建生、朱平、李克：《关于“先刑后民”司法原则的反思》，载《北京市政法管理干部学院学报》2004年第2期。

③ 参见佛山市顺德区祥展市政工程有限公司与广东金东建设工程公司、汕头市建筑工程总公司建设工程分包合同纠纷二审民事裁定书，广东省江门市中级人民法院（2014）江中法立民终字第279号。

④ 纪格非：《论刑民交叉案件的审理顺序》，载《法学家》2018年第6期。

会关系的过程中所形成的人们之间的权利与义务关系。[①]具体而言，刑事法律关系是指发生在国家与被追诉的主体之间，是国家与被追诉主体的权利义务关系，权利与义务的主体一方是以公安机关、检察机关、法院为代表的国家，另一方是触犯了刑事法律或者为刑事侵害行为所侵害或者依法参与刑事诉讼活动的公民或法人。民事法律关系则是产生于平等的民事主体之间的以财产权和人身权为内容的社会关系。因此，刑事法律关系与民事法律关系有着根本性的区别，不可能是同一性质，以法律关系作为区分标准，纯属多此一举。[②]

2014年颁布实施的《关于办理非法集资刑事案件适用法律若干问题的意见》中也涉及了刑民交叉案件的处理方式。根据该规定我们可以得知，只要非法集资案件中涉及刑事犯罪，无论此时案件是在公安机关、检察机关管辖之下还是在人民法院主管范围之内，都应一律由侦查机关进行侦查、起诉、审理。这说明了非法集资涉嫌刑事犯罪的，不具有民事案件存在的可能性，一概启动刑事诉讼程序。人民法院也就不存在民事诉讼该驳回还是中止的问题，而只能驳回。换言之，该规定否定了此类案件中刑民交叉的可能性，自然也就不存在刑事诉讼和民事诉讼竞合的问题。[③]

总结以上，“先刑后民”的适用存在程序上的问题，虽然相关司法解释规定了在办理民事纠纷案件中发现涉嫌刑事犯罪时应将案件移送侦查机关办理，但对于具体的操作程序并未予以规定。在司法实践中可能会导致一系列问题：第一，法院对案件性质的审查没有时间限制；第二，法官在案件的移送方面权力过大，缺乏制约监督机制，如果民事案件的法官认为该案涉嫌刑事犯罪，移交给侦查机关，则侵害了侦查机关的立案权；第三，人民法院与公安机关或检察机关在对案件是否涉嫌经济犯罪方面认识不一致，人民法院认为涉嫌经济犯罪从而将案件移送给侦查机关，侦查机关却可能认为案件并不涉及经济犯罪嫌疑，从而不予立案，不利于保护受害人的合法权益；第四，缺乏对当事人有效的救济机制，人民法院认为经济纠纷案件涉嫌经济犯罪从而将案件移送给侦查

① 舒国滢主编:《法理学导论》，北京大学出版社2012年版。

② 纪格非:《论刑民交叉案件的审理顺序》，载《法学家》2018年第6期。

③ 张卫平:《民刑交叉诉讼关系处理的规则与法理》，载《法学研究》2018年第3期。

机关，只是书面通知当事人，当事人并未设选择权，也没有救济机制。[①]

关于刑民交叉案件的程序选择，我们可以发现，以上司法解释中所涉及的案件类型，仅限于特定的几种，如经济类案件、存单类案件以及非法集资类案件，并不包含家事纠纷类案件，若想从司法解释中为处理该家事纠纷案件找到依据，是不现实的。

根据《民事诉讼法》第150条第1款第5项的规定“本案必须以另一案的审理结果为依据，而另一案尚未审结，该案才中止审理”，我们可以看出民事诉讼的中止附有限制性条件，而不是绝对的。这里的另一案并不限于刑事案件，但无论是刑事案件还是其他种类案件，其审理结果只有在成为民事诉讼的依据时，才能中止民事诉讼。由此我们可以看出，刑民交叉诉讼只有具备一定条件时，才能采用“先刑后民”的处理方式。[②]

具体什么情况下适用“先刑后民”，应当取决于公安机关、检察机关和人民法院在办理案件的过程中发现的与本案存在关联的民事不法或刑事犯罪案件的牵连程度。只有在刑事案件的处理结果会对民事纠纷的处理产生实质影响时，才应当先处理刑事案件，再解决民事纠纷。[③]具体而言，这种“实质影响”主要包括以下几种情况。

第一，导致民事损害赔偿责任的侵害事实同时可能构成犯罪的情形。例如，犯罪行为导致了财产或人身损害。对于这种情况，在我国主要采取刑事附带民事赔偿制度加以解决。如果民事案件当事人以刑事犯罪事实作为支持其诉讼请求所依据的事实，此时，是否存在犯罪事实只能由司法机关通过刑事诉讼程序加以认定，审理民事案件的法官无权在民事诉讼程序中对此类事实作出认定。民事的赔偿由刑事犯罪所引发，应首先就刑事犯罪进行审理与裁判，在有罪的认定基础上，再来审理和裁判附带的民事赔偿部分。《刑法》第36条规定，由于犯罪行为而使被害人遭受经济损失的，对犯罪分子除依法给予刑事处罚外，

---

① 陈兴良、胡建生、朱平、李克：《关于“先刑后民”司法原则的反思》，载《北京市政法管理干部学院学报》2004年第2期。

② 张卫平：《民刑交叉诉讼关系处理的规则与法理》，载《法学研究》2018年第3期。

③ 陈兴良、胡建生、朱平、李克：《关于“先刑后民”司法原则的反思》，载《北京市政法管理干部学院学报》2004年第2期。

并应根据情况判处赔偿经济损失。《刑事诉讼法》第101条规定，被害人由于被告人的犯罪行为而遭受物质损失的，在刑事诉讼过程中，有权提起附带民事诉讼。国家财产、集体财产遭受损失的，人民检察院在提起公诉时，可以提起附带民事诉讼。以上规定，在法律上确立了我国的刑事附带民事诉讼制度。因此，在上述情况下，被害人应当通过刑事诉讼程序，在先确定犯罪嫌疑人刑事责任的前提下，再获得对民事权益的救济。①

第二，民事案件中的事实涉及犯罪，犯罪成立与否关系到民事案件基本事实的认定。在民事诉讼中需要用来证明案件事实的证据有可能系伪造的，在这种情况下，刑事案件的审理结果对于民事诉讼的事实认定有影响，因此民事诉讼需要等待刑事的审理结果。例如，当事人或第三人在本案民事诉讼中涉嫌伪造证据、伪造文书构成犯罪的情形。一旦涉嫌伪造证据、伪造文书的犯罪成立，那么这些伪造的证据、文书便不能作为民事案件认定事实的依据。因此，涉及伪造证据、伪造文书的刑事案件处于侦查和诉讼中，且尚未有最终审理结果的，基于先决关系，本案民事诉讼应当中止。②刑事判决书预决力的范围应当限于刑事案件的基础性事实，对于后诉的民事案件而言，只有基础性事实才具有免证的效力，审理民事案件的法官不得作出相反的认定。对于非基础性事实，即便记载于刑事判决中，也不应具有免证的效力。能够对民事诉讼产生实质影响的基础性事实通常是指犯罪主体的事实、关于犯罪的构成要件的事实，此时刑事案件就具备了优先审理的必要。相反，如果使刑、民案件发生关联的事实并非必须通过刑事诉讼程序认定的犯罪事实，刑事案件就不具有优先审理的必要。③

三、分析路径与方法

（一）刑法上的遗弃行为

遗弃罪与不作为的故意杀人罪在司法实践中难以区分认定，因此有必要在学理上进行比较梳理。二者之间主要有以下两点不同。

---

① 张卫平：《民刑交叉诉讼关系处理的规则与法理》，载《法学研究》2018年第3期。

② 张卫平：《民刑交叉诉讼关系处理的规则与法理》，载《法学研究》2018年第3期。

③ 纪格非：《论刑民交叉案件的审理顺序》，载《法学家》2018年第6期。

第一，主观方面不同，包括认识因素和意志因素不同。从认识因素分析，遗弃罪要求行为人认识到自己的遗弃行为，却不要求行为人预见到自己的遗弃行为将会造成被遗弃人死亡的结果，也就是说，行为人对于行为是明知的，对于结果却是没有预见到的。即使行为人预见到了遗弃行为可能会造成被遗弃人死亡的结果，行为人对于该结果也是持否定态度的，是排斥的，并不希望或者放任该结果发生。而在故意杀人罪中，行为人不仅认识到了自己的杀人行为，而且预见到了自己的杀人行为将会造成他人死亡的结果。也就是说，行为人不仅对于自己的行为是明知的，对于行为会造成的结果也是明知的。从意志因素分析，在故意杀人罪中，行为人要么预见到了自己的杀人行为有可能会造成他人死亡的结果，从而希望这种结果发生；要么预见到了自己的杀人行为必然会造成他人死亡的结果，从而放任这种结果的发生。如果行为人遗弃他人，希望或放任被遗弃人因此而死亡，就是以遗弃方式实现的不作为的故意杀人罪。在学理上对主观方面进行区分是容易的，但在司法实践中，若想探究比较行为人的主观方面，则是较为困难的。①

在该案例中，2017年4月，被害人张某1向豆叩镇司法所寻求法律援助，村干部给被害人五个子女打电话要求其照顾老父亲时，五个子女互相推诿，由此可以看出，五个子女都寄希望于其他的兄弟姐妹能够照顾被害人，属于心存侥幸。被告人张某2对打电话的村干部扬言“父亲现在是五保户，村上必须管好自己的父亲，否则要告村上”。可以看出，被害人的子女认为被害人现在是五保户，基本的生活问题应该得到村里照料，村里不会放任不管，这并未预见到被害人会因为自己的不赡养行为而死。随后，被害人张某1因严重腹泻、体力不支，经村组干部电话通知子女后，被告人张某3、张某4和张某5将张某1送至豆叩镇卫生院住院治疗，入院后第一日由张某4看护，第二日、第三日由张某2看护。从这可以看出被害人的五个子女并不希望或者放任被害人死亡结果的发生。综上所述，被害人的五个子女仅构成遗弃罪，而非不作为的故意杀人罪。

第二，遗弃罪与以遗弃方式实施的不作为的故意杀人罪虽然都是不作为犯罪，但是作为义务的来源是不同的。前者的作为义务源于行为人的扶养义务，而后者的作为义务不仅源于行为人的扶养义务，更多的是对被害人生命和健

① 杨鸿、陆明诗:《刑法案例教学分析模式研究》，载《教育教学论坛》2019年第41期。

康遭受紧迫危险时的救助义务和保护义务。在该案例中，被害人的五个子女对于自己的父亲当然具有扶养义务，在具有履行扶养义务能力的前提下，拒不履行自己的扶养义务。他们认为父亲是五保户，会得到村里的适当关照，五个子女不照料父亲，并不会对父亲的生命和健康具有紧迫现实的危险，因此该案例中，五个子女的遗弃行为应构成遗弃罪，而不是不作为的故意杀人罪。

各国刑法中对于遗弃犯罪具体规定虽不相同，但总体思想可描述为由于行为人的不扶养行为，使得没有自救能力、需要扶养的人的生命、健康遭受危险。综观世界各国关于遗弃犯罪种类的相关规定，大体可以归结为三种：遗弃致死伤罪、保护责任者罪和单纯遗弃罪。我国仅规定了遗弃罪一罪，接近于国外的保护责任者遗弃罪，是一种行为犯，刑法规定行为情节恶劣的才构成遗弃罪。德日刑法中的遗弃罪是一个类型化的规定，属于危险犯，即只要行为人的遗弃行为造成被遗弃人的生命、健康具有被侵害的危险，犯罪就可成立。至于该危险犯属于抽象危险犯还是具体危险犯，学界看法不一。有的学者为了限制遗弃罪的认定范围，将遗弃罪理解为具体危险犯，即行为人的遗弃行为必须对被遗弃人的生命、健康产生紧迫现实的具体危险，才能构成本罪。如父母将婴儿遗弃在人来人往的医院门口，就很难认定为遗弃罪。而有的学者认为刑法规定遗弃罪是为了保护被遗弃人的生命和健康法益，因此遗弃行为只要具有抽象危险即可，持这种观点的学者认为上述例子中行为人的遗弃行为构成遗弃罪（因为行为人无法保证捡拾婴儿者会妥善照料婴儿）。张明楷教授认为，以上将遗弃罪理解为抽象危险犯和具体危险犯的区别不大，因为即使将遗弃罪理解为抽象危险犯，遗弃行为也要求必须具有实质的危险。

综上所述，我国刑法中规定的遗弃罪是指对于年老、年幼、患病或者其他没有独立生活能力的人，负有扶养义务，但拒绝扶养，情节恶劣的行为。其中，作为义务源于扶养义务，遗弃的对象只能是家庭成员。[①]

1.本罪侵犯的客体

家庭成员中年老、年幼、患病或者其他没有独立生活能力的人是本罪侵犯的对象，本罪侵犯的客体是以上这些人的人身权利以及家庭成员间相互扶养的权利义务关系。但到达什么年龄才属于这里所说的年老、年幼，条文并未指明，

① 赵靖:《遗弃罪的司法认定及立法完善》，载《中国检察官》2016年第24期，第13页。

患病的种类与程度也没有明确的标准，都需要以“没有独立的生活能力”这一准则来加以考虑。“没有独立的生活能力”是指丧失或不具有劳动能力，生活无来源，从而需要他人帮忙照顾、扶养的情况。[①]在本案例中，张某1已将近80岁，身体欠佳，已经不具有劳动能力，无生活来源，需要五个子女进行生活上的照料，属于没有独立生活能力的情况。在该案例中，五个子女的遗弃行为构成遗弃罪，侵犯的对象就是自己的父亲张某1，侵犯的客体为张某1的人身权利以及对张某1的扶养关系。

2. 本罪的客观方面

遗弃罪的客观方面表现为行为人对需要扶养的人具有扶养义务但拒绝扶养，并且情节恶劣的行为。具体来说，主要包括以下几点。

（1）具有扶养义务。

所谓具有扶养义务，一方面，是指具有扶养义务的人，为了维持年老、年幼、患病或者其他没有独立生活能力的人的生存，而依法对他们在经济、生活等方面予以照顾、供给和帮助，而使他们能够维持正常的生活；另一方面，当需要被扶养的人的生命、身体处于危险状态时，具有扶养义务的人必须给予救助，使其摆脱危险境地。扶养的义务，可源于法律的明文规定，如《婚姻法》中规定父母与子女有相互扶养的义务，父母要对子女进行抚养教育，子女需对父母进行赡养扶助。《残疾人保障法》中也有规定，地方各级人民政府和社会要举办福利院等安置收养机构，按照规定收养安置残疾人，并且逐步改善其生活。扶养的义务，不仅限于法律的明文规定，也可从合同约定的事项中寻求。本案例中，张某2、张某3、张某4、张某5和张某6对张某1的扶养义务来源于法律的明文规定，即《婚姻法》[②]中规定的子女具有对父母进行赡养扶助的义务。

（2）拒绝扶养。

所谓拒绝扶养，是指在具有扶养能力的时候，拒不履行扶养义务，使年老、年幼、患病或者其他没有独立生活能力的人的生命、身体产生危险，或者在上述人的生命、身体处于危险境地时不予救助。拒绝扶养可表现为以下几种行为方式：第一，年老、年幼、患病或者其他没有独立生活能力的人本身置于

① 赵靖：《遗弃罪的司法认定及立法完善》，载《中国检察官》2016年第24期，第14页。

② 已失效，现参考《民法典》婚姻家庭编。

一种危险场所，而具有扶养义务的人将其转移至另外一种更为危险的场所，这是一种风险增加的行为。第二，将年老、年幼、患病或者其他没有独立生活能力的人从一种安全场所转置于危险场所。这里的危险场所具有相对性，只是相对于需要被扶养人而言，如医院对于一般人而言是没有危险性的，但是如果父母将出生不久的婴儿抛弃于医院门口的，那么医院门口相对于婴儿而言就属危险场所。第三，在本应扶养年老、年幼、患病或者其他没有独立生活能力的人时离开，如父母将需要扶养的婴儿独自留在家中并长期外出，导致婴儿饿死。第四，具有扶养义务的人本来与年老、年幼、患病或者其他没有独立生活能力的人共同在危险场所，其后却独自离开。第五，阻碍年老、年幼、患病或者其他没有独立生活能力的人与扶养人的接触，使其无法得到扶养。第六，对需要扶养的年老、年幼、患病或者其他没有独立生活能力的人，拒绝提供经济上的供给、生活上的照料等。张某2、张某3、张某4、张某5和张某6对于张某1的遗弃行为属于第六种，即对需要扶养的张某1，拒绝提供经济上的供给和生活上的照料，导致其被活活被饿死。

（3）达到情节恶劣的程度。

在司法实践中，情节是否达到恶劣的程度是判断遗弃行为是否构成遗弃罪的重要标准。如果情节达到恶劣的程度，则遗弃行为构成遗弃罪，如果情节尚未达到恶劣的程度，则只能当作一般的遗弃行为处理。情节是否达到恶劣的程度，应根据多方面进行综合判断，如遗弃行为的动机、行为的后果、行为的对象以及行为的方式等。例如，行为人多次遗弃需要被扶养人屡教不改的，遗弃行为使被害人的生命、身体遭遇紧迫现实危险的，遗弃行为致使被害人受伤死亡的，遗弃行为在社会上造成恶劣影响的，基于十分卑鄙的动机遗弃的，等等。在该案例中，张某2、张某3、张某4、张某5和张某6对于张某1的遗弃行为造成了张某1在家中被活活饿死的严重结果，在社会上造成了恶劣影响，已经达到情节恶劣的程度。

除此之外，遗弃罪与虐待罪侵犯的对象都是家庭成员，主观上都是故意，客观方面有所交叉，并且都将情节达到恶劣的程度作为入罪标准，因此在司法实践中，遗弃罪与虐待罪往往难以区分。但是二者仍有以下区别：第一，主观目的不同。行为人实施遗弃行为是为了逃避法定的扶养义务，而实施虐待行为是为了给被害人造成肉体或精神上的痛苦。第二，行为侵害对象不同。行为人实施遗弃行为针对的仅限于年老、年幼、患病或者其他没有独立生活能力的人，而虐待罪侵犯的对象，可以是任何家庭成员。第三，客观行为方式不同。遗弃罪的行为方式是一种不作为的行为方式，表现为拒绝履行扶养义务，而虐待罪的行为方式是一种作为的行为方式，表现为积极地以言语或者动作的方式摧残、折磨被害人，造成被害人的痛苦。在该案例中，张某2、张某3、张某4、张某5和张某6以一种不作为的方式实施遗弃行为，是为了逃避法定的扶养义务，而并非单纯是为了给张某1造成肉体和精神上的痛苦，而张某1也并非普通的家庭成员，而是年老的没有独立生活能力的家庭成员，因此构成遗弃罪，而非虐待罪。

3. 本罪的主体

本罪的主体是特殊主体，即负有扶养义务，并且具有履行扶养义务能力的人，这里的扶养义务仅针对年老、年幼、患病或者其他没有独立生活能力的人而言。遗弃罪的主体不仅要具有扶养义务，而且要具备履行扶养义务的能力。如果仅对年老、年幼、患病或者其他没有独立生活能力的人负有扶养义务，但是不具备履行扶养义务能力，从而未予扶养的，也不能构成本罪。在该案例中，张某2、张某3、张某4、张某5和张某6与张某1系子女与父母的关系，具有法定的扶养义务，并且皆为成年子女，具备履行扶养义务的能力，符合遗弃罪的特殊主体要件。

4. 主观方面

遗弃罪是故意犯罪，要求行为人明知自己的遗弃行为会使年老、年幼、患病或者其他没有独立生活能力的人的生命、身体处于危险状态，并且希望或者放任这种危险状态的发生。本罪在行为人的动机方面没有要求，无论动机如何，都不影响遗弃罪的成立。比如，有的行为人将老人视为累赘而予以遗弃，将具有先天疾病的婴儿予以抛弃，等等。本案中，张某1年事已高，生活无法自理，张某2、张某3、张某4、张某5和张某6明知自己的遗弃行为会使没有独立生活能力的张某1失去生活来源，有可能会饿死、病死，生命、身体处于危险状态，但他们却放任这种危险状态的发生，符合遗弃罪的主观要求，即故意犯罪。

（二）民法上的遗弃行为

近年来，我国学者对于遗弃行为的研究，主要集中在刑事法领域对遗弃罪的认定上，而鲜少关注民事法领域中的遗弃认定。虽然有学者对遗弃的概念进行过研究，但并不深入，也没有相关的法律法规文件对遗弃的认定作出法律界定，这导致了司法实践中关于遗弃认定的争议，凸显出很多亟待解决的问题。事实上，遗弃行为在民事法上的认定对于当事人而言有着十分重要的意义。遗弃行为在民事法中的认定是刑事法认定遗弃罪的基础，根据《民法典》《治安管理处罚法》等相关司法解释的规定，如果认定其行为属于遗弃行为，可能会构成遗弃罪从而受到行政处罚或刑事处罚，如丧失继承权、解除收养关系、变更抚养权、撤销赠与、支持损害赔偿、准予离婚等。

民事法领域尚未有关于遗弃的法律界定，但是已经形成普遍观点，即遗弃是负有扶养义务的行为人对需要扶养的家庭成员不履行该义务的行为。目前对于遗弃的认定最具参考价值的法律文件当属最高人民法院、最高人民检察院、公安部与司法部联合发布的《关于依法办理家庭暴力犯罪案件的意见》，其中提到了家庭暴力一说，即行为人负有扶养义务，并且具备扶养能力，但拒绝扶养年老、年幼、患病或者其他没有独立生活能力的家庭成员，是具有严重危害性的遗弃行为。

在民事法领域研究遗弃的认定不似刑法领域，不以认定犯罪为目的，而是为了解决纠纷，更好地保护被遗弃人的合法权利。行为人误以为自己负有扶养义务，或者误认为自己未尽扶养义务，但实则已经履行该义务的，不能认定为遗弃。司法实践中，关于遗弃在民事法领域中的认定存在诸多问题亟须解决，如遗弃制度所保护的法益侧重点到底是生命健康权还是扶养权，遗弃的主观意图到底是什么，是否造成恶劣后果才构成遗弃等。

1. 遗弃制度所保护的法益侧重点应是被扶养、救助、看护的权益

面临认定遗弃是否导致被害人的生命、健康法益被侵犯的困难问题时，我们首先要明确遗弃侵犯的究竟是扶养、救助、看护的权益，还是生命、健康的权益，这也是明确遗弃制度所保护的法益侧重点的问题。我国刑法在遗弃罪的性质认定方面，一直存有争议，即使借鉴了德国、日本、法国等国家刑法规定中关于遗弃罪的相关内容，也无法解决这一问题。[①]国内争议的焦点由主张“实质解释论”的张明楷教授和主张“沿革解释论”的陈兴良教授各据一词。张明

① 裴宝莉：《家事法领域中“遗弃”认定问题之解析》，载《西安石油大学学报》2018年第2期。

楷教授认为，遗弃行为不仅限于夫妻之间，侵犯的不只是婚姻家庭中夫妻一方的被扶养权利，而是任何需要被扶养的家庭成员的生命、健康安全的权益。遗弃罪的性质不再是侵犯婚姻家庭关系的犯罪，而是侵犯公民生命、健康的犯罪。①陈兴良教授认为沿革解释优位于语文解释，根据“法无明文规定不为罪、不处罚”等理由来对张明楷教授的观点予以反驳。②

抢劫行为侵犯复合法益，既侵犯了他人的财产权，也侵犯了他人的生命、健康权益，但是刑法规定抢劫罪侧重保护的法益是他人的财产权，因为行为人是为了谋取钱财而伤害人，而不是为了伤害人而谋取钱财。遗弃制度正如抢劫行为一样，所保护的并不是单一法益，尽管侧重于保护被扶养、救助、看护的法益，但同时也兼具了保护生命、健康安全的法益。遗弃行为是为了逃避扶养、救助、看护义务而伤害他人的生命、健康法益，而不是为了伤害他人生命、健康法益而不履行扶养义务。虽然遗弃行为有可能使被扶养人的生命、健康处于危险状态，但这不是负有扶养义务人实施遗弃行为的主要目的，也不是法律制度对遗弃行为予以否定评价的主要理由。因此，用法律规范对遗弃行为进行规制，惩治的是不履行扶养义务的行为，首要目的是保护被扶养人受扶养的权利。可见在民法领域关于遗弃性质的认定，追究行为人实施遗弃行为的责任主要是因其不履行法定的扶养义务。张某2、张某3、张某4、张某5和张某6的遗弃行为既侵犯了张某1被扶养、救助、看护的权益，也侵害了张某1生命、健康安全的权益，但是主要侵害的是被扶养的权益，遗弃制度所保护的法益侧重点是张某1被扶养、救助和看护的权益。

2.行为人实施遗弃的主观意图应为故意逃避扶养、救助、看护义务

关于遗弃的主观意图，我国目前已有的法律中大多没有涉及，但是在外国的民法典中，如《日本民法典》《瑞士民法典》在涉及遗弃构成离婚的原因时，都要求遗弃行为人的主观意图是恶意的。学界的通说观点也未对此进行过明确的限定，虽没有明确指出遗弃的主观意图是出于故意，但是很多都使用了“拒绝”“逃避”等字眼，而这些词汇中隐含了故意的主观意图。结合遗弃制度所

---

① 张明楷:《实质解释论的再提倡》，载《中国法学》2010年第4期。

② 陈兴良:《非家庭成员间遗弃行为之定性研究——王益民等遗弃案之分析》，载《法学评论》2005年第4期。

保护法益的论证以及遗弃的主体范围，应将遗弃的主观意图作为遗弃的认定条件之一。事实上，行为人实施遗弃行为的主观意图是认定遗弃的重要因素，如果不具备特定的主观意图，则构成其他的不法行为。在司法实践中，已经有法院在遗弃的认定中考虑行为人实施遗弃行为的主观意图，如金华市中级人民法院（2016）浙07民终1972号民事判决所述案例。

在现实生活中，遗弃的外在行为表现，可能存在与内在意思不一致的情形。行为人虽实施了看似遗弃的行为，但因缺少必要的主观意图，从而不能将其认定为遗弃。如夫妻双方发生争吵，妻子一气之下带着儿女离家出走，丈夫因一时赌气而未寻找其下落，没有支付子女的抚养费，或者经多方寻找仍未找到，在这种情况下，丈夫并非出于恶意实施遗弃行为，因此不能认定为遗弃。再如，行为人常年在外求学生活，家中父母一直由其他兄弟姐妹进行照料，并不知自己有扶养的义务，并非故意不履行该义务，因此不能认定为遗弃。《关于依法办理家庭暴力犯罪案件的意见》中将遗弃的主观意图限定为逃避扶养义务，如果希望或者放任被害人死亡，则构成故意杀人罪，不以遗弃论处。可见现行立法已经开始关注到遗弃的主观意图，即逃避扶养义务。进一步，遗弃的主观意图不应仅限于逃避扶养义务，还应包含看护和救助的义务。将行为人实施遗弃的主观意图界定为故意逃避扶养、救助和看护的义务有助于准确认定遗弃。①本案中，张某2、张某3、张某4、张某5和张某6明知父亲张某1年事已高且疾病缠身，生活无法自理，在村干部多次打电话对其进行催促时，仍拒绝履行作为子女对父亲的扶养义务，以各种理由推脱、逃避对父亲进行扶养、救助和看护的义务，符合遗弃认定的主观意图。

3.不应将情节恶劣或造成严重后果作为遗弃认定的必要条件

我国有不少学者认为遗弃并非仅是负有扶养义务而未尽该义务这么简单，认定遗弃必须以情节恶劣或造成严重后果作为必要条件。遗弃究竟是行为犯还是结果犯，决定了是否应将情节恶劣或造成严重后果作为遗弃认定必须考量的因素。《反家庭暴力法》中将家庭暴力的认定由以往的要求结果改为了仅存在侵害行为即可。“家庭暴力”和“虐待”无论是作为还是不作为，都应当表现为一种行为。“遗弃”正如前者一般，从字面意义上看，应当是一种行为，而很难指向

① 裴宝莉：《家事法领域中“遗弃”认定问题之解析》，载《西安石油大学学报》2018年第2期。

遗弃的后果。有些人可能会质疑行为人只要应尽扶养义务而不尽就可认定遗弃，是否会扩大刑法的处罚范围，不符合刑法的谦抑性精神。事实上，问题的关键并不在于遗弃是行为犯还是结果犯，而在于法律对其加以规制时，应当对遗弃的情节或后果进行具体细化的界定。正如不是所有的家庭暴力都会构成故意伤害罪，不是所有的虐待行为都会导致丧失继承权一样，遗弃是否情节恶劣或者造成严重后果，法律对其所施加的不利后果是不同的。换言之，在判断行为人承担责任的种类以及大小方面，遗弃是否具有恶劣情节或者造成严重后果更具探讨意义。①张某2、张某3、张某4、张某5和张某6的遗弃行为，造成张某1死亡的严重后果，不仅符合遗弃认定的标准，而且应当加重责任的承担。

四、结论证明

在法创设之初，并没有民法与刑法的区分之说，各法处于混合状态。后来随着经济的发展，刑法与民法开始逐渐分立，法律所调整的社会关系日趋复杂，各部门法所调整的社会关系难免出现重叠，不再是非此即彼的关系，刑法与民法也不例外。刑法具有最严厉的制裁手段，只有在其他部门法无法解决纠纷时，刑法才会发挥其制裁性，维护社会稳定。但是刑法的这种保障地位是依附于立法层面上的，根据刑法的罪刑法定原则，即法无明文规定不为罪、法无明文规定不处罚，当某一行为已经超出民法的调整范围，需要动用刑法进行规制时，刑法与民法所规制的同一法律关系的内容要相配套，刑法才能发挥其保障的作用。②该案例中张某2、张某3、张某4、张某5和张某6拒绝扶养张某1的遗弃事实，既是构成民事纠纷的事实，也是构成刑事不法的事实。

刑民竞合案件并非刑法学界的新鲜事物，早在十几年前就有学者对此进行过探讨。时至今日，该类案件依然是司法实务界所面临的热点与难点。对先刑后民问题的探讨源于司法实践部门的"有感而发"，即当事人以承担刑事责任为借口，规避民事责任。③不似典型刑事犯罪案件的罪与非罪泾渭分明，

① 裴宝莉：《家事法领域中"遗弃"认定问题之解析》，载《西安石油大学学报》2018年第2期。

② 卢建平、钟雅雯：《刑民交叉视野下监护制度的完善研究》，载《京师法律评论》2017年第11期。

③ 陈兴良、胡建生、朱平、李克：《关于"先刑后民"司法原则的反思》，载《北京市政法管理干部学院学报》2004年第2期。

在司法实践中，存在大量介于刑事和民事之间的案件，它们“可刑可民”，民事不法和刑事犯罪之间的界限模糊。既有涉及人身的案件，如婚内强奸案、夫妻争吵引发一方自杀而另一方未及时施救导致一方死亡案。但更多的是涉及财产的案件，如涉嫌敲诈勒索的维权性索赔案——华硕电脑案、在全国上下范围内引起舆论哗然的“许某ATM机取款案”。尽管这些案件罪与非罪界限模糊，民事不法性质与刑事犯罪性质难以区分，但在司法实践中，却无一例外地将这些案件以刑事法处置作为优先选择，体现了“先刑观念”的思维模式。

先刑后民原则不同于先刑观念。先刑后民原则是指人民法院在审理民事诉讼过程中，发现案件涉嫌刑事犯罪的，应将案件移送公安机关或者检察机关进行侦查，待检察机关审查起诉后，由人民法院刑事审判庭审理刑事犯罪案件，待刑事案件审理结束后，再由民事审判庭对民事部分进行审理，或者由刑事审判庭对附带民事赔偿部分一并审理。刑法本来处于整个法律体系的保障地位，但根据先刑观念的思维模式，在刑民交叉疑难案件中应将刑法提高到统领整个法律体系的地位，形成刑事优先的思维模式，以刑法规范作为审理整个案件的主要依据或唯一依据，在案件性质介于“可刑可民”之间时，将其认定为刑事案件，在罪与非罪界限不明时，将其认定为有罪。

刑民交叉案件的具体表现根据学界已有观点，可以分为三类：一是民事和刑事法律关系分别是由不同的法律事实所引起，只是因其事实有所关联而造成刑事案件与民事案件有所交叉，如同一行为主体实施了两个独立的法律行为，因行为主体同一导致法律事实的牵连，尽管不同的行为分别导致了不同的法律关系，但也形成了刑民交叉案件。二是同一法律事实仅导致了一个法律关系，但无法区分该法律关系究竟属于刑事还是民事。三是刑民交叉案件最常见的表现形式，即同一法律事实引起了两种法律关系，即刑事和民事，由此造成刑民交叉案件，该种类型又包括三种形式：第一种是刑事附带民事诉讼；第二种是人民法院在审理民事纠纷案件时，发现涉嫌刑事犯罪的，应当先进行刑事诉讼的审理与裁判，再恢复中止的民事诉讼的审理；第三种是在民事诉讼审理与裁判之后，发现有涉嫌犯罪嫌疑的（立法没有相应规定，争议较多）。该案例中，张某2、张某3、张某4、张某5和张某6对于张某1的遗弃事实，既引起了民事法律关系，又引起了刑事法律关系，属于前述第三种情形。①

也有其他学者将刑民交叉案件在法律技术运用的层面上划分为三种类型，这三种类型都可以从外形和内容两个角度来加以概括：一是案件表现为刑民交叉的形式，但其性质并未超出刑法前置法的调整范围；二是案件表现为刑民交叉的形式，实际上是一种包容重合的纵向关系；三是案件表现为刑民交叉的形式，实际上是一种同位并列的横向关系。运用案例来分析以上三类刑民交叉案件的逻辑分析进路。②按照这一分类，本案例张某2、张某3、张某4、张某5和张某6对于张某1的遗弃属于前述第二种分类，即外形上表现为刑民交叉的形式，但就其内容而言，是一种包容重合的纵向关系。本案已经超出了民法对于社会危害性的量的限制，具有了刑事违法性的质的特征，从而进入刑法评价视野。

刑民诉讼的交叉包括事实的交叉和诉讼主体的交叉。第一，同一行为产生两种不同性质的法律后果。例如，行为人非法占有他人财产的行为，可能既构成刑事犯罪，又构成民事侵权。这种情况下，两种性质的案件的诉讼主体有一方是重合的，即该行为人既是刑事案件中的犯罪嫌疑人、被告，也是民事案件中的被告。第二，刑事和民事案件的产生均源于同一法律事实。例如，因为借贷一方内部工作人员盗窃借款而致使借贷一方无法按期偿还借款的情况。刑事盗窃案件和民事借款合同案件的诉讼主体并不同一，在刑事盗窃案件中，主体为借贷一方的内部工作人员；而在民事借款合同案件中，诉讼主体为借贷双方，是法人或其他组织。两起案件之所以出现交叉，是因为借贷一方内部工作人员盗窃借款这一法律事实，从而既引起了刑事犯罪，又引起了民事纠纷。该案例即属第二种情况。

被告人张某2、张某3、张某4、张某5和张某6身为子女，均有能力履行赡养义务，却相互推诿，企图将自己的法定义务推卸给国家、社会。在患病、年老、没有独立生活能力的父亲需要儿女赡养时，拒绝履行赡养义务，致使被害人独自在家无人照料继而因病死亡，情节恶劣，其行为均已构成遗弃罪。公诉机关指控五被告人犯遗弃罪的事实和罪名成立，法院予以支持。辩护人关于“被告人主观上属间接故意”的辩护意见，经查，本案五被告人主观上通过积

---

① 江伟、范跃如:《刑民交叉案件处理机制研究》，载《法商研究》2005年第4期。

② 杨兴培:《刑民交叉案件法理分析的逻辑进路》，载《中国刑事法杂志》2012年第9期。

极的不赡养父亲的行为，致使父亲生病无人照料继而独自在家死亡，是积极的不作为，属直接故意，故此辩护意见不成立，法院不予支持；辩护人关于“被害人性格差，与子女不睦，有一定过错”的辩护意见，经查，《老年人权益保障法》第3条明确规定“禁止歧视、侮辱、虐待或者遗弃老年人”，赡养老人是中华民族的传统美德，更是每一位公民的法定义务，本案被害人作为年迈的父辈，即使有性格缺点，也不能成为子女拒绝赡养、遗弃的借口，更不属于从轻处罚的理由，故此辩护意见不成立，法院不予支持；辩护人关于“被告人认罪态度好，可酌定从轻处罚”的辩护意见成立，法院予以支持。被告人张某3、张某4、张某5和张某6均能如实供述犯罪事实，属坦白，依法可以从轻处罚，被告人张某2能当庭认罪悔罪，依法可以酌定从轻处罚。

平武县人民法院根据本案各被告人的犯罪事实、性质、情节和对社会的危害程度，依照《刑法》第261条，第67条第3款，第72条第1款，第73条第2款、第3款之规定，判决如下：

1.被告人张某2犯遗弃罪，判处有期徒刑二年；

2.被告人张某3犯遗弃罪，判处有期徒刑一年六个月，缓刑二年；

3.被告人张某4犯遗弃罪，判处有期徒刑一年六个月，缓刑二年；

4.被告人张某5犯遗弃罪，判处有期徒刑一年，缓刑二年；

5.被告人张某6犯遗弃罪，判处有期徒刑一年六个月，缓刑二年。

第三节　重点界分合同诈骗与不当得利

刑民交叉案件是指刑事、民事案件涉及同一事实的案件，且要求该事实的主体、行为客体或对象，以及行为表现三者均相同。鉴于刑民交叉案件审理的复杂性，为进一步明确此类案件的程序处理规则，最高人民法院于2019年9月11日通过《全国法院民商事审判工作会议纪要》。刑民界限问题作为实践中刑民交叉案件的难点和争议之一，是厘清案件性质的基础，进而决定了案件的走向，因此对于刑民界限的区分十分必要与重要。合同诈骗因其特殊的合同属性常与民事经济纠纷交叉，不当得利纠纷作为典型的刑民界限模糊的案件与合同诈骗发生混淆，造成司法处理的困境，可能产生人民法院在审理不当得利案件时，为推脱责任移交公安机关作为合同诈骗等刑事案件处理，或民事诉讼当事人违法采取刑事报案手段的问题。

一、界分合同诈骗与不当得利的困境

（一）易将合同诈骗错认为不当得利

合同诈骗是指以非法占有为目的，在签订、履行合同过程中，采取虚构事实或者隐瞒真相等欺骗手段，骗取对方当事人的财物，数额较大的行为。不当得利在民法上的定义为行为人没有合法根据，取得不当利益，造成他人损失的行为。两者因都具有非法获得他人财物，造成他人财产损失的特点，实践中易将合同诈骗错认为不当得利，将本该是犯罪的行为当作民事纠纷处理，放纵了犯罪行为的发生，且造成了受害人追回损失的难度。

（二）易将不当得利错认为合同诈骗

实践中同样易将不当得利错认为合同诈骗，将本该由民事程序处理的纠纷上升到刑事犯罪的高度，利益受损方为达到逼迫不当得利获益方就范的目的，违法找关系刑事立案，公安机关在明知不构成合同诈骗的情况下仍然违法立案，配合利益受损方用刑事手段追讨损失。

此外，一些法院在审理不当得利案件的过程中，因利益受损方无法举证，法官在无法查明相关事实的情况下为尽快结案或避免麻烦，又迫于利益受损方的极力要求，将案件移交公安机关处理，而公安机关又认为不构成合同诈骗立案条件将案件退回法院，出现相互踢皮球的现象，不利于纠纷的及时有效化解。同时，违法认定为合同诈骗将严重侵害不当得利受益方的人身权利，有违刑法谦抑性原则，反而起不到化解社会矛盾的积极作用。

（三）合同诈骗与不当得利的界分标准模糊

正因为两者共有的特性，如都存在一方获得非法利益，一方遭受合法利益损失的结果，行为人都可能采取非法的手段，使得对两者进行界分的标准模糊，相互交叉，不易区分。比如，在笔者代理的一起不当得利纠纷案件中，某公司作为房屋销售代理方与购买方商讨好价格后，业主方与购买方签订商品房买卖合同，代理方与购买方签订房屋装修合同，两份合同的总价为代理方与购买方事前确定好的全部价格。之所以签订装修合同，是为了满足购买方少交税费的要求，同时代理方可赚取适当茶水费。但是购买方以不当得利起诉代理方要求其返还多收取的购房款，法院受理后代理方举证证明了双方签订认购书时的价格与购买方最后实际支付的购房款一致，且当时的房屋市场价与购买方的购房价基本吻合，能够证明购房方根本未遭受损失，因此代理方不构成不当得利。法院在审理过程中，购买方多次无理要求法院将案件移交给公安机关作为合同诈骗处理，后法院将案件移送给公安机关，公安机关经过审查认为不构成合同诈骗退回法院，致使纠纷搁置较长时间未予解决。

二、合同诈骗与不当得利的司法认定

（一）合同诈骗的司法认定

刑法上惩罚合同诈骗行为保护的法益是正常的社会经济交易秩序，保护他人的财产不受非法侵害。构成合同诈骗罪需要在客观方面有在签订、履行合同过程中，以虚构事实或者隐瞒真相的方法，骗取对方当事人财物，数额较大的行为；在主观方面要求行为人签订合同的目的就是非法占有对方的财物，表现为直接故意；对于本罪的主体，单位或个人均可以构成。

其中客观行为主要表现为五种：第一，以虚构单位或者冒用他人的名义签订合同的。第二，以伪造、变造、作废的票据或者其他虚假的产权证明作担保的。这里所称的票据，主要是指能作为担保凭证的金融票据，即汇票、本票和支票等。第三，没有实际履行能力，以先履行小额合同或者部分履行合同的方法，诱骗对方当事人继续签订和履行合同的。第四，收受对方当事人给付的货物、货款、预付款或者担保财产后逃匿的。第五，以其他方法骗取对方当事人财物的。即在司法认定时，行为人所采取的欺骗行为必须是以经济合同为手段，以骗取合同约定的由对方当事人交付的货物、货款、预付款或者定金以及其他担保财物为目的的一切手段。行为人只要采取上述任何一种诈骗行为，均可构成本罪。同时，要构成本罪还需满足行为人所诈骗的对方当事人财物的数额较大的条件，否则不以本罪论处。

本罪的表现形式通常有以合法形式掩盖非法勾当、重操旧业者多屡骗不爽、运用见证手法骗取信任、冒用他人名义实施诈骗、伪造担保票据非法获取等。司法机关可依据这些诈骗的形式来认定是否为合同诈骗。因本罪往往与合同纠纷交织在一起，在认定本罪时要严格区分合同行为与诈骗行为，可通过查证合同的内容的真实性，行为人签订合同时的履约能力等情况来综合认定。另外，也应该注意区分本罪与民事欺诈行为的界限及与诈骗罪的界限，避免认定错误。

（二）不当得利的司法认定

在民事程序中，利益受损方以不当得利案由起诉至法院要求利益获得方返还获得的不当利益，法院居中从不当得利的四个构成要件进行认定。即最终认定利益获得方成立不当得利需满足四个要件：第一，一方取得利益；第二，他方受到损失；第三，一方获得的利益与他方遭受的损失之间具有因果关系；第四，利益获得方取得的利益没有合法根据。对于第一个要件的认定，并不局限于一方取得的利益仅为财产权利的增加或财产义务的消灭，也应包括取得的消极利益，如利益获得方的财产本应该减少而没有减少，只要满足一种就可以认定为一方取得利益；对于他方受到损失的认定同样包括直接损失和间接损失；关于因果关系的认定符合一方受益是他方受损的原因即可；关于受益人取得财产没有合法根据的认定，需从双方是否存在民法上的法律根据，如债权关系、物权关系、婚姻关系、继承关系以及商法上的关系，是否存在民事诉讼法或行政法上及刑法上的法律根据，如依据法院生效判决或支付令获得的财产的依据是判决或支付令有效的存在，又如因行政行为无效取得的利益也应认定为不当得利。

司法实践中，对于不当得利构成要件的认定依赖于当事人双方提供的证据，在原告能够举证自己的利益受到损失，被告所获取的利益与自己受到的损失具有同一性，且存在因果关系的情况下，被告要举证证明自己取得的利益具有合法根据或以原告未遭受损失、自己获得利益不是原告受到损失的原因来进行抗辩。法院需从原、被告双方提供证据的真实性、合法性、关联性三性来进行综合判断，进而审查案件的事实状况，最后作出判决。

三、合同诈骗与不当得利的界分路径

（一）应坚持实质性区分原则

单从表面上看，合同诈骗均具有不当得利的特点，如诈骗方获得利益，受害方遭受损失，诈骗方获利是因为受害方受损失得来的，诈骗方获得利益没有合法根据，也表现为非法占有他人财产，有所区别的是合同诈骗仅能基于刑法上的非法占有。因此，对两者的界分应坚持从实质性方面进行区分，否则将造成两者的界限模糊，无法确定采取何种法律关系进行评判。

两者的本质区别在于：首先，主观目的形成的时间不同。合同诈骗行为人在与受害人签订合同前就已经形成非法占有受害人财产的主观故意，签合同只是非法占有故意形成后的手段，而不当得利者通常是在取得不当利益后才产生非法占有的故意。其次，两者所采取的手段不同。合同诈骗行为人通常采取以虚构事实或者隐瞒真相的方法来获得合同履行中的利益，待对方履行合同后，非法占有该利益并采取隐瞒或其他手段逃避合同义务的履行，进而达到非法占有对方利益的目的，而不当得利获得方取得利益的方式一般是被动的，如基于错误转账行为受益。最后，两者的行为对象不同。合同诈骗是针对事先物色好的合同相对方的利益，不当得利事先没有确定的对象。

笔者认为，两者最关键的区别在于行为人在取得利益前的主观动机，即合同诈骗行为人从一开始就具有非法占有的主观故意，而不当得利自始至终都不能具有非法占有他人利益的意图，否则将转化为侵占罪或诈骗罪等刑事犯罪。

（二）应坚持刑法谦抑性原则

在前述笔者代理的不当得利案件中，代理方与业主方、购房方均存在合法有效的合同关系，被告已经充分举证证明了获得利益具有合法根据，且在被告未遭受任何损失的情形下，法院仍然裁定将案件移送公安机关作为刑事案件侦查。尽管在开庭的过程中，原告极力主张被告的行为为合同诈骗，但又缺乏证据且未直接向公安机关报案，而是选择民事立案，在发现举证不能时又要求法院移送案件，明显是滥用司法资源，恶意诉讼并企图通过刑事手段来获得非法利益，而法院也没有依法裁判而是为了避免麻烦将案件移交给公安机关，完全有悖于刑法的谦抑性原则，严重损害了合同当事方的合法权益。

司法是维护社会公平正义的最后一道防线，而刑法又是法律的最后一道防线，只有在严格罪刑法定的前提下，才能保证不被错误追究，只有坚持刑法谦抑性原则，才能保证不滥用司法权力，才能真正有效地解决纠纷、化解社会矛盾。

（三）应坚持民法前置性原则

正是由于刑民交叉案件在司法处理上的困境，实践中在处理合同诈骗与不当得利案件时常出现将两者混淆的现象，将合同诈骗错认为不当得利，将不当得利错认为合同诈骗，从而不当处理案件，往往不能起到定分止争或惩罚犯罪行为的作用。但是对于民事属性较强的合同诈骗，在司法认定时应坚持民法前置性原则，全面审查涉案行为的性质，第一步应考虑其民事属性，经民事诉讼程序审查符合不当得利条件的，应按不当得利纠纷处理。在受害人以合同诈骗报案的案件中，公安侦查机关也应结合具体情况优先考虑是否符合不当得利的条件，若经审查为民事纠纷，不能为了所谓的人情关系违法立案侦查，以刑事手段干预民事纠纷，影响司法的公信力。

（四）应坚持类型化区分原则

所谓类型化区分是指应区分民事上的法律关系与刑事上的法律关系，合同诈骗应适用刑法上的定罪标准，不当得利应适用民事法律上的债权债务关系。但是需要注意的是两者之间的转化，尤其是在审理不当得利纠纷案件过程中，有可能从最初单纯的不当得利转化成合同诈骗罪，一旦转化成刑事犯罪就应按照刑事法律来加以调整。

因民事法律关系适用于平等主体之间的债权债务关系，不当得利利益受损方需通过举证证明自己所主张的事实，而受益方需进行抗辩，并以证据加以佐证，其核心点在于受益方证明获得的利益具有合法的根据。而刑事法律是国家公权力机关的强力介入，一方为具有强大侦查权力的公安机关。合同诈骗一旦立案，受害人一方便只需依赖强有力的公安机关就可以追回所遭受的损失。所以，因两者在各方面的差异，具体处理案件时，应坚持类型化区分原则。

小结

合同诈骗与不当得利在法律上的交叉关系一直存在，在具体的案件中应严格把握两者的界限，从实质上进行区分，并坚持刑法谦抑性、民法前置及类型化区分原则，以真正做到民事的不当得利用民事救济手段解决，刑事的合同诈骗由公权力机关介入，在两者竞合的情形下，应处理好两者的相互转化关系。

图书在版编目（CIP）数据

刑法现代化：刑民交叉问题研究 / 童德华，李文主编．—北京：中国法制出版社，2022.1（2022.9重印）

ISBN 978-7-5216-2281-2

Ⅰ．①刑… Ⅱ．①童… ②李… Ⅲ．①刑事诉讼－诉讼程序－研究－中国 ②民事诉讼－诉讼程序－研究－中国 Ⅳ．① D925.218.4 ② D925.118.4

中国版本图书馆 CIP 数据核字（2021）第 235659 号

策划编辑：李　佳（amberlee2014@126.com）
责任编辑：王　悦（wangyuefzs@163.com）
封面设计：杨泽江

刑法现代化：刑民交叉问题研究

XINGFA XIANDAIHUA: XINGMIN JIAOCHA WENTI YANJIU

主编 / 童德华　李文

副主编 / 梁萌瑜　王杰

经销 / 新华书店

印刷 / 北京虎彩文化传播有限公司

开本 / 710 毫米 ×1000 毫米　16 开　　印张 / 21　字数 / 342 千

版次 / 2022 年 1 月第 1 版　　2022 年 9 月第 3 次印刷

中国法制出版社出版

书号 ISBN 978-7-5216-2281-2　　定价：88.00 元

北京市西城区西便门西里甲 16 号西便门办公区

邮政编码：100053　　传真：010-63141852

网址：http://www.zgfzs.com　　**编辑部电话：010-63141831**

市场营销部电话：010-63141612　　**印务部电话：010-63141606**

（如有印装质量问题，请与本社印务部联系。）